阎崇年作品

康熙大帝

阎崇年 著

华文出版社

图书在版编目（CIP）数据

康熙大帝 / 阎崇年著 . -- 北京：华文出版社，
2023.2（2023.10 重印）
ISBN 978-7-5075-5556-1

Ⅰ . ①康… Ⅱ . ①阎… Ⅲ . ①康熙帝（1654—1722）
－传记 Ⅳ . ① K827=49

中国版本图书馆 CIP 数据核字（2022）第 254239 号

康熙大帝

作　　　者：	阎崇年
责任编辑：	杨艳丽
出版发行：	华文出版社
地　　　址：	北京市西城区广外大街 305 号 8 区 2 号楼
邮政编码：	100055
网　　　址：	http://www.hwcbs.cn
电　　　话：	总 编 室 010-58336239　发 行 部 010-58336202
	编 辑 部 010-58336191
经　　　销：	新华书店
制　　　版：	北京禾风雅艺文化发展有限公司
印　　　刷：	北京博海升彩色印刷有限公司
开　　　本：	710mm×1000mm　1/16
印　　　张：	29
字　　　数：	380 千字
版　　　次：	2023 年 2 月第 1 版
印　　　次：	2023 年 10 月第 3 次印刷
标准书号：	ISBN 978-7-5075-5556-1
定　　　价：	108.00 元

版权所有，侵权必究

  阎崇年，北京社会科学院研究员，著名历史学家。获北京市有突出贡献专家称号、中国版权事业终生成就者奖，享受国务院颁发的特殊津贴。

  研究清史、满学和北京史。论文集有《燕步集》《燕史集》《袁崇焕研究论集》《满学论集》《清史论集》等；专著有《努尔哈赤传》《清朝开国史》《森林帝国》《康熙大帝》《北京文化史》等。

《康熙大帝》(2023年版)序言

《康熙大帝》这部书,从酝酿、出版,到修订、再版,至今已四十年。1984年,中国档案出版社即约我撰写《康熙帝》,但一直停留于搜集资料及研究思考中,拖得太久,未能着笔。直至2008年,中央电视台《百家讲坛》播出我的系列讲座《康熙大帝》,讲稿经修改润色,由中华书局以同名出版。首印20万册,受到观众和读者的喜爱。同年,应读者需要,中华书局出版《康熙大帝》(彩图珍藏版)。尔后,中华书局将本书编入"阎崇年说清史",以精装本再次出版。2009年,台湾联经出版公司出版《康熙大帝》的竖排繁体字本,并再次对书中文字做了精细的校订。2010年,本书又收入"阎崇年图文历史书系",再由中华书局出版。2014年,本书略加订补,收入"阎崇年集",由中国友谊出版公司出版。2016年,在《康熙大帝》的基础上,再经充实、增订,由中华书局出版《康熙帝大传》,并纳入"中华帝王传记丛书"。本次《康熙大帝》的出版,华文出版社杨艳丽责编等,精心做了诸多重要的增补、订正、修改和润饰,以新的面目出现在读者面前。

《康熙大帝》一书,在16年间,先后8次出版。每次雕梓,责任编辑,相关领导,都为书稿做出部分补充、删正、润饰和疏整。先后众多的观众和读者,以他们之眼、之耳、之手、之心,促使其不断地向逐渐完善的方向行进。

我借此机会,向本书历任责编的先生和女士,各出版社,衷心感谢,致以敬意!

阎崇年

2023年1月1日

原版序言

2008年3月至5月，中央电视台《百家讲坛》播出我的系列历史讲座《康熙大帝》，这个系列讲座的文案稿与录音稿整合，就成为这本《康熙大帝》书稿，由中华书局出版。

事情缘起，其实很早。

2006年12月10日上午11时，我在中央电视台《百家讲坛》录制现场，终于讲完了《明亡清兴六十年》最后一讲第48讲。整整一年，无间寒暑。这时，我如释重负。当晚，我和夫人约请《百家讲坛》冯存礼、魏淑青、万卫、王晓、解如光、高虹、吴林、马琳、那尔苏诸君，在一起小叙。席间，万卫先生说："阎老师，您稍微歇一下，接着录康熙！"我当时一愣：怎么还要讲啊！观众喜欢看吗？所以我含糊回答："想想再说。"

2007年4月，我应美国华美协会的邀请，到美国进行学术与文化交流。在纽约联合国总部大厦贵宾餐厅的饭桌上，一位先生问："阎教授，您下面讲什么？"我反问："您说呢？"答："讲康熙！"不久，我去芝加哥。我国驻芝加哥领事馆徐尽忠总领事请我和阎鹏吃巴西烤肉，当地一些留美博士、专家都不约而同地也有上述想法。5月，我应邀到台湾地区进行学术与文化交流。联经出版公司发行人林载爵先生问我下一步讲什么，我还是反问。回答："讲康熙。"5月底，我应邀到马来西亚作演讲。他们指定的题目是《康熙盛世》。12月，我应周曾锷先生邀请到新加坡进行学术与文化交流，周先生又提出这个问题，他的看法也还是同样的。这就在我的脑子里产生一个结论：海内外的不少华人都希望我能在《百家讲坛》讲讲康熙。

我对讲康熙还有点信心。这信心是从哪儿来的呢？早在20世纪60年代初，我就决定研究清史。从何入手呢？从人物研究开始。从研究谁开始呢？我选了康熙。当时主要读《清圣祖仁皇帝实录》，看《康熙起居注册》等。1964年，我写出长篇论文《评康熙帝》。这篇论文几经周折，时过多年，才获发表，而且鉴于当时的文化环境，被编辑作了"穿靴戴帽"的处理。这是我的第一篇清史学术论文，后来收在拙著《燕步集》里。尔后，虽然研究重点转到清入关前，但对康熙朝历史的关注从未懈怠。1983年《努尔哈赤传》出版后，中国档案出版社等几家出版社曾约我写《康熙帝传》，我很想写，也做了准备，但因为当时忙于单位的课题无暇分心，而没有承应。后来，我写过《论雅克萨之战》《明珠论》《纳兰性德与吴兆骞》《郭琇论》《张吉午与〈康熙顺天府志〉》《康熙皇帝与木兰围场》和《康熙大帝》等文，均不够深入，也不够系统；四十多年来，我一直没有放弃对康熙朝历史的学习与关注，时时事事处处，始终萦绕于心。

这次，我想试试，通过完成《康熙大帝》系列讲座，对康熙朝历史做一次系统的梳理，实现多年的夙愿。

事情定下之后，我将能找到的有关康熙帝的资料，全部汇拢，集中精神，夜以继日，进行准备。2007年7月3日，在北京社会科学院贵宾室，举行小型"神仙会"，张永和、马琳、那尔苏、宋志军、李洪超、左远波、解立红、阎崇年八人与会，就篇目、讲法交换想法。李岩先生也提出颇中肯綮（qìng）的意见。7月13日，《百家讲坛》制片人万卫先生专门举行《康熙大帝》研讨会，该栏目全体领导、编导和部分主讲人出席。我在会上就《康熙大帝》的基本构思作了抛砖引玉的发言。讲康熙帝，要处理纵与横、君与民、俗与雅、古与今、事与人、负与正、满与汉、文与武等八个方面的关系。(1) 纵与横——于横向比较与纵向比较的关系，纵横兼顾，而突出横；(2) 君与民——于君王与民众的关系，君民兼顾，而突出民；(3) 俗与雅——于通俗与高雅的关系，雅俗兼顾，而突出雅；(4) 古与今——于古代与当今的关系，古今兼顾，而突出今；(5) 事与人——于事件与人物的关系，事人兼顾，而突出人；(6) 负与正——于负面与正面的关系，负正兼顾，而突出正；(7) 满与汉——于满族与汉族的关系，既不扬满，也不抑汉，力求站在中华民族的立场上观察与讲述；(8) 文与武——于文治与武功的关系，康熙帝的一个特点是"经文纬武"，因此讲述时尽量文武兼顾。这次研讨会，我得到不少启发和收获。

有人说：我讲《康熙大帝》，背后有一个团队。这是一个客观的表述与概括。感谢这个没有组织而又意诚心一的团队！

我同《百家讲坛》打交道五年，互相切磋，逐步磨合。我的体会是：《百家讲坛》之"百家"，就主体而言，是指"科学·教育"频道，包含的内容，何止百家？涵盖的学者，何止百家？就客体而言，广大观众，平民百姓，又何止百家？《百家讲坛》之"讲坛"，这个平台承载的是"科学"与"文化"，传播的是"德先生"（民主）与"赛先生"（科学）。

有人说：1988年美国历史学家海登·怀特提出"影视史学"的概念。他对"影视史学"的诠释是："以视觉影像和电影话语来表现历史和我们对历史的见解。"（任学安《一次艰难的跋涉》）这是一个崭新的课题，时间尚短，需要探索。

历史学有许多分支。近年来，社会史学、心理史学、计量史学等都受到重视。相比之下，影视史学更年轻、更稚嫩，需要更多的学人关注、探索。

就电视讲座而言，《康熙大帝》至少应满足五个基本要求：

删繁就简。康熙朝的历史，人物众多，事件纷繁，怎样节缩为二十多个专题？力求既删繁就简，又大事不漏。

深入浅出。康熙朝的历史，资料繁多，浩如烟海，怎样选择典型的、重要的、生动的、准确的资料？力求既深入浅出，又不流于俗套。

清晰表述。康熙朝的历史，千头万绪，错综复杂，怎样高屋建瓴，执一驭千，多而不乱，繁而不杂？力求作出有逻辑的、有条理的清晰表述。

张弛有度。康熙朝历史的讲述，要从容不迫，但不能失之于弛；要情感动人，但不能失之于张——既不过于张扬，又不过于松弛，而力求张弛有度。

史论结合。康熙朝历史的讲述，不能有史无论，也不能空论无史，而是有史有论，史论结合，相得益彰。这里，司马迁的"寓论于叙述"的经验值得借鉴。

此外，我在讲述《康熙大帝》的过程中，还侧重五个视角：

一是，国际视角。将康熙帝置于当时世界大的历史背景下，进行全景观察。我重在阐明一个观点：康熙朝处于西方大国两次崛起高潮之间。因此，康熙朝处在国际环境有利、周边国家协和的外部氛围中。

二是，平民视角。将康熙帝从神坛上请下来，从一个人的生命过程，来看他的出生、成长、事业、终老的轨迹。他的经验与教训，也是每个普通人的精神财富。

三是，电视视角。对康熙帝的讲解，既不同于讲堂，也不同于茶馆，而是超越时空的平台，其困难在于：简明、清晰、准确、中允、通俗、生动。

四是，公正视角。康熙帝是二百多年前的古人，要排除清朝拥满派与民国反满派对其各执一端的片面观点，而尽量给以公允客观的评价。

五是，人文视角。康熙帝是位特殊的历史人物，不同读者、不同观众有自己不同的解读。通过解读康熙帝的人生轨迹，期待：国人自信，公仆自鉴，青年自励，各界自勉。

在这里，谨对文化部副部长、故宫博物院院长、中国紫禁城学会会长郑欣淼先生暨学会同仁，北京满学会终身荣誉会长陈丽华先生暨学会同仁，北京社会科学院同仁，敬示谢意。

在这里，对从《正说清朝十二帝》《明亡清兴六十年》《清宫疑案正解》到本书封面勒口照片并精心摄影的高虹先生，致以谢意。

最后，诚恳希望读者给予批评指正。

阎崇年

2008 年 4 月 24 日

引 言

17 世纪 40 年代，在世界上两个伟大的国度里——亚洲的中国和欧洲的英国，几乎是在同时，发生了两件现象相似而又性质不同的历史事件。

第一个：清顺治元年三月十九日（1644 年 4 月 25 日）黎明，中国北京内城被李自成的军队攻破，明朝崇祯皇帝在紫禁城北门外的万岁山（在今景山公园），披发跣足，自缢而死。就是披头散发，赤着脚，吊在树上，自杀身亡。

第二个：清顺治五年十二月十八日（1649 年 1 月 30 日），英格兰伦敦的上千名市民，走向白厅广场，目睹了国王查理一世被送上断头台。国王还发表演说。之后，刽子手挥起斧头，砍下了他的头。查理一世身首异处，悲惨而死。

这两个重要历史事件，虽然时间相近，只差 5 年，但是两位君王的结局、两个事件的变局，后果不同，相差甚远。崇祯皇帝上吊后，明亡清兴，清朝取代了明朝，中国历史，清承明制，仍沿着封建体制路线图运行。而查理一世被议会判决处死后，英国历史，几经曲折，开始沿着资本主义路线图运行。

历史车轮滚动近 200 年，出现了一个谁也没有想到的变局：强盛的大英帝国，以坚船利炮打开了大清帝国的国门。清政府被迫签订《南京条约》，割地赔款——曾经盛极一时的大清帝国，逐渐变成了任西方列强宰割的羔羊。

所以，清朝是中国历史上一个难解难读的朝代：一方面，从历史纵向坐标来看，它曾经文纬武，寰宇一统，创造过"康熙盛世"的辉煌；另一方面，从历史横向坐标来看，它同列强差距，愈拉愈大，蒙受了丧权辱国的耻辱。因此，清朝历史不仅得到众多史学家的研究，而且受到几代中国人的关注。

从今天开始，让我们走近清朝的康熙大帝，通过了解康熙大帝不平凡的一生，回到17、18世纪之交的年代，观赏历史的波澜壮阔，考察清朝的兴盛衰亡，品味人生的酸甜苦辣，汲取宝贵的经验教训。

康熙大帝（1654—1722），姓爱新觉罗氏，名玄烨，8岁继位，在位61年，享年69岁，是清朝第四任皇帝。康熙大帝开创了"康熙盛世"，对中国历史的发展产生了深远的影响。在世界历史的典册上，他与几乎同时代的俄国沙皇彼得大帝、法国君主路易十四齐名，位列国际名君，声名远播世界。

我们现在比较常见的康熙大帝画像，一般是这样的：康熙帝端坐在宝座上，身着龙袍，表情严肃，完全是中国帝王的模样。但在本书的第一讲，我首先要展示给大家的康熙皇帝的画像，但却是卷头发，蓝眼睛，鹰钩鼻子，身着洋装。在康熙帝之前，近两千年的三百多位皇帝，很少有人被画成洋人模样。那么，康熙帝被画成洋人的模样，说明了什么？说明康熙时代中国已经和世界开始连接在一起了。所以，要了解康熙大帝，就要从他所处的时代讲起。

康熙皇帝之所以成为"大帝"，是时势造英雄，还是英雄造时势？时势与英雄的关系，古今中外，争论不休。我认为：是时势与英雄共同创造历史。

《康熙大帝》历史系列讲座，就从这里开始。

目 录

康熙大帝（2023年版）序言 / I
原版序言 / 001
引言 / 001

第一讲　伟大时代
　　一　西方崛起　　　　　　　　　　003
　　二　百废待兴　　　　　　　　　　006
　　三　继往开来　　　　　　　　　　007

第二讲　生于忧患
　　一　三种血缘　　　　　　　　　　013
　　二　八个不幸　　　　　　　　　　016
　　三　因祸得福　　　　　　　　　　019

第三讲　少年天子
　　一　八岁继位　　　　　　　　　　025
　　二　四臣辅政　　　　　　　　　　028
　　三　勤学励志　　　　　　　　　　031
　　　　附录：顺治遗诏　　　　　　　033

第四讲　智擒鳌拜

一　皇权旁落　　　　　　　　　　　　037
二　擒扑鳌拜　　　　　　　　　　　　040
三　无独有偶　　　　　　　　　　　　043
　　附录：康熙帝智擒鳌拜四则资料　　045

第五讲　御门听政

一　御门听政　　　　　　　　　　　　049
二　怎样听政　　　　　　　　　　　　051
三　历史启示　　　　　　　　　　　　055

第六讲　削平三藩

一　变局坚定　　　　　　　　　　　　061
二　危局镇定　　　　　　　　　　　　064
三　胜局淡定　　　　　　　　　　　　068

第七讲　收揽士心

一　一道难题　　　　　　　　　　　　073
二　一项举措　　　　　　　　　　　　075
三　一个平台　　　　　　　　　　　　079

第八讲　统一台湾

一　善抓时机　　　　　　　　　　　　085
二　善于用人　　　　　　　　　　　　087
三　善定制度　　　　　　　　　　　　091
　　附录一：关于郑成功收复台湾的时间　093
　　附录二：关于"破肚将军"的记载　　093

第九讲　抗俄签约

一　北疆告急　097
二　两次激战　099
三　同俄缔约　103

第十讲　北疆长城

一　蒙古地图　109
二　多伦会盟　113
三　三次亲征　116

第十一讲　进兵安藏

一　事情起因　123
二　真假达赖　125
三　进兵安藏　128
　　附录一：一至七世达赖世系　131
　　附录二：蒙古和硕特部顾实汗位世系　131

第十二讲　以农为本

一　行亲耕礼　135
二　绘《耕织图》　138
三　种试验田　142
　　附录一：康熙御制耕织图序　145
　　附录二：关于"御稻米"的记载　146

第十三讲　治理黄河

一　重视治河　149
二　重用靳辅　151
三　重要经验　154

第十四讲　六下江南

一　解文化结　　　　　　　　　　　　159
二　解君臣结　　　　　　　　　　　　162
三　解君民结　　　　　　　　　　　　164
　　附录一：康熙帝六次南巡的基本情况　168
　　附录二：关于"碧螺春"的记载　　　169

第十五讲　御史弹相

一　两相争雄　　　　　　　　　　　　173
二　郭琇弹相　　　　　　　　　　　　175
三　怨怨相报　　　　　　　　　　　　177
　　附录：郭琇劾大学士明珠的《特纠大臣疏》182

第十六讲　康熙字典

一　编修字典　　　　　　　　　　　　187
二　编《全唐诗》　　　　　　　　　　190
三　编纂类书　　　　　　　　　　　　193

第十七讲　爱好西学

一　两起案件　　　　　　　　　　　　199
二　皇舆全图　　　　　　　　　　　　204
三　两种爱好　　　　　　　　　　　　207

第十八讲　样式雷家

一　一个故事　　　　　　　　　　　　213
二　畅春之园　　　　　　　　　　　　216
三　避暑山庄　　　　　　　　　　　　219
　　附录一：样式雷世家　　　　　　　222
　　附录二：避暑山庄康熙三十六景　　223

第十九讲　文字之狱
　　一　"明史之狱"　　　　　　　　　　227
　　二　《南山集》狱　　　　　　　　　　229
　　三　历史思考　　　　　　　　　　　233

第二十讲　读书之道
　　一　四个阶段　　　　　　　　　　　239
　　二　四种境界　　　　　　　　　　　243
　　三　四点经验　　　　　　　　　　　245

第二十一讲　养生之道
　　一　饮食起居　　　　　　　　　　　253
　　二　弓马骑射　　　　　　　　　　　259
　　三　养生理念　　　　　　　　　　　261

第二十二讲　后宫生活
　　一　孝爱祖母　　　　　　　　　　　267
　　二　挚爱皇后　　　　　　　　　　　273
　　三　慈爱女儿　　　　　　　　　　　276

第二十三讲　立废太子
　　一　一步错棋　　　　　　　　　　　281
　　二　乱了章法　　　　　　　　　　　286
　　三　症结所在　　　　　　　　　　　290

第二十四讲　悲苦而死
　　一　积郁成疾　　　　　　　　　　　295
　　二　死因异说　　　　　　　　　　　297

三　遗诏真伪　　　　　　　　　　　　300
　　附录一：康熙上谕　　　　　　　302
　　附录二：康熙遗诏　　　　　　　306

第二十五讲　康熙盛世
一　盛世争议　　　　　　　　　　　311
二　盛世景象　　　　　　　　　　　313
三　盛世缺憾　　　　　　　　　　　319

第二十六讲　千年一帝
一　不同观点　　　　　　　　　　　326
二　主要贡献　　　　　　　　　　　329
三　个人修养　　　　　　　　　　　334
四　千年一帝　　　　　　　　　　　339
五　历史缺憾　　　　　　　　　　　343

附录一
阎崇年与二月河的对话（访谈）　　　347

附录二
康熙大帝家庭五谱之一·手足谱　　　362
康熙大帝家庭五谱之二·后妃谱　　　365
康熙大帝家庭五谱之三·皇子谱　　　372
康熙大帝家庭五谱之四·皇女谱　　　382
康熙大帝家庭五谱之五·子女谱　　　386

附录三
康熙大帝年谱　　　　　　　　　　　393

参考书目　　　　　　　　　　　　442

第一讲 伟大时代

康熙大帝（1654—1722），姓爱新觉罗氏，名玄烨，8岁继位，在位61年，享年69岁，是清朝第四任皇帝。康熙大帝开创了"康熙盛世"，对中国历史的发展产生了深远的影响。在世界历史的典册上，他与几乎同时代的俄国沙皇彼得大帝、法国君主路易十四齐名，位列国际名君，声名远播世界。

康熙大帝，出生在北京紫禁城的景仁宫。他的父亲是清朝顺治皇帝，祖父是清太宗皇太极，曾祖父是清太祖努尔哈赤。他一出生就是皇子，8岁便继承了皇位。他的儿子雍正皇帝主持纂修的《清圣祖仁皇帝实录》，把康熙皇帝的出生说得神乎其神：

> 孝康章皇后（康熙帝的母亲）诣慈宁宫问安，将出，衣裾若有龙绕，太皇太后（孝庄）见而异之，问知有娠。顾谓近侍曰："朕曩孕皇帝时，左右尝见朕裾褶间，有龙盘旋，赤光灿烂，后果诞生圣子，统一寰区。今妃亦有此祥征，异日生子，必膺大福。"至上诞降之辰，合宫异香，经时不散，又五色光气，充溢庭户，与日并耀。（《清圣祖实录》卷一）

这段记载，是雍正皇帝为了神化他的祖父和父亲而编造的，实际并不可信。康熙帝就说过："朕之生也，并无灵异；及其长也，亦无非常。"（《清圣祖实录》卷二七五）这就是说，康熙帝认为自己也是一位普通的人。

那么，康熙帝又是如何成就伟大事业的呢？这还要从他那个时代的"时势"谈起。任何人做事情离不开"天时"，而天时有大天时、有小天时。魏源在《圣武记》中说："小天时以决利钝，大天时以决兴亡。"就是说，成小事业者要有小天时，成大事业者必有大天时。《孟子·公孙丑下》说："五百年必有王者兴。"就是说王者兴，必定有大天时，这里的五百年是一个概数。康熙帝就遇到了一个在清朝历史上、中国历史上乃至世界历史上少有的大天时。

一 西方崛起

康熙帝所生活的时代，正逢西方列强崛起，又处在两个发展高峰之间，而周边四邻还处于弱势。国际环境给康熙帝提供了挑战与机遇。

第一，中国和世界开始连接。

人类对世界的了解是逐步发展的。生活在地球的几块大陆上的人们，开始是封闭的，只知道自己，不知道大陆之外的世界。1487年（明成化二十三年），葡萄牙人的船队到达非洲南端的好望角。1492年（明弘治五年）10月12日，西班牙支持的哥伦布到达美洲。这两个事件，对世界历史的发展产生了深远的影响。

从此，欧洲大陆和亚洲大陆、美洲大陆开始互通声气。从某种意义上说，21世纪的世界一体化，正是从五百多年前这两个历史事件发端的。康熙帝正生活在东西方世界由彼此孤立到互相连接的进程当中。

第二，西方崛起的两个高峰之间。

西方列强崛起，自1492年哥伦布地理大发现以来，先后出现三次高潮：第一次高潮是葡萄牙、西班牙、荷兰的崛起，主要在17世纪；第二次高潮是英国、美国、法国的崛起，主要在18世纪；第三次高潮是俄国、日本、德国的崛起，主要在19世纪。

第一次高潮　15世纪中期（相当于中国明朝的中期），欧洲伊比利亚半岛上面积不足10万平方公里的葡萄牙率先崛起。王子恩里克终生不娶，主持艰苦航海事业。他的继承者，于1487年（明成化二十三年）到达非洲南端的好望角。从此，其势力到达美洲巴西、亚洲印度。葡萄牙殖民者1511年（明正德六年）强占马六甲，1553年（明嘉靖三十二年）强行租占澳门。到康熙时期，葡萄牙仍占据着澳门。因澳门离京师遥远，对中原影响不大，没有引起清朝当权者应有的重视。

但葡萄牙的地位很快被西班牙取代。一个叫哥伦布的意大利航海家相信地球是圆的，认为从欧洲西航可以到达中国和印度。他的计划在葡萄牙遭到冷遇，却在西班牙得到支持。1492年（明弘治五年）10月12日，哥伦布到达美洲。西班牙后来将这一天定为国庆日。事情无独有偶。麦哲伦也因在葡萄牙被冷遇而到了西班牙，1519年（明正德十四年）开始，到1522年（明嘉靖元年），完成人类历史上第一次绕地球一周的航行（麦哲伦中途死亡）。以此为契机，西班牙对外大肆扩张，迅速崛起。今拉丁美洲除巴西外，多说西班牙语，就是这一历史的明证。

1588年（明万历十六年），西班牙舰队在与英格兰的海战（史称"英西大海战"）中败落，西班牙从昔日的霸主高位上跌落下来。这时，正是中国明朝万历年间，清太祖努尔哈赤刚刚起兵五年。

代西班牙而起的是荷兰。荷兰是欧洲的一个小国，领土面积仅相当于今北京面积的2.5倍。荷兰人凭借航海、贸易、金融等，迅速崛起，成立荷兰东印度公司，发行股票融资，建立股票交易所、银行等。1624年（明天启四年），荷兰殖民者侵入中国台湾，占领中国台湾南部的赤嵌（kàn）；两年后，西班牙殖民者侵占中国台湾北部的基隆。后来，荷兰人赶走西班牙人，独占中国台湾。顺治十八年十二月十三日（1662年2月1日），郑成功驱逐荷兰殖民者，结束了荷兰人在中国台湾38年的统治。这时，荷兰也逐渐走向衰落。

第二次高潮　1688年（康熙二十七年）英国"光荣革命"，1774年（乾隆三十九年）美利坚合众国独立，1789年（乾隆五十四年）法国大革命。

第三次高潮　1861年（清咸丰十一年）俄国废除农奴制，1868年（清同治七年）日本明治维新，1871年（清同治十年）德国统一。

康熙帝生于顺治十一年（1654年），死于康熙六十一年（1722年），正好是17世纪中叶到18世纪上半叶，处于西方大国崛起的第一次浪潮和第二次浪潮之间。具体言之，就是处于葡、西、荷与英、美、法崛起的两个高峰的低谷之间。这给康熙朝提供了宝贵的独立发展时间，六十多年几乎没有受到西方列强的干扰。中国澳门地区、中国台湾地区，虽然形势一度很严峻，但都没有影响朝廷大局。这是康熙帝大展身手、建功立业的一大外部因素。

第三，四邻国家都比清朝落后。

清朝的周边国家，东面的朝鲜，皇太极时已经向清朝纳贡称臣，其国王受清帝册封。西面的哈萨克斯坦、阿富汗等国家都比清朝经济落后，更没有形成气候。

南面的越南、泰国、缅甸、马来亚、菲律宾、印度尼西亚等，都比清朝落后、弱小。西南的印度处于莫卧儿帝国时期，受喜马拉雅山阻隔，也没有同清朝发生纠纷与摩擦。

清朝北面和东面后来的两大强敌——俄国和日本，在康熙时期都还没有崛起：俄国废除农奴制是在1861年（清咸丰十一年），日本明治维新则起始于1868年（清同治七年），都是在康熙朝以后。虽然俄国有些小的动作，但都被击败，没有形成大的威胁。至于康熙大帝与彼得大帝，他们大体处于同时代。二者的比较，以后要专讲。

总之，此时的"西方"，经济方面，工业革命还远没有开始（1765年，哈格里夫斯发明珍妮纺织机，是康熙帝的孙子弘历——乾隆三十年的事）；文艺复兴时代的科技，在明末已经传入一些，康熙帝本人也比较重视学习，但是这些东西对生产的影响本来就不是很重大；政治方面，欧洲国家都是君主制（民族国家形成时期），英国在1688年（康熙二十七年）发生"光荣革命"，确立君主立宪制，倒是值得借鉴，但那时英国的力量还基本达不到中国的水平（17世纪荷兰是"海上马车夫"，18世纪法国很厉害，19世纪英国才是海上霸主），而且当时全世界没有一个国家效仿。至于美利坚合众国，则是康熙帝死了半个多世纪以后才建立的。所以说，给康熙帝扣上"丧失学习西方、富国强兵机遇"的帽子，是不太公平的。

这是康熙帝所面临的国际形势。下面再看国内的形势。

二　百废待兴

在中国，康熙帝要成就一代伟业，历史为他提供了挑战与机遇。

第一，金瓯需要一统。从明万历十一年（1583年）努尔哈赤起兵，点燃了后来被称作"七大恨"告天的战火，到康熙二十二年（1683年），南明最后的象征——台湾郑氏延平郡王郑克塽归清，时间跨度，整整百年。这一百年间，中华大地一直处于战争和分裂状态中,人民最重要的历史期待是什么?作为帝王,最重要的历史使命又是什么?是重新实现金瓯完整。完成这个百年历史使命,既是康熙大帝的责任,也是康熙大帝的荣光。

第二,民众需要富裕。战争的破坏,社会的动荡,给人民生命财产造成了巨大损失:在北方,"一望极目,田地荒凉";在中原,"满目榛荒,人丁稀少";在江南,"荒凉景象,残苦难言";在湖广,"弥望千里,绝无人烟";在四川,"民人死亡,十室九空"。就全国而言,经济态势,极其严重:国库空虚,民生凋敝,田土抛荒,路暴白骨,村无炊烟,户无鸡鸣。民要富,家要兴,族要盛,国要强。这既是历史赋予康熙大帝的责任,也是康熙大帝的荣光。

第三,文化需要融合。自努尔哈赤以"七大恨"告天,打着反抗民族压迫的旗帜对抗明朝,到康熙帝继位,再到吴三桂反叛,满汉之间,文化差异,异常凸显,冲突不断。满族统治者在统一中国的过程中,曾经实行错误的镇压和屠杀政策,流传到现在的"扬州十日""嘉定三屠""江阴抗清"等故事,就反映了这种暴政和由此引发的汉族军民的强烈反抗。特别是多尔衮摄政以来,在中原地区普遍推行"剃发、易服、圈地、占房、投充、捕逃"等"六大弊政",更激化了民族矛盾和文化冲突。实现"文化融合"既是康熙大帝的责任,也是康熙大帝的荣光。

第四,天下需要太平。一百年间,地不分南北,族不分夷夏,人不分老幼,民不分贫富,民众都蒙受着战乱、屠杀、大旱、水患、瘟疫、地震等灾难。黎民百姓,背井离乡,饥寒交迫,奔波流离,历尽苦难,饱经沧桑,他们最渴望天下太平。而实现"天下太平"的百年梦想,既是康熙大帝的责任,也是康熙大帝的荣光。

三 继往开来

康熙帝的时代,既有国际有利时机,又有国内有利时势,还有个人的历史机遇。

康熙帝个人的历史机遇主要是：登上帝王的舞台。康熙帝的父亲顺治皇帝共有8个儿子，但他临死前在世的只有6位，实际上可考虑继位者只有2位，他们是皇二子福全（皇长子已死）和皇三子玄烨。很侥幸，玄烨被选中，成为清朝的康熙皇帝。

应当说，康熙朝是中国历史上最后一次没有受到外国势力干扰而获得独立发展的时期。然而，庸君在伟大时代仍然是庸君，英君在伟大时代却为伟人。当时的国际环境与国内环境给康熙帝的事业提供了难得的有利形势。

为什么这样说呢？

第一，从世界历史大势来看，西方大国崛起，逐浪推进，清朝面临最后一个可以长期独立发展的机遇。

第二，从中国历史规律来看，大乱之后往往有大治，短命天子之后往往有寿君。明末清初，数十年战乱，给康熙大帝提供了一个做明君的历史机遇。

第三，从满洲贵族集团来看，康熙大帝正好处在从"打江山"到"坐江山"的转变——满洲虽占有中原大地，却没有坐稳江山，如果不能恰当处理满汉民族关系，而使民族矛盾激化，有可能会重演元朝蒙古贵族最后被赶回漠北的历史悲剧。而如能缓和各种矛盾，成功实现"转型"，其"守成"之功，实同"开创"。这是康熙帝成为一代"大帝"的重要条件。

因此，清朝296年历史发展的关键，看康熙！那么，康熙帝怎么办？

《孟子·告子下》曰："天将降大任于是人也，必先苦其心志，劳其筋骨，饿其体肤，空乏其身，行拂乱其所为，所以动心忍性，曾益其所不能。"康熙帝精读《论语》，熟读《孟子》，他对儒家的至理名言，不仅烂熟于胸，而且实践于行。康熙帝肩负着家族的、民族的、国家的、天下的重任，登上历史舞台，施展雄心抱负。

康熙大帝为了爱新觉罗家族，为了满洲族群，为了天下太平，尽了自己的心力。他的原则是："天下大权，当统于一。"他的旨趣是："从来帝王之治天下，未尝不以敬天法祖为首务。敬天法祖之实，在柔远能迩，休养苍生，共四海之利为利，一天下之心为心，体群臣，子庶民，保邦于未危，致治于未乱。夙夜孜孜，寤寐不遑，宽严相济，经权互用，以图国家久远之计而已。"（《清圣祖实录》卷二七五）

康熙帝在国际、国内、朝廷三方机遇与挑战的态势下，继任清朝第四任皇帝，登上历史舞台，执政61年，开启了史称"康雍乾盛世"的时代。《清史稿·圣祖本纪》论曰："早承大业，勤政爱民。经文纬武，寰宇一统，虽曰守成，实同开创焉。圣学高深，崇儒重道。几暇格物，豁贯天人，尤为古今所未觏（gòu）。而久道化成，风移俗易，天下和乐，克致太平。"（《清史稿》卷八《圣祖本纪三》）这个评论是否公允，留待学者去评价吧！我们所关心的，是康熙皇帝如何从一个8岁的少年天子，逐渐历练成为一代大帝。这还要从他的童年时代讲起。

第二讲 生于忧患

孟子说:"生于忧患而死于安乐也。"人常是这样。忧患使人痛苦,也激人奋进。康熙帝的成长经历充分证明了这一点。

康熙皇帝之所以成为"大帝",是时势造英雄,还是英雄造时势?时势与英雄的关系,古今中外,争论不休。我认为:是时势与英雄共同创造历史。

顺治十一年三月十八日（1654年5月4日）巳时（10时左右），北京紫禁城的景仁宫里一片喜庆之声，17岁的顺治帝又喜添第三个皇子，这个皇子后起汉名玄烨，就是后来的康熙大帝。玄烨的母亲佟氏（即佟佳氏），这年15岁。玄烨出生的那年，清朝迁都北京刚满10年。佟氏居住的景仁宫是东六宫中的一座宫殿，为二进院，黄琉璃瓦，歇山式屋顶。清朝沿袭明朝的习惯，后妃居住的宫室位于紫禁城的北部，中轴线以东有东六宫，以西有西六宫。玄烨成年以后有时也住在景仁宫。这座景仁宫在两百年后又热闹过一次，光绪帝珍嫔（珍妃）的寝宫就在这里，上演了不少生动有趣的故事。

皇三子玄烨后来成为康熙大帝，成为一代伟人，但他并非生来圣明，也有一个接受教育、不断磨炼、逐渐成长的过程。他像普通人一样，有自己的家世与童年，也有自己的幸福与不幸。因此，我们要了解康熙大帝，必须先从了解他的家世、他的童年开始。

一　三种血缘

康熙帝出生在帝王之家，可谓是"天潢贵胄"。这是他和普通百姓子弟最大的区别。但他的出身还有一个与众不同之处：他身上有满洲人、蒙古人和汉人的三种血缘。

其一，康熙帝身上有满洲的血缘。玄烨出身于爱新觉罗家族的宗室，可说是"黄金血胤"，这是他的满洲血统。什么叫宗室？努尔哈赤的父亲塔克世的子孙为宗室，系黄带子（黄色腰带）《清史稿》卷一六一《皇子世表一》。和宗室不同的是觉罗。什么叫觉罗？努尔哈赤的父亲塔克世兄弟的子孙为觉罗，系红带子（红色腰带）。康熙帝的曾祖父是清太祖高皇帝努尔哈赤，祖父是清太宗文皇帝皇太极，父亲是清世祖章皇帝福临。所以，要查康熙帝上三代的话，他是非常纯正的爱新觉罗宗室，身上流淌着满洲人的血液。我们不是血统论者，但血缘影响一个人的品格与精神。康熙帝在做皇子的童年时期，要跟从满洲人师傅学习满语文和骑射，必然会受到满洲森林文化和骑射精神的影响。这是形成康熙帝勇敢品格、尚武精神的文化基因。他后来多次到承德避暑山庄行宫、到木兰围场秋狝，三次塞外亲征，其文化与血缘的根由也在于此。我在这里作一个对比：玄烨四五岁就开始学习骑马射箭。直到清朝末年，光绪皇帝仍是从4岁就开始学习骑马，并用特制的小弓箭学习拉弓射箭。汉族皇帝不同，曾经在明朝皇宫当差的太监对康熙帝说："崇祯尝学乘马，两人执辔（pèi），两人捧镫，两人扶鞦（qiū），甫乘，辄已坠马，乃责马四十，发苦驿当差。"康熙帝讥笑说："如此举动，岂不发噱（xué）！总由生于深宫，长于阿保之手，不知人情物理故也。"（《清圣祖实录》卷二四〇）

其二，康熙帝身上还有蒙古人的血缘。他的祖母孝庄太皇太后，是蒙古族，姓博尔济吉特氏，为成吉思汗的后裔。所以康熙帝身上有四分之一的蒙古血缘。大家知道，孝庄太皇太后从小生长在蒙古科尔沁草原，信奉喇嘛教。玄烨从小跟着奶奶，深受祖母教诲。祖母随嫁贴身侍女苏麻喇姑（苏墨儿），生活在蒙古草原，信喇嘛教，会蒙古语，也会蒙古文，不仅照顾他的生活，还教他蒙古语、蒙古文。后来，康熙帝又娶蒙古后妃。这些对他后来了解蒙古习俗、熟知草原文化、处理蒙古问题、巩固满蒙联盟，有着重大的影响。

其三，康熙帝身上也有汉人的血缘。玄烨的母亲佟氏（后为佟佳氏），为汉人（一说，佟氏原为辽东女真）。幼年入宫，后为皇妃。佟氏家族原为辽东望族，住辽东开原（今辽宁省开原市老城镇），后迁居抚顺（今辽宁省抚顺市），以经商为生。佟家早在努尔哈赤起兵之初，就与之暗地交往。佟氏的叔爷爷佟养性曾经被明朝逮捕下狱，脱狱之后，佟氏举族投奔努尔哈赤。皇太极时，佟养性在沈阳主持研制红衣大炮，组建乌真超哈（重军，即炮兵），并为第一任汉军固山额真（都统）。佟养性的女儿嫁给贝勒岳讬（代善长子、克勤郡王），同皇家联姻。后佟养性死在任上。佟养性的从兄，即佟佳氏的爷爷佟养真（正）被任命为游击，守镇江城（今丹东市九连城镇）。一天夜里，他的中军陈策率兵投明，佟养真（正）被抓，不屈而死，长子佟丰年等六十人被杀《满文老档》卷八）。佟养真（正）次子佟图赖袭职。佟图赖就是佟佳氏的父亲、康熙帝的外祖父。八旗汉军成立后，佟图赖任汉军正蓝旗都统。清军入关，佟图赖随军南征北战，屡立军功。曾任定南将军、礼部侍郎，加太子太保，后赠一等公爵。顺治十五年（1658年）病死，53岁。雍正初，在北京为佟图赖建祠祭祀，赐额名"功崇元祀"。在京师为一员大臣设立专祠祭祀是罕见的，显然他是沾了外孙康熙帝和重外孙雍正帝的光。佟图赖死后，儿子佟国纲袭爵。佟国纲就是佟佳氏的哥哥、康熙帝的舅舅，在康熙朝抗御噶尔丹的乌兰布通之战中牺牲。佟国纲的弟弟佟国维，既是康熙帝的叔舅，又是他的岳父。他的女儿佟佳氏嫁给康熙帝做妃子，佟佳氏是康熙帝母亲的侄女，也是康熙帝的表妹，这是一门舅表亲。佟国维被封为内大臣、领侍卫内大臣、议政大臣、一等公。后来，他的儿子即康熙帝的小舅子隆科多在雍正帝即位时有生动的故事。在顺治、康熙时期，佟姓在朝廷上做官的很多，有"佟半朝"的民谚。康熙帝下诣将母亲佟佳氏家族从汉军正蓝旗抬入满洲镶黄旗。这是皇太后家族抬旗的开始《清史稿》卷二一四《后妃传》）。后来慈禧太后将她娘家由满洲镶蓝旗抬入满洲镶黄旗。

康熙帝继承的三种血缘，使他从小受到三种文化的熏陶，养成了三种品格。康熙帝的勇武与奋进，继承了满洲人的性格；高远与大度，受到了蒙古人的熏陶；仁爱与韬略，汲取了汉族儒学的营养。康熙帝属马，如果用马来比喻的话，他既像一匹蒙古马，能在广袤的草原上驰骋；又像一匹满洲马，能在征战中厮杀；还像一匹中原马，能忍耐驯顺并竭诚效力。康熙大帝身上有三种血缘、三种文化和三种品格——这种文化素养，在中国秦始皇以来两千年大一统王朝的皇帝中，既是空前的，也是绝后的。

我在这里补充一句：康熙帝身上的三种血缘、三种文化和三种品格，正为中华各民族在历史发展长河中的血脉联系提供了鲜活的例证。我国各个民族，既有各自特点，又有共同文化，彼此兄弟，血浓于水。这个特点，值得珍视。

康熙帝曾说："朕少时，天禀甚壮，从未知有疾病。"又说："朕自幼强健，筋力颇佳，能挽十五力弓，发十三握箭，用兵临戎之事，皆所优为。"(《清圣祖实录》卷二七五)这样看来，他不但出身帝王之家，生活条件、教育条件优越，而且自幼身体强健，跟普通百姓相比，实在是有天壤之别。然而，令人想不到的是，康熙大帝的童年生活，竟遭遇了诸多的不幸。

二　八个不幸

康熙帝生来就贵为皇子，他的童年生活，可以说是锦衣玉食，跟普通百姓相比实在是大幸、大大幸、大大大幸。但是康熙帝八年的皇子生活，竟然也遭受了普通人难以想象的八个不幸。

第一个不幸：幼离母亲怀抱。清朝制度，皇子、皇女出生之后，与生身额娘（母亲）分居，由乳母、保姆养育。就是说玄烨出生之后，不仅没有一个同父母居住在一室的家，而且没有和母亲同住在一起。玄烨是独居一处，由乳母、保姆等哺育、照顾，由宫女、太监等服侍、陪伴。他不仅少了父母的抚爱，甚至难得见到母亲和父亲，倒不如普通百姓家的孩子，可与父母一堂，享受家庭欢乐。他晚年回忆幼年的生活说："父母膝下，未得一日承欢。此朕六十年来抱歉之处。"(《清圣祖实录》卷二九〇)

第二个不幸：宫外孤独避痘。玄烨在两三岁时，出宫避痘（天花）。他回忆说："钦惟世祖章皇帝（顺治帝福临）因朕幼年时，未经出痘，令保母护视于紫禁城外。"(《清圣祖实录》卷二九〇)他为什么要到宫外避痘呢？原来世居山林和草原的满洲人、蒙古人来到中原后，容易感染痘症（天花），而当时对这种病没有特效药，传染厉害，死亡率高。所以宫廷里也是谈"痘"色变。为了避痘，玄烨从皇宫里搬出，住到皇宫西墙外的一座宅院里。这座宅院就在今北长街北口路东，隔筒子河与皇宫相望。人们从西华门出来往北或从神武门出来往西，很快就可以到达那里。这段时间，玄烨小小年纪，身边只有乳母、保姆、宫女、太监照料，长期不能同父母相见。

直到四五岁出痘以后,才搬回皇宫。玄烨童年避痘的宅院,雍正元年(1723年)加以改建,赐名福佑宫,后为宝亲王(弘历)府邸,但未迁入(崇彝《道咸以来朝野杂记》)。弘历即位后,改名福佑寺,为喇嘛庙。现今保存完好。正殿恭奉清圣祖仁皇帝大成功德佛牌,东案陈设御制文集,西设宝座,殿额曰"慈容俨在"。大门外有东、西二坊,东曰"佛光普照",曰"圣德永垂";西曰"泽流九有"(从街上可以看到),曰"慈育群生",都是雍正帝御书(《日下旧闻考》卷四一)。

  第三个不幸:家庭关系复杂。玄烨的皇父顺治帝先后娶了19位后妃,其中有满洲人、蒙古人、汉人,家庭关系十分复杂。而皇祖母孝庄太皇太后为皇父先后选了5位姓博尔济吉特氏的蒙古后妃。皇父并不喜欢她们,先废掉第一位皇后(孝庄亲侄女),又疏远第二位皇后即孝惠章皇后(孝庄亲侄孙女),并冷落了另3位蒙古妃子。因此,祖母和父亲关系不洽,磕磕碰碰,一时失和。这些都是玄烨亲眼见到、亲耳听到、亲身感受到的。

  第四个不幸:受到皇父忽视。玄烨从2岁到7岁的6年间,他的皇父顺治帝上演了与董鄂氏的爱情悲喜剧:玄烨2岁时,皇父热恋董鄂氏;3岁时,董鄂氏入宫,不久为皇贵妃;4岁时,董鄂妃生下一个儿子,就是皇四弟,被皇父视为"朕第一子",预示这位小皇子将来是皇位继承人;5岁时,皇四弟夭折,追封为荣亲王,皇父与庶母董鄂妃悲痛欲绝,神魂颠倒;7岁时,董鄂妃病逝,皇父过度悲伤,寻死觅活,先要自杀,被祖母派人昼夜看着,后要剃发出家,不久又罹患重病。在玄烨成长的8年皇子生活里,皇父根本无心、也无暇顾及他,没有给予足够的关爱与教育。

  第五个不幸:出痘九死一生。玄烨两三岁时就到宫外避痘,三四岁时出天花,没有特效药,发烧、疼痛、烦躁、恐惧,全靠他自身的抵抗能力和保姆、太监的精心照料,才九死一生,躲过一劫。幼小的年纪,面临过生死的磨难。这是一个多么可怜的童年!

  第六个不幸:脸上留下麻子。玄烨两三岁时出宫避痘,虽名曰"避痘",实际上并没有任何科学的预防措施，也没有有效的治疗措施，一旦得了天花，半靠自身抵抗力，半靠命运的安排。三四岁时，玄烨果然出了天花。这场病灾使玄烨"脸上有天花留下的痘痕"，就是脸上留下麻子。对于一个普通人来说，脸上长麻子是一种遗憾，也是一种痛苦；对于康熙帝来说，更是一种终身的生理遗憾，也是一种终身的心灵痛苦。

第七个不幸：8岁痛失皇父。玄烨虽然被皇父冷落，但毕竟是有皇父的庇护。但他8岁（7周岁）的时候，刚够现今小学二年级的年龄，年仅24岁的皇父竟然与世长辞。父亲死了，天塌了，祖母和生母痛苦不堪，整个皇宫都笼罩在悲哀的气氛中。玄烨在乾清宫给皇父守灵、默哀、祭拜、哭号。这给幼小的玄烨，造成巨大的心灵打击和精神创伤。

第八个不幸：10岁痛丧母亲。玄烨继位的第二年，生母佟氏就病死了，这时康熙帝才10岁（9周岁），相当于现在小学四年级学生的年龄。佟氏去世后，玄烨昼夜守灵，"上擗踊哀号，水浆不御，哭无停声"（《清圣祖实录》卷八），宫廷近侍，皇室近亲，耳闻目睹，无不感动。一个年龄才十来岁的孩子，两年之间，父母双亡，形影相吊，实在可怜，应当说是人生幼年之最大不幸。这对玄烨来说，是一场天崩的灾难与地裂的打击。

康熙帝生于忧患的童年，激励他勤奋学习，严于律己，胸怀抱负，实心治国。后来他说："朕自幼读书，览古人君行事，始终一辙者甚少，尝以为戒。惟恐几务或旷，鲜克有终。以故宵衣旰食，祁寒盛暑，不敢少间。偶有违和，亦勉出听断。或中夜有机宜奏报，未尝不披衣而起。朕非不知燕息自怡，盖所爱不在一身，总为天下生灵之计。政事务求当理，官职务在得人。期于家给人足、百姓乐业而已。"（《清圣祖实录》卷九九）

总之，玄烨是在充满宫廷悲剧的忧患中度过童年的，他的童年很少享受到家庭的亲情和温暖，成为他终生的遗憾。他为自己没有来得及在父母膝下尽孝，没有能够给父母带来更多欢乐而遗憾终生。直到晚年时他还对此耿耿于怀。他说："钦惟世祖章皇帝因朕幼年时，未经出痘，令保母护视于紫禁城外，父母膝下，未得一日承欢，此朕六十年抱歉之处。"（《清圣祖实录》卷二九〇）

《孟子·告子下》说："生于忧患而死于安乐也。"人常是这样。忧患使人痛苦，也激人奋进。康熙帝的成长经历充分证明了这一点。

三　因祸得福

玄烨充满宫廷悲剧的童年，给他带来了八个不幸。但是，玄烨在"八个不幸"面前，没有怯馁、退缩、消沉、颓废；而是变"不幸"为"有幸"，勤奋学习，磨炼意志，培养了自信、自立、自强、自励的精神，成为他成长中的宝贵动力。

第一，孤独中遇到良师。前面我讲过，玄烨童年"离开母亲怀抱"并"宫外孤独避痘"。玄烨出宫避痘及童年时期的教师，有母亲、祖母、苏麻喇姑，以及一位孙氏保姆（内务府正白旗汉军包衣曹玺的妻子，她的后代出了曹雪芹），还有他的师傅（老师）、太监、大臣等。孝庄太皇太后鉴于对儿子福临少年时教育失败的教训，更加注重对孙儿玄烨的教育。祖母教育他做人的规矩，如"凡人行为坐卧，不可回顾斜视"。康熙帝后来回忆说："朕自幼龄学步能言时，即奉圣祖母慈训，凡饮食、动履、言语，皆有规度。虽平居独处，亦教以罔敢越轶，少不然即加督过，赖是以克有成。"（《康熙御制文集》二集卷四十）祖母对他"抚育教训"，给他讲祖宗艰苦创业的故事。后来，康熙帝回忆说："朕八岁，世祖皇帝宾天，十一岁慈和皇太后崩逝，藐兹冲龄，音容记忆不真，未获尽孝，至今犹憾。藉圣祖母太皇太后鞠养教诲，以至成立。"（《康熙起居注册》康熙二十六年十二月二十五日）他就是在这些"老师"的教育下，学文化，端品行，立志向。

玄烨出宫避痘，祖母孝庄太皇太后心疼他，经常派苏麻喇姑去照料。苏麻喇姑原是孝庄的陪嫁女，经历天命、天聪、崇德、顺治、康熙五朝，为人祥和厚道，宫廷阅历丰富。小玄烨不仅从她那里学到不少知识，而且受到潜移默化的影响。

这里讲个故事：苏麻喇姑有个习惯，每年除夕，她要将洗脚水澄清，盛出一碗，一饮而尽。她说是为了敬神消灾，实际上反映了以游牧为生的蒙古人对水的渴求与敬重。这么多年来优裕的宫廷生活，并没有使苏麻喇姑忘记过去。这种朴素的思想作风，对小玄烨产生了潜在影响。

第二，被忽视下更加发愤。前面我讲过，玄烨童年"家庭关系复杂""受到皇父忽视"。但他没有因此而自暴自弃。玄烨5岁开始读书写字。史书说他："自五龄后，好学不倦。"除了学习满洲语文、蒙古语文之外，还要学习汉语文。汉语文中的"三百千"（《三字经》《百家姓》《千字文》）、"四书"（《大学》《中庸》《论语》《孟子》）等，对他的幼小心灵产生了深刻的原生性影响。玄烨从小意志坚强，耐性过人。他学习汉族传统文化"四书"，按照传统的学习方法，先念后背。先念就是朗读，后背就是背诵。他给自己规定：每一段、每一篇，都要朗诵120遍，然后背诵120遍，直到滚瓜烂熟、融会于心。

俄国彼得大帝小时候的学习生活，就是"读读、写写、背背"（《彼得大帝传》），读就是读书识字，写就是练习写字，背就是背诵圣书中的段落。这同康熙大帝小时候的学习生活，十分相似。

玄烨小时候，受过良好的、系统的教育。他的老师是当时文士中最优秀的。他自己说："朕自幼读书，于古今道理，粗能通晓。"（《清圣祖实录》卷三〇〇）可见玄烨童年读书，初步了解历史，了解经典，古今道理，粗略通晓，为他后来治国、平天下做了基础性的准备。

第三，出痘后才有皇位。前面我讲过，玄烨童年"出痘九死一生""脸上留下麻子"。玄烨出痘，虽身体痊愈，脸上却留下了麻子，造成终生遗憾。但正是这个缺憾，在他继承皇位这件事情上起到了关键性的作用。从现有的史料看，玄烨的皇父顺治皇帝应该是患天花不治而去世的。因此，在他临终前商量皇位继承人时，把出过天花作为一项重要条件。这是因为患过天花的人，具有终生免疫力。皇父死得太早，朝廷震动太大。为着朝廷政局稳定，也为着江山坚固，玄烨便因祸得福，荣登大位。

第四，忧患中较早成熟。前面我讲过，玄烨童年"八岁痛失皇父""十岁痛丧母亲"。玄烨自幼懂事，他在10岁以前，先后遭遇丧父、丧母之痛，目睹世态炎凉，知道人间冷暖，磨难使他早熟。他说："幼龄读书，即知酒色之可戒，小人之宜防，所以至老无恙。"（《清圣祖实录》卷二七五）玄烨从小决心戒酒、戒色、戒小人。他终生不酗酒、不荒淫、不亲昵小人。他从小学会了体察人生，善解人意。尽管他那时不谙世事，然而在与额娘（母亲）不多的接触中，额娘黯然的眼神和微露的悲愁，都会使他有所感悟，引起他幼小心灵的共鸣。在皇父与生母的矛盾纠葛中，他本能地同情额娘，同情弱者。由此看来，一个人小时候，吃点苦，受点罪，经过坎坷，受过磨难，可能对其以后人生的成长，事业的成功，会产生巨大的积极影响。吃苦与磨难可以锤炼一个人的品质、意志、见识和勇气。所以，小孩子吃点苦头，受点磨难，可能是好事，而不是坏事。

一天，皇父问来到身边请安的皇二子福全、皇三子玄烨、皇五子常宁（长宁）长大之后有什么志向。皇五子常宁因刚3岁，不能回答；皇二子福全回答说："愿为贤王。"皇三子玄烨虽年龄不大，却从容地答道："待长而效法皇父，黾勉尽力。"（《清宫述闻》）皇父顺治帝听了玄烨的回答后，称赞他有远大的志向，另眼相看。

玄烨之所以最终成为一代伟人，是不是天资聪颖，大过于人呢？他自己认为："朕之生也，并无灵异；及其长也，亦无非常。"（《清圣祖实录》卷二七五）就是说，玄烨小时候并没有特别超人的灵异，也没有过人的天才。玄烨不是生而知之，乃是学而知之。康熙大帝的过人之处是，天性好学，精力充沛，孜孜不倦，永不知足——学而得之，行而得之，思而得之，悟而得之。

一个少年，一个青年，立下鸿鹄大志，选定努力方向："立心以天下为己任、许死而后已之志。"（《清圣祖实录》卷二七五）这就是玄烨少年时期立下的志向和价值观。玄烨在"治国、平天下"的高远理想下，好学不辍，勤勉努力，终于成为一代伟人、千年一帝。

第三讲 少年天子

《清圣祖实录》（卷二七五）记载："立心以天下为己任、许死而后已之志。"这就是玄烨少年时期立下的志向和价值观。一个少年，一个青年立下鸿鹄大志，选定"治国、平天下"的高远理想，再加上后天的好学不辍，勤勉努力，终于使他成为一代伟人、千年一帝。

康熙帝自己认为："朕之生也，并无灵异；及其长也，亦无非常。"如果非要找到他的过人之处，那就是：天性好学，精力充沛，孜孜不倦，永不知足——学而得之，行而得之，思而得之，悟而得之。

顺治十八年正月初七（1661年2月5日），举国上下还在过年的期间，玄烨的皇父顺治皇帝驾崩了。顺治帝临终前，在皇位继承人的问题上曾经反复权衡，最终选择了皇三子玄烨。

一　八岁继位

关于玄烨的继位，我曾接到过一封观众来信，说：玄烨是多尔衮和孝庄太后的私生子。我说：多尔衮是在顺治七年（1650年）死的，玄烨是在顺治十一年（1654年）生的，年龄不符呀！对方解释说：玄烨瞒了4岁！并且说，因为孝庄太后生的玄烨，所以她坚持要玄烨继承皇位。当然，这种说法没有一条史料支持，不值一论。但这说明，在玄烨继位的问题上，同样少不了野史逸闻、民间传说。那么，事实真相究竟是怎样的呢？

玄烨的继位，与他的祖父皇太极、父亲福临，都有不同。皇太极是经过错综复杂的宫廷斗争、逐一打败竞争对手，最后通过满洲上层贵族会议推举，从而争得了皇位。皇太极死后，当时争夺皇位的多尔衮和豪格互不相让，都不愿意看到对方登上皇位，双方妥协的结果，是让年幼的福临继位。玄烨的继位，没有经过那种针锋相对甚至你死我活的斗争，而主要是顺治皇帝和孝庄皇太后协商的结果。但确定过程，也有一番波折。

第一，皇帝意见：兄终弟及。顺治帝在病危时，和母亲孝庄太后商量由谁来继承皇位。顺治帝的意见是，6个皇子中最大的9岁，最小的2岁，年龄太小，都不能担当国家大任。顺治帝自己6岁继位，曾为少年天子，亲身感受过摄政王多尔衮专权，朝廷大权旁落，母子凄苦。这个惨痛的悲剧不能重演。因此，顺治帝想在本家宗室兄弟中找一位继承者。顺治帝共有11个兄弟，到这时已经死去6位，还有5位。

第二，太后懿意：子继父位。孝庄太后不同意顺治帝"兄终弟及"的意见，力主子继父位。为什么呢？因为孝庄太后认定：皇位的继承人，要在努尔哈赤、皇太极、福临的直系血统中延续，如果顺治帝的兄弟或堂兄弟中的一位继承皇位，那么顺治帝的儿子最高只能做到亲王、郡王，且要递降爵位，子孙很难再有机会做皇帝。这时，她在北京生活了18年，也受到儒家文化的影响。其实还有一个重要原因，顺治帝的这5位兄弟，都不是孝庄太后所生，如果他们中的一位做了皇帝，那其生母就必定会是皇太后，孝庄太后很难掌控朝纲，处境将相当为难。

第三，宗室意见：当立皇子。爱新觉罗宗室中的亲王、郡王、贝勒、贝子们，也赞成孝庄太后的意见，就是从皇子中选择皇位继承人，这样可以平衡宗室关系，避免引发宗室内部的矛盾和冲突。

第四，洋人意见：选择皇子。顺治帝派人问耶稣会士汤若望的意见，汤若望完全同意孝庄皇太后的意见。他认为皇太后选择的皇三子玄烨，是最合适的继位者，其中重要原因是玄烨出过天花。在中国皇位继承上，洋人的意见居然发生作用，这从一个侧面反映了当时西方文化对中国传统文化已经开始产生影响。

最后，顺治帝和母亲孝庄太后统一了意见，从6个皇子中选出玄烨继承皇位，并以皇帝遗诏的形式发布。

为什么选择玄烨呢？这就要介绍一下顺治帝皇子也就是玄烨兄弟的情况。

《清史稿·后妃传》记载，玄烨有名位的母亲（嫡母、生母、庶母）19人，他共有兄弟8人，到顺治帝临终时，已经有两个兄弟夭折：即皇长兄牛钮（钮钮），顺治帝14岁生，生母为庶妃巴氏，顺治九年（1652年）病死，卒年2岁；皇四弟，未有名，顺治帝20岁生，生母栋鄂氏，就是董鄂妃，出生后106天而死，后追封为荣亲王。这样，顺治帝临终前玄烨还剩下兄弟6个。

皇二兄福全，顺治帝16岁时出生，生母为宁悫（què）妃董鄂氏（顺治帝后妃中有3位姓董鄂氏），这时9岁；

玄烨（皇三子），顺治帝17岁时出生，生母妃佟氏，这时8岁；

皇五弟常宁，顺治帝20岁时出生，生母庶妃陈氏，这时5岁；

皇六弟奇授，顺治帝22岁时出生，生母庶妃唐氏，这时3岁；

皇七弟隆禧，顺治帝 23 岁时出生，生母庶妃钮氏，这时 2 岁；

皇八弟永幹，顺治帝 23 岁时出生，生母庶妃穆克图氏，这时 2 岁。

顺便说一句，顺治帝的儿子虽然都是入关以后在紫禁城出生的，但是当时受汉文化影响还不深，名字都没有排字。后来康熙帝的儿子，头几个也没有排字，直到第四个儿子才开始排"胤"字。

在这些皇兄弟中，皇二兄福全和玄烨本人年龄稍大些，分别是虚岁 9 岁和 8 岁，相对来说，最有希望被选为皇位继承人。而与兄弟相比，玄烨有三个优势：

其一，年龄大些。顺治帝的 6 位皇子，一个 9 岁，一个 8 岁，一个 5 岁，一个 3 岁，两个 2 岁，都是虚岁。皇三子玄烨相对年龄大些。

其二，聪明颖慧。有的史料记载，福全才赋平庸，其父不太喜欢；而玄烨"岐嶷颖慧"，因而被选中。

其三，出过天花。《汤若望传》记载：所以选择玄烨，"是因为这位年龄较幼的皇子，在髫（tiáo）龄时已经出过天花，不会再受到这种病症的伤害"。出过天花，可以终生免疫，这是最终选定玄烨的决定性条件。24 岁的顺治帝就是因为患天花不治而死，玄烨已经出过天花，可以避免顺治帝那样的悲剧重演。明朝曾经出现"一月之间，梓宫两哭"的悲剧。皇帝死亡，国家大丧，天下震动，是件大事。玄烨出过天花，有利于朝廷政局稳定。

不难看出，玄烨虽因患天花而脸上有麻子，却因祸得福，被皇父和祖母选中，袭受皇位，成为清朝第四任皇帝。

顺治帝留下遗旨："太祖、太宗，创垂基业，所关至重，元良储嗣，不可久虚。朕子玄烨，佟氏妃所生，年八岁，岐嶷颖慧，克承宗祧，兹立为皇太子，即遵典制，持服二十七日，释服，即皇帝位。"（《清世祖实录》卷一四四）

玄烨 8 岁继位后，到亲政前，主要居住在清宁宫（保和殿）。保和殿曾称位育宫，他的皇父福临在这里居住过。玄烨继位后，少年天子，不谙世事，无法处理政事，因而需要大臣辅政。

二　四臣辅政

在中国皇朝历史上，少年天子背后的权力，有五种形式：一是外戚势力，如汉朝；二是太监势力，如明朝；三是太后临朝，如辽朝；四是宰相辅政，如明万历朝等；五是亲王辅政，如清顺治朝。这五种形式，各有其利弊。顺治皇帝和孝庄太后汲取历史教训，尽力避免汉朝的外戚、明朝的太监、辽朝的太后、清初的亲王辅政的弊端，而采用大臣辅政，同时也看到明万历朝张居正一人专权之害，不是让一人辅政，而是四人联合，互展所长，彼此牵制。最终决定由索尼、苏克萨哈、遏必隆、鳌拜四位异姓军功贵族辅政。孝庄太后和顺治皇帝为什么任用异姓贵族辅政呢？我们先看一下这四位辅政大臣的简历。

索尼（1601—1667），满洲正黄旗人，姓赫舍里氏，父亲硕色和叔父希福都通满、蒙、汉语文，为"巴克什"（汉语博士的意思），都是文化造诣很深的人。希福官至崇德朝大学士。索尼出生在这样的文臣之家，自幼随父学习，通晓满、蒙、汉语言文字，又熟悉弓马，经历了战火的历练，文武兼长，为天命、天聪、崇德、顺治、康熙五朝老臣。索尼初为努尔哈赤的一等侍卫，"出入扈从，随军征讨"（《八旗通志》卷一四七《索尼传》）。在己巳年（即1629年，明崇祯二年，后金天聪三年）北京之战中，贝勒豪格（康熙帝的大伯父）被围，索尼杀入重围，救了豪格一命。又在攻城略地时，用汉语、汉文招降，如在永平（今河北卢龙）城上挥舞大旗，说汉语，劝投降。皇太极死后，皇位争夺，索尼支持豪格，私结盟誓，带领巴牙喇（禁卫护军）守卫大清门。诸王大臣在崇政殿议决皇位继立的高端会议上，他抢先发言，认为应立皇子，被睿亲王多尔衮赶出会场。多尔衮掌权后，"索尼终不附睿亲王，于政事多以理争，王由是恶之"（《清史列传》卷六《索尼》）。多尔衮借茬儿将索尼削爵、罢官，发到沈阳守昭陵（皇太极陵）。多尔衮死后，顺治帝亲政，给索尼平反，官议政大臣、内务府总管。他的孙女赫舍里氏后来成为康熙帝的皇后。

苏克萨哈（？—1667），满洲正白旗人，姓叶赫那拉氏，父亲苏纳娶努尔哈赤第六女，为额驸。苏克萨哈的外祖父是清太祖努尔哈赤。苏克萨哈为天命、天聪、崇德、顺治、康熙五朝元老。顺治初，官议政大臣。苏克萨哈原为多尔衮属下，隶正白旗，多尔衮死后，率先举发。曾率军进攻明末农民起义军孙可望部，六战皆捷，立下大功。官领侍卫内大臣。

遏必隆（？—1673），满洲镶黄旗人，姓钮祜禄氏，外祖父也是努尔哈赤，母亲为努尔哈赤的女儿和硕公主，父亲是清开国五大臣之一的额亦都《八旗通志初集·额亦都传》）。为天命、天聪、崇德、顺治、康熙五朝元老。初为宫廷侍卫。在明清松山大战中，明将曹变蛟深夜率军突袭皇太极大营，情势危急，遏必隆守卫，立下大功。多尔衮摄政时，被借茌儿论死、籍没家产之半。多尔衮死后平反。一等公爵，任议政大臣、领侍卫内大臣。

鳌拜（？—1669），满洲镶黄旗人，姓瓜尔佳氏，是清开国五大臣之一费英东（费英东"尚主"，也是额驸）的后裔。为天聪、崇德、顺治、康熙四朝元老。鳌拜弓马娴熟，健壮有力，作战英勇，屡立战功。皮岛之战初，清军失利，"鳌拜大呼，超越而上"，直前搏战，遂克其岛。被授为"巴图鲁"称号，意思是英雄。后为大清江山，再次立战功，射杀张献忠《八旗通志》卷一三七《鳌拜传》）。皇太极死后，因"谋立肃亲王（即豪格），私结盟誓"，多次被贬，几次论死。多尔衮死后平反，官议政大臣、领侍卫内大臣。

辅政四大臣有几个共同特点：

第一，他们都隶属于上三旗。"上三旗"，就是满洲镶黄旗、正黄旗和正白旗。起初，清太祖努尔哈赤自掌两黄旗，后来皇太极、顺治帝都是亲掌两黄旗。所以两黄旗的地位要比其他旗高。正白旗原来由摄政睿亲王多尔衮亲掌，多尔衮死后归顺治帝。这样顺治帝就直接掌握满洲镶黄旗、正黄旗和正白旗，这就是"上三旗"。虽然理论上讲各旗平等，但因"上三旗"由皇帝直接掌握，其地位实际上高于其他五旗。四个辅政大臣从上三旗中出，既体现了其地位的高贵，又可以平衡上三旗之间的关系，便于互相制约。

第二，他们都是异姓军功贵族。他们既不是宗室，也不是觉罗，而是异姓军功贵族。他们都是开国元勋的后代，有的还是皇亲国戚。有战功、有地位、有军权，这是一股重要的异姓军功贵族力量。所以他们有实力、有影响、有能力来辅佐幼帝，稳定政权，成就大业。

第三，他们中有三人是皇亲国戚。四位辅政大臣中的三位——索尼、苏克萨哈、遏必隆，都是皇亲国戚。

第四，他们都资深位高权重。索尼、苏克萨哈、遏必隆、鳌拜四人都是议政大臣（相当于大学士、后来的军机大臣），或兼领侍卫内大臣、内务府总管大臣。

第五，他们多受过睿亲王排挤。索尼、遏必隆、鳌拜三人，都曾经受到摄政睿亲王多尔衮的疏远、排挤、打压、迫害，几乎被置于死地。顺治帝救了他们，重用他们，顺治帝对他们有知遇之恩。苏克萨哈也为公主之子。所以他们按理应当竭尽全力辅佐幼帝，来报答顺治帝的皇恩。

当时，朝廷主要有三股政治力量：一是皇权，就是皇室的势力；二是宗权，就是宗室贵族的势力；三是旗权，就是八旗——异姓军功贵族的势力。当年，多尔衮、济尔哈朗辅政，因为他们都是宗室贵族，宗室权力过大，威胁到了小皇帝的权力。孝庄太后与顺治帝汲取这个历史教训，将皇权与旗权联合，以削弱宗权。所以，顺治帝临终前，同孝庄太后等议商，决定由四位异姓军功贵族辅佐8岁的少年天子康熙帝，依靠太皇太后皇室势力，借助异姓军功贵族力量，削弱宗权，巩固皇权。并以宗室勋贵通过议政王大臣会议，孝庄太皇太后代表皇权，对辅政大臣实行监督。

清朝有一个现象：在定都北京后的10位皇帝中，8岁以下孩童继位的，竟占了5位：顺治帝6岁继位，康熙帝8岁继位，同治帝6岁继位，光绪帝4岁继位，宣统帝3岁继位。孩童皇帝，必有辅政。清朝的辅政有五次：第一次，宗室亲王辅政，如顺治朝睿亲王多尔衮、郑亲王济尔哈朗摄政。第二次，异姓贵族辅政，如康熙朝索尼、苏克萨哈、遏必隆、鳌拜四大臣辅政。第三次，亲王与贵族共同辅政，如同治朝肃顺等八大臣辅政。其间，一直围绕着皇权而展开斗争，其过程弥漫腥风血雨，其结果辅政大臣难得善终。第四次，慈安太后与慈禧太后干脆不用亲王摄政、大臣辅政，亲自出面，垂帘听政。第五次，宣统朝醇亲王载沣摄政。

少年天子康熙帝在辅政大臣辅佐下，是怎样行政与生活的呢？

三　勤学励志

玄烨做了皇帝，御名是要避讳的。先是，清帝名为满文。顺治帝在临终前，为第三子特定汉字御名玄烨。此前，清太祖努尔哈赤、太宗皇太极、世祖福临的名字，出现在《实录》《玉牒》等官书上，用黄签盖上，俗称"贴黄"，以表示敬避。清朝皇帝名字讳缺末笔（最后一笔不写），是从康熙朝开始的。康熙帝名字玄烨的"玄"字，避讳时敬缺末笔，凡带"玄"字偏旁的字，如"铉""眩""炫""泫""痃""袨""绞""珫""怰""妶""呟"等也一概敬缺末笔（"玄"字偏旁在下的"罢"也敬避而讳缺末笔，"玄"字偏旁在左的"玅""颃""鸹"等字，其"玄"字也一概敬避而讳缺末笔）；通常也改同音字，如"玄武大帝"改为"元武大帝"之类；"烨"字，避讳时也敬缺末笔。当朝及其后清朝所有的文人，书写时都必须敬避皇帝的名字，否则是会降临大祸的。

康熙帝从登极到亲政之初，都做些什么？我讲三点：

其一，读书学习。康熙帝8岁继位后，外朝的军国大事，主要由辅政大臣主持裁决，重大事情联名奏报皇帝和太皇太后。内阁、六部的奏报，由四位辅政大臣集议会批，再以皇帝名义下发。直到康熙六年（1667年）玄烨14岁亲政，主持朝廷会议时为止。康熙帝从8岁到14岁，在这6年的时间里，主要是读书、学习（这点后面要专题讲）。

其二，立志高远。他立下做贤君、明君、勤君、慎君的志向。一天太皇太后问他的愿望和志向。答道："惟愿天下乂安，生民乐业，共享太平之福。"《清圣祖实录》

<small>卷一〉</small>康熙帝的期待是"太平盛世"："民为邦本，必使家给人足，安生乐业，方可称太平之治。"<small>(《清圣祖实录》卷二二)</small>康熙帝的基本理念是由此开始的。"康雍乾之治"的局面是康熙帝开创的。

其三，翻案遗诏。《顺治遗诏》是怎么回事？少年天子康熙帝为什么要翻《顺治遗诏》的案呢？

顺治帝去世后，由朝廷公布的遗诏中，历数他当政期间的14条错误（详见本讲后附录）。应当说，这十四条"罪己诏"，有的是顺治帝自己的意思，有的仅部分是自己的意思，有的完全不是自己的意思——或是皇太后的意思，或是辅政大臣的意思。如说自己"渐习汉俗，于淳朴旧制，日有更张，以致国治未臻，民生未遂"；说自己"于诸王、贝勒等……情谊暌隔，友爱之道未周"；说自己于"满洲诸臣……朕不能信任，有才莫展……而委任汉官……以致满臣无心任事"，等等。主要集中在满汉、文武、新旧、兴废几个关系上。当时，顺治帝刚出天花，病势凶猛，心身痛苦，神志恍惚，没有心情、也没有空闲静思默想，回顾失误。从发病到去世，不足6天。同时，从顺治帝生前的作为看，他也并不是个勇于认错的皇帝，他虽然多愁善感，身体羸弱，但举止坚毅，很有主见。所以这些自责之辞，不可能全是顺治帝的本意。因此，遗诏只能是在孝庄太后及辅臣授意下，由朝臣撰拟，表明他们对顺治帝的评价。这实际上全面否定了顺治帝的主要政绩。

康熙六年（1667年）七月，康熙帝"躬亲大政"。翌年正月十一日，建顺治帝"孝陵神功圣德碑"。玄烨指示臣工为皇考撰写的《孝陵神功圣德碑文》中，明显地为其皇父"翻案"。碑文强调皇父"勤学好问，择满汉词臣，充经筵日讲官。于景运门内建直房，令翰林官直宿备顾问。经书史册，手不释卷，遂知性知天，洞悉至道""旁及诸子百家，莫不博涉，得其要领""亲视太学，释奠先师，发帑金，崇其庙貌""丁亥、己亥，再举会试，间广额数，以罗人才""视满汉如一体，遇文武无重轻"<small>(《清圣祖实录》卷二五)</small>。

与《顺治遗诏》对照，碑文对顺治帝的评价，有着根本性的变化。它在褒扬皇父的同时，间接地批评辅臣"独崇满洲、贬抑汉臣"等错误做法，为其后清除鳌拜集团，做了思想和舆论准备。

这篇《孝陵神功圣德碑文》，敲响了鳌拜贵族集团的丧钟。

附录：顺治遗诏
（顺治十八年正月丁巳初七日）

朕以凉德，承嗣丕基，十八年于兹矣。自亲政以来，纪纲法度，用人行政，不能仰法太祖、太宗谟烈。因循悠忽，苟且目前，且渐习汉俗。于淳朴旧制，日有更张，以致国治未臻，民生未遂。是朕之罪一也。

朕自弱龄，即遇皇考太宗皇帝上宾。教训抚养，惟圣母皇太后慈育是依，隆恩罔极，高厚莫酬，惟朝夕趋承，冀尽孝养。今不幸子道不终，诚悃未遂。是朕之罪一也。

皇考宾天时，朕止六岁，不能服衰绖，行三年丧，终天抱恨。惟侍奉皇太后，顺志承颜。且冀万年之后，庶尽子职，少抒前憾，今永违膝下，反上廑圣母哀痛。是朕之罪一也。

宗室诸王贝勒等，皆系太祖、太宗子孙，为国藩翰，理宜优遇，以示展亲。朕于诸王贝勒等，晋接既疏，恩惠复鲜，以致情谊睽隔，友爱之道未周。是朕之罪一也。

满洲诸臣，或历世竭忠，或累年效力，宜加倚托，尽厥猷为，朕不能信任，有才莫展。且明季失国，多由偏用文臣，朕不以为戒，而委任汉官，即部院印信，间亦令汉官掌管，以致满臣无心任事，精力懈弛。是朕之罪一也。

朕夙性好高，不能虚己延纳，于用人之际，务求其德与己相侔，未能随材器使，以致每叹乏人。若舍短录长，则人有微技，亦获见用，岂遂至于举世无材？是朕之罪一也。

设官分职，惟德是用，进退黜陟，不可忽视。朕于廷臣中，有明知其不肖，不即罢斥，仍复优容姑息，如刘正宗者，偏私躁忌，朕已洞悉于心，乃容其久任政地，诚可为见贤而不能举，见不肖而不能退。是朕之罪一也。

国用浩繁，兵饷不足，而金花钱粮，尽给宫中之费，未尝节省发施。及度支告匮，每令会议，诸王大臣，未能别有奇策，祇议裁减俸禄，以赡军饷，厚己薄人，益上损下。是朕之罪一也。

经营殿宇，造作器具，务极精工，求为前代后人之所不及。无益之地，糜费甚多，乃不自省察，罔体民艰。是朕之罪一也。

端敬皇后于皇太后，克尽孝道，辅佐朕躬，内政聿修。朕仰奉慈纶，追念贤淑，丧祭典礼，过从优厚，不能以礼止情，诸事逾滥不经。是朕之罪一也。

祖宗创业，未尝任用中官，且明朝亡国，亦因委用宦寺。朕明知其弊，不以为戒，设立内十三衙门，委用任使，与明无异，以致营私作弊，更逾往时。是朕之罪一也。

朕性耽闲静，常图安逸，燕处深宫，御朝绝少，以致与廷臣接见稀疏，上下情谊否塞。是朕之罪一也。

人之行事，孰能无过，在朕日御万几，岂能一无违错，惟肯听言纳谏，则有过必知。朕每自恃聪明，不能听言纳谏。古云："良贾深藏若虚，君子盛德容貌若愚。"朕于斯言，大相违背，以致臣工缄默，不肯进言。是朕之罪一也。

朕既知有过，每自尅责生悔，乃徒尚虚文，未能省改，以致过端日积，愆戾愈多。是朕之罪一也。

太祖、太宗，创垂基业，所关至重，元良储嗣，不可久虚。朕子玄烨，佟氏妃所生，年八岁，岐嶷颖慧，克承宗祧，兹立为皇太子，即遵典制，持服二十七日，释服，即皇帝位。特命内大臣索尼、苏克萨哈、遏必隆、鳌拜为辅臣，伊等皆勋旧重臣，朕以腹心寄托，其勉矢忠荩，保翊冲主，佐理政务。布告中外，咸使闻知。

（《清世祖实录》卷一四四）

第四讲 智擒鳌拜

  康熙大帝为什么要擒拿辅政大臣鳌拜呢？是因为鳌拜想篡位吗？康熙帝说："天下大权，当统于一。"
  当时，存在着几乎不可调和的几大矛盾关系：皇权与旗权、新锐与旧勋、满洲与汉人、文臣与武将、两黄与正白的矛盾，要调整这几大关系的过程中，康熙帝同鳌拜等的矛盾日渐激化，双方冲突，必不可免。

康熙帝说："天下大权，当统于一。"（《清圣祖实录》卷二七五）康熙帝为强化皇权，上演了一场智擒鳌拜的历史大戏。他智擒鳌拜的原因、经过和智慧，分作三个题目，一个一个来讲。

一　皇权旁落

有人问：康熙大帝为什么要擒拿辅政大臣鳌拜呢？是因为鳌拜想篡位吗？二月河先生的小说《康熙大帝》中第八回"鳌公府初议劫宫闱"、第十二回"逆种各起屠龙心"，说鳌拜有"劫宫""屠龙"的政治野心。昭梿也说"鳌拜藏刀"，似欲对康熙帝不利。鳌拜如真有篡位野心，真要搞政变，他可以在府宅设伏兵，何必在床前刺杀康熙帝呢！康熙帝到鳌拜府邸，必然带着侍卫，鳌拜一把匕首怎能将康熙帝杀死呢！况且，鳌拜已经年迈，康熙帝却风华正茂，身边还有贴身侍卫。到现在为止，没有史料证明鳌拜想搞宫廷政变。那么，康熙与鳌拜的矛盾是怎样激化的呢？

事情发展，总有原委。上一讲我讲过，顺治帝临终前同孝庄皇太后商定，由索尼（正黄旗）、苏克萨哈（正白旗）、遏必隆（镶黄旗）、鳌拜（镶黄旗）四大臣辅政。康熙初期，四大臣尚能协力忠诚，辅佐政务，不结党羽，和衷共济，实践他们在顺治皇帝灵位前的誓言。但是，随着时间推移，四个辅政大臣的格局发生了变化——索尼虽位居四辅臣之首，但他年老多病，随之过世；苏克萨哈以额驸苏纳之子，入侍禁廷，虽摄政睿亲王多尔衮死后率先举发，但毕竟受到牵连；遏必隆虽与鳌拜都属满洲镶黄旗，但性格软弱，依赖鳌拜。鳌拜这个人，虽立过大功，却居功骄傲、专横跋扈；虽久经历练，却个性张扬、锋芒外露。于是，四臣辅政，失去平衡。

康熙四年（1665年），12岁的玄烨举行大婚典礼，索尼之子、领侍卫内大臣噶布喇之女赫舍里氏正位中宫。皇后的叔父索额图为宫廷侍卫。

康熙五年（1666年），发生改换圈地的重大事件。鳌拜专权的突出例子，是圈换土地事件。

康熙六年（1667年）七月，玄烨14岁，辅臣索尼援引先帝福临14岁亲政的祖制，疏请康熙帝亲政。康熙帝征得祖母太皇太后同意，允索尼所奏，同年七月初七日，御太和殿举行亲政大典，当日在乾清门御门听政。

后鳌拜以首辅索尼已死、次辅苏克萨哈已诛，自己又与遏必隆同属镶黄旗，从而形成镶黄旗独掌朝政的局面。"班行章奏，鳌拜列首。"鳌拜自我膨胀，逐渐专权。康熙与鳌拜的冲突是怎样引起的呢？我讲两个历史故事。

第一，圈换旗地的故事。先是，顺治初实行圈地时，摄政王多尔衮利用权势，将永平府（府治在今河北省卢龙县）一带原定圈给镶黄旗的好地让给正白旗，而另拨河间府（属今沧州市管辖）一带次地给镶黄旗。当时，这件事曾引起一场风波，但事过二十多年，旗、民各安生业，旧怨也已淡忘。康熙五年（1666年），鳌拜重新提起此事，让正白旗与镶黄旗互换土地，目的是讨好自己与遏必隆所在的镶黄旗，而打压苏克萨哈及其所在的正白旗。这也是镶黄旗对正白旗的一个报复。此事朝野普遍反对，正白旗人诉告到户部。大学士、户部尚书苏纳海（满洲正白旗）认为不可，直隶、山东、河南总督朱昌祚（汉军镶白旗）以此举造成万民失业、颠沛流离而抗疏。时士绅百姓，告门诉求："号泣之声，闻于数里"；"哀号乞免，一字一泪"。保定巡抚王登联（汉军镶红旗）以圈拨扰民而疏请停止。鳌拜以苏纳海、朱昌祚"与苏克萨哈系一体之人，将他灭戮，坏去苏克萨哈一手一足"（《明清史料》丁编第八本），矫诏诛杀大学士兼户部尚书苏纳海、总督朱昌祚、巡抚王登联。"行刑之日，旗民哀之。"（《八旗通志》卷一八九《朱昌祚传》）

第二，苏克萨哈的故事。康熙帝亲政后的第六天，苏克萨哈请求到孝陵（顺治帝陵）守灵，以保全晚年。鳌拜借机给苏克萨哈罗织罪名：皇上新亲政，你要去守灵，这是对皇上亲政的不满，等等，共拟苏克萨哈二十四条大罪，请求将其凌迟处死。康熙帝"坚执不允所请"。鳌拜"攘臂上前，强奏累日"（《清圣祖实录》卷二三），挥臂咆哮，横行朝廷，胁迫14岁的皇上同意。鳌拜一连七日强奏，矫旨将苏克萨哈及其子孙全部处死，斩的、绞的、发配的，抄家灭门，一族殆尽。

在这里插一句：电视剧《康熙王朝》说太皇太后下旨斩杀苏克萨哈，而史实不是这样的，因为孝庄太皇太后没有垂帘听政，她没有权力，也没有先例可以当廷宣布懿旨。苏克萨哈被杀后，随之索尼病故，鳌拜因与遏必隆同属镶黄旗，更加骄纵，肆无忌惮。康熙帝内心虽对鳌拜极为不满，却在表面上同其周旋。

这两起事件、两个故事，折射出朝廷五个关系，矛盾突出。

第一，皇权与旗权的矛盾。八旗在建立初期，实行八王分理国政，早年曾"分月轮值"。康熙帝强调："天下大权，当统于一。"四辅政大臣，都是关外老臣，他们掌握朝廷实权、大权，一个有作为的君主，是不能容忍皇权旁落的。尤其是鳌拜目无君主，一个有作为的君主，岂能容纳？因此，康熙大帝期待君主大权，统归于一。

第二，新锐与旧勋的矛盾。康熙帝身边的大臣，如索额图、明珠等，都是一批年轻有为、朝气蓬勃的新锐，他们不满意满洲旧臣的保守。要前进，就要朝廷大员的更新——排除保守勋旧，起用先进新锐。任用先进新锐是康熙帝亲政后采取的一项重要的举措，而鳌拜等排斥新锐。

第三，旗人与民人的矛盾。清初推行"首崇满洲"的国策，出现满汉的严重矛盾。在满与汉的天平上，如何摆平满汉关系，这是一个领导艺术问题，更是一个政治问题。多尔衮摄政时期，因为清军刚入关，八旗大员是清朝入关的勋臣，给予优待。多尔衮死后，顺治帝做了一定调整。顺治帝死后，满洲势力抬头，以"罪己诏"的形式让顺治帝作了自我否定："自亲政以来，纪纲法度，用人行政，不能仰法太祖、太宗谟烈。因循悠忽，苟且目前，且渐习汉俗。于淳朴旧制，日有更张，以致国治未臻，民生未遂。"四大臣来了一个反题，撤销内阁、翰林院，恢复内三院，排挤汉族官员，任用满洲老臣，将权力集中到辅政大臣手中。

第四，文臣与武将的矛盾。顺治帝"罪己诏"又说："明季失国，多由偏用文臣，朕不以为戒，而委任汉官，即部院印信，间亦令汉官掌管，以致满臣无心任事，精力懈弛。"其实，这主要是那些开国武将、满洲勋旧的意见。迁都北京之初，需要汉官"引路"，需要重用文臣，所以在一个时期重用汉官、文臣为势所必然。但鳌拜等人片面重满官、用武臣，这同太平发展的局势不相符合。

第五，两黄与正白的矛盾。在满洲镶黄旗、正黄旗、正白旗的上三旗内部也存在矛盾。在多尔衮时期，因多尔衮亲管正白旗，在用人、行政、圈地、特权等方面，关照正白旗的利益过多，引起两黄旗不满，鳌拜曾要求调换土地，就是这种不满的一个突出表现。

所以，在调整皇权与旗权、新锐与旧勋、满洲与汉人、文臣与武将以及上三旗的关系中，康熙帝同鳌拜等的矛盾日渐激化，双方冲突，必不可免。

康熙帝皇权旁落，更为甚者，还有三事：一是鳌拜常在御前"呵斥部院大臣，拦截章奏"；二是对册立索尼孙女为皇后不满，"阻拦启奏"；三是朝政大事常在鳌拜家里商定后再到朝议。鳌拜目无君主，举朝大臣震惊。皇帝大权旁落怎么办？康熙帝同太皇太后秘商之后，决定：擒捕权臣鳌拜，铲除鳌拜集团。

二　擒扑鳌拜

康熙帝怎样擒扑鳌拜呢？我先介绍一种说法。《啸亭杂录》记载：鳌拜"尝托病不朝，要上亲往问疾。上幸其第，入其寝。御前侍卫和公托见其貌变色，乃急趋至榻前，揭席刃见。上笑曰：'刀不离身，乃满洲故俗，不足异也。'因即返驾"。然后就上演一场康熙帝智擒鳌拜的故事。

蔡东藩《清史通俗演义》第二十一回，用半回《除大憝（duì）冲人定计》，大约2300字，描述康熙帝智擒鳌拜的故事。二月河先生《康熙大帝》第一部《夺宫初政》共四十二回，从第一回鳌拜登场，到第四十一回事件结案，穿插在其间，凡四十一回，总计花笔墨近30万字，故事生动，文笔流畅，已为空前，可能绝后。

如第十六回"御花园鳌拜演武"、第十七回"众侍卫伴君玩耍"、第三十五回"少主用谋入虎穴"、第三十九回"老太师落入法网"等,被历史小说、影视剧演绎得活灵活现、淋漓尽致。

当然,小说、戏剧、影视、评书可以凭借这段记载,想象演绎,添枝加叶,生动有趣,煞是好看,却并不是历史真实。

鳌拜为四朝勋臣,是老辣的政治人物,握有重兵,遍置党羽,不易剪灭,而康熙帝年仅16岁,还是稚嫩的少年天子。如何取得这场博弈的胜利?康熙帝同侍卫索额图,在宫中召集满洲少年,组成宫廷卫队,天天演习"布库"(摔跤)。鳌拜以为康熙帝是少年戏耍,并不在意。一日,鳌拜奉召到内廷观看"布库"游戏。康熙帝不动声色,命满洲"布库"少年,将鳌拜擒扑,并公布其三十大罪。鳌拜集团,宣告覆灭。

康熙帝擒扑鳌拜,《清圣祖实录》只有13个字的记载,康熙八年(1669年)五月戊申(十六日):"命议政王等拏(ná)问辅臣公鳌拜等。"这13个字正史记载,说了三层意思:第一层是皇帝命令的;第二层是议政王去办的;第三层的确是把鳌拜捉拿了。但是,在什么时间、什么地点、以什么方式、经过什么过程、由什么人捉拿鳌拜的,都没有记载。记载康熙帝擒扑鳌拜的笔记《啸亭杂录》相关内容为212字,《竹叶亭杂记》为169字,两书合计为381字。这种记述的简略,反而给了人们更多的想象空间。那么,康熙帝是怎样智擒鳌拜的呢?

历史的记载,有五种版本:

第一,"羽林士卒"擒扑说。康熙帝指挥羽林军智擒鳌拜。《啸亭杂录》记载:"数日后,伺鳌拜入见日,召诸羽林士卒入,因面问曰:'汝等皆朕股肱耆旧,然则畏朕欤,抑畏拜也?'众曰:'独畏皇上。'帝因谕鳌拜诸过恶,立命擒之。声色不动而除巨慝(tè),信难能也。"(昭梿《啸亭杂录》卷一)

第二,"选小内监"擒扑说。康熙帝统率小内监戏擒鳌拜。《竹叶亭杂记》载述:"帝在内,日选小内监强有力者,令之习布库以为戏(布库,国语也,相斗赌力)。

鳌拜或入奏事，不之避也。拜更以帝弱且好弄，心益坦然。一日入内，帝令布库擒之，十数小儿立执鳌拜，遂伏诛。"（姚元之《竹叶亭杂记》卷一）

第三，"亲王子弟"擒扑说。康熙帝统率亲王子弟擒鳌拜。《清史通俗演义》叙述得活灵活现：康熙帝"到慈宁宫内去见太后，泣述鳌拜不法情状。太后女流，无计可施，只用好言抚慰。究竟圣明天子，别有心思，他向各王邸中，选了百名亲王子弟，年纪多与康熙帝仿佛，一班儿练习武艺，研究拳术，将门之子，骨种不同，不到一年，都学得拳术精通，武艺高强，连康熙帝也得了一点本领。于是康熙帝不动声色，先封鳌拜为一等公，歇了数日，单召鳌拜入内议事。鳌拜欣然前往，到了内廷，见康熙帝端坐上面，两旁站立的，便是一班少年贵胄。鳌拜昂着头，走至康熙帝前……"（《清史通俗演义》第二十一回）于是，鳌拜就被擒扑了。

第四，"侍卫拜唐阿"擒扑说。由宫廷侍卫和拜唐阿在"布库"游戏中擒扑了鳌拜。史书记载："上久悉鳌拜专横乱政，特虑其多力难制，乃选侍卫、拜唐阿年少有力者为扑击之戏。是日，鳌拜入见，即令侍卫等掊而絷之。于是有善扑营之制，以近臣领之。"（《清史稿》卷六《圣祖本纪一》）这里的侍卫，就是宫廷侍卫；拜唐阿，是满语音译，满文作 baitangga，是没有品级、听差服役的人。

第五，"内侍健童"擒扑说。康熙帝在南斋（后为南书房），召鳌拜入。内侍请鳌拜坐在三条腿椅子上，而以一位内侍在其后扶着椅子。命赐茶，先把茶碗煮于热水，上茶时，鳌拜接茶，茶碗烫手，砰然坠地。靠椅子的内侍乘势一推，鳌拜仆倒在地。康熙帝呼曰："鳌拜大不敬。"健童群起，擒扑鳌拜，交部论罪（《南亭笔记》）。这段笔记所载，透露一个细节，就是康熙帝擒扑鳌拜在内廷的书斋里，即后来的南书房。但有学者指出：这种"三条腿椅子"的说法纯属讹传（朱家溍《故宫退食录》）。

康熙帝这支"布库兵"，各书记载相同，但其成分不同——他们是羽林军、是宫内太监、是亲王子弟，还是宫廷侍卫与拜唐阿，已经很难考证。但分析起来：其一，清朝没有羽林军；其二，清朝不许太监习武；其三，不会组织亲王子弟；那么，

《清史稿·圣祖本纪》记载的由宫廷侍卫和拜唐阿组成的"布库兵",趁鳌拜受召,独入内廷,毫无戒备,加以擒扑,既合乎情理,也比较可信。

康熙大帝智擒鳌拜,初展其超人睿智,杰出风范;但历史往往无独有偶,惊人相似。

三 无独有偶

在清朝有康熙大帝智擒鳌拜的故事,在俄国有彼得大帝"擒索菲娅公主"的故事。这个故事大家或许不大熟悉,我简单介绍一下。

惊人相似 彼得大帝的父亲是沙皇阿列克谢·米哈伊洛维奇。彼得有5个同父异母哥哥,其中3个幼年夭折,另两个——大的叫费多尔,两腿臃肿,寸步难行;小的叫伊凡,弱智、弱视,说话词不达意。彼得的童年,由奶妈、保姆、女仆照看。彼得5岁时,父亲故去。兄长费多尔继位沙皇。彼得10岁时,费多尔死,宣布伊凡和彼得同时为沙皇。三天后,公布由姐姐索菲娅公主摄政。彼得在这段少年天子时期,没有实权,只是学习——读书,写字,背诵(圣书)。但他表现出天赋、好学。彼得最喜欢的是建立游戏兵,耍刀弄枪。听政时,伊凡和彼得坐在双人宝座上,摄政索菲娅公主则隐蔽在宝座背后,发号施令。这很像晚清慈禧皇太后垂帘听政。摄政索菲娅公主权力愈来愈大,贪欲也愈来愈大,称"索菲娅·阿列克谢耶夫娜公主和大公",有大臣甚至怂恿索菲娅公主加冕登极。彼得日渐长大,17岁成亲。他越来越不能容忍索菲娅的贪权张狂,二人矛盾,日益激化。一次,摄政索菲娅同两位沙皇弟弟——伊凡、彼得一道参加宗教游行,这是有违当时礼制的。彼得愤怒地对索菲娅说:"你是女人,应当立即退出这个游行队伍!"可是索菲娅公主我行我素,不予理睬。

索菲娅公主摄政8年,她与彼得的矛盾变得越来越无法调和。1689年(康熙二十八年)8月7日深夜的一个偶然事件,直接导致了摄政索菲娅公主的倒台。

这天夜里，克里姆林宫里忽然响起了警报声，负责护卫的射击军立刻拿起了武器。有人放出谣言说，住在普列奥勃拉任斯科耶行宫的彼得已经派出"游戏兵"向莫斯科进发。射击军中拥护彼得的一派没有弄清是怎么回事，以为射击军不是去保卫克里姆林宫，而是去讨伐普列奥勃拉任斯科耶。他们立刻飞马向彼得报告了莫斯科发生的这一紧急情况。18岁（虚岁）的彼得以为发生了军事政变，在慌乱中逃跑，有人给他带来衣服、马鞍，牵来了马。他翻身上马，带着三个仆从，急奔"谢尔盖耶夫三圣修道院"。8月8日清晨到达之后，人困马乏，身陷险境，泪如雨下，请求大司祭保护。接着，"游戏兵"开到，射击军部分倒戈，来到彼得身边。摄政索菲娅公主作了一些调解的尝试。她先是派大主教约基姆到三圣修道院调解这场冲突，但大主教同情彼得，一去不返。她又亲身前往，但在半路上接到彼得要她返回克里姆林宫的命令。同时，射击军官兵不断离开索菲娅，来到彼得身边，而且将索菲娅公主曾委托亲信沙克洛维蒂召开秘密会议企图发动宫廷政变的罪状报告了彼得。索菲娅见大势已去，不得已交出权臣、宠臣瓦西里·瓦西里耶维奇·戈利津公爵。最后，摄政索菲娅公主被监禁在新圣母修道院（参见尼·伊·帕甫连科著、斯庸译《彼得大帝传》）。这表明索菲娅公主失败。

彼得大帝宣布弱智皇兄伊凡实际退位。俄国国家权力完全掌控在彼得大帝手里。这一年，彼得大帝18岁。

在中国，康熙大帝智擒辅政大臣鳌拜，亲掌朝纲；在俄国，彼得大帝囚禁摄政索菲娅公主，亲理国政——二人都在少年时代，上演了一出宫廷政变戏，几乎是一场戏剧的重演，一本著作的翻版，一份文件的拷贝——不过，戏中悲剧角色一个是俄国摄政索菲娅公主，另一个是大清一等公、辅政大臣鳌拜。而康熙大帝比彼得大帝更表现出超凡的胆略和聪睿的智慧。

五条智慧 康熙帝智擒鳌拜的智慧、特点及其经验是什么？

其一，欲擒故纵。兵法云："欲擒之，先纵之。"他先封鳌拜为一等公，又说"刀不离身，乃满洲故俗，不足异也"，放出长线，麻痹鳌拜，再钓大鱼。

其二，机发内廷。鳌拜权势大，机谋多，难以控制，如在外朝抓捕，恐怕事态扩大，抓捕不成，反添麻烦。设在内廷，不在外朝，突然袭击，加以智取。

其三，用布库兵。康熙帝没有动用禁军，而用布库少年，就是布库游戏兵，鳌拜独入龙庭，毫无防备，束手就擒。

其四，先发制人。整个事件的过程，出其不意，先发制人，事出迅速，干净利落，果断坚决，未生事端。

其五，有理有节。康熙帝擒扑鳌拜后，问他还有什么话要说，鳌拜露出"搭救清太宗御驾时，在自己身上留下的伤疤"（白晋《康熙皇帝》），求免一死。康熙帝令免于斩首，终身监禁，后鳌拜死于监所；康熙帝又命只惩治鳌拜死党，没有扩大化。后追封鳌拜为一等男爵，雍正帝又复赐一等公。对遏必隆仅革其太师，后还公爵，他的女儿被册立为皇后。这些措施稳住了镶黄旗。

康熙帝智擒鳌拜，年仅16岁（15周岁），部署周密，沉着机智，一举清除鳌拜及其同党。康熙大帝对整个事件的处理，表现出博大胸怀、精细谋略、超凡智慧、高明手腕、仁爱态度，初露其政治家的风范。

康熙帝擒鳌之后，更加关注御门听政。

附录：康熙帝智擒鳌拜四则资料

余尝闻参领成文言，国初鳌拜辅政时，凡一时威福，尽出其门。因正白旗圈地事，以直隶总督朱公昌祚、巡抚王公联登、户部尚书苏公纳海与之龃龉，乃将三公立加诛夷，圣祖不预知也。尝托病不朝，要上亲往问疾。上幸其第，入其寝，御前侍卫和公讬见其貌变色，乃急趋至榻前，揭席刃见。上笑曰："刀不离身，乃满洲故俗，不足异也。"因即返驾。以弈棋故，召索相国额图入谋划。数日后，伺鳌拜入见日，召诸羽林士卒入，因面问曰："汝等皆朕股肱耆旧，然则畏朕欤，抑畏拜也？"众曰："独畏皇上。"帝因谕鳌拜诸过恶，立命擒之。声色不动而

除巨慝，信难能也。（昭梿《啸亭杂录》卷一《圣祖擎鳌拜》）

圣祖仁皇帝之登极也，甫八龄。其时大臣鳌拜当国，势焰甚张，且以帝幼，肆行无忌。帝在内，日选小内监强有力者，令之习布库以为戏（布库，国语也，相斗赌力）。鳌拜或入奏事，不之避也。拜更以帝弱且好弄，心益坦然。一日入内，帝令布库擒之，十数小儿立执鳌拜，遂伏诛。以权势熏灼之鳌拜，乃执于十数小儿之手，始知帝之用心，特使权奸不觉耳。使当日令外廷拿问，恐不免激生事端。如此除之，行所无事。神明天纵，固非凡人所能测也。（姚元之《竹叶亭杂记》卷一）

康熙帝在南书房召鳌拜进讲。鳌入，内侍以椅之折足者，令其坐，而以一内侍持其后。命赐茶，先以碗煮于水，令极热，持之炙手，砰然坠地，持椅之内侍乘其势而推之，乃仆于地。康熙帝呼曰："鳌拜大不敬。"健童悉起擒之，交部论如律。（《南亭笔记》，见《清宫述闻》）

上早洞悉其奸，在内日选小内监，令之习布库以为戏。鳌拜或入奏事，并不之避。且以朝廷弱而好弄，心益恬然，无所顾忌。一日入内，忽为习布库者所擒，十数小儿立执鳌拜，付外廷，遂伏诛。（梁章钜《归田琐记》卷五）

第五讲 御门听政

政策固然重要，制度比政策更为重要，因为制度比政策更稳固。当一个制度设计理性、切实、易行，就必然会长久。康熙六年（1667年）七月七日，康熙帝登临太和殿，诏告天下，开始亲政。"是日，上御乾清门听政，嗣后日以为常。"这年康熙帝14岁。

御门听政是在中国两千年帝制社会朝廷行政管理基础上，对中央政府管理体制进行改革，确立的一项更为健全、更为完善的制度。它是防止外戚、宦官、佞臣、宗室、后宫专权的一项重大举措，是清代最高统治集团比较稳定、中央政局比较稳定，社会也比较稳定的一项制度性保障。其后有清一代，贯穿始终。

康熙六年（1667年）七月七日，康熙帝登临太和殿，诏告天下，开始亲政。"是日，上御乾清门听政，嗣后日以为常。"（《清圣祖实录》卷二三）这年康熙帝14岁。

下面讲三个问题：什么是御门听政？怎样御门听政？历史启示是什么？

一　御门听政

康熙帝做皇帝，管理国家事务，他是怎样做的呢？我以康熙十年（1671年）为例，他每天所做工作，主要是五件事：一是御门听政，二是接见官员，三是批答奏章，四是后宫问安，五是明经读书。再举一天为例。康熙十一年（1672年）八月十四日：早，到乾清门听政；辰时，在弘德殿听讲官进讲《论语·为政》"君子不器"一章；午时，到太皇太后、皇太后宫问安；未时，到瀛台赐进贡蒙古王公宴。回宫后，接见大臣；读书写字；批阅奏章等。史书记载："宫中手不释卷，研精义蕴，亲御丹铅，少暇即游艺翰墨。"（《康熙起居注册》康熙十六年十二月）

康熙帝亲政后实行的一项制度创新就是御门听政。

"御门听政"是个新词，康熙朝以前没有听说过。"御门听政"四个字——什么是"御"？什么是"门"？什么是"听"？什么是"政"？我一个一个地讲说。

一说"御"字。"御"字，《说文解字》曰："御，驭马也。""御"字本来的意思是御驶车马。《论语·子罕》说："执御乎？执射乎？"掌驾车，还是掌射箭？后演变为多义词，其中一义是指同皇帝有关事物的敬称。如皇帝的文章称"御制文"，诗词称"御制诗"，看书称"御览"，吃饭称"御膳"，喝茶称"御茶"，指示称"御旨"，宝座称"御座"，图章称"御宝"，器物称"御器"，医生称"御医"等。总之，就是皇帝亲自参与、亲自主持的意思。

二说"门"字。"门"就是门窗的门。康熙帝开始御门听政的"门"不是普通的门，而是特指的门，就是乾清门。清朝皇宫分为前朝与后廷——前朝主要是太和、中和、保和三大殿，还有文华殿、武英殿等建筑群；后廷主要是乾清宫、交泰殿、坤宁宫三大宫,还有东六宫、西六宫等建筑群。乾清宫前面的门叫乾清门,这座门是前朝与后廷的分界。康熙帝住在乾清宫,在宫前的乾清门听政,既方便,又适宜。所以,康熙帝开始御门听政的地点就定在乾清门。

三说"听"字。"听"字很有意思。现在简化字的"听"字,看不出它的原来意思。过去繁体字作"聽",左边一"耳"一"壬"(tíng),为形声;右边一"直"一"心",为会意。用今天的话诠释为:君王用耳倾听,听时要直心有德(直心为德)。《史记·李斯列传》说:"秦王乃拜斯为长史,听其言。"突出"听政",而不是"议政""理政""观政"。常言道:忠言逆耳,良药苦口。"御门听政"贵在一个"听"字,重在一个"听"字。君王倾听大臣的声音,应真心听、诚心听、细心听、耐心听、虚心听。这是皇帝正确决策的前提与基础。

四说"政"字。《论语·颜渊》曰:"政者,正也。""政"字右偏旁为"攴",《说文解字》曰:"攴,小击也。"这是字源学的颇有意思的解释。在这里,"政"主要是指军政大事、官员任免等。

总之,"御门听政"一词,通俗地说,"御"就是皇帝,"门"就是乾清门,"听"就是听取各部院官员的奏报,"政"就是议商决定军国政事。也就是说,康熙帝亲自到皇宫乾清门,主持朝廷会议,聆听各部院大臣的奏报或奏言,进行议商,做出决断,发布谕旨,贯彻实行。

御门听政就是朝廷的办公会议。一个单位、一个公司不是有办公会议吗?清朝朝廷的办公会议,就叫作"御门听政"。"御门听政"的制度,有清一代,贯彻始终(慈禧时为垂帘听政),是康熙帝的一个创造,也是康熙帝的一个贡献。

康熙帝为什么要"御门听政"呢?这是既汲取明亡教训,又继承清兴经验的一项制度创新的重大举措。

我们先作历史的回顾。皇帝上朝,古已有之。按日期来说,有逢三、六、九日上朝的;按时间来说,有早朝、晚朝;按地点来说,有内朝、外朝等。明朝的皇帝,从明太祖朱元璋开始,有上朝处理军国要务的制度。但是,这个制度设计,存在两个缺失，主要是没有规定朝廷会议由皇帝主持，也没有规定朝廷会议要每日举行。这就出现两种情况：

其一，朝廷会议皇帝不参加，或不经常参加，因此可能出现四种情况：一是事而不议，就是重大事情不举行朝廷会议；二是议而不决，内阁会议后皇帝不批准；三是决而不行；四是行而不果。

其二，朝廷会议不每日举行，或不定期举行，带有很大的随意性；明万历皇帝中后期二十几年不上朝，大臣只有苦求皇帝上朝，而不能拿出祖制要求皇帝上朝。

清初皇帝——努尔哈赤、皇太极、福临三代，已经充分注意到明朝这一弊端，并认为这是明朝灭亡的一大原因。

顺治十二年（1655年）二月，和硕郑亲王济尔哈朗疏言："太祖高皇帝开创初，日与四大贝勒、五大臣及众台吉等，讨论政务得失，咨访兵民疾苦，使上下交孚，鲜壅蔽，故能上合天心，下洽民志，扫靖群雄，肇兴大业。太宗文皇帝缵（zuǎn）承大统，绍述前猷，亦时与诸王、贝勒、大臣讲论不辍。"（《八旗通志》卷一二四）这是敦促顺治帝要制定上朝御政的制度。顺治朝曾规定每月逢五上朝，但后来顺治皇帝热恋董鄂妃，子死妃丧，闹着要出家、要自杀，无心勤慎政事，更无心上朝听政。

康熙帝亲掌朝纲，以御门听政为主要形式，全身心地投入到军国事务处理中。这个"御门听政"制度，一贯坚持，直到清末，才告结束。

二 怎样听政

康熙帝是怎样御门听政的呢？

一说御门听政时间。康熙帝御门听政一般都安排在早晨，所以又称"早朝"。无论酷暑寒冬，也无论风雪雷雨，康熙帝都坚持御门听政，可谓"一岁之中，昧爽视朝，无有虚日。亲断万机，披览章奏"《康熙起居注册》康熙十六年十二月）。康熙朝规定：春、夏昼长夜短，在辰初刻（早7时）；秋、冬夜长昼短，在辰正刻（早8时）《康熙起居注册》康熙二十一年九月）。但也有例外。

为了保证早朝，有些事在早朝前处理：如康熙帝需到太和殿视朝，接受文武升转官员谢恩、各部族首领进贡行礼时，便先视朝，再御乾清门听政。有些事在早朝后处理：如康熙二十五年（1686年）七月二十七日，康熙帝早朝后，赐荷兰国王蟒缎66匹、银300两，赐荷兰正使宾先吧芝等蟒缎、银两。

御门听政的时限，通常是一个时辰（两小时），因事而变，或长或短。一般情况，一日一次。重要事情，一日数次。如康熙十八年（1679年）七月京城大地震，当日早朝后，康熙帝于下午再次传旨内阁、九卿、詹事、科、道等齐集乾清宫，面奉谕旨。遇特殊或紧急事务，也有下午、晚间御门听政的，就是举行临时办公会，或临时碰头会，但比较少。

二说御门听政地点。御门听政的地点不仅局限于乾清门，后来根据情况和季节变化，乾清宫西暖阁、懋（mào）勤殿、西苑（今中南海和北海）瀛台勤政殿，以及畅春园澹（dàn）宁居等，也都分别成为康熙帝御门听政的场所。如康熙帝早年，每逢夏日，常避暑瀛台，因而就改在瀛台勤政殿听政。康熙二十六年（1687年）以后，康熙帝常驻畅春园，因此，这里也就成了他的一个主要听政地点。他到承德避暑山庄，或到木兰围场，听政地点也就设在那里。后来，雍正帝听政常在圆明园正大光明殿，乾隆帝听政常在皇宫养心殿，慈禧太后垂帘听政常在养心殿东暖阁、西苑仪鸾殿、颐和园仁寿殿等。

三说御门听政官员。哪些官员参加御门听政呢？一般是大学士、学士，六部九卿——吏、户、礼、兵、刑、工六部尚书，加上都察院左都御史、通政使和大理寺卿，还有詹事、科、道等，以及相关的官员，起居注官负责做记录。满、汉官员，除有事故者外，凡御门听政有启奏事宜，都要一同启奏。每天早上辰时，大学士、六部九卿等官员，都要赶到听政之处，将本部日常事务上奏皇帝。不参加御门听政的各部官员分为两类：第一类，凡不能参加御门听政的官员，也要每日黎明，齐集午门前，待启奏毕同散。第二类，都察院堂官等监察官员，没有常奏事宜的，也都要每日黎明齐集午门，巡查满、汉官员中有怠惰规避者，立即题参。

听政内容主要是：吏部官员升转谪降、户部田赋钱粮、礼部典仪封爵、刑部处理大案要案等。有些奏报康熙帝当时做出决定，责令有关部门执行。遇到重要问题，康熙帝要详细询问细节，征求各方意见，或再做调查，或再做议决。如康熙四十五年（1706年）十月初一日，为拿获贩卖新制大钱人犯一案，刑部侍郎鲁瑚与九门提督陶和气发生争执，在康熙帝听政时面奏请旨。康熙帝让二人各述理由——鲁瑚奏：买钱为用，并非贩卖；陶和气奏：买钱藏在大篓里，进行贩卖。康熙帝派人到宿店查验，陶奏属实。康熙帝批评刑部官员"真为悖谬"！鲁瑚自感羞愧，免冠叩头而出。

四说御门听政过程。御门听政的决策过程，主要是五个字：奏、听、议、决、行。官员的上奏，有口头的，也有书面的。清制，"臣工奏事，公事用题，私事用奏。题本用印，奏本不用印"（秦国经《明清档案学》）。许多重要、复杂的事，各部要具本（请示报告）奏上，待面奏完毕，由大学士们处理。其他如九卿、詹事、科、道、三法司等官吏，有时也参加听政时的面奏。他们有时为各自的重要事情面奏，更多的是准备回答皇帝的有关询问，或奉皇帝的旨意一起商讨有关政务。每逢有吏部或九卿推荐官吏，他让大学士们充分发表意见，以决定去取，有时无法决定，便令下次再议。以顺天府府尹人选的题补为例，《康熙起居注册》记载：

> 大学士、学士随捧折本面奏请旨：为吏部题补顺天府尹员缺事，正拟太仆寺正卿王继祯，陪拟左通政张吉午。上曰："王继祯无足论，张吉午为人何如？"大学士明珠奏曰："张吉午以前一应条奏事宜皆无关系，其人亦无才干。"上曰："府尹职任紧要，事虽不多，但在京师内地，甚有

碍手之处。尔等可有素知堪用之人否？尔等拟妥，再行启奏。"（《康熙起居注册》康熙二十年五月二十一日）

第二天，再御门听政。

大学士、学士随捧折本面奏请旨：为吏部题补顺天府府尹事。上曰："尔等所议若何？"大学士明珠奏曰："臣等公议熊一潇、徐旭龄俱优，皆属可用。"又汉大学士等言："熊一潇为人厚重，徐旭龄系敏捷堪用之人。"上曰："熊一潇着补授顺天府府尹。"（《康熙起居注册》康熙二十年五月二十二日）

吏部以张吉午（汉军镶蓝旗）任顺天府府尹之题拟，被大学士明珠奏阻。熊一潇（江西南昌人，进士出身）被钦定为顺天府府尹。

御门听政，乾隆帝诗云："每看背本省郎难，临轩降旨惟清语。"（《日下旧闻考》卷一三）就是说，内阁学士跪着背诵折本，皇帝降旨则坐着讲满语。

五说御门听政态度。康熙帝御门听政时态度勤慎。他告诫大臣：凡有上谕，一字未妥，必行改正，不要放过。有的大臣敢于同他争论。他对这种"执拗"大臣，十分赞许。他对大臣们说，你们都是议政大臣，应该各抒己见，直言无讳，即使有小差错，我不会加罪于你们。一次，他发现自己批阅奏章出现两处差错，就对大学士们说，你们拆封，见到错误就应指出来。你们指出我的错误，我只会高兴，不会责备你们。像汉朝那样，一见灾异，就杀大臣，真是荒谬！

御门听政时，皇帝与大臣面对面地交谈，了解下情。如翰林院掌院学士（院长）、礼部侍郎熊赐履（湖北孝感人）探亲回京，康熙帝问："尔母病痊否？"熊答："母病稍痊。"又问："百姓如何？"熊答："臣乡自西山用兵之后，继以水旱频仍，昨年荒旱更甚，颗粒无收，道殣（jìn）相望，臣所目击。"（《康熙起居注册》康熙十一年四月初一日）臣子说了真话，君王得以了解真情。

一次，大学士郭棻（fēn）上朝缄默不语，康熙帝对此批评道，国家任用你，就要你对国家有益，你既然任大学士之职，遇事就应秉公尽言，说得对当然好，说得不对又怕什么？像你们这样随声附和，对国家又有什么用呢！

康熙帝认为，君臣之间，重在相互沟通。他同大学士马齐等有一段对话：

康熙帝问："往代之君，不接见诸臣，故诸臣亦不得见其君，君臣之意何以通达？"

马齐回答："明之列辟，不接见诸臣，即见，亦俱不能言。"

康熙帝慨叹道："为人君者，若不面见诸臣，则政何以理耶！"（《康熙起居注册》康熙四十五年十一月初八日）

康熙帝晚年，曾经说道："为君之道，要在安静。不必矜奇立异，亦不可徒为夸大之言。"（《康熙起居注册》康熙五十六年十一月二十六日）就是不要说空话，也不要说大话。

康熙帝创设的御门听政制度，有什么宝贵历史经验，值得后人借鉴呢？

三　历史启示

康熙帝的可贵之处，在于既能尽量地汲取明朝灭亡的教训，加以改进；又能认真地继承清初优良的传统，加以总结，从而将御门听政定成制度，亲做表率，以传久远。

其历史启示主要有三点：

第一，皇帝亲自主持。御门听政由康熙帝亲自主持。无论是在皇宫还是在行宫，也无论是在禁城还是在御苑，凡是御门听政会议，一概由康熙皇帝亲自主持，大权亲操，不假他人。康熙帝在京期间，每天未明着衣，辨色视朝，勤于政务，孜孜不倦。御门听政，坚持不辍，外出巡幸，舟车鞍马，劳顿之余，处理政务。康熙帝出巡期间，各部院将奏章集中送到内阁，由内阁遣使转呈。若驻跸南苑，一日汇送一次，或隔日汇送一次；若远行外地，则三日汇送一次，递呈到行宫。如康熙二十三年（1684年）康熙帝第一次南巡时，驻跸山东沂州大石桥行宫，坐待二鼓，等候奏章，迟迟未到。他说："朕凡在巡幸之处，奏到随即听览，未尝一有稽留。"是夜四鼓，本章递到。即起详览，直到微曙《清圣祖实录》卷一一七）。康熙四十五年（1706年）六月，他率皇太子及其他诸皇子北巡，经常于辰时御行宫，与扈从大臣一起，处理吏部、礼部、刑部等部门递奏的折本。"大臣每日召对，随帝王行在，各御园坐落，以及拈香庙宇中，皆从之。"（《道咸以来朝野杂记》）若清晨出门巡游骑射，便安排在下午或晚间听政。外出回京，次日一早，便御乾清门听政。他三次东巡，六次西巡，六次南巡，也都是这样做的。

康熙帝生病期间，暂停御门听政，而各部院官员，都到宫门外请安。这令康熙帝十分感动。他对部院大臣们说："君臣谊均一体，分势虽悬，而情意不隔。安危休戚，无不可相告语者。堂陛之义，固宜如是也。"（《清圣祖实录》卷八七）就是说君臣虽然悬隔，但情谊相连，彼此之间，无话不说，理应如此。

第二，六部九卿集议。在御门听政时，奏、听、议、决、行五个环节连通，部院大臣们集思广益，时有诘难，偶有批评，慎重决断。如京口（今江苏省镇江市）将军马三奇受到诬陷。在御门听政时，康熙帝说：这件事的起因，是马三奇与周起渭不和，周起渭上下串通，进行陷害。朕先已得到大学士李光地等的奏报，又派新任将军何天培秘密访察，逐条核查，确无其事，属于冤枉。康熙帝利用御门听政，避免公文行走，面对面地交流，协调意见，作出决定。

康熙帝说："朕自幼喜读性理。性理一书，千言万语，不外一'敬'字。人君治天下，但能居敬，终身行之足矣。"（《康熙起居注册》康熙五十六年十一月二十六日）主敬之意，唯在谨慎。康熙帝理政，敬谨从事："一事不谨，即贻四海之忧；一时不谨，即贻千百世之患。"（《清圣祖实录》卷二七五）就是说，事事、时时都要谨慎。每天各部院官员启奏完毕陆续退下后，他们留在案上的奏章被内阁的侍读学士取走，接着便由另一位侍读学士捧来当时需要大学士、学士们面奏的本章（也叫作折本）。折本是康熙帝事先选出，需要与大学士、学士等商酌的重要奏疏。这些奏疏大多经学士们拟出"票签"，就是拟写批示的草稿。御门听政处理的折本，皇帝与大学士们一起切磋"票签"的内容。经过商议和修改，最后确定，由康熙帝用朱笔批出。如康熙五十四年（1715年）二月二十六日，皇帝与大学士温达、松柱等先后议论时政，处理折本有十九件之多。其中，荆州等府请将苗人、瑶人考试时增加一两个名额，初议不准。康熙帝同大臣讨论后指出："苗、瑶族于额外取进一二人，其事甚为有益，亦著准行。"于是当地苗人、瑶人两地在考试中，就增加一两个名额。

第三，坚持始终如一。康熙帝从康熙六年（1667年）亲政之日起，到康熙六十一年（1722年）病逝之前，长达五十五年，除因三大节（正旦、冬至、万寿）、重大祭日、宫中变故（如丧葬）、病卧不起等情况暂停御门听政外，寒暑不辍，坚持不懈，始终如一。朝中大臣请康熙帝"五日一听政"，以"休养圣躬"，但康熙帝不同意《康熙起居注册》康熙二十三年十二月）。一件事情，坚持一两年并不难，但数十年持之以恒，确实不易。像康熙帝这样将御门听政定为常制，一以贯之，在中国皇朝史上是空前的。后来，乾隆帝说："本朝家法，日接廷臣，宫中行在，盖无间时。"《日下旧闻考》卷一三）御门听政是康熙帝留下的一笔宝贵的制度财富。

怎样看待康熙帝的御门听政呢？

从纵向说，这是在中国两千年帝制社会朝廷行政管理基础上，对中央政府管理体制进行改革，确立的一项更为健全、更为完善的制度。它是防止外戚、宦官、佞臣、宗室、后宫专权的一项重大举措。其创新之处在于，朝廷会议由皇帝亲自主持，坚持每日举行，六部九卿等官员参与，君臣共议，商决裁断等，加以制度化、经常化。其后在清代八位皇帝近二百年间，虽形式有所变通（如雍正时加入军机大臣），但其制没有改变。这是清代最高统治集团比较稳定、中央政局比较稳定、社会也比较稳定的一项制度性保障。

从横向说，康熙二十七年（1688年），英国发生"光荣革命"——实行议会与国王共同统治，走向君主立宪制。世界已经在涌动民主的暗潮。康熙帝的改革只是强化君主专制，而没有松动君主专制。其子雍正、孙乾隆等诸帝都沿着君主专制的"祖制""家法"走下去，最终清朝滑向黑暗的深渊。

康熙帝御门听政的一项大政，就是撤藩平叛。

第六讲 削平三藩

  一个人做大事，要有三种境界：初始临机决断，过程统筹兼顾，结局荣辱不惊。

  康熙十二年（1673年），康熙大帝20岁。此时，他遇到人生第一次大的挑战与考验，也是他的祖父、叔祖父和父亲留下的，已经积累了三十年的历史包袱——"三藩"问题。康熙帝在处理这个问题上表现了一位杰出政治家的素质。

康熙帝擒鳌拜后，于康熙十二年（1673年）亲政，这一年康熙帝20岁（虚岁）。此时，他遇到人生第一次大的挑战与考验，也是他的祖父、叔祖父和父亲留下的，已经积累了三十年的历史包袱——"三藩"问题。康熙帝在处理这个问题上表现了一位杰出政治家的素质。

康熙帝与吴三桂，八年之间，半个中国，进行了一场大博弈——一方是20岁未经战阵的康熙帝，另一方是62岁身经百战的吴三桂。康熙帝身处博弈的三局是：变局，勇敢、坚定；危局，气静、镇定；胜局，谦虚、淡定。吴三桂则相反，在松锦大战的变局中逃跑，在明朝败亡的危局中投降，在杀永历帝的胜局中骄纵。康熙帝与吴三桂博弈的结局是一胜一败。

我讲康熙帝"平定三藩之乱"，分作三个部分：一、面临变局，坚定；二、身处危局，镇定；三、获得胜局，淡定。

一 变局坚定

是不是必须"撤藩"？不撤藩会怎样？处理不好撤藩问题又会引发怎样的连锁事件？这既是摆在康熙帝面前的现实问题，也是后代研究者不断争论的学术问题，更是今天的读者希望了解的焦点问题。我们还是从头说起。

三藩缘起 康熙帝的祖父皇太极的时候，明朝有三个汉官投降，就是：孔有德、耿仲明、尚可喜。他们原来是毛文龙的部下。我在《明亡清兴六十年》里讲过，袁崇焕杀了毛文龙之后，他自己却被崇祯帝给杀了。毛文龙的部下孔有德、耿仲明、尚可喜几经波折，投降了皇太极。皇太极十分高兴，于崇德元年（1636年）封孔有德为恭顺王、耿仲明为怀顺王、尚可喜为智顺王，习称"三顺王"。顺治元年（1644年），吴三桂又在山海关投降了多尔衮，被封为平西王。这就出现了清初汉人被封的"四王"。这"四王"的军队，没有编入八旗，还由他们统领，相对独立。清顺治帝迁都北京后，他们在配合八旗军平息南明与农民军抗清斗争中，为清朝立下了功劳，同时也扩张了实力。其中，孔有德镇守桂林，于顺治九年（1652年）七月，城陷自杀。他的女儿孔四贞被孝庄太后收为养女。于是，上述"四王"就剩下"三王"。中原逐渐统一后，云南、广东、福建尚需镇守。早在顺治十一年（1654年），就是玄烨出生这一年，开始封建三藩。后经过几次调整，到顺治十七年（1660年）形成"三藩"的格局：平西王吴三桂镇守云南、平南王尚可喜镇守广东、靖南王耿继茂（仲明之子）镇守福建。孔四贞嫁给广西将军孙延龄。到康熙元年（1662年），吴三桂以进军缅甸、擒获永历帝而晋封为平西亲王，并授其兼管贵州的权力。

吴三桂等在帮助清朝平定天下的过程中发挥了作用，但在封藩之后，却权势日张，拥兵自重，逐渐成为占据重要地域的三个地方割据势力。三藩在自己的独立王国里，设立税卡，私行铸钱，圈占土地，掠卖人口。平西王吴三桂还在云、贵自行选派官员，称为"西选"。这种"国内之国"与统一大王朝的矛盾是根本性的，冲突不可避免。

三藩祸害 早在顺治朝，争战连年不息，军费开支浩大，财政多用于兵饷，每年常入不敷出。以顺治十七年（1660年）为例，国家正赋收入银2566万余两，而云南一省就要耗银900多万两，加上福建、广东两省共需2000余万两。所以说："天下财赋，半耗于三藩。"《圣武记》卷二）

这种兵火不断、战争连绵的局面，从某种意义上说，是三藩有意为之。以吴三桂为例：据说，经略洪承畴要离开云南时，吴三桂请求训示，洪答："不可使滇一日无事也！"《庭闻录》卷三）什么意思呢？就是告诉吴三桂，不能让战争和动乱止息，这样朝廷就离不开你。吴三桂"顿首受教"，照此方针，不断地构边衅、请粮饷、作威福。

有学者这样概括吴三桂的为人：倨功而倚势擅权，恃宠而构陷异己，贪婪而厚自封殖，骄狂而穷奢极欲，纵欲而佳丽三千，结党而挥金如土（刘凤云《吴三桂传》）。举个例子。吴三桂在昆明兴建王宫："红亭碧沼，曲折依泉，杰阁丰堂，参差因岫，冠以巍阙，缭以雕墙，袤广数十里。"（钮琇《觚賸》卷四《圆圆》）他为陈圆圆修建"野园"，奇花异木，不下千种，如神女花，据传一天能变六色——子丑为白色，寅卯为绿色，辰巳为黄色，午未为红色，申酉为橙色，戌亥为紫色。吴三桂还修建"金殿"（今昆明金殿）。有人说半个昆明成了吴三桂的私家花园。吴三桂通音律、喜歌舞，王府养着戏班，藏着佳丽三千。"三桂在滇中奢侈无度，后宫之选不下千人。"（《清朝野史大观》卷三）有人对吴三桂的跋扈十分不满，曾讥讽道：

金刚本是一团泥，张拳鼓掌把人欺。
你说你是硬汉子，你敢同我洗澡去！（《履园丛话》卷一）

清廷对待三藩采取笼络策略，公主下嫁，加以安抚。吴三桂子应熊尚皇太极第十四女、顺治帝之妹和硕恪纯长公主，为额驸，赐府第，居京师。尚氏的之隆、之孝，耿氏的昭忠、聚忠，也都为额驸。这样一来，出现了一个清廷原先没有料到的结果，朝廷中的机要信息，很快便传到三藩。而且，三藩之间也相互联姻，彼此利害，联结一起。

决策撤藩 吴三桂等三藩，尾大不掉，已成赘瘤，为朝廷的一大祸患。康熙帝亲政后，"以三藩及河务、漕运为三大事，夙夜廑（qín）念，曾书而悬之宫中柱上"（《清圣祖实录》卷一五四）。康熙帝认为："天下大权，当统于一。"他擒拿鳌拜，解决了中央主弱臣强的问题，接下来必然首先考虑的就是解决三藩割据、尾大不掉的问题。

康熙十二年（1673年）三月，尚可喜因家庭内部矛盾，上疏请求回归辽东海城养老，将王爵交给儿子之信承袭。康熙帝接到奏疏后，认为时机已到，顺水推舟，加以批准。接着吴三桂和耿精忠（仲明孙、继茂子）也言不由衷地提出同样的请求，以试探朝廷的意向。

吴三桂和耿精忠的疏请，引起朝廷的争论。在朝廷会议撤藩时，以大学士索额图为首的大部分官员，因慑于吴三桂等的声势，主张妥协，维持原状。但兵部尚书明珠、户部尚书米思翰、刑部尚书莫洛等少数官员则主张借机下令撤藩。总之，朝廷会议上，"云不可撤者甚多，云可撤者甚少"。20岁的康熙帝，此时力排众议，决意撤藩，强化皇权。他认为："三桂等蓄谋久，不早除之，将养痈成患。今日撤亦反，不撤亦反，不若先发。"于是，康熙帝下令撤藩！

二　危局镇定

康熙帝于康熙十二年（1673年）八月十五日，派礼部左侍郎折尔肯往云南、户部尚书梁清标往广东、史部右侍郎陈一炳等往福建宣布撤藩令。此令一下，吴三桂、耿精忠愕然，举旗反清。

严峻形势　吴三桂于同年十一月于昆明扣留钦差大臣折尔肯，杀巡抚朱国治，自称"天下都招讨兵马大元帅"，起兵反叛。吴军很快由云南，出贵州，略湖南，攻四川，仅三个月，连陷长沙、衡州（今衡阳）、岳州（今岳阳），数月之间，六省几陷。福建的耿精忠起兵响应，广东的尚之信也挟其父尚可喜起兵附叛。与此同时，一些同三藩有密切关系的汉族将领也起兵响应——将军孙延龄首应于广西，提督王辅臣激变于陕西。战火燃烧到西南的云南、贵州、四川，南方的广东、广西、湖南，东南的福建、江西、浙江，西北的甘肃、陕西、宁夏，涉及今行政区划的16个省、市、区。当时形势，十分险恶，"东南西北，在在鼎沸"，叛报频传，举朝震动。在北方，蒙古林丹汗之孙布尔尼额驸反叛；汉人自称"朱三太子"（崇祯帝之子）的杨起隆，头缠白布，身束红带，在京师举火起事，闹得城门关闭，百姓极度恐慌；郑经策应于台湾，福建、浙江、江西、安徽告急。其时，有学者统计：除三个藩王外，有将军1人、总督1人、巡抚5人、提督8人、总兵20余人参加叛乱（刘凤云《吴三桂传》）。

在这种严峻形势下，原来主张不可撤藩的大学士索额图、户部侍郎魏象枢等，提出要处斩主张撤藩的大臣，同三藩讲和。京师不少官员甚至把家眷送归原籍。外有三藩起兵反叛，内有廷臣分歧意见；而且，先后发生京师大地震，火烧太和殿，康熙帝爱后赫舍里氏也崩逝。朝里与朝外，外叛与内变，雷火与地震，天灾与人祸，真是内外交困，四方鼎沸，形势险恶，局面严峻。王思治先生说："清王朝面临生死存亡的挑战。"（《清朝通史·康熙朝导言》）一个二十几岁的年轻皇帝，遇到了社稷存亡、江山绝续的大难题。在极度困难的局势面前，康熙帝怎么办？

事大气静　临大事，有静气。青年天子玄烨，在三藩乱起的危殆之时，持心镇定，气静不慌。大学士索额图提议杀主张撤藩的大臣，向吴三桂谢罪。康熙帝明确表示：撤藩出自朕意，他们何罪之有？这就坚定了主张平叛大臣的决心。

他下诏：削夺吴三桂的官爵，公布其罪状。不久又将留居京师的吴三桂之子应熊、孙世霖等逮捕处死。消息传到吴军，吴三桂正在吃饭，闻讯大惊。康熙帝后来说："吴三桂轻朕，谓乳臭未脱，及闻驿报神速，机谋远略，乃仰天叹曰：'休矣！'"后西藏五世达赖喇嘛为吴三桂说情，请求朝廷裂土罢兵，划江为界，遭到康熙帝的坚决驳斥。他为了安定惊恐的军心，慌乱的民心，每日游景山，观骑射，示暇豫。有人投帖，进行讽谏。康熙帝看后，置若罔闻。事后他说："当时朕若稍有疑惧之意，则人心动摇，或致意外，未可知也！"他的坚定决心和平静心态，对于稳定大局和安定人心，起了很大作用。

精心指挥　这场战争对清朝来说，是决定生死之战。因为：仗打败了，要退到关外，曾祖、祖父、父亲三代人争得的中原基业将化为乌有；仗打平了，以长江划界，重演辽、金半壁山河局面；仗打赢了，巩固清朝江山、开创一代盛世。因此，清廷决定平叛，太皇太后拿出私房钱犒军，康熙帝要亲征（被众臣力谏阻止）。

康熙帝对这场战争精心筹划，镇定指挥。他的部署是：

第一，分清主次，打击重点。下诏停撤耿、尚二藩，以孤立吴三桂。针对主要敌人吴三桂，杀其子、额驸吴应熊，集中兵力，重点打击。康熙帝将军队的主力部署在中线即湖南前线，而将次要兵力部署在左翼的浙江、江西、福建一线和右翼的陕西、甘肃、四川一线。

第二，剿抚并用，政策宽大。宣布对于散处各地的吴三桂旧部，凡不参加叛乱者，一律宽宥不究；对杀死大学士、经略、尚书莫洛的陕西提督王辅臣，也极力争取。派王辅臣之子王继贞前往，告诉他不咎既往，反正之后，官仍原职。王投降后，还封他为靖寇将军，后在西苑瀛台赐宴、赏赐，表示不食言。尚之信反正后，命复其爵，令击郑经。尚之信、耿精忠反正，吴三桂更加孤立。吴三桂部将林兴珠降清，封建义侯，回师败三桂水师于洞庭湖君山。

第三，汉官汉兵，加以重用。他重用汉族官兵，特别是绿营官兵。在前方作战中，满洲八旗军官腐败，将领贪婪，兵士怕死。康熙帝采取了一项重大的决策，就是大胆起用汉将汉兵，如将张勇、王进宝、赵良栋、孙思克等封为将军、提督、侯爵等。

第四，惩治满官，严肃军纪。对于作战不力的满洲官员严肃处理，如将顺承郡王、宁南靖寇大将军勒尔锦，革去王爵，籍没家产，加以圈禁；尚书察尼、镇国公兰布（敬谨亲王尼堪之子，袭亲王爵，后降镇国公）、觉罗贝勒朱满（守岳州）等，受到鞭责、革职、抄家等不同处分。简亲王喇布以行军失律，夺爵。

第五，亲自部署，亲自指挥。康熙帝每日接军报多达三四百疏，手批口谕，调兵遣将，甚至深夜三更，坐待军书。其心情是："午夜迢迢刻漏长，每思战士几回肠。海东波浪何年靖，日望军书奏凯章。"果然，凯书奏捷。

羽书告捷 康熙帝指挥平叛，运筹帷幄，精心谋划。他对各战场的指挥方略，常常先命前方将领、督抚提出意见，再命议政王大臣或九卿会议具奏。对一些重大战役的指挥，他命前线主帅绘制敌我双方军事形势图进呈，经过反复研究，决定作战方略。时满洲八旗，锐气大减，官骄兵惰，攻城陷阵，或迁延不前，或不堪苦战。他重用绿营，主攻湖南，东翼浙、闽，西翼陕、甘，剿抚并用，进取四川，终占云南。

康熙十七年（1678年）三月初一日，吴三桂在衡州称帝，国号大周，年号昭武。来不及建造宫殿，将房瓦用油漆涂成黄色，结席场为朝贺之地。仪式刚刚举行，"舞蹈未毕，大风忽起，席场卷入云中，俄而骤雨如注，逆党草草卒事，识者早知其不可终矣"（《平西王吴三桂传》）！吴三桂这一举动，宣告了自己为明朝复仇纯属谎言，暴露了狂妄的个人野心。同年八月十七日，吴三桂暴死，其孙世璠继位。但大势已去，众叛亲离。

康熙二十年（1681年）十月二十八日，清军进入云南昆明。世璠自杀，传首北京。吴三桂被掘坟析骸，刨棺戮尸。吴三桂的子孙也被斩尽杀绝。捷书传到北京，康熙帝作《滇平》诗纪念：

> 洱海昆池道路难，捷书夜半到长安。
> 未矜干羽三苗格，乍喜征输六诏宽。
> 天末远收金马隘，军中新解铁衣寒。
> 回思几载焦劳意，此日方同万国欢。（《康熙诗词集注》）

吴三桂这个人，我在这里不对他做全面评价，就人品而言，仅着重指出：明清松锦大战身为宁远总兵而率先逃跑的是他，背明朝降李自成的是他，叛李自成降清朝的是他，勒死南明永历帝的是他，身为清平西王而起兵叛清的也是他！吴三桂一生有"三叛"——一叛明朝投降李自成，二叛李自成投降清朝，三叛清朝起兵反乱，反复无常，孑孓小人。吴三桂与我下一节要讲的清初江南士人，如黄宗羲、顾炎武、王夫之，以及山西傅山等，其人品，其气节，龙蚁之分，天壤之别。

清朝人刘健在《庭闻录》中讲了一个故事：吴三桂在辽东的祖茔，风水"一脉三断节"。吴氏一门除吴三桂以疾而终外，都死于非命。吴三桂落得断子绝孙的悲剧结局。这当然是巧合。但吴三桂"一人三叛"，出尔反尔，毫无气节，贰臣叛臣，兼而有之。吴三桂气节之大亏，越千年而为人不齿。

很多人关心吴三桂死后陈圆圆的下场，所以这里捎带作一介绍。

圆圆疑案　吴三桂进京后，陈圆圆又到了吴三桂的家。吴三桂镇守云南，陈圆圆也在云南。关于陈圆圆的结局，文献、笔记有五种说法：

其一，入为官婢说。就是归了清朝平定吴三桂有功的将领，如"诸姬红粉皆官婢"所说的。细想起来，圆圆如果在世，已经年迈多病，不会被收作姬妾。再一细想，清朝更不会给吴三桂留下红颜，定会将她处死。这一说法，很靠不住。

其二，城破老死说。《庭闻录》记载："城破，圆圆老死。"当时的政治气候，不会让陈圆圆自然老死的。

其三，城陷自缢说。《平吴录》记载："桂妻张氏前死，陈沅（圆）及伪后郭氏俱自缢。一云陈沅不食而死。"还有别的书也说陈圆圆自缢身亡。

其四，出家为尼说。《吴逆始末记》记载："当吴逆将叛，圆圆以齿暮乞为女道士，于宏觉寺玉林大师座下剃度，法名寂静。"还说她死于康熙十六年（1677年），年80岁。有学者对上述陈圆圆死的时间和年龄提出疑问。根据很简单：吴三桂死于康熙十七年（1678年），年67岁。陈圆圆比吴三桂大14岁，根本是不可能的。

其五，为尼病死说。认为陈圆圆先出家，在吴三桂败死前已病死。持这种说法的学者比较多。

总之，陈圆圆后来的身世、结果，史料不足，难以定论，只存疑案。

康熙帝经过8年的艰苦奋战，平定三藩之乱，取得完全胜利。这里，有什么历史经验值得思考呢？

三　胜局淡定

康熙二十年（1681年）十二月己亥（二十日），康熙帝在太和殿举行大典，"宣捷中外"。平叛取得胜利，有几点值得思考：

不留后患　康熙帝从三藩事件中认识到：不应保留三藩，应当撤除，加强集权。三藩的失败,使中原某些人推翻清朝的幻想彻底破灭,清朝的统治更加巩固。昆明收复后,康熙帝对于反正的福建耿精忠、广东尚之信,采取措施:将耿精忠诱到北京,加以逮捕,后凌迟处死,其子斩首;部将中的骨干分别作了处理,撤销福建耿藩。对尚之信,康熙帝派人前往广东,秘密擒拿。尚之信自杀(一说赐死),其弟之节等处死,家口还京师。康熙帝又命在昆明、广州、福州、荆州等地设八旗驻防,派将军、都统等镇守。

事定反思 康熙帝经过8年平叛战争,取得削平三藩的胜利。但是,有学者提出:平定三藩之乱的战争也许可以避免,譬如说,康熙帝采取分化瓦解、区别对待的策略。就是先撤尚可喜一藩,稳住吴、耿二藩;然后,再撤耿氏一藩,稳住吴三桂;最后,撤吴三桂,如果反叛,举兵灭之。康熙帝年轻,血气方刚,思虑不周。这种意见,属于事后诸葛亮。

应当看到,三藩已经坐大,并形成既得利益集团,其利益不容任何人侵犯,很难加以控制。康熙帝看清了铁一样的事实:"三桂等蓄谋久,不早除之,将养痈成患。今日撤亦反,不撤亦反,不若先发。"

但是,从策略学考虑:康熙帝的撤藩,的确可以有多种选择。不管哪种选择,结果会是如何,却不可预料。

不上尊号 康熙帝取得平定三藩的完全胜利之后,举国上下,一片欢腾。这时,群臣请上尊号。什么叫"上尊号"呢?就是给康熙大帝尊加荣誉称号。康熙帝如何对待呢?四个字:严词拒绝!他说:"自逆贼倡乱,莠(yòu)民响应,师旅疲于征调,闾阎敝于转输。加以水旱频仍,灾异叠见。此皆朕躬不德所致。赖宗社之灵,削平庶孽。方当登进贤良,与民休息,而乃偒然自足,为无谓之润色,能勿恧(nǜ)乎!其勿行!"(《清史稿》卷六《圣祖本纪一》)他自责道:三藩之乱缘起,皆因朕德之薄。而经过八年战火,生民涂炭,更应该务实,切戒虚名。所以,上尊号一事,断不可行!不久,蒙古王、贝勒也请上尊号,仍不许。后来乾隆帝御书《弘德殿铭》,其中有句:"求全之毁,吉德也;不虞之誉,凶德也。"就是说,逆言为吉，谀言为凶——这是一条朴素的真理。总之，康熙帝拒绝臣民给自己上尊号，这表现出一位帝王谦尊而光的品格。

他后来自述平生说："八龄践祚，迄今五十七年，从不许人言祯符瑞应，如史册所载景星、庆云、麟凤、芝草之贺，及焚珠玉于殿前，天书降于承天。此皆虚文，朕所不敢。惟日用平常，以实心行实政而已。"（《清圣祖实录》卷二七五）

康熙帝的自述，应该算是实事求是。作为一个封建帝王，有这样的见识，如此的胸怀，并且终身行之，实属不易。这与康熙帝善于学习各种文化，善于借鉴历史上的经验教训分不开。除了以武力平定军事反叛外，康熙帝还执行了较好的文化政策，使得一大批汉族知识分子对清朝统治的态度，由对立到认同。

第七讲 收揽士心

"治天下在得民心，士为秀民，士心得，则民心得矣！"士为四民之首，要治天下，在得众民之心，在得士人之心，尤在得名士之心。

康熙帝争取民众之心、士人之心、名士之心的一项重要措施就是开博学鸿词科，搭起一个平台就是南书房。

上一讲我讲了"削平三藩"。吴三桂等三藩发动叛乱，并不孤立，数月之间，江南烽火，燃及九省。部分绿营官兵投靠"三藩"，还有众多汉族士子——或内心向往，或待机而动。这说明，自努尔哈赤明万历十一年（1583年）建州起兵，到康熙十二年（1673年）吴三桂反叛，整九十年，康熙帝之前的"二祖一宗"三代，虽已征服中原土地，却未征服中原人心。康熙帝看到了这一点，因此，在平定"三藩之乱"的过程中，他同时采用两种手段：一是军事手段，即弓马骑射；一是文化手段，即儒家思想。康熙帝的目的，不仅要武力征服，而且要收揽民心，尤其是士人之心、名士之心。下分三目，加以介绍。

一　一道难题

在中国历史上，每当改朝换代时，总有一些人，尤其是士人，不愿同新朝合作。伯夷、叔齐在周武王灭商后，隐居首阳山不食周粟而死，就是突出例子。少数民族政权入主中原，更是如此。元朝初年，有的宋朝遗臣和文人应召做了新朝的官吏，内心却矛盾、怀旧；有的以隐居表示不与新朝合作，又彷徨、苦闷。

清迁都北京后，既江山易主，又以夷制夏，再推行"剃发、易服、圈地、占房、投充、捕逃"等"六大弊政"，中原地区汉人，特别是士人，内心深处，多不认同。于是，当时的士人分化为三类：

第一类士人，投靠清朝。例如冯铨（1595—1672年），今河北涿州人，19岁中进士，其父被东林党弹劾罢官，他随同在家赋闲。天启四年（1624年）魏忠贤到涿州进香，冯铨跪在道旁，哭诉父亲遭东林党弹劾丢官事，被魏忠贤注意。冯铨很快被魏忠贤重用，官礼部尚书、文渊阁大学士。魏忠贤垮台后，冯铨被罢官回家。崇祯自缢，顺治入关，冯铨率先投靠清朝："举家男妇，皆效满装。"投靠新主，受到重用。他对多尔衮说："一心可以事二主，二心不可侍一君。"多尔衮听后很高兴。冯铨降清后，官做到尚书、大学士。后来修清史，他被列为"贰臣"

（清朝官修"贰臣传"，正传 120 人、附传 5 人，共 125 人）。

第二类士人，反抗清朝。例如，张煌言（1620—1664），字苍水，浙江鄞县（今宁波）人，就是写《建夷宫词》影射孝庄太后下嫁多尔衮的那位先生。他和一些人在明亡之后，或者参加南明朝廷，或者举旗武装抗清。张煌言等后来退到舟山，进行海上抗清。最后失败，到悬岙（今悬山岛）。仅余数人，结草棚居。清浙江提督张杰探知其住处，派人化装为普陀和尚，深夜乘舟，突然潜入。张煌言被捕。在押解路上，有人以瓦砾写诗，投向张煌言："此行莫作黄冠想，静听先生正气歌。"被押解到杭州后，清总督赵士麟劝降，答应给原官大司马（兵部尚书）。张煌言正色答曰："二十年前穷海孤臣，岂至今日忽改节耶！"康熙三年（1664 年）九月初七日，张煌言临刑前作《绝命诗》云："我生适五九，更逢九月七。大厦已不支，成仁万事毕。"或作："我年四十五，今朝九月七。含笑从文山，一死万事毕！"葬于杭州岳飞坟、于谦墓之间，被誉为"西湖三杰"。

第三类士人，不予合作。他们不降清、不抗清（或抗清失败），也不与清合作，不参加科举，不出仕做官。他们有诸多表现——或削发为僧，如卢象晋，江苏宜兴人，明总督宣大山西军务、督师卢象升（1600—1639）之弟，拒不剃发，入狱后被捆绑剃发，释放后为僧；或佯装疯癫，如归庄（1613—1673），江苏昆山人，清初文学家，先改僧装亡命，后在昆山祖坟旁建茅舍，从此装疯终生；或隐遁不出，如李颙（1627—1705），字中孚，号二曲，陕西盩厔（今周至）人，关中大儒，清廷请他出山，他以病为由，八次上书，誓不合作，"舁床至省，水浆不入"，绝食抗旨；或潜心著述，如傅山（1607—1684），字青主，山西太原人，明亡后，穿朱衣，居土穴，康熙帝举博学鸿词科时，被抬到京，拒不应试，又被送回，著书立说。

为使士人驯从，在士人精英的聚集地江南，清廷连续以"奏销案""明史案""科场案"等进行打击。这里简单介绍一下所谓"奏销案"。其实就是以"拖欠钱粮"为名，将今江苏苏州、常州、松江、镇江四府缙绅 13500 多人，或革职、或鞭打、或枷号。如探花叶方蔼家只欠一钱银而被革职，遂有"探花不值一文钱"的民谣。

这种单纯的打压政策，不仅不能服众，反而激起更大不满。

其实，早在蒙古崛兴时，丘处机与成吉思汗就讨论过类似的问题。道教全真派首领丘处机，入穴居住，乞食度日，行携一蓑，精心求道，称长春真人。蒙古太祖十七年（1222年），丘处机在阿姆河畔营帐里，会见了成吉思汗。成吉思汗和丘处机论道三日，并请他讲授治国与长生之术。丘处机针对蒙古军的屠杀和焚掠，讲述治国和养生之道："为治之方，以敬天爱民为本；长生之道，以清心寡欲为要。"成吉思汗深为赞许，赐号"神仙"，命他掌管天下道教。后成吉思汗命丘处机住持道观太极宫（今北京西便门外白云观）。

这个故事又一次说明，要想做到对一个地区的真正征服，单靠武力镇压不行，更关键的是要做到使人心悦诚服。

怎样收揽民心？清初，大学士范文程谏言皇太极："治天下在得民心，士为秀民，士心得，则民心得矣！"（《清史列传》卷五《范文程》）士为"四民"（士农工商）之首，收揽了士心，也就等于收揽了民心。康熙帝深明此道，特别关注收揽士人之心，尤其是名士之心。反过来说，吴三桂叛乱没有得到一位江南名士的支持，这是他失败的原因之一。

面对士人不合作的情况，康熙帝采取了多种措施，我今天只讲其中一种。

二　一项举措

康熙帝争取民众之心、士人之心、名士之心的这项重要措施，就是开博学鸿词科。什么是博学鸿词科呢？它与科举考试又有什么不同？

它始于唐玄宗开元年间，称作"博学宏词"。唐宋两代，入此科者，人数很少。康熙十七年（1678年）正月，康熙帝说："自古一代之兴，必有博学鸿儒，振起文运，阐发经史，润色词章，以备顾问著作之选。朕万几余暇，游心文翰，思得博学之士，用资典学……凡有学行兼优、文词卓越之士，不论已仕未仕，令在京三品以上，及科道官员，在外督抚布按，各举所知，朕将亲试录用。"（《清圣祖实录》卷七一）这就是清朝开博学鸿词科的缘起。

清朝博学鸿词科的特点：一是科试高端，虽是科举取士的一种，却在进士之上；二是严格灵活，不定期，规格高，标准严，录取宽；三是荐考结合，规定在京三品以上、在外督抚等官员推荐，然后在京参加考试。经大学士李霨（wèi）等官员荐举，各地名流、学者等陆续到京，准备应试。因天气寒冷，康熙帝将考试时间改为来年三月，并命从十一月起，每人给俸银三两、米三斗，直到考试结束为止，以使他们不为饥寒所扰，专心研读词赋。

康熙十八年（1679年）三月初一日，被荐举的143人，齐集太和殿，向康熙帝行三跪九叩礼，赐宴后，赴体仁阁应试。考试结束后，吏部收卷，翰林院总封，进呈给康熙帝。康熙帝在保和殿御试并宣布录取博学鸿儒彭孙遹（yù）等50人，其中一等20名，二等30名。江苏被录取者最多，为23人；其次是浙江，为13人。江浙两省被录取者占总数的72%。

在荐举与考试过程中，有人在试卷中出现"清彝（夷）"字样，触犯了清廷忌讳；还有人如严绳孙（前明尚书严一鹏之孙），借口眼睛不好而仅赋诗一首等，康熙帝则采取包容态度，加以录取。对以年老体弱为借口，拒绝参加考试而被遣回原籍的，像傅山等9人，也都赏给内阁中书舍人（七品）职。对于黄宗羲、顾炎武等大儒，虽被推荐，而不赴试，康熙帝亦加容忍。

这次博学鸿词科取士，其政治与文化意义在于对人心的争取。康熙帝通过此次考试，向天下人表明了他重视和优待汉族知识分子的态度，以及他尊儒重道的文化政策。他的宽大胸怀及关切士人的良苦用心，获得汉族士大夫的好评。如黄宗羲所希望："庶几同学之士，共起讲堂，以赞右文之治。"（黄宗羲《董在中墓志铭》）从而缓解了博学鸿儒与清朝对立的心结。明末清初三大思想家的态度说明了这一点。

顾炎武（1613—1682），字宁人，号亭林，江苏昆山人，著有《日知录》《天下郡国利病书》等。"天下兴亡，匹夫有责""经世致用"是他的名言。他参加武装抗清失败后，弟弟遭杀害、生母被砍断臂膀、嗣母立意绝食。他以"生无一锥土，常有四海心"的抱负，用二马二骡驮着书卷北上游学。他不接受康熙帝接见、不参加博学鸿词科、不出来做官，说要是逼迫，就"以身殉之"。但顾炎武的弟子潘耒参加博学鸿儒考试，与修《明史》，他的三位外甥徐乾学（一甲三名）、徐秉义（一甲三名）、徐元文（一甲一名）参加科举考试，称"三鼎甲"，在朝做高官。他都给予理解与支持。

黄宗羲（1610—1695），浙江余姚人，学问渊博，气节高亢。这里我讲一个故事。黄宗羲的父亲黄遵素，为人正直，受阉党陷害而死。崇祯帝登极后虽处死魏忠贤，但其爪牙许显纯等仍逍遥法外。黄宗羲持诉状，揣铁锥，到京上诉。崇祯帝命在刑部大堂审理许显纯等，让黄宗羲出庭做证。在审讯中，黄宗羲突然扑向许显纯，掏出铁锥，猛刺过去。后许显纯被正法。明亡清兴，黄宗羲拒不出山。康熙帝举行博学鸿词科，他也不应试。康熙帝派总督、巡抚带着重礼聘他修《明史》，他以年老推辞，没有到北京"明史馆"工作，但同意让儿子黄百家应聘入馆，还同意朝廷官员抄录其有关的明史著述，并将其父黄遵素所集《大事记》和《三史钞》等重要史料允"明史馆"用，还推荐弟子万斯同参加编修《明史》。

王夫之（1619—1692），湖南衡阳人，著有《船山遗书》等，为躲干扰，自称瑶人，避身瑶洞，或住茅屋，不出林莽，治学不辍，达四十年。吴三桂要称帝，有人推荐王夫之写"劝进表"，他加以拒绝。

故明士人、特别是名士反清态度的转变，表明清王朝的统治已逐渐为广大汉族士子所接受，康熙帝笼络人才的措施产生了良好的效果。清史大家孟森先生称此举为康熙帝"定天下之大计"。

这次举办博学鸿词科，网罗到不少人才，如朱彝尊、汪琬、潘耒、毛奇龄、王顼（xū）龄、高士奇（后赐）等，都是很有学问的人。这不仅充实了清政府的力量，而且显示了朝廷收揽江南士人的诚意，于那些气节之士也有所触动。对入选的博学鸿儒，从优分别授以侍读、侍讲、编修、检讨等官职，并命他们入"明史馆"纂修《明史》。《明史》以翰林院掌院学士徐元文、学士叶方蔼、庶子张玉书为总裁官。说到修《明史》，附带说一下王鸿绪。

王鸿绪（1645—1723），原名度心，字季友，自号横云山人，江南松江府（今上海松江）人。出生于官宦之家，自幼聪慧，熟读经史。19岁便中榜眼，从此步入仕途，并深得康熙帝的垂青。先后充任日讲起居注官、翰林院侍讲、内阁学士兼礼部侍郎、左都御史等职。康熙三十三年（1694年），为张玉书等推荐，以特旨起用为《明史》总裁，与陈廷敬、张玉书等人共同负责《明史稿》的修改工作。王鸿绪负责"列传"，尽心校正和修改，得到康熙帝的信任和重用。康熙三十七年（1698年），他再度入直南书房，次年升为工部尚书，后为户部尚书。此间还两次扈从康熙帝南巡。康熙帝的重用使王鸿绪感激涕零，因此不断地密奏朝廷政事，成为康熙帝的心腹耳目。在康熙后期诸皇子的储位争夺中，王鸿绪依附皇八子胤禩（sì），并于康熙四十七年（1708年）同朝廷大臣揆（kuí）叙等人密谋保荐胤禩为皇太子，事情败露，遭到康熙帝训斥。次年，解任回籍。归乡后，他没有放弃《明史》总裁的职责，继续对"列传"部分进行修订考校。先后进行了五次修改，并对相关内容重新编次整理。康熙五十三年（1714年），"列传"稿成208卷，交"明史馆"收存。五十四年（1715年），王鸿绪再次被起用，奉特诏还朝。时《明史》总裁陈廷敬和张玉书都已去世，王鸿绪独自负起《明史》全稿的编纂，最后将纪、志、表、传汇为一编，成《明史稿》310卷，于雍正元年（1723年）六月进呈。八月，王鸿绪卒，终年79岁。王鸿绪一生为官不清，政绩不明，结党营私，招权纳贿，名声不佳。但他擅长诗文，精研书法，很有才气，特别是对《明史》的撰修做出了贡献。

在这里附带回答观众问：电视剧《康熙王朝》说康熙帝乔装参加科举考试并轻松地得了个探花，有这回事吗？我肯定地回答：史无此事，纯属编造。

三　一个平台

康熙帝笼络士人，攻心儒生，需要有一个机构、建一个平台，这就是南书房。康熙帝说："朕愿得文学之臣，朝夕置左右，惟经史讲诵。"事实上南书房的效果还不止于此。它是当时满汉文化交流与融合的一个平台，特别是康熙帝接受汉文化的平台。

康熙十六年（1677年）十一月，开始在康熙帝早年读书处的南斋，设立南书房。南书房位于乾清门内以西庑房，北向，因在乾清宫南面而得名。现建筑完好，但原状无存。开始由侍讲学士张英、中书高士奇等入直。南书房的官员，人员、品级不定，有中书（七品）、学士（五品）、侍郎（三品）、尚书（二品）、大学士（一品）等。康熙九年（1670年）一甲一名蔡启僔（zǔn）、二名孙在丰、三名徐乾学，于当年召对弘德殿赋诗，后命同直南书房。南书房还有天文算法、机械制造家戴梓，武进士汤恺等。

南书房值班的时间：自辰（辰正8时）而入，终戌（戌正20时）而退。特殊情况例外。如高士奇每日"报筹而入，送烛而归"。有时草拟密诏，已经漏下三刻，就是深更半夜，特命宫中禁门不关，待高士奇离去后再上锁。

南书房官员同康熙帝的关系，可以说是亦师、亦友、亦臣、亦奴。

一说亦师。南书房官员的一个职责是进讲经史。如康熙十九年（1680年）四月，命南书房翰林，每日进讲《通鉴》。康熙帝说张英"每日进讲，启导朕心，甚有裨益"。南书房官员值班，以备顾问。沈荃（quán）教康熙帝书法，后来康熙帝回忆自己初学书法时说："每下笔都指其病，兼析所由。至今每作书，未尝不思荃之功也。"

二说亦友。南书房官员的一个职责是文学侍从，就是同康熙帝切磋诗文、书画。在切磋时，相互讨论，逐字推敲。他们吃饭、喝茶，都由御膳房、御茶房供应；特别恩宠者，"赐第连中禁，分餐出御厨"。还有赏赐：张英葬亲南还，特赐银500两，锦缎20匹。一次元旦，康熙帝赏南书房翰林宴，宴会后，派内侍以佳肴果品二席，分送给各家。赏给李光地细鳞鱼、鹿肉条，每日由其家人带回玉泉山水。赐查慎行高丽米粽子。康熙帝很赏识高士奇，同他"朝夕谈论，无异友生"。

三说亦臣。南书房官员负责起草诏书、润色诗文、代笔书法等。康熙十九年（1680年），命翰林院、詹事府、国子监，每日轮四员，到南书房值班，随时咨询，观察考核，以备擢（zhuó）用。方苞在康熙五十二年（1713年）因"南山集案"出狱，以白衣入南书房，撰碑文、论诗赋，参与编修乐律、历算等书。

四说亦奴。南书房的官员虽很荣幸，但地位卑下。有书记载：咫尺天颜，垂手侍立，久之则气血下注，十指欲肿。若派写进呈书籍，则终日伏案而坐，两脚不得屈伸。如王图炳（大学士王顼龄之子）直南书房，奉命书写《华严经》全部，出语人曰："伺候时立得脚痛，抄录时写得手痛。"（参见《清宫述闻》）

南书房官员张英和高士奇有两段佳话。

张英（1637—1708），安徽桐城人，进士出身，通满文，在南书房任职，被赐宅西安门内。"辰入暮出"，随侍左右达25年。在讲筵时，"凡生民利病，四方水旱，知无不言，造膝前席，多社稷大计"。书房自书对联："读不尽架上古书，却要时时努力；做不尽世间好事，必须刻刻存心。"（姚元之《竹叶亭杂记》卷六）后官做到文华殿大学士、礼部尚书。居官四起四落，或被革职，或降五级，以白酒一盅，清琴一曲，淡然处之，沉而复起。他与子张廷玉、张廷瓒、张廷璐，孙张若霭、张若澄，一门三代入直南书房，历康熙、雍正、乾隆三朝，凡数十年。康熙帝对张廷玉每年元旦（一段时间）赐佳肴、好酒到其家。张英家被誉为"三世得谥""六代翰林"。

高士奇（1645—1703），字澹人，号江村，浙江钱塘（今杭州）人，一生颇富传奇色彩。高士奇为江南才子，杭州乡试，名落孙山。自挑衣被，进广宁门（今广安门），到北京后，再次落第。衣食无着，流落街头，在报国寺，摆摊卖字。后入明珠府。一次，被命写宫中关帝庙的门楣（横幅）。时值高士奇的生日，他感慨万千，乘酒兴挥写"天子重英豪"五个大字。康熙帝经筵讲义，常由高士奇誊写。高士奇聪明伶俐，语言幽默，善解帝意，屡屡高升。这位曾经悲歌燕市的穷儒，被赐居西安门内，成为朝中的头面人物，下班时胡同车马如织，就连大学士明珠也要向他探访内廷消息。他每日上朝时，荷囊装满金豆，太监每报一事，给金豆一颗酬谢。如康熙帝正在读某书，他知道后就仔细阅读，帝有所问，对答如流（赵翼《檐曝杂记》卷二）。随着职位的升高，高士奇的权力欲望也膨胀起来，他与徐乾学兄弟、王鸿绪等人组成江浙朋党，影响朝政。时学士不是三家门徒，不为世人所重。康熙帝对他们格外眷顾。据说，康熙帝曾特旨将御膳房八宝豆腐名菜的配方赐给大学士徐乾学，作为其年老回乡后的享用。当徐派人往御膳房取配方时，还被御厨们借"道喜"之名，敲诈千两银子。这个配方后被徐的门生王楼村所得，并传给孙子王太守。这种豆腐流传民间，因而留下了"王太守八宝豆腐"这道名菜。康熙帝的确是清代帝王中善于协调君臣关系的明君。高士奇后因纳贿受到弹劾，休致回籍。高士奇返乡后，康熙帝对其恩宠不减，接连召他入直南书房，命他主持编纂《平定朔漠方略》。南巡之际，令高士奇扈从返京，恩宠有加。他的《扈从东巡日录》《松亭行纪》等书记载了东北、西北边陲地区的地理风貌、民俗物产，具有重要的史料价值。

康熙帝举博学鸿词科和设立南书房，主要是巩固清朝的统治，但同时也促进了满汉文化的融合，有利于民族团结与文化发展。这个贡献应当肯定。

康熙帝优容信用汉族儒生、名士，但并不是无条件的，他有条底线，这就是不容触犯清廷的、满洲的根本利益。

我在这里讲一个侯方域与孔尚任的故事。

侯方域（1618—1655），字朝宗，河南商丘人，父侯恂曾是建议破格提拔袁崇焕的人，后官户部尚书。侯方域有才气，在南京秦淮河结识多才多艺、侠骨琴心的名妓李香君，但侯方域参加清朝科举考试，李香君对其轻蔑而分手。后孔尚任以侯李故事为题材，创作了《桃花扇》。

孔尚任（1648—1718），字聘之，号东塘，是孔子的第六十四代孙，因科举不顺，受衍圣公之邀料理孔府事务。康熙二十三年（1684），康熙帝南巡，回銮途中拜谒孔庙，并举行经筵日讲，孔尚任被选为御前讲书官，进讲《大学》首章，并为导览孔子遗迹，给康熙帝留下了深刻的印象。他也因此而被从优授为国子监博士，进京任职。后他开始了《桃花扇》的创作，康熙三十八年（1699年）完成。《桃花扇》写江南名士侯方域与秦淮歌妓李香君的爱情悲剧故事，"借儿女之情，写兴亡之感"，也就是借这个爱情故事写明亡清兴，其中寄寓了浓重的感伤情调。此书问世，获得成功，竞相传抄，搬上舞台。《桃花扇》在正阳门外茶楼（剧场）演出时，岁无虚日，座无虚席，掩袂拭泪，轰动京师。《桃花扇》剧作被朝廷索要，孔尚任被解职。

第八讲 统一台湾

　　金瓯无缺，国家统一，是国君的第一要务。康熙帝能抓住时机，征抚并用，恩威兼施，实现了对台湾的统一。这是他被称为康熙大帝的重要标尺。然而，为了抓住合适时机收复台湾，康熙帝整整等待了20年。

　　康熙帝的人格魅力和智慧韬略，在统一台湾的实践中，得到了淋漓尽致的表现。康熙帝统一台湾，可称之为三个"善"：一是善抓时机，二是善于用人，三是善定制度。

康熙帝的一大历史功绩是统一台湾。康熙帝统一台湾，正值他三十而立之年。这时，他亲政已经 16 年，特别是经过长期刻苦的学习，8 年艰难平定三藩的磨炼，他更加成熟，更加坚定，也更加睿智。康熙帝的人格魅力和智慧韬略，在统一台湾的实践中，得到了淋漓尽致的表现。康熙帝统一台湾，可称之为三个"善"：一是善抓时机，二是善于用人，三是善定制度。下面具体讲说。

一　善抓时机

康熙帝为了抓住合适时机统一台湾，整整等待了 20 年。事情要从郑成功收复台湾说起。

郑氏台湾　郑成功（1624—1662），隆武二年即顺治三年（1646 年），反对其父郑芝龙降清，在南澳（今广东境内）起兵。他被南明的皇帝赐姓朱，称作"国姓爷"，还被封为延平郡王。势力强大时，曾率领水师，驶入长江，进攻南京。后来失利，退居海上，以金门、厦门为根据地，是明末清初在东南沿海抗清的一支重要力量。

早在明天启四年即天命九年（1624 年），荷兰殖民者侵入中国台湾，占领台湾南部的赤嵌；两年后，西班牙殖民者侵占台湾北部的基隆。后来，荷兰人赶走西班牙人，独占中国台湾。

顺治十八年（1661 年），郑成功率领水师，从台湾鹿耳门（今台南境）登陆，进攻荷兰总督所在地赤嵌城。荷兰人求和，愿以 10 万两银犒军。郑成功则声言："台湾者，中国之土地也。"郑成功先后奋战 8 个月，于顺治十八年十二月十三日（1662 年 2 月 1 日），逼迫荷兰总督揆一投降。郑成功驱逐荷兰殖民者，结束了荷兰人在中国台湾 38 年的统治。郑成功是中国历史上第一位反抗西方殖民侵略的伟大民族英雄。收复台湾后，郑成功治理与开发台湾，发展经济，颇有建树。但他在收复台湾 5 个月后病死，享年 39 岁。他的儿子郑经嗣立，为南明延平郡王。

有一个历史的巧合：康熙元年（1662年）和郑经袭爵，恰好是在同一年，这年康熙帝9岁，郑经20岁。

郑经（1643—1681）继位以后，继续割据台湾，并占据厦门、金门等东南沿海重要岛屿，奉南明正朔，与清朝对抗。从康熙帝和郑经先后登上历史舞台，就开始了双方的交锋。这个阶段，持续了20年，直到郑经病死。

无论是在四大臣辅政期间，还是康熙帝亲政以后，清朝对台湾的政策是一贯的，这就是：以抚为主，征抚兼施。

从康熙元年（1662年）到康熙二十年（1681年），清廷对郑氏，以抚为主，双方先后有12次谈判。康熙初年，朝廷派出官员同郑经代表会谈，谋求统一。但郑经提出：照朝鲜例，不剃发（江日升《台湾外纪》卷六）。清廷见谈判不成，便于康熙二年（1663年）发动军事攻势，攻占金门、厦门。郑经往铜山。康熙三年（1664年），清军攻铜山。郑经不敌，退到台湾。清廷命施琅率军进攻台湾，因遇台风，无功而返。

康熙八年（1669年），康熙帝五月清除鳌拜集团，六月便派刑部尚书明珠前往福建泉州议抚，并派员持皇帝诏书到台湾，同郑经谈判，郑经不接诏书，只派官员谈判。清朝要求郑经：剃发归命，自当藩封，永为柱石。郑经仍坚持以前主张，提出："台湾远在海外，不属于中国版图。"（连横《台湾通史》卷二）康熙帝在敕谕中说："朝鲜系从来所有之外国，郑经乃中国之人。"（《明清史料》丁编第三本《敕谕明珠等郑经比例朝鲜不便允从》）后他又明确指出：台湾皆闽人，不得与琉球、高丽（朝鲜）相比（《清圣祖实录》卷一〇九）。就是说，朝鲜为外国，郑经乃是中国人，不能援引朝鲜为例。明珠见郑经没有诚意，中止谈判，回到北京。

在三藩之乱期间，郑经支持福建的耿精忠叛清，并趁乱进攻大陆。如康熙十四年（1675年），郑经军攻陷福建漳州，清海澄公黄芳度死之；康熙十六年（1677年），郑经派大将刘国轩攻打广东东莞；康熙十七年（1678年），郑经又派大将刘国轩进攻福建泉州等。

清朝在东南沿海实行海禁政策，沿海居民迁徙，寸板不许下海。这是一把双刃剑，虽然限制并打击了郑经集团，但是同样不利于大陆沿海居民。解决的唯一办法，是海峡两岸统一。终于，一个解决台湾问题的时机到了。

善抓时机 康熙二十年（1681年），在位20年的郑经在台湾病故。延平王的王位，传给长子郑克𡒉。两天后，郑克𡒉竟然被受郑经宠信的冯锡范所杀。冯锡范拥立自己的女婿、郑经次子郑克塽（shuǎng）继位。郑克塽只有12岁，袭为延平王。因郑克塽年幼，大权旁落，内政落在冯锡范、外事落在刘国轩等手中。

郑经的死，对于延平王的命运，可能是悲剧；而对康熙帝来说，必定是喜剧！因为历史给康熙帝提供了统一台湾的良机。

这是为什么呢？内外原因有五：

其一，三藩战争结束，中原大地统一，可以集中力量处理台湾问题；

其二，台湾政局变动，郑经死后，诸子相争，官员内讧，文武解体；

其三，台湾内部，官兵离心——康熙元年至三年（1662—1664）合计投诚官员3 985员、兵40 962名、归农官弁兵民64 230名口、眷属人役63 000余名口、大小船900余只（《清圣祖实录》卷一二）；

其四，台湾水旱灾害严重，"人民饥死甚多"（阮旻锡《海上见闻录》卷二），民众对台湾郑氏政权不满；

其五，荷兰等殖民者势力衰弱，无力干预，国际环境有利。

康熙帝抓住这个等待了20年的有利时机，当机立断，决定兴师，统一台湾。有廷臣谏言："海洋险远，风涛莫测，长驱致胜，计难万全。"这表明朝臣中有人对武力统一台湾持反对意见。康熙帝不为所动，作出收服台湾的决策。

解决台湾问题，关键在于选帅。康熙帝善于用人，但选谁任主帅呢？

二 善于用人

慎重选帅 康熙帝决定起用施琅为福建水师提督、总兵官。但是对于这一任命，朝廷有争议，主要是对施琅政治上不信任，军事上不放心。如果说康熙帝用了20年等待进兵台湾的时机，那么，他为了选用施琅这员主帅也是准备了20年。施琅究竟是怎样的一个人呢？

施琅（1621—1696），字尊侯，号琢公，福建晋江人，原为明总兵郑芝龙部下左冲锋。施琅长期转战于东南沿海，熟悉海上作战，积累了丰富的实战经验。而且，他喜读经书，熟悉兵法，精晓阵法，尤善水师，是一名有勇有谋的帅才。郑芝龙的儿子郑成功海上抗清，招徕施琅，施琅便跟随郑成功抗清。后来郑、施失和，郑成功抓捕施琅及其眷属。施琅用计逃脱，但其父、弟及子侄等都被郑成功杀害。施琅于顺治八年（1651年）背郑降清。

康熙元年（1662年），康熙帝起用已经"赋闲"10年的施琅任福建水师提督，负责征讨台湾的水师军务。他受命先后两次出海，因遭飓风，无功而返。因此，朝廷上一些大臣说他与郑氏旧恩未断，疑其"贰心"。再加上总兵孔元章赴台谈判传回台方离间施琅的话，于是施琅被解除兵权，调回京师，任内大臣。

因为有前面发生的这一系列事件，康熙帝此次选任攻台主帅，非常慎重。

其一，广听众议，找人推荐。他问李光地，谁能担此任。李光地经过考察后，推荐施琅。

其二，亲自找施琅谈话，征询进取台湾的方略。

其三，力排众议，起用施琅。

其四，风信之争——是南风进兵还是北风进兵，相信施琅。

其五，事权专一——为避免"一山二虎"，从施琅奏请，调总督姚启圣管后勤，避免总督与总兵责任不清，互相掣肘。

其六，"断自朕衷，特加擢用"，就在施琅任内大臣12年那一年，康熙帝信任他，决定任用他为福建水师提督。

康熙帝经过慎重的调查研究，起用原郑成功部将施琅为福建水师提督，造舰练兵，做实战准备。刚要进兵，有人疏言：彗星见，缓进剿。康熙帝破除迷信，决心进兵——从施琅议，遇信风，即进取。

台湾方面，也在准备：其一，刘国轩负责战事；其二，在台湾门户——澎湖进行防守；其三，水军主力集中到澎湖海域。

巧用兵略 康熙二十二年（1683年）六月，福建水师提督施琅率清朝水师，向澎湖进发。澎湖海战，一触即发。

第一回合。康熙二十二年（1683年）六月十四日，施琅率水师2万人，战船230余艘，出其不意，向澎湖进发；此举出乎刘国轩之所料，他没有想到懂得海上风候的施琅，会选择大风大浪的季节进攻澎湖，因事发突然而措手不及。

十六日，两军对峙于海面，发生激烈海战。在这里我讲一个蓝理的故事：施琅发起进攻前，问诸将：谁敢为先锋？诸将互视，无人回答。蓝理挺身响应。施琅命蓝理为先锋，并命在其战船帆篷上，书写两丈长的两个大字——蓝理。战起，蓝理率7艘战船冲入敌阵。双方展开激战。郑军刘国轩初战失利。但风向突转，对清军不利。郑军乘机进攻，包围清军指挥战船，施放火器，施琅右脸被烧伤，众官兵惊慌。这时，蓝理督率战船冲向郑船，负伤10余处；又被敌炮轰倒，肚破肠流，非常严重。有人喊："蓝理死矣！"蓝理忍痛跳起来喊道："蓝理在！"他的部下把蓝理破肚流出的肠子装到腹中，四弟给他穿上衣服，五弟用布把他的腹部包裹起来。蓝理重整衣甲，继续指挥战斗。官兵深受感动，更加奋勇作战。郑军败退。后康熙帝誉称他为"破肚将军"（陈康祺《郎潜纪闻三笔》卷四）。

第二回合。二十二日，清军与郑军在澎湖海域进行决战。清军船舰分作三队：左翼以50艘进攻鸡笼屿，右翼以50艘进攻牛心湾；主力由施琅率领，分作前后两队——前队56艘居中，后队80艘分作两股，既左右策应，又前后援应。郑军将领刘国轩率军全力以赴。从早上七时到下午四时，双方海战，异常激烈。施琅指挥清军，靠近敌船，用火罐、火筒、火炮、火铳等，射向、抛向郑船。霎时间，郑船焚烧，一片火海。郑船20余艘，沉入海中。刘国轩见势不妙，乘小船逃往台湾。郑军见主帅逃走，大势已去，5000余名官兵向清军投降。此战，郑军死伤1万多人，清军总兵朱天贵等 300 余人战死，清军取得了海战的胜利。

清军取得澎湖海战大捷，打开了通向台湾的海上门户。郑氏失去屏障，官兵解体，风声鹤唳，无力再战。这时，台湾流传施琅会乘胜进入台湾，烧杀抢掠，为父报仇。施琅郑重宣布：仇人只郑成功一人，郑成功已死，决不报复其他任何人。

郑克塽召集官员议商对策，有人主张逃往吕宋（今菲律宾），有人主张投降。郑克塽同意投降，并派人到施琅军前。施琅表示："夙昔结怨，尽与捐除！"过去恩怨，一笔勾销。但是兵部不允。康熙帝高瞻远瞩，特旨允降。康熙帝已经事先作了部署，对郑氏及其官员进行妥善安排。

康熙二十二年八月十一日（1683 年 10 月 1 日），施琅率领清军前往台湾受降。

郑克塽率领官员列队恭迎。双方在天妃宫会见，施琅"握手开诚，矢不宿怨"。事后，施琅亲自前往郑成功庙进行祭奠，表现了一位杰出政治家、军事家的博大胸怀。是年施琅 63 岁。康熙帝重用施琅，台湾一统。这正好应了郑成功的一句话，当年他得知施琅逃走时后悔地说："吾不幸结此祸胎，贻将来一大患！"

施琅的捷报传到康熙帝御前，正好是八月仲秋之夜。康熙帝高兴地作《中秋日闻海上捷音》七律一首：

万里扶桑早挂弓，水犀军指岛门空。
来庭岂为修文德，柔远初非黩武功。
牙帐受降秋色外，羽林奏捷月明中。
海隅久念苍生困，耕凿从今九壤同。（《康熙诗词集注》）

他还挥笔写下五言绝句：

明月中秋节，驰书海外来。
自今天汉上，万里烟云开。（《康熙诗词集注》）

三 善定制度

康熙帝统一台湾之后，没有像汉武帝打匈奴、唐太宗战突厥那样，战胜即走，得而复失。康熙帝对郑克塽等以往之罪，尽行赦免，并从优叙录，加恩安插，封郑克塽为公、冯锡范为伯、刘国轩为天津总兵官，俱隶上三旗。他采取若干重大措施，特别是加以制度化。

第一，设府置县。台湾统一之后，如何进行管理，弃留两议，廷争未决。康熙帝也在征求一些大臣的意见。

> 康熙帝问："然则弃之乎？"
> 李光地答："应弃！"
> 康熙帝问："如何弃法？"
> 李光地答："空其地，任夷人居之，而纳款通贡，即为贺兰（荷兰）所有，亦听之。"（李光地《榕村续语录》卷一一）

李光地等人为"得其地不足以耕，得其人不足以臣"，而主张"迁其人，弃其地"，就是将岛上兵民迁到内地，而将岛上土地给荷兰人。靖海将军施琅认为不可弃地、不能迁民。他认为："虑事计其久远，防患在图于未然。"（《清史列传》卷九《施琅》）他上《恭陈台湾弃留疏》说：

> 台湾地方，北连吴会，南接粤峤（jiào），延袤数千里，山川峻峭，港道纡回，乃江、浙、闽、粤四省之左护；隔离澎湖一大洋，水道三更余遥……弃留之际，利害攸关。臣思弃之必酿成大祸，留之诚永固边围。
> （施琅《靖海纪事》下卷）

经过在福建官员会议、朝廷会议讨论，康熙帝从施琅议，命在台湾设一府三县——台湾府，台湾（今台南）、凤山（今高雄）、诸罗（今嘉义）县。台湾府隶属福建省。光绪十一年（1885年）九月，清朝"改福建巡抚为台湾巡抚"，正式建立台湾行省，刘铭传为第一任台湾巡抚。

第二，驻扎军队。设总兵官1员、副将1员、参将2员，率兵八千，驻防台湾；设澎湖副将1员、兵两千，镇守其地。

第三，开放海禁。清初海上反清活动很多，曾下禁海令：寸板不许下海；又下迁界令：东南近海居民内迁50里，房屋弃毁。统一台湾后，康熙帝又从施琅建议，开海禁，通贸易。海禁一度开放。

第四，开科取士。又在台湾实行科举，设科取士。台湾人始参加福建乡试和北京会试、殿试。据《清代台湾进士碑帖图鉴》统计，自康熙三十三年（1694年），到光绪二十九年（1903年），共取文进士33名。康熙时，开始在台湾府建府学，在台湾、凤山、诸罗三县分建县学，在番民中建社学。

第五，兴举文教。康熙朝纂修《康熙台湾府志》《康熙台湾县志》《康熙凤山县志》和《康熙诸罗县志》。

第六，发展经济。泉州人陈赖章与番民签约，开始在台北垦荒种田。康熙四十四年（1705年）冬，台湾闹饥荒，康熙帝命蠲（juān）免台湾、凤山、诸罗三县粮米。康熙帝还将宫苑内的西瓜籽赐到台湾种植。在康熙朝台湾重归版图的近40年间，台湾的经济、贸易、社会、文化、教育，都得到很大的发展。

康熙大帝统一台湾，做得干净、利索、漂亮、成功。康熙帝统一台湾的历史经验：一是时机抓得好，二是主帅用得好，三是善后制度好。康熙帝统一台湾表明，他已经是一位成熟的政治家。

下一讲，我讲康熙帝指挥抗击沙俄侵略的雅克萨之战，从中可以看到他的军事指挥才能。

附录一：关于郑成功收复台湾的时间

《辞海》"郑成功"条说："康熙元年（1662年）二月一日，荷兰总督揆一投降，台湾重回祖国怀抱。"这种说法有欠缺：其一，二月一日应是阳历，而不是阴历；其二，1662年2月1日，实际上是顺治十八年十二月十三日。康熙元年正月初一日应是公元1662年2月18日。事情虽发生在公元1662年2月1日，却是顺治十八年十二月十三日，本月末为二十九日，这时距康熙元年元旦还有16天。因此，从帝王纪年方面，说郑成功收复台湾在顺治十八年（1661年）可以，说郑成功收复台湾在康熙元年（1662年）不可以；从公元纪年方面，说郑成功收复台湾在1662年可以，说郑成功收复台湾在1661年不可以。

附录二：关于"破肚将军"的记载

康熙间，澎湖之战，漳浦蓝军门实为前茅。贼舰蔽江，迎敌，炮中过腹，肠出矣，血淋漓。公族子法为掬而纳诸腹中，四弟瑗傅以衣，五弟珠持匹练连腹背交裹之。公大呼杀贼，不暇顾也。有红毛医能治之，卒无恙。台湾平后，公入都，抵赵北口，遇圣驾出水围，马凝立不及避，乃舍骑，步入梁园中。驾至，遣侍卫问谁骑。公乃出曰："臣蓝理从福建来者。"上问："是征澎湖时拖肠血战之蓝理邪？"公奏曰："是。"召至前，问血战状，解衣视之，为抚摩伤处，嗟叹良久。嗣专阃（kǔn）吾浙，每遇南巡，迎谒圣驾，见公辄语诸王公以拖肠血战状。又引见皇太后曰："此破肚将军也！"（陈康祺《郎潜纪闻三笔》卷四）

第九讲 抗俄签约

领土主权，必须保卫；国家尊严，必须维护。康熙帝以其顽强意志，依托强盛国力，调动各族民众，抵御外来侵略，保卫了领土完整，维护了国家尊严。康熙二十八年（1689年）《中俄尼布楚条约》签订后，俄军从中国领土上撤走，雅克萨重新回到祖国的怀抱。

康熙帝自 14 岁御门听政以来，平定三藩之乱后，在东南，统一台湾；在东北，抗俄签约。今天讲康熙帝反击沙俄入侵，签订中俄和约，分三个题目：北疆告急、两次激战、签订和约。

一　北疆告急

明末清初，清太祖努尔哈赤、太宗皇太极父子两代，经过 60 年的奋争，接管了原明奴儿干都司、辽东都司等辖区，重新统一了东北地区，包括东自库页岛（今萨哈林岛），西到贝加尔湖，北达外兴安岭，南临长城的广袤地域。那么，为什么又出现北疆告急的局势呢？这有内外两个方面的原因。

先说内因。自秦统一六国而成为中央集权帝国后，中国北部的匈奴、契丹、蒙古、女真等民族向内地的扰犯，都是中国内部的民族问题。在东北地区，只有边防，而无国防。从万历年间开始，明朝走向衰弱，后金崛起东北，明与后金在东北地区的战争持续了 28 年。顺治元年（1644 年）清军入关以后，顺治帝在位 18 年，中原战争，连绵不断。康熙帝即位后，统一台湾之前，22 年间，也不安宁。总算起来，先后长达 40 年。于是，东北地区，特别是外兴安岭以南的黑龙江地区，军力南下，防务空虚。这就给俄国入侵提供了可乘之机。

次说外因。北疆告急，敌自何来？来自沙皇俄国。俄国原是一个欧洲国家，和中国并不接壤。俄罗斯的东部疆界在乌拉尔山以西。到 16 世纪后期，俄国势力扩张到西伯利亚。明万历十年（1582 年），以叶尔马克为首的哥萨克人越过乌拉尔山，进入西伯利亚地带。翌年就发生古勒寨之战，努尔哈赤的祖、父死难。尔后，俄国的扩张势力东逼。明万历十五年（1587 年），俄国建托博尔斯克，后来成为他们在西伯利亚的中心。明万历四十一年（1613 年），罗曼诺夫为沙皇，从而创建罗曼诺夫王朝，更加紧了对西伯利亚的扩张。明崇祯五年即天聪六年（1632 年），俄国在勒拿河畔建立勒拿堡（今俄罗斯雅库次克）。崇祯十一年即崇德三年（1638年），哥萨克人听到达斡尔、索伦（鄂温克）人说有一条黑龙江。崇祯十六年即崇德八年（1643年），俄人波雅科夫带军到了精奇里江（今俄罗斯境内结雅河），侵入达斡尔地区，是为俄军首次侵入黑龙江流域。顺治七年（1650年），哈巴罗夫带领70多人，翻越外兴安岭，侵入黑龙江地方，初占领头人阿尔巴西住地雅克萨（今俄罗斯阿尔巴津）。雅克萨城堡位于今黑龙江省大兴安岭地区漠河县兴安镇连崟（yín）地方黑龙江北岸。第二年，哈巴罗夫侵占索伦头人托尔加的驻地。托尔加是清太宗皇太极额驸巴尔达齐的亲戚。顺治十五年（1658年），俄军重新占领了尼布楚河与石勒喀河汇流处的尼布楚（今俄罗斯涅尔琴斯克）。

俄人抢掠黑龙江地域达斡尔、索伦（鄂伦春）、赫哲等部民的财物和妇女，"子女参貂，抢掠殆尽"。俄人哈巴罗夫还将托尔加城主，残酷折磨，施以酷刑，"放在火上烧，用鞭子抽打"，后将托尔加城付之一炬。他们在一场掠夺中，杀死部民1088人，马匹牛羊被洗劫一空。又诱索伦捕貂人"额提儿克等二十人入室，尽行焚死"（《清圣祖实录》卷一一二）。他们捕捉人质，掳掠妇女，劫夺貂皮，无恶不作。

康熙帝作为一代雄主，不能容忍国土被侵占，臣民遭涂炭。康熙帝尝言："朕亲政之后，即留意于此。"（《清圣祖实录》卷一二一）就是留意于东北的边事。康熙帝削平三藩、统一台湾后，战略目光，转至北疆。

康熙二十年（1681年），康熙帝再次派官到雅克萨，与俄方交涉，但无结果。于是，康熙帝一面继续运用外交谈判手段，一面进行军事反击准备。

第一，三次东巡。康熙帝东巡，为的是了解敌情，制定方略。有一次，他泛舟松花江上，触景生情，挥笔作诗，略曰：

> 松花江，江水清，夜来雨过春涛生，浪花叠锦绣縠明。
> ……
> 松花江，江水清，浩浩瀚瀚冲波行，云霞万里开澄泓。

诗中洋溢着轻松愉悦的情怀和气充六合的气概。

第二，增设将军。康熙帝令在卜魁（今黑龙江省齐齐哈尔市）设立黑龙江将军，任萨布素为首任黑龙江将军，为黑龙江地区的最高军政长官。

第三，修建坚城。康熙帝令在今黑龙江省黑河地区，于黑龙江畔，建立黑龙江城（今爱辉地方），并设立驿站。黑龙江将军后从卜魁（今齐齐哈尔），移驻黑龙江城。以此加强对黑龙江流域的管辖，并进行实际的自卫战争的准备。

第四，建立船厂。康熙帝令在乌拉（今吉林省吉林市）大量制造船只，准备溯水而上，进行自卫反击战。并铸造战炮，准备粮食。

第五，侦察敌情。有一个故事，康熙帝派蒙古都统、公彭春（朋春），以捕鹿为名，从墨尔根（今黑龙江省嫩江市），行16天，直到雅克萨城下，进行侦察。抓回6名"舌头"，探明敌军的居址、地形、兵力、交通，为清军收复雅克萨提供了重要的军事情报。还派人测量江水的深度、流速，并绘制地图。

第六，精心部署。康熙帝手中有一张黑龙江流域的地图，画有"整个西伯利亚地区，标明了所有的城堡"。（《一六八九年的中俄尼布楚条约》）康熙帝让官员"观图详议"，对照地图，制订作战计划。

"征剿罗刹，众皆难之。"远途奔袭，人地两生，再加上传闻沙俄凶残，很多官员对反击沙俄作战，有畏难情绪。康熙帝不徇众见，决意出师，先后进行两次雅克萨自卫反击战。

二　两次激战

首次自卫反击战。康熙二十四年（1685年）四月二十八日，康熙帝派都统彭春、副都统郎坦（郎谈）、黑龙江将军萨布素、建义侯林兴珠等，统领满、蒙、汉、达斡尔、索伦人组成的军队2000余人，分为水陆两军——陆路，马蹄疾驰，尘埃飞扬；水路，帆樯纤缆，溯江直上——向雅克萨城进发。当地各族部民，积极配合清军，争做向导，探报敌情，运粮送炮，争取胜利。清军主力得到支援，抵达雅克萨的城外。

雅克萨城平面呈矩形，三面临江，一面靠陆地——有围墙、壕堑，墙上建塔楼。城里有粮食、弹药、商店、教堂等。城内俄军头目托尔布津，带领400余人守城。

五月二十二日，清军到达雅克萨城下。活捉"舌头"，了解信息。俄军全部收缩到城内。

二十三日，水陆列阵，实施包围。清军都统彭春向托尔布津发出康熙帝在他们行前御定用满、蒙、俄三种文字书写的咨文。大意是：速回雅库次克，勿入内地侵犯，互相交还逃人，彼此贸易安居；如执迷不悟，仍然拒命，大兵必攻破雅克萨！但托尔布津对咨文置若罔闻。清军先礼后兵，劝降不听，只有动武。

二十四日，一队增援的哥萨克乘筏顺黑龙江而下，在城外江边受到清军水师的截击。原属台湾郑氏后归降的林兴珠，率领福建藤牌兵奋勇杀敌：众水兵头顶藤牌，游于江中；筏上俄兵火器用不上，枪矢不管用。藤牌兵跃到筏上，拼搏砍杀，俄兵惊呼"大帽鞑子"，死伤大半，余兵逃遁。

当日夜，清军开始攻城。黑龙江将军萨布素从城南进兵，设挡牌、发矢镞；副都统温岱等从城北进攻，放红衣炮，猛烈轰击，炮声震天地；其他两翼，配合攻击；都督何佑等在江面巡逻打援，并防敌窜。经过鏖战，雅克萨城内百余人被击毙，塔楼、城堡被轰毁，钟楼、粮仓被烧毁。城里的神甫额摩尔金，手捧十字架，祷告上帝，为败军打气，也无济于事。

二十五日，郎坦令在雅克萨城下，堆积柴禾，准备焚城。托尔布津见城内粮食被烧，火药告罄，军心涣散，走投无路，派员到清军大营"稽颡乞降"，就是叩头请降。都统彭春遵照康熙帝"勿杀一人，俾还故土"（《清圣祖实录》卷一二一）的谕旨，给予降人宽大处理：城内驻军可携带武器、行李撤退，并供给其马匹和食物。愿意居留清朝的25人，后来被编为俄罗斯佐领，编入上三旗。城内被掳掠的100多名达斡尔人也获释回归。

有人问：清朝军队长途奔袭，粮食如何解决？主要有这样几种途径：先行屯垦，种地打粮；各族牧民，支援牛羊；还不够，有天助——"忽有鹿数万，自山趋下。骑者驰射，步者梃击，及驾船筏于江中，截获者计五千有余"（《清圣祖实录》卷一二一）。

雅克萨被俄军侵踞 20 余年，终于得到光复。但清军没有派兵驻守，也没有收割田间庄稼，仅毁城堡后，便回军黑龙江城。是为第一次雅克萨之战。

再次自卫反击战。清军取得雅克萨自卫反击战胜利的捷音，奏报到康熙帝的行宫。康熙帝指示："雅克萨城虽已克取，防御决不可疏。"（《清圣祖实录》卷一二一）但是，彭春等没有留军驻守雅克萨城，而是毁城撤军。

俄军撤到尼布楚后，派人前来侦察，得知清军撤走。同年六月，托尔布津带领 700 余人，携带大炮和弹药，重新侵踞雅克萨。他们重建被毁的雅克萨城，城上架炮，城外挖壕，壕外竖栅，直到江边。当地的奇勒尔人、达斡尔人、索伦人等将沙俄军重踞雅克萨的消息，驰骑报告到黑龙江将军衙门。黑龙江将军萨布素奏报康熙帝："鄂罗斯复来城雅克萨之地！"康熙帝以萨布素所奏，并非派人亲抵雅克萨侦取的确切音信，而是道听传闻之言，因命确探实情以闻。在查实沙俄侵略军窜踞雅克萨城之后，康熙二十五年（1686 年）二月，康熙帝颁发谕旨：

> 今罗刹复回雅克萨，筑城盘踞，若不速行扑剿，势必积粮坚守，图之不易。其令将军萨布素等……止率所部二千人，攻取雅克萨城。（《清圣祖实录》卷一二四）

康熙二十五年（1686 年）五月二十八日，黑龙江将军萨布素等率军 2000 余人，分水陆两路，会师查克丹，进逼雅克萨城。托尔布津下令焚毁关厢，"退进要塞，挖洞穴居"（涅维尔科伊《俄国海军军官在俄国远东的功勋》中译本），顽守城堡。萨布素要求托尔布津投降，不答。清军到达雅克萨后，围城，攻打。

六月初四日夜，清军攻城：副都统郎坦率兵从城北用红衣炮轰击；副都统班达尔沙率步、骑兵从城南攻击——清军施放炮火，奋勇仰攻，自夜至旦，予敌重创。七月十四日，清军又发动猛烈攻城战，但城内俄军藏在地穴里躲避清军炮火的攻击。敌军先后五次出城逆战，均被清军击败。清军每天都向城内发炮轰击，俄军死伤数目，也在逐日增加。八月中，俄军头目托尔布津被清军炮弹击中，右腿齐膝被炸断，血肉横飞，呻吟不止，四天后伤重毙命（拉文斯坦《俄国人在黑龙江上》中译本）。拜顿继任为统领。清军在城西要地设立营寨，控制江面，切断从尼布楚方向援敌的通道。城内无井，饮水全靠通向黑龙江的水道。清军激战四昼夜，断其水道，紧密围城。到十月中，严冬逼临，俄军困守孤城，一缺饮水，二缺粮食，三缺柴薪，四缺子弹，五缺棉衣，六缺医药。堡内俄军住在阴暗潮湿的地窖里，坏血病蔓延，死者枕藉(jiè)。在736名俄军中，大部分战死、病死，只剩下115人。清军料到城中俄军的困境，便将劝降书绑在箭上射入城内，允其投降后，可自由撤回；拜顿拒绝投降。此后城内情况继续恶化，官兵不断死亡，至来年春，"怀敦（拜顿）已病危，唯余二十余人，亦皆羸（léi）病"。雅克萨的侵略军水断粮绝，死伤殆尽，孤立穷竭，无力拒守，围城旦夕可下。

康熙帝在清军兵迫雅克萨城的同时，再次表现出和平谈判解决两国边境问题的愿望。康熙大帝给沙皇彼得和伊凡发去咨文：

我领兵大臣命鄂罗斯降人伊凡·米海罗莫洛多依，持书送尼布楚、雅克萨头目，令其悔改，撤回本地。讵彼等仍收我逃人，拒不撤至伊界，朕乃进兵围雅克萨城。其鄂罗斯人，俱行投降，未戮一人，悉行放回，并再三晓谕，令其撤至伊界，毋复来犯。今鄂罗斯人乘我班师之隙，竟复占雅克萨，将我人员俱行杀害……惟虽经屡次宣谕，鄂罗斯人竟不撤回，而死守尼布楚、雅克萨地方。今仍望察汉汗撤回属民，以雅库等某地为界，各于界内打牲，彼此和睦相处。（《兵部为俄应撤回侵兵并于雅库立界事致俄皇咨文》，康熙二十五年七月三十日）

两次雅克萨自卫反击战的胜利，在中华民族反对外国侵略斗争史上有重要的历史意义。其一，雅克萨之战表现了中国各族人民不甘屈服于外来民族侵略的反抗精神和英雄气概。其二，雅克萨之战是清俄关系史上的一个转折点。它沉重地打击了沙俄侵略者，遏止了沙俄对我国东北地区的进一步侵略，维护了中国的领土主权和民族尊严，使东北边疆获得了比较长久的安宁。其三，雅克萨之战促成了康熙二十八年（1689年）中俄尼布楚谈判的举行，并签订《中俄尼布楚条约》。

三　同俄缔约

清廷和平谈判的咨文和雅克萨俄军的败报，在沙皇彼得大帝政府中产生强烈反响。彼得大帝鉴于俄军在雅克萨城下失利，而其战略重点在西方，雅克萨离莫斯科辽远，接受了康熙帝的谈判建议。

其实，谈判经过了复杂的过程。早在康熙五年（1666年），清政府就派人进行交涉，要求俄国送还逃人根特木儿，俄方拒不交出。康熙八年（1669年）、康熙九年（1670年），清朝派沙拉岱等两次前往尼布楚交涉，并邀俄方代表到北京谈判。俄方代表到北京后，康熙帝接见，并赐予"丰盛的赏赐"（拉文斯坦《俄国人在黑龙江上》）。随后，康熙帝派团前往尼布楚，带去给沙皇的敕谕，但俄方不予答复。康熙十四年（1675年），俄国派尼果赖率150多人的代表团前来，康熙帝派官前去迎接。第二年，尼果赖一行到达北京。康熙帝在保和殿接见尼果赖等，"请他与自己同桌进餐"（雅可夫列娃《1689年第一个俄中条约》），康熙帝认为俄国使臣是来朝贡的，而大加赏赐。双方争议，没有解决。康熙二十年（1681年），康熙帝再派官到雅克萨，与俄方交涉，但仍无结果。

康熙二十五年（1686年），文纽科夫（魏牛高）和法沃罗夫（法俄罗瓦）为先遣使前来北京。俄国先遣使于九月二十五日到京。二十七日，康熙帝接受他们带来沙皇伊凡和彼得的信，要求和平谈判、议定边界，并"乞撤雅克萨之围"（《平定罗刹方略》三）。康熙帝即允其所请，于同月二十八日，令黑龙江将军萨布素等"撤回雅克萨之兵，收集一所，近战舰立营，并晓谕城内罗刹，听其出入，毋得妄行攘夺；俟鄂罗斯后使至日定议"《清圣祖实录》卷一二七）。康熙帝派侍卫马武到雅克萨，传达停止攻城的谕旨。十月十五日，萨布素根据马武传达的旨意，宣布停止攻城，军队后撤安营。其时，雅克萨城内薪断粮竭，"罗刹酋长怀敦（拜顿）遣人来求饮食"，萨布素和郎坦即予惠济。第二年正月，康熙帝派太医携药往雅克萨为清军患者治病。他谕示萨布素说："至于罗刹，虽与我兵对垒，但我兵攻雅克萨城，从来未戮其人。如城中有患疾之罗刹，亦应听其就医，使还彼国。"同年三月二十五日，清军从城堡外后撤，停止对雅克萨的封锁，允许城内俄军出入，并准许其同尼布楚联系。《哥萨克在黑龙江上》一书于此写道："残余的筋疲力尽的防军，得到了出城寻找食物，与涅尔琴斯克（尼布楚）取得联系，甚至从那里求得援助的机会。中国指挥部不仅没有对此加以阻挠，相反，对敌人表现出非常温文尔雅的殷勤态度。"（巴赫鲁申《哥萨克在黑龙江上》中译本）

康熙帝在得到俄国谈判代表到达边境的奏报后，于康熙二十六年（1687年）七月十二日，命"萨布素等统率官兵，乘天时未寒，还至黑龙江城、墨尔根城（今黑龙江省黑河市嫩江市），修整器械，休息马匹，以度隆冬。仍于要地，严设斥堠"。同月二十三日，黑龙江将军萨布素奉旨率领全部清军撤离雅克萨，回驻黑龙江城和墨尔根城。历时一年零两个月的第二次雅克萨自卫反击战至此宣告结束，并为行将在尼布楚举行的中俄边界谈判创造了有利条件。

康熙二十五年（1686年），俄国沙皇派费奥多尔·阿列克谢耶维奇·戈洛文为全权大使，从莫斯科出发，有2000多人的战斗队护卫，来与清朝谈判。康熙帝则派领侍卫内大臣索额图为钦差大臣、首席代表，还有领侍卫内大臣、国舅佟国纲等，耶稣会士法国人张诚、意大利人徐日昇为翻译。康熙二十七年（1688年）五月，索额图等行前，康熙帝指示："尼布潮、雅克萨，黑龙江上下，及通此江之一河一溪，皆我所属之地，不可少弃之于鄂罗斯。"《清圣祖实录》卷一三五）因此，承认上述条件、归还逃人根特木儿，可以划定疆界、通使贸易，否则"尔等即还"。使团出发不久，因噶尔丹进攻喀尔喀，溃卒弥漫山谷，行五日夜不绝，使团无法行进。经奏准，使团回京，并告俄方。

康熙二十八年（1689年）四月，索额图一行前往尼布楚。行前，索额图奏请划界是否仍按前意，康熙帝又指示："尔等初议时，仍当以尼布潮为界，彼使者若恳求尼布潮，可即以额尔古纳河为界。"（《清圣祖实录》卷一四〇）显然是作出了让步，其原因是噶尔丹骚扰形势不利。

索额图使团经过49天行程，到达尼布楚。以河（石勒喀河）为界，双方大营，分列两岸。中国使团，队伍庞大。《张诚日记》记载：使团骆驼约4000头、马约15000匹，其中索额图有300头骆驼、1500匹马、100个仆从，佟国纲有150头骆驼、300匹马、80个仆从。后勤补给怎么办？民谚云：棒打獐子瓢舀鱼，野鸡掉在饭锅里。使团路途中，带网捕鱼，驱赶牛羊，以便充饥。湖里的鱼，密密麻麻，像煮饺子，一网下去，拉不上来。

俄国使团首席代表戈洛文到达后，与中国使团隔河扎帐。会谈的会场设在野外，位于尼布楚城与河岸的正中，双方距离相等。

是年七月八日（8月22日），谈判开始。戈洛文提出：清兵制造流血事件；索额图指出：俄军无端侵略，杀人掳掠。双方唇枪舌战，辩论激烈。经协商：不谈过去事，着重谈划界。戈洛文提出：以黑龙江为界，江北归俄国；索额图提出：以雅库次克为界，尼布楚归中国。双方争论，更为激剑。第二天，再讨论：戈洛文趾高气扬，得寸进尺；索额图谈判不成，欲打道回府。经过会上争论，会下磋商，二十四日（9月7日），索额图按照康熙帝旨意，作出最后让步，双方划定中俄东段边界。条约分别为拉丁文、满文、俄文三种文本。双方代表在拉丁文本（正本）上签字，满文本、俄文本为副本。条约共七条，主要是划定中俄东段边界。

中俄《尼布楚条约》规定：格尔必齐河、额尔古纳河以东至海，外兴安岭以南，整个黑龙江流域、乌苏里江流域（包括库页岛）土地，归中国所有。此外，雅克萨地方俄人所建城堡须尽行拆毁；以后双方不得收纳对方逃亡人口，拿获后即遣返；双方进行贸易互市；两国永敦邦谊等。这是中国历史上第一个同外国签订的平等条约，表明康熙帝独立自主外交的胜利。尔后，清朝在格尔必齐河口、额尔古纳河口，竖立用满、汉、蒙、俄、拉丁五种文字镌刻的石碑，又沿边设卡伦，定期巡查，归属黑龙江将军管辖。清朝加强了对黑龙江地区的管辖，初步奠定了后来黑龙江等行省的规模。中国东北边疆得到170余年的安定。

雅克萨之战胜利和《尼布楚条约》签订，是康熙帝御外政策成功的两个史例。

康熙二十八年（1689年）《中俄尼布楚条约》签订后，俄军从中国领土上撤走，雅克萨重新回到祖国的怀抱。康熙帝又着手解决北方蒙古的难题。

第十讲 北疆长城

康熙帝说:"昔秦兴土石之工,修筑长城。我朝施恩于喀尔喀,使之防备朔方,较长城更为坚固。"

康熙帝在处理北部蒙古难题、建立北疆长城时,主要做了三件事:一是统筹蒙古各部,表现了雄才大略;二是多伦会盟,表现了雄图高远;三是三次亲征,表现了雄心壮志。

中国一个特有的文化现象，就是万里长城。有人把它作为农耕与游牧的经济与民族的分界线。清朝以前，修筑长城，防备朔方。秦始皇为什么修长城？为了防匈奴；戚继光为什么在长城上建敌楼？为了防蒙古。清朝怎么办？康熙帝又怎么办？康熙帝说："朕阅经史，塞外蒙古多与中国抗衡，自汉、唐、宋至明，历代俱被其害。而克宣威蒙古，并令归心如我朝者，未之有也。夫兵者凶器，圣人不得已而用之，譬人之身疮疡，方用针灸；若肌肤无恙，而妄寻苦楚可乎！治天下之道亦然，乱则声讨，治则抚绥，理之自然也。自古以来，好勤远略者，国家元气，罔不亏损！是以朕意，惟以不生事为贵。"*（《清圣祖实录》卷一八〇）*清朝以来，实行满蒙联盟，将"长城防御北方蒙古"，变作"蒙古成为北疆长城"。清朝北部的"长城防线"，推到库页岛、外兴安岭、贝加尔湖、巴尔喀什湖一线。从而建立起新的、坚固的北疆长城。康熙帝在处理北部蒙古难题、建立北疆长城时，主要做了三件事：一是统筹蒙古各部，表现了雄才大略；二是多伦会盟，表现了雄图高远；三是三次亲征，表现了雄心壮志。

一　蒙古地图

打开中国地图，蒙古分布，可以看出，明末清初，在戈壁大漠的南面、北面和西面，蒙古主要分为三大部：漠南蒙古（内蒙古），又称察哈尔蒙古；漠北蒙古（外蒙古），又称喀尔喀蒙古；漠西蒙古（西蒙古），又称厄鲁特蒙古。在中国中原农耕经济北部，游牧民族的南扰，先是匈奴，后是蒙古，这个难题，秦始皇以来，两千多年，没有解决；明太祖以来，近三百年，也没有解决。清朝经过"三祖三宗"——太祖努尔哈赤、太宗皇太极、世祖顺治、圣祖康熙、世宗雍正、高宗乾隆，共6代、100多年的时间，才算解决了清代的蒙古问题。

漠南蒙古（内蒙古）问题在努尔哈赤和皇太极时期已经解决。清太祖、太宗实行满蒙联盟政策，通过联姻、编旗、封赏、重教、朝贡等措施，漠南蒙古即内蒙古的问题，可以说是解决了。蒙古族的孝庄太后，身历天命、天聪、崇德、顺治、康熙五朝，两辅幼帝，就是明证。康熙帝亲政后，面临的不是漠南蒙古（内蒙古）的问题，而是漠北喀尔喀蒙古（外蒙古）和漠西厄鲁特蒙古（西蒙古）的问题。

漠北喀尔喀蒙古（外蒙古）分为三大部：车臣汗部（东部）、土谢图汗部（中部）、札萨克图汗部（西部）。他们都是成吉思汗的后裔。他们早在皇太极时期，已经进"九白之贡"（白马八匹、白驼一匹合称"九白"），表示臣服。那么，为什么在康熙朝又出现漠北蒙古（外蒙古）的问题呢？这要从一桩血案说起。

两部血仇 土谢图汗与札萨克图汗，祖先本是兄弟，彼此相邻友善，后来却发生两部大汗的血案。事情是这样的：康熙元年（1662年），札萨克图汗旺舒克因私怨被部属所杀，发生内乱。许多部民，为避战祸，逃到土谢图汗部。事后，康熙帝命旺舒克之弟成衮承袭其兄为札萨克图汗。后札萨克图汗沙喇要求土谢图汗察珲多尔济，归还其收留的本部逃亡部民，土谢图汗拖延不办。札萨克图汗多次上疏康熙帝，要求土谢图汗归还部民。康熙帝进行调解，并指出："生事互杀，交相战争，兵戎一起，姑不论人民困苦，即两汗岂能并存？"（《平定朔漠方略》卷二）土谢图汗仍然迟迟不还。统一台湾后的翌年，康熙二十三年（1684年），康熙帝派大臣会同达赖喇嘛官员，到喀尔喀蒙古共同调解两部的纷争。康熙帝强调："恐两部不和，必致有攻战之患。"所以，要尽释旧怨，言归于好。于是，札萨克图汗与土谢图汗，悬挂佛像，共同盟誓："自今以往，当永远和协。"但是，噶尔丹插手，利用两部不和，拉拢札萨克图汗，以达到吞并土谢图汗部的目的。札萨克图汗背盟，与噶尔丹会兵。土谢图汗以此为由，准备用计杀之。康熙二十六年（1687年），土谢图汗派人诱骗札萨克图汗沙喇及其台吉等，到固尔班黑尔格，加以杀害。又杀死噶尔丹之弟多尔齐扎卜。噶尔丹之弟被杀，事情就闹大了。

那么噶尔丹之乱是怎么回事呢？这就要了解草原枭雄噶尔丹。

草原枭雄 厄鲁特蒙古分为四部：和硕特部、杜尔伯特部、土尔扈特部和准噶尔部。其实，早在皇太极时期，厄鲁特蒙古已经臣服于清。清太宗皇太极说过：

"嗣位以来，蒙天眷佑，自东北海滨，迄西北海滨，其间使犬、使鹿之邦，及产黑狐、黑貂之地，不事耕种、渔猎为生之俗，厄鲁特部落，以至斡难河源，远迩诸国，在在臣服。"（《清太宗实录》卷六一）

准噶尔部游牧于天山以北、伊犁河流域。噶尔丹是厄鲁特蒙古四部之一准噶尔部的首领。然而，噶尔丹是怎样当上准噶尔部首领的呢？

原来准噶尔首领是巴图尔浑台吉。巴图尔浑台吉死后，由噶尔丹的同父异母兄僧格继立。这时，噶尔丹在西藏为僧。达赖喇嘛很赏识噶尔丹，授予他呼图克图（大活佛）名号。噶尔丹身披袈裟，不用功学佛经，却好耍枪弄棒，广泛结交西藏上层人物。康熙十年（1671年），僧格被杀，内部大乱，噶尔丹在达赖喇嘛等支持下，回到本部，取得大权。这年他约28岁。噶尔丹既有呼图克图名号，又有准噶尔汗的权位，政治野心膨胀。

噶尔丹聪明狡黠，娴熟弓马，长于谋略。这时，中原地区发生八年"平定三藩之乱"的战争。他利用这个时机，一是向康熙帝进贡、贸易表示恭顺，二是取得达赖喇嘛支持，三是同沙俄联络，四是不断扩张势力。噶尔丹残暴凶恶，纵横捭阖，征战连年，大肆扩张。

噶尔丹之兄僧格被杀时，他的侄子策妄阿拉布坦年幼。噶尔丹借机将策妄阿拉布坦的未婚妻（噶尔丹之妻妹）霸占，策妄阿拉布坦被逼率兵五千骑而逃，叔侄结下不解之仇。噶尔丹的上台，靠了叔叔的军事支持，他战败侄子策妄阿拉布坦取得汗位后，向帮助过自己的叔叔开战。作战失利，又借助他岳父的力量，打击自己的叔叔，并大获全胜。噶尔丹反过手来，又向帮助过自己的岳父开战，再大获全胜。他岳父的部落战败逃往青海。尔后，噶尔丹再举兵指向喀尔喀蒙古，引发了一系列动乱。

噶尔丹不断地发动战争，四处攻掠，势力膨胀。他基本统一了厄鲁特蒙古各部。又于康熙十九年（1680年），派12万骑兵，进入喀什噶尔（今喀什），控制南疆。其威令范围：西接哈萨克，南临西藏，东到青海，东北到喀尔喀蒙古，西北接俄罗斯。噶尔丹的扩张，造成两个严重后果：一是，被其战败的厄鲁特蒙古部落，"庐帐千余"，由西往东，涌向青海，进入甘肃，直接威胁中原；二是，受其危害的喀尔喀蒙古，"庐帐万余"，由北往南，逼近长城，威胁京师。

康熙二十七年（1688年），噶尔丹率领三万劲旅东进，突袭喀尔喀蒙古，土谢图汗不敌，部众或遭俘杀、或逃散，宗教领袖哲布尊丹巴呼图克图（土谢图汗之弟）的居帐也遭洗劫。土谢图汗率部败退，溃卒部民，弥漫山谷，昼夜不绝。哲布尊丹巴呼图克图也随部东溃。清朝赴尼布楚谈判代表团翻译张诚在日记中写道："喀尔喀鞑靼人携带家眷和牲畜逃难。"（《张诚日记》，商务印书馆本）这时，土谢图汗与哲布尊丹巴呼图克图商量：是投奔俄国，还是投奔清朝？哲布尊丹巴呼图克图说，清朝皇帝遵奉喇嘛教，又同喀尔喀友善，投清朝！土谢图汗向清廷告急求援，康熙帝闻讯震怒，于是遣使责问噶尔丹。噶尔丹礼遇清使，但将战争责任全推到土谢图汗身上，调停没有结果。于是，土谢图汗部、哲布尊丹巴呼图克图所属等，奔向内蒙古，到了长城边外。噶尔丹也借口追赶土谢图汗而到达今内蒙古克什克腾旗境的乌兰布通（蒙古语，意为红山）。

噶尔丹这次发动东侵喀尔喀的战争，也是同俄罗斯勾结，受到沙俄暗中驱使的，以此干扰中俄尼布楚谈判，直接影响边界划定——清廷原本要与俄国在外蒙古地方，谈判雅克萨战后签约问题，但因此次战争而使得道路受阻，无法谈判，以致双方改在尼布楚会商。此次战争也让清廷改变态度，损失不少领土。所以，调解喀尔喀蒙古内部纠纷，是康熙帝的一项紧迫课题。

康熙帝解决喀尔喀蒙古问题，按常规可以选择四种办法：第一，"支弱打强"，就是支持札萨克图汗部，打击土谢图汗部；第二，"支强打弱"，就是支持土谢图汗部，打击札萨克图汗部；第三，"双拳出击"，就是不分青红皂白，同时打击札萨克图汗部与土谢图汗部；第四，"养痈贻患"，就是将哲布尊丹巴呼图克图和土谢图汗交给噶尔丹。康熙帝没有采用以上四种办法，那他怎么办呢？

康熙帝是一位善于把握时机、善于运用策略、讲求实效的君主。他抓住取得乌兰布通胜利、击退噶尔丹内犯之后的有利时机（三征噶尔丹本讲第三节详述），利用喀尔喀蒙古内部的纷争，采取会盟的高招，来解决喀尔喀蒙古的难题。

二　多伦会盟

喀尔喀蒙古各部纷争，牵扯到俄国干涉和噶尔丹插手，事情相当复杂。喀尔喀内部纷争，不能诉诸武力，只能协商调解。于是，康熙帝要亲自调解其内部的矛盾与纷争：亲临塞外，主持会盟。

康熙三十年（1691年）四月，康熙帝亲率官兵到达距北京800里的多伦诺尔（今内蒙古锡林郭勒盟多伦县）驻营。"多伦"，蒙古语意思是七，"诺尔"蒙古语意思是泊，就是附近有七个小湖泊的意思。喀尔喀蒙古三大部、内蒙古四十九旗王公贵族的营帐，以康熙帝大营为中心，众星捧月，四面环绕。从五月初一日到初六日，会盟过程，按天讲述。

初一日，准备。先是派内大臣索额图等传达谕旨：土谢图汗对杀死札萨克图汗写出认罪书，承认"扰害生灵，实臣等之罪"。将其"认罪书"发给与盟的各部首领，以求取得札萨克图汗弟策妄扎布等的谅解与各部首领的宽容。

初二日，会盟。在御营外搭起黄色御帐篷。御帐篷南向两侧，设紫红色长帐篷，这是为参加会盟的大臣、蒙古王公而设的。正对御座有一帐篷，帐内桌上摆满了金银器、酒杯等用具。在皇帝御帐两侧的长桌上，摆满了丰盛的食物。其中有特意从北京带来的四头大象，装饰华丽，象征祥和。哲布尊丹巴呼图克图、土谢图汗、札萨克图汗弟策妄扎布、车臣汗四人坐在第一排。其他官员按序列座。喀尔喀总计近千人。八旗禁军佩带武器肃立。清晨，康熙帝着朝服在御营升座，鼓乐齐鸣。喀尔喀王公贵族行三跪九叩礼。然后进行三项议程。

第一，赦免。康熙帝宣布赦免土谢图汗之罪，将册文和汗印授予土谢图汗。

第二，承袭。封被土谢图汗杀害的札萨克图汗亲弟策妄扎布承袭其兄为札萨克图汗。

第三,编旗。康熙帝应允喀尔喀贵族请求,宣布"将尔等与朕四十九旗一例编设,其名号亦与四十九旗同"。分喀尔喀为三十四旗,下设参领、佐领,从行政建制上与内蒙古各旗划一。

第四,赐宴。康熙帝主持约200桌的盛大宴会,亲手把酒递给哲布尊丹巴,然后是三位喀尔喀亲王,再次给20位主要台吉。他们都跪着接酒,一手持杯,同时叩首,以示对他们特殊恩宠的感激。在宴会过程中,有各种杂技、木偶演出助兴。喀尔喀人从来没有见过如此庄严隆重、声势浩大、气氛热烈、情感融洽的场面与表演,既非常高兴,又十分惊异。他们也拜舻起舞,欢欣雀跃,以致很多人都忘记了吃酒席。

会盟典仪至此结束。

初三日,封赏。

第一,赏赐。对哲布尊丹巴呼图克图、三部汗各赏银千两,蟒缎、彩缎各15匹及银器、袍帽、茶布等物。他们匍匐于"圣主深仁"的"洪恩"之下而感激莫名,山呼万岁。

第二,赐宴。康熙帝再次召见哲布尊丹巴呼图克图、土谢图汗、策妄扎布、车臣汗等共35人赐宴。康熙帝用蒙古语与他们边吃边谈,气氛亲切,情感融洽。土谢图汗、车臣汗等奏曰:"圣主如此深仁,臣等恨归顺之晚耳!惟愿圣寿万年,俾臣等仰沐洪恩,长享太平之福。"(《清圣祖实录》卷一五一)

第三,封号。分别封土谢图汗察珲多尔济、扎萨克图汗策旺扎布、车臣汗乌默客为亲王,并依次封郡王、贝勒、贝子、公、台吉,在爵位上完成了"皆执臣礼"的等级序列,实行清朝封爵制度和法律制度。

初四日,大阅。康熙帝身着戎装,头戴镶有貂皮的头盔,佩带挎刀和弓箭,骑马绕场一周,回来下马,亲自弯射,十矢九中。众蒙古王公贵族观射后,震惊地感叹称:"神武也!"随后阅兵。受检阅的部队,按八旗序列,有骑兵、步兵、炮兵等，据随行的耶稣会士张诚统计，约 10 000 名骑兵和 1 200 名步兵，排列长约 10 里。步兵和炮兵在行列中间，骑兵分列两翼。康熙帝乘马由中间通过检阅部队，然后登上一座小山包。在这里安设御帐，四周侍卫林立。康熙帝命喀尔喀王公来到帐前站列于右，八旗大臣、都统站列于左，演习随即开始。响亮的号角吹响后，先是步兵列队前进，角鸣声停，行进也停，如此反复，三进三停。突然号角声大作，所有骑兵，大呼前进，万马奔腾，声动山谷。随之，汉军火器营，枪炮齐射，声震大地。演习部队奔驰到康熙帝所在地的附近，戛然而止，整好队形。演习完毕，喀尔喀王公对于强大军容、庄严军威、严肃军纪、新式军械，感到惊异。炮兵又进行了出色的打靶表演。土谢图汗等悚惧失态，几乎躲避。多伦诺尔草原上空前的大阅，喀尔喀人为之震惊，为之慑服。

初五日，建寺。康熙帝敕建汇宗寺。为什么寺名"汇宗"呢？他解释说"有如江河之归于大海"之意，就是江河入海、万川归一的意思。后来乾隆帝诠释说："昔我皇祖之定喀尔喀也，建汇宗寺于多伦，以一众志。"康熙帝还巡视了喀尔喀营地，对穷困者赏以银币，对喀尔喀贵族赏给大批牛羊。汇宗寺成为居住在内蒙喀尔喀人朝拜的宗教中心。

初六日，回銮。康熙帝再一次单独会见哲布尊丹巴呼图克图、土谢图汗，并赏赐御用帐幕和金盘、瓷碗等物。喀尔喀王公贵族列队跪送皇帝车驾回京（参见《清圣祖实录》卷一五一）。

在多伦会盟过程中，康熙帝显示出一位政治家的雄才大略。通过请罪、众议、赦免、赐宴、封赏、大阅、建寺、编旗等形式，平息喀尔喀两部的积怨与纷争；推行清朝的编旗、封爵和法律制度，稳定喀尔喀蒙古社会秩序，加强了中央集权，使之"感怀帝德，咸倾心臣服，愿列藩属"。这是康熙帝为国家统一大业建立的又一大历史功绩。

对喀尔喀蒙古用"会盟"，对噶尔丹的扰犯呢？康熙帝决定御驾亲征。

三　三次亲征

噶尔丹公然向康熙帝提出："圣上（康熙帝）君南方，我长北方。"（《平定朔漠方略》卷七）这种狂妄野心，这种分裂国家的举动，是康熙帝断然不能允许的。康熙帝为了和平解决同噶尔丹的矛盾，恩抚为主，平乱为次。反复宣谕，耐心说服，均不奏效。事端扩大，威胁京师。康熙帝以噶尔丹"一日不灭，则边陲一日不宁"（《清圣祖实录》卷一七三），而三次御驾亲征。

第一次亲征：乌兰布通之战。康熙二十九年（1690年）五月，噶尔丹自科布多起兵，沿克鲁伦河东行，转而南下，长驱直入。六月，噶尔丹已逾呼伦贝尔草原向南深入，直抵距京师350公里的乌兰布通。康熙帝了解噶尔丹无意和解，便决定亲征。七月初二日，康熙帝命其兄和硕裕亲王福全为抚远大将军，率清军主力出古北口为西路。命其弟和硕恭亲王常宁为安北大将军，率军出喜峰口为东路。康熙帝自统大军为中路。另命康亲王杰书率师进驻归化城（今内蒙古呼和浩特），以断噶尔丹归路；又命内大臣索额图、都统苏怒率所部同赴巴林（今属内蒙古），绕至噶尔丹侧后；再命盛京（今沈阳）、乌拉、科尔沁诸部，会师合击之。康熙帝发布军令，严申军纪，虽王、贝勒，违者决不稍贷。初六日，抚远大将军福全率师启行，在太和殿举行隆重的出师典仪。康熙帝临太和门颁敕曰："厄鲁特噶尔丹，阳顺阴违，反侵我部属，掠乌珠穆秦四佐领，兹因发大兵，声罪致讨……务将厄鲁特歼剿廓清，安静边圉，斯称委任。"福全跪受敕毕，率队启行。康熙帝送至东直门外。十四日，康熙帝率禁军启行，继福全之后，出古北口，亲临视师。

噶尔丹扬言：不怕十万八旗大军！

时福全率大军驻于乌兰布通附近。噶尔丹率军向南进逼，两军在乌兰布通遭遇。福全先致书噶尔丹，双方进行谈判。噶尔丹一面备战，一面虚应。噶尔丹坚持要将土谢图汗和哲布尊丹巴交给他。大战一触即发。不巧的是康熙帝染病，高烧不退。诸大臣环跪恳请皇帝回銮调养。不允，诸臣长跪不起。康熙帝垂涕曰："朕来此地，欲克期剿灭噶尔丹，以靖沙漠。今以朕躬抱疾，实难支撑，不获灭此贼，甚为可恨！"边谕边哭，泪流满面，下令回銮。

八月初一日，中午，两军相接。先是，噶尔丹率2万骑，屯兵于乌兰布通。噶尔丹驻帐峰顶，在峰前河畔丛林沼泽布阵，将骆驼万千缚蹄卧地，背负箱垛，蒙以湿毡，排列如栅，名为"驼城"。士卒则伏于"驼城"后。福全军则与之对垒，设营盘40座，连营60里，首尾联络，屹立如山。未时，清军分左、右翼，发起进攻，鹿角枪炮，列兵徐进。噶尔丹军驼城结阵严密，有林淖掩护，前又阻于河。清军先隔河施放枪炮，轰击驼城，随后步兵攻击。噶尔丹军"万军齐射"，猛烈拒守，清军失利。黄昏，清国舅、都统佟国纲与其弟国维率左翼兵，绕过湖泊，沿河冲锋，临阵激励所部："今正男儿扬名报国之秋！"身先士卒，冲击驼城。佟国纲不幸被噶尔丹军以俄国滑膛枪击中，殁于阵。其弟佟国维分领的左翼兵由山腰疾驰冲入，炮击卧驼，驼惊阵乱，步骑陷阵，大败敌众。噶尔丹兵奔往山顶大营。时天已晚，清军收兵。但是，福全没有贯彻康熙帝歼灭噶尔丹军的作战意图，乘胜进击，而令"将士暂息"，给噶尔丹以喘息的机会。噶尔丹于当夜逃遁；同时又派人议和，麻痹福全。福全中计，令各路领兵大臣如遇噶尔丹移驻，"暂止追击"。当噶尔丹率部分军队奔逃，过盛京、乌拉等地时，因有"暂止追击"之命，竟不邀击，纵之使去。

康熙帝部署严密，准备充分，战术得当，但福全误中敌计，坐失战机，没有达到全歼之目的。噶尔丹逃跑，康熙帝决定再次亲征。

第二次亲征：昭莫多之战。康熙帝第二次率军亲征噶尔丹，康熙三十五年（1696年）二月三十日离京出发，六月初九日回京，共98天。兵分三路：康熙帝亲率京师八旗兵及火器营兵，共3万余人为中路，出独石口（今河北赤城北）北上；由黑龙江将军萨布素统领盛京（今沈阳）、宁古塔（今黑龙江宁安）、黑龙江（今爱辉）、科尔沁兵，共9 000余人为东路，出兴安岭沿克鲁伦河西进，堵住噶尔丹东进道路；命费扬古为抚远大将军，率军4万余人为西路，分别自归化（今呼和浩特)、宁夏(今银川)北上,断其归路,相机歼敌;先设粮台,粮草先行,改车运为驼运。三路大军约定日期,分进合攻。西路军所经之地,青草被噶尔丹烧荒尽焚。噶尔丹得知御驾亲征,登山遥望,极为惊慌。噶尔丹原以为俄国与西藏都会派兵来援,结果成为梦幻。西路军按康熙帝预设之策,且战且却,将噶尔丹诱至昭莫多(今蒙古国乌兰巴托以南)。昭莫多北依肯特岭,东峙丘陵,西临河水。布阵刚完,噶尔丹率2000余骑被诱至阵前,费扬古按康熙帝预授"下马步战"之策,指挥所部下马迎战,集中火力,猛攻山头。噶尔丹及其妻阿奴也舍骑冒失而战。清军用火器、弓箭猛烈还击。自中午至黄昏,双方激战,难分难解。清军调整战术,分兵为四:一路为伏兵,沿河设伏;一路为主兵,从山上呼奔而下冲击;另设两路奇兵——其一横冲入阵,其一袭其后队辎重。四路清军,分路猛冲。噶尔丹军大乱阵脚,夺路先逃,余众瓦解。清军在月下追杀30余里。此战,清军斩噶尔丹妻阿奴并斩两千首级、降两千人、获马驼牛羊庐帐器械无数,噶尔丹丢弃佛像、经卷,仅率20余骑逃脱(《清圣祖实录》卷一七五)。史称"昭莫多大捷"。噶尔丹精锐丧失殆尽,成为大漠游魂。但噶尔丹不甘心失败,继续制造麻烦,于是有康熙帝再次亲征。

这里讲一个故事。康熙帝第二次亲征噶尔丹的路上,那时是三月,大军到达滚诺尔这个地方,遇到大雨雪。资料记载:"雨雪交作,上以军士未即安营,雨服露立。俟众军士结营毕,始入行宫营中皆炊饭,然后进膳。又遣御前侍卫海青,以骆驼载帐房及食物、柴炭,赐挽车未至之人,令栖息举爨。"(《清圣祖实录》卷一七一)

第三次亲征:不战而班师。康熙三十六年(1697年),康熙帝亲征到达克鲁伦河北岸的托诺山(今蒙古国境内)地方。噶尔丹在众叛亲离下死于逃亡途中。康熙帝闻报噶尔丹兵败身死,即不战班师回京。

康熙帝在三次御驾亲征中,不论是武器、兵力、粮饷、情报等,他都亲自筹划,周详部署,预料彼己,谋定而战,用望远镜观察,制造火炮随行,显示其丰富的军事知识，聪颖的谋略智慧。且不怕大漠沙碛，不惧沙俄威胁，长途跋涉，身陷绝境，山穷水尽，不避辛苦，不怕艰险，充满信心，绝处逢生，表现出过人的胆识、耐力、体魄与意志。

康熙帝说："昔秦兴土石之工，修筑长城。我朝施恩于喀尔喀，使之防备朔方，较长城更为坚固。"（《清圣祖实录》卷一五一）处理蒙古问题，康熙帝表现出三个"雄"字：第一，在处理整个蒙古事件中，展现出一代帝王的雄才大略；第二，在处理喀尔喀蒙古事件中，展现出一代帝王的雄图远谋；第三，在处理准噶尔蒙古事件中，展现出一代帝王的雄伟气魄。

第十一讲 进兵安藏

中国是一个统一的多民族国家，民族纷争是历朝汉族皇帝最为棘手的一个难题。康熙帝在处理民族关系时，既继承乃祖、乃父的遗训，又作出重大的创新。他尊重西藏信奉喇嘛教习俗，善待其政教首领达赖喇嘛和班禅额尔德尼。他两次派兵讨准保藏，强化对西藏的管理权，并在西藏设立驻藏大臣管理政务，驻扎军队巩固边防，册封班禅稳定局面。后世以"金瓶掣签"制度认定继任达赖喇嘛、班禅额尔德尼的"转世"灵童、《钦定藏内善后章程》的颁布等大事，都是在康熙帝所建立基础上逐步完成的。

中国是一个统一的多民族国家，民族纷争是历朝汉族皇帝最为棘手的一个难题。康熙帝是满族人，他在处理民族关系时，既继承乃祖、乃父的遗训，又作出重大的创新。康熙帝对西藏尊重其信奉喇嘛教习俗，善待其政教首领达赖喇嘛和班禅额尔德尼，并派兵进拉萨，消除策妄阿拉布坦蒙古贵族势力的骚扰，治藏之策，卓有成效。

一　事情起因

西藏旧称吐蕃，自从元朝的蒙古贵族们崇奉喇嘛教之后，赋予喇嘛对吐蕃的统治权。喇嘛教分不同教派：宁玛派僧侣穿着红色衣帽，俗称红教；噶举派僧侣穿着白色衣帽，俗称白教；格鲁派僧侣穿着黄色衣帽，俗称黄教等。黄教为明朝初年宗喀巴所创。当时黄、红两教派势力较大，各以前后藏为基地。宗喀巴圆寂后，他的弟子克珠节（即第一世班禅），另一弟子根敦朱巴（即第一世达赖）传承。后实行"灵童转世"相承的制度。红教为了恢复原有地位，在宗喀巴死后，联络喀尔喀蒙古到青海一带扫除黄教势力。黄教为了生存，便向厄鲁特蒙古寻求支持。厄鲁特蒙古分为和硕特、准噶尔等部，和硕特部首领顾实汗（又作固始汗，意思是大国师），便移帐青海，与支持红教的喀尔喀蒙古却图汗大战，结果顾实汗胜利。这时正是清太宗皇太极时期。

早在崇祯十二年即崇德四年（1639年）十月，清太宗皇太极就遣使致书西藏的汗和"掌佛教大喇嘛"。信中说："朕不忍古来经典泯灭不传，故特遣使，延致高僧，宣扬佛法，利益众生。"（《清太宗实录》卷四九）表达了友好聘请之意。同期，顾实汗联络达赖、班禅及第巴（执事官）藏巴汗，共同遣使朝贡。使者伊拉古克三呼图克图（即赛青曲结）等，历经千辛万苦，经不毛之地，过仇敌之部，长达数年，于崇德七年（1642年）十月抵达沈阳，诵经、献礼、致书。皇太极亲自迎接、设宴、还礼（《清太宗实录》卷六三）。

崇祯十四年即崇德六年（1641年），顾实汗受五世达赖和四世班禅的密招，率兵入藏。翌年，顾实汗推翻噶玛政权，杀死藏巴汗。从此，黄教势力大兴。五世达赖阿旺罗桑嘉措（1617—1682）遂在顾实汗支持下，自任西藏法王，下设第巴（西藏称为藏王）一人，总理政事。达赖执政前，历代达赖住哲蚌寺的噶丹颇章。当时，拉萨不是西藏的首城。五世达赖命第巴桑结加措在拉萨大修布达拉宫，先后兴建白宫、红宫及上下经殿房舍，遂有今日的规模。五世达赖移驻布达拉宫，拉萨成为西藏首城（牙含章《达赖喇嘛传》）。达赖虽取得西藏地方政权，但顾实汗也不离开西藏，实际上控制着那里的军政要务。

顺治九年（1652年）十月，五世达赖阿旺罗桑嘉措率领班禅及顾实汗的代表一行藏官侍众三千人，到北京觐见顺治皇帝。顺治帝在南苑行宫礼遇五世达赖，又在太和殿赐宴。达赖喇嘛等下榻在北京安定门外专门为其建造的黄寺里。翌年，达赖喇嘛等辞行返西藏。顺治帝赐册封达赖刻有满、汉、蒙、藏四种文字的金册金印，金印的印文为："西天大善自在佛所领天下释教普通瓦赤喇怛喇达赖喇嘛之印。"（《清世祖实录》卷七四）文中的"达赖"是蒙语大海的意思，"喇嘛"是藏语上师的意思。这就给予五世达赖喇嘛以国师的地位。从此开始了达赖喇嘛由中央政府册封的制度，达赖喇嘛在西藏的政治地位才正式确定下来。今布达拉宫壁画顺治皇帝像，是这一段历史的画证。顺治帝还赐金印给顾实汗，敕谕他"益矢忠诚，广宣声教"。

到康熙初年，青海蒙古因放牧事与清军发生冲突。在三藩之乱期间，吴三桂曾派人寻求达赖喇嘛与顾实汗的支持。青海诸蒙古贵族中，曾有人乘机而支持吴三桂，甚至发生康熙十四年（1675年）进攻甘肃清军的事件。康熙帝对青海、西藏方面与吴三桂的交往非常重视，谕令达赖喇嘛等要"约束部落，毋为边患"，并希望他们出兵协助清廷进军云、贵、川。达赖喇嘛表面应付，没有行动。他还为吴三桂请求："若吴三桂力穷，乞免其死罪。万一鸱（chī）张，莫若裂土罢兵。"康熙帝则断然谕道："朕乃天下人民之主，岂容裂土罢兵！"（《清圣祖实录》卷五四）康熙帝虽然拒绝了达赖喇嘛的请求，但为顾全大局，仍以茶马互市曲意笼络。康熙二十年（1681年），康熙帝平定了三藩之乱后，谕达赖喇嘛归还在吴三桂兵乱期间擅自割划的土地，表示了对其在吴三桂叛乱期间态度的不满。

西藏内部，矛盾复杂。先是，五世达赖对桑结嘉措有特殊的钟爱，在他刚8岁时，召进布达拉宫，亲自培养教育。桑结嘉措学识渊博，举止不凡。康熙十八年（1679年），经五世达赖推荐与任命，在三大寺僧众的诵经声中，二十六岁的桑结嘉措登上第巴宝座。五世达赖喇嘛晚年专心著述经典，不大过问政事，第巴桑结嘉措主持政务，但他野心很大。时顾实汗已死，桑结嘉措同顾实汗的子孙发生矛盾，要驱除顾实汗子孙在西藏的势力。但是，噶尔丹的崛起使清廷与西藏、西藏与蒙古、达赖与第巴之间的关系发生了变化。

第巴桑结嘉措反对和硕特部顾实汗子孙对西藏的监督控制，又反对与清朝建立密切关系，为此与噶尔丹暗中勾结，策划赶走和硕特部的势力。在康熙帝第一次亲征噶尔丹时，乌兰布通之战噶尔丹兵败，桑结嘉措派遣济隆呼图克图至噶尔丹军中诵经；及噶尔丹败，又以讲和为辞拖延时间，使噶尔丹得以远遁。在这期间，发生真假达赖的故事。

二　真假达赖

康熙二十一年（1682年），五世达赖喇嘛圆寂。第巴桑结嘉措秘不发丧，而选择与五世达赖相貌类似的帕崩喀寺的喇嘛江阳扎巴，穿起达赖服装，坐在布达拉宫的宝座上，佯装五世达赖，但不与外人接触；伪言："达赖入定，居高阁不见人，凡事传达赖之命以行之。"这样，一切事务由第巴桑结嘉措代达、代行，他事实上成了西藏的政教首领。一直到康熙三十五年（1696年），康熙帝第二次亲征噶尔丹时，才从降俘蒙古人的口中，知道达赖身故已久的事。这时，五世达赖已经圆寂15年。五世达赖圆寂后，曾出现3个六世达赖喇嘛，发生了真假达赖之争。

其一，仓央嘉措（1683—1706）。第巴桑结嘉措在康熙三十六年（1697年）公布五世达赖去世消息，同时私自宣布转世灵童仓央嘉措已经找到，这位转世灵童在康熙二十二年（1683年）降生，年已15岁。同年，正式迎仓央嘉措到布达拉宫坐床，是为六世达赖喇嘛。康熙帝授给印信、册文，予以承认。然而，第巴桑结嘉措的政敌拉藏汗却表示反对，视仓央嘉措为假达赖喇嘛。拉藏汗与第巴桑结嘉措关系日益恶化，发生了军事冲突。康熙四十四年（1705年），拉藏汗以青海蒙古骑兵，执杀了第巴桑结嘉措。拉藏汗另立隆素为第巴，向康熙帝"陈奏假达赖喇嘛情由"及事件经过（《清圣祖实录》卷二二七），说仓央嘉措不是真达赖灵童，耽于酒色，不守清规，请予"废立"（牙含章《达赖喇嘛传》）。难题摆到康熙帝御前。康熙帝鉴于第巴桑结嘉措在吴三桂叛乱、噶尔丹骚乱期间的种种表现，承认拉藏汗杀桑结嘉措的事实，并遣使册封拉藏汗为翊法恭顺汗，赐金印。假达赖喇嘛仓央嘉措如何处置？一种意见是将其拘送到京，另一种意见是原地处置。康熙帝解释说："朕意以众蒙古俱倾心皈向达赖喇嘛。此虽系假达赖喇嘛，而有达赖喇嘛之名，众蒙古皆服之，倘不以朝命遣人往擒，若为策妄阿拉布坦迎去，则西域、蒙古皆向策妄阿拉布坦矣。"（《清圣祖实录》卷二二七）于是，拉藏汗便起解假达赖喇嘛仓央嘉措等赴京，但仓央嘉措在途中出现了问题——一说行到西宁口外病故，一说途中被害，一说到五台山为僧，一说"舍弃名位，决然遁去"，云游四方。

其二，伊喜嘉措（1683—1717）。康熙四十六年（1707年），拉藏汗又与新任命的第巴隆素，选立波克塔（又作博克达）山的呼必尔汗伊喜嘉措，并迎到布达拉宫坐床，为六世达赖喇嘛。康熙帝谕旨：拉藏汗所立达赖喇嘛，经问班禅呼图克图，确知真实，应无庸议，予以承认。康熙四十九年（1710年）三月，康熙帝册封伊喜嘉措为达赖喇嘛，给予金册、金印（《清圣祖实录》卷二四一）。但事情又出了麻烦。拉藏汗新选出的六世达赖喇嘛伊喜嘉措，不被西藏多数僧侣以及青海诸蒙古所承认，并指其为假达赖。此后十年之久，西藏未予承认。青海众蒙古台吉与拉藏汗的矛盾依然尖锐。后在变乱中拉藏汗被杀。拉藏汗所立达赖喇嘛伊喜嘉措，被囚于拉萨药王山。

其三，噶桑嘉措（1708—1757）。青海众蒙古台吉不相信六世达赖喇嘛伊喜嘉措，而另奉里塘的噶桑嘉措为六世达赖喇嘛之呼必尔汗，彼此争论，互相讦奏。康熙五十三年（1714年），青海贝勒戴青等奏称："里塘地方新出胡必尔汗，实系达赖喇嘛转世，恳求册封。其从前班禅胡土克图及拉藏汗题请安置禅榻之胡必尔汗是假。"康熙帝如何解决这个真假达赖的矛盾呢？第一，康熙帝认为青海众台吉和拉藏汗都是顾实汗的子孙，"令其永远和睦"，采取调和态度，促进各部团结，稳定青海局势。第二，派官前往班禅处，问这个呼必尔汗是真还是假。第二年，取回班禅印文，认定"里塘胡必尔汗是假"。第三，命侍卫阿齐图传集青海两翼诸贝勒、台吉等会盟，当众宣示皇上仁爱之意及班禅送来印文，"令将胡必尔汗送至红山寺居住"（《清圣祖实录》卷二六三）。第四，为避免以武力送呼必尔汗往西藏，强行登上达赖喇嘛禅榻，而引发动乱，谕令将里塘之呼必尔汗送至西宁口内寺庙居住，置于清军武力控制之下。康熙五十五年（1716年）三月，主动将呼必尔汗送至宗喀巴寺居住。宗喀巴寺，就是塔尔寺，位于西宁城西南四十里的塔山。第五，进行军事部署，选拔驻扎西宁的西安满洲兵五百名，令侍卫阿齐图、护军参领钦第由，率往青海西北形胜要地噶斯口防守，以防策妄阿拉布坦派人侵扰青海，抢夺新出的呼必尔汗。第六，呼必尔汗被清军护送到拉萨布达拉宫坐床（后文叙述）。

总之，各种势力和派别，都力图拥立自己选定的达赖喇嘛，为己所用，增己实力，争取僧众，强过对手。康熙帝为稳定边疆局势，防止策妄阿拉布坦乘隙而入，对青藏各派之间的斗争基本采取调解态度，尽一切可能消除矛盾，至少不使事态扩大；原则上承认既成事实，支持一切忠于朝廷的派别，体现了封建君主所共有的是非标准；对于达赖喇嘛，能维护则尽量不替换。但青藏形势比较复杂，不久，又发生了策妄阿拉布坦侵犯西藏事件。一场战争爆发。

有两件事情，做简单交代。

一是，设立驻藏大臣。康熙帝鉴于青海台吉与拉藏汗不睦，西藏的事务，不便其独理，特设官员，"协同拉藏办理事务"（《清圣祖实录》卷二三六）。清廷设置驻藏大臣自此始。

二是，正式册封班禅。康熙五十二年（1713年）正月，康熙帝以五世班禅呼图克图罗桑益希，"为人安静，熟谙经典，勤修贡职，初终不倦"，决定"照封达赖喇嘛之例，给以印册，封为班禅额尔德尼"（《清圣祖实录》卷二五三）。班禅的名号，从四世班禅罗桑却吉坚赞为始。"班禅"意为智德深广；"额尔德尼"意为珍宝。"班禅额尔德尼"的封号自此始。此后，历世班禅额尔德尼"转世"，必经清廷册封。康熙帝以册封达赖之例册封班禅，以提高班禅的地位，班禅与达赖共主，协助拉藏汗管理西藏地方事务，安抚西藏人心，稳定藏区形势。

三 进兵安藏

康熙三十六年（1697年），康熙帝第三次亲征，自京出发，行兵宁夏。此行主要目的是剿灭噶尔丹，同时乘便对青海和西藏起到威慑作用。出发的第三日，即二月初八日，接到理藩院主事保住从西藏回至庄浪（今甘肃永登）发来之奏疏，得知第巴接到康熙帝先已发出的谕旨，诚惶诚恐，态度恭顺，上谕四事，逐条应允。

康熙帝嘱咐保住：此次进藏，对第巴态度"宜加和婉。授敕毕，尔等仍前作礼进币"。并令保住转告第巴说："皇上统领大兵，已临宁夏，因前事四款，尔皆遵旨，皇上大悦，故不进兵。"（《清圣祖实录》卷一八一）总之，在处理第巴问题上，康熙帝恩威并施，策略灵活。

康熙帝宽宥第巴的正确政策，促进了青海问题的顺利解决。最初，青海诸台吉听说皇帝亲自出师宁夏，尽皆震动，移营而去。后得知第巴效忠朝廷，皇帝宽宥其罪，遂解除疑虑，纷纷求见，请求归顺。康熙三十六年（1697年）十一月二十七日，康熙帝在保和殿接见来朝的顾实汗之子青海扎什巴图尔台吉等，盛情款待，充分肯定顾实汗和扎什巴图尔对清廷的忠诚。十二月，皇帝阅兵玉泉山，特邀扎什巴图尔往观，以使其亲睹天朝兵威。次年正月，诏封扎什巴图尔台吉为亲王，分别封其他台吉为贝勒、贝子，并令随驾巡游五台山。然后，赏赐马驼，派官护送返回青海。

拉藏汗执杀桑结嘉措之后，桑结的余党逃到了天山伊犁，鼓动蒙古准噶尔部首领策妄阿拉布坦进取西藏。策妄阿拉布坦一面暗中做侵藏准备，一面与拉藏汗结为儿女亲家，以减少拉藏汗的疑虑。

康熙五十六年（1717 年），策妄阿拉布坦以护送拉藏汗之子夫妇回藏为名，派策零敦多布率领 6 000 骑兵，为免清廷注意，绕道荒凉地区，向西藏进发。经过长途跋涉，准噶尔大军攻陷拉萨，杀害拉藏汗，控制了西藏，拘禁达赖和班禅（《清史稿》卷八《圣祖本纪三》）。准噶尔军原想乘胜打到青海，抢劫里塘人噶桑嘉措，进一步控制黄教；但被清军及时发现，并予击溃，使策妄阿拉布坦的野心未能得逞。

康熙帝为安定西藏，先后两次用兵。

第一次进兵。先是，策妄阿拉布坦派军已侵入西藏，并在西藏大行屠杀，抢劫财物，非黄教寺院被毁坏的有五百多所。清廷接到奏报后，于康熙五十七年（1718 年）五月，派侍卫色楞统率大军入藏，征剿准噶尔部。准噶尔兵自色楞等入藏之日，即佯败佯退，诱其深入，精兵设伏，等待时机。色楞有勇无谋，轻敌冒进，不知敌情，不适气候，遭遇伏兵，突围不成，相持月余，弹尽粮绝，于九月中全军覆没，色楞等阵亡（魏源《圣武记》卷五）。这次因轻敌而失败，为清军再次进藏提供教训。

第二次进兵。清军败报传到北京，满朝上下大为惊震。怎么办？朝臣多不主张用兵。"王大臣惩前败，亦皆言藏地险远，不宜进兵，圣祖以西藏屏蔽青海、滇、蜀，苟准夷盗据，将边无宁日。"（《西藏通览》，转引自牙含章《达拉喇嘛传》）康熙五十九年（1720 年）正月，康熙帝不顾一些人的反对，毅然决定：派皇十四子胤祯（后改名允禵）为抚远大将军王，统率三路兵马，动员号称三十六万之众，进军青海，指向西藏，希望一举解决西藏问题。清军兵锋强盛，准噶尔军势大衰，加上藏人对准部残虐的不满——"父子分散，夫妇离别，掳掠诸物，以致冻馁"，策妄阿拉布坦所遣将领策零敦多布等力竭势穷，仅余数百人，狼狈逃回伊犁。拉萨僧俗欢迎清军的到来——"男女老幼，襁负来迎。见我大兵，群拥环绕，鼓奏各种乐器"（《清圣祖实录》卷二九一）。清军平定西藏的动乱，并护送被认为是真达赖的噶桑嘉措，从青海入藏坐床；满汉大臣、蒙古各部首领、西藏黄教上层喇嘛、贵族，齐集布达拉宫，为噶桑嘉措举行了隆重的坐床典礼，是为七世达赖喇嘛。这也解决了达赖化身转世承袭的问题。今布达拉宫殊胜三界殿，仍供奉七世达赖喇嘛进藏坐床时的木制牌位，上面以汉文书写：大清皇帝万岁万万岁！

西藏问题，极为复杂。西藏内部黄教与红教、达赖与第巴、达赖与班禅，外部西藏与新疆、西藏与青海、西藏与外蒙等，问题交织，盘根错节。康熙帝对西藏问题的解决，统筹兼顾，恩威并施，卓有成效，开拓局面：

其一，喀尔喀蒙古归顺。康熙帝通过多伦会盟等措施，又给喀尔喀蒙古王公封爵，稳定了喀尔喀蒙古社会秩序。

其二，平定噶尔丹之乱。消灭噶尔丹，使清朝在天山以西、以北，扩大与巩固了边疆管理，廓清了西藏同厄鲁特的关系。

其三，平定了三藩之乱。在西南地区，平定叛乱，加强中央集权，并为解决西藏问题，打开通道，准备条件。

其四，显示出高明策略。康熙帝依据时势变化，及时册封噶桑嘉措为第六世达赖喇嘛（因藏族人民奉仓央嘉措为六世达赖，后乾隆帝册封江白嘉措为八世达赖，等于默认噶桑嘉措为七世达赖），派满、蒙、汉、藏官兵护送其入藏，蒙藏僧俗普遍相望（《清圣祖实录》卷二八五）。他还善于处理准噶尔、喀尔喀和西藏的关系。一位西方人评论道："中国皇帝在获取西藏人同情、离间他们同准噶尔人的关系这一着上，显露出他的明智。"（《清代西人见闻录》）

其五，对西藏政策正确。康熙中期，尊崇、册封达赖喇嘛，册封四大活佛；

康熙末年，康熙帝两度派兵讨准保藏，强化对西藏的管理权。康熙帝在西藏设置驻藏大臣、督理政务、驻扎军队、巩固边防、册封班禅、稳定局面，后世以"金瓶掣签"制度认定继任达赖喇嘛、班禅额尔德尼的"转世"灵童、《钦定藏内善后章程》的颁布等大事，都是在康熙帝所建立基础上逐步完成的。没有康熙帝对青海、新疆、喀尔喀、西藏地区的这些有益耕耘，就没有雍正、乾隆两朝对西藏管理结下的硕果。因此，清代中央对西藏统治权的确定与加强，康熙帝确实作出了开拓性的贡献。

附录一：一至七世达赖世系

一世达赖根敦朱巴（1391—1474），二世达赖根敦嘉措（1475—1542），三世达赖索南嘉措（1543—1588），四世达赖云丹嘉措（1589—1616），五世达赖罗桑嘉措（1617—1682），六世达赖仓央嘉措（1683—1706），七世达赖噶桑嘉措（1708—1757）。（牙含章《达赖喇嘛传》）

附录二：蒙古和硕特部顾实汗位世系

顾实汗死（顺治十一年），其子丹增多吉继承汗位，是为达颜汗；达颜汗死（康熙七年），其子丹增达赖继承汗位，是为达赖汗；达赖汗死（康熙四十年），其子拉藏汗继位，是为拉藏汗。

第十二讲 以农为本

国以民为本，民以食为天。史云：农事伤，则饥之本也；女红害，则寒之源也。康熙帝为《耕织图》作序，写道："古人有言：衣帛当思织女之寒，食粟当念农夫之苦。朕惓惓于此，至深且切也。"康熙帝敬农、重农、悯农、恤农、爱农、务农，他采取了许多措施：如停止圈地、奖励垦荒、蠲免田赋、免除丁银、惩治贪官、兴修水利、劝课农桑、赈济灾荒、郊外观稼、奏晴雨折、改良品种、关切丰歉等。他希望："寰宇之内，皆敦崇本业，勤以徕之，俭以积之，衣食丰饶，以共跻于安和富寿之域，斯则朕嘉画元元之至意也夫。"

明朝灭亡的根本原因是，广大农民没有饭吃。于是他们揭竿而起，逼得崇祯帝自缢。明清更替，战乱不已，社会动荡，耕地荒芜，水旱频仍，食不果腹。康熙帝面临一个大难题，就是解决农民的吃饭问题。为此，根本的事情，就是抓农桑。康熙帝以农为本，敬农、重农、悯农、恤农、爱农、务农，采取了许多措施：如停止圈地、奖励垦荒、蠲免田赋、免除丁银、惩治贪官、兴修水利、劝课农桑、赈济灾荒、郊外观稼、奏晴雨折、改良品种、关切丰歉等。康熙帝在位61年，蠲免税粮、丁银、欠赋达545次之多，尤以普免全国钱粮总计约1.5亿两，其数量之大，亘古所无。康熙帝自诩此"乃古今第一仁政"。

我在这里着重讲康熙帝以农为本所做的三件事：一、行亲耕礼；二、绘《耕织图》；三、种试验田。

一 行亲耕礼

康熙帝敬农、重农的一个表现是行亲耕礼。他行亲耕礼的场所是先农坛，就是祭祀先农的坛庙。先农，一般认为是炎帝神农氏。《周易·系辞》："包牺氏没，神农作，斫（zhuó）木为耜（sì），揉木为耒（lěi），耒耨（nòu）之利，以教天下。"中国古代以农立国，敬农、重农的传统源远流长。早在商周时期，就有天子祭拜先农、行耕耤（jí）礼的制度。《礼记·月令》记载："天子亲载耒耜……躬耕帝藉。"礼制规定："天子三推，三公五推，卿诸侯九推。"推，就是掌犁推行，一推为一个来回。皇帝亲耕，皇后亲蚕。亲蚕，祭祀黄帝的元妃嫘（léi）祖。明永乐帝营造北京宫殿时，于皇宫外建了社稷坛、天地坛和山川坛，嘉靖朝形成天坛、地坛、日坛、月坛和先农坛。按照礼制，皇帝每年春天，或亲自、或遣官前往先农坛祭祀先农，并行耕耤礼。

北京先农坛坐落在紫禁城南3公里处，与天坛东、西相对，占地约120公顷，有坛墙。其中，除有祭祀先农之神的先农坛外，还有配套的神厨、神库、水井亭、宰牲亭等。建筑造型庄重，颇具皇家气派。明清两代皇帝祭祀先农，都在先农坛举行。先农坛里还有一组与耕耤礼相关的建筑。皇帝更衣盥洗在具服殿，亲耕耤田在"一亩三分地"（民间常说"一亩三分地"，可能是从这里来的），观看王公大臣耕耤在观耕台，休息和宴赏在庆成宫，打下粮食储存在神仓。明清两代五百多年间，先后有20位皇帝或亲自、或遣官，到先农坛祀神耕耤。先农坛现为国家级文物保护单位，建立了北京古代建筑博物馆。

康熙帝耕耤前一日，在皇宫中和殿，审阅祭先农的祝版，然后阅视耕耤使用的农具等。这些农具、种子进献到康熙帝面前，颇费一番功夫。首先，顺天府用三顶龙亭，装载皇帝躬耕使用的耒耜、牛鞭、稻种；用四顶彩亭，装载诸王从耕使用的麦种、谷种，九卿从耕使用的豆种、黍种，运到午门外放下。然后，顺天府官员奉耒耜、种箱陈设于太和殿石阶下，再由户部官员奉入中和殿陈设。康熙帝阅视完毕后，户部官把这些工具、种子奉出太和殿下，交给顺天府官员，奉出午门，放回到各亭内，送到先农坛皇帝行耕耤礼的地方。

康熙十一年（1672年），19岁的康熙帝，第一次亲自到先农坛祀神耤田。二月二十日（丙申），康熙帝身着礼服，辰时（辰正8时）从紫禁城，出午门，经正阳门，到先农坛。先到具服殿，更换龙袍。王以下文武各官更换蟒袍、补服。巳时（巳正10时），祭祀先农之神。未时（未正14时），行耕耤礼。届时，导驾官同太常卿引导康熙帝走到亲耕的位置，面南而立，从耕的康亲王杰书（代善之孙）、裕亲王福全（玄烨之兄）、简亲王喇布（济尔哈朗之孙）和九卿等各就耕位站立。鸿胪寺官喊道："进耒耜！"户部尚书米思翰跪进耒耜。喊："进鞭！"顺天府尹纪振疆跪下进鞭。接着，礼部、銮仪卫和太常寺堂官协助康熙帝秉耒，耕地三推。顺天府丞奉稻种青箱（播种用具），户部侍郎播种，耆老随后覆土。其间，教坊司乐工唱三十六禾辞。现在能看到雍正二年（1724年）的《耕耤三十六禾辞》，其中前四句是："光华日月开青阳，房星晨正呈农祥。帝念民依重农桑，肇新千耤考典章。"（《光绪大清会典事例》卷五三四）康熙帝耕完后，鸿胪寺官喊："受耒耜。"户部尚书跪着从康熙帝手里接过耒耜；又喊："受鞭！"顺天府尹跪着接过牛鞭，放回到龙亭里。礼部、太常寺堂官导引康熙帝登上观耕台，面南而坐。这时的观耕台还是用木头搭建的，比较简陋。后乾隆皇帝把观耕台改建成汉白玉围栏、砖石坛台。

康熙帝还命康亲王杰书、裕亲王福全、简亲王喇布，吏部左侍郎王清、户部尚书米思翰、礼部尚书哈尔哈齐、兵部尚书明珠、刑部尚书莫洛、工部尚书王熙、都察院左都御史多诺、通政使司左通政任克溥、大理寺卿王胤祚等，按顺序耕地：三位亲王各耕五推，九卿各耕九推。顺天府属官执青箱播种，耆（qí）老随后覆土。康熙帝在耕耤礼结束后回宫（《康熙起居注册》康熙十一年二月二十日）。

康熙帝亲自到先农坛，祀先农神、行耕耤礼，是他一生中唯一的一次。但他在位 61 年，先后 55 次遣官到先农坛祭祀先农。可见他对祀先农神、行耕耤礼是非常重视的。就是在巡视京畿（jī）地区到东安县时，他也特派官祭祀先农之神（《清圣祖实录》卷一五四）。

清代敬祀先农制度一直坚持到宣统三年（1911 年）。这里我讲一个与此有关的故事。

嘉庆二十年（1815 年）三月初一日，嘉庆帝来到先农坛躬耕，但顺天府所备耕牛不驯服，耕不下去。更换耕牛之后，仍不驯服。结果御前侍卫十余人勉强驱驾，耕了三个来回。嘉庆帝虽然完成礼仪，但仍很恼火。接着，嘉庆帝上观耕台，命睿亲王瑞恩、克勤郡王尚格、庆郡王永璘各耕五个来回；吏部右侍郎佛住、户部右侍郎成格、礼部尚书穆克登额、兵部右侍郎恩宁、刑部右侍郎熙昌、工部右侍郎普恭、都察院左副都御史李宗瀚、通政使司通政使张鹏展、大理寺卿庆明各耕九个来回。结果三王九卿所用的耕牛，也是都不驯服，甚至还有耕牛奔逸，"殊不足以肃观瞻"，实在是太不严肃，也太不吉祥了。

当天，嘉庆帝谕内阁："耕耤为劭农大典，顺天府供备牛只，平时不勤加演习，玩忽从事。著将专司供办之大兴县知县沈守恒、宛平县知县张洽俱先行革去顶戴，交部严加议处；顺天府府尹费锡章系专辖之员，著交部严加议处……所有此次一

切例赏，概行停给。"（《清仁宗实录》卷三〇四）

康熙帝不仅会耕地，而且还掌握得比较熟练。康熙四十一年（1702年），康熙帝到京畿南博野（今河北省博野县）视察农耕，了解农情，路经一块田地，康熙帝亲自执犁，耕地一亩，观者万人。陪同的直隶巡抚李光地专门为文勒石，以纪其盛（《养吉斋丛录》卷五）。这件事说明康熙帝重视农桑，也说明他会干一点农活。这对一个帝王来说是难能可贵的。

亲耕对大部分皇帝来说，都要提前练习。光绪帝就曾经先后五次在丰泽园（今中南海）演习耕耤礼。他在17、18、19岁时，连续三年先到丰泽园练习，然后才去先农坛。到23岁和25岁时，他又在丰泽园练习了两次。可见光绪帝对这件事很重视，也说明他对农事比较陌生。

实际上，通过皇帝祀神耕耤这个侧面，也可以考察皇帝。现在可以看到的史料，记载最早亲耕的皇帝是汉文帝，他在前元二年（公元前178年）下诏说："农，天下之本，其开籍田，朕亲率耕，以给宗庙粢（zī）盛。"（《史记》卷一〇《孝文本纪》）此事距今已经两千多年。元代皇帝"虽议耕耤，竟不亲行"，就是说元帝没有亲自举行过耕耤之礼。明太祖朱元璋登极当年，就谕定"来春举行耕耤礼"（《明史》卷四九《礼志三》）。明成祖朱棣迁都北京，不仅参照南京建造先农坛，而且规定皇帝登极之初必须行耕耤礼（《明会典》卷五一）。但他的后代万历皇帝在位48年，竟然一次都没有踏进先农坛，甚至都没有遣官去先农坛祭祀先农之神。康熙帝的儿子雍正帝在位只有13年，但亲自到先农坛共12次。

康熙帝以自己亲临先农坛行礼和先后55次派遣大臣到先农坛行礼的实际行动，彰示自己敬重农神、重视农业、以农为本的思想。

二 绘《耕织图》

康熙帝恤农、悯农的一个重要表现是绘《耕织图》。康熙帝御制《耕织图》是怎么回事呢？

康熙二十八年（1689年）康熙帝第二次南巡时，有江南人向他进献了一部《耕织图》。这部《耕织图》是南宋绍兴年间（1131—1162）以诗画并茂形式介绍耕织技术的著作。作者是楼璹（shòu，又音shú），字寿玉、国器，浙江於潜县（今临安市）令。据其侄楼钥记述："伯父时为临安於潜令。笃意民事，慨念农夫蚕妇之作苦；究访始末，为耕、织二图。耕自浸种以至入仓，凡二十一事；织自浴蚕以至剪帛，凡二十四事，事为之图。系以五言诗一章，章八句，农桑之务，曲尽情状。"《攻媿先生文集》卷七四）当时朝廷曾遣使持《耕织图》巡行各郡邑，以推广耕织技术。所以这本图册对于推动南宋稻作、蚕桑的发展起过一定作用。

康熙帝得到这本《耕织图》后，非常喜欢，仔细观览，感慨万端。他认为："念生民之本，以衣食为天。尝读《豳（bīn）风》《无逸》诸篇，其言稼穑（sè）蚕桑，纤悉具备。昔人以此被之管弦，列于典诰，有天下国家者，洵不可不留连三复于其际也。"那么，眼前的这本《耕织图》，正好就是他求之不得的好教材，可以利用这本图册教育官吏重农爱农，也可以教育官吏学习基本的农桑知识。比起把农桑之事配乐演唱和列入典制，绘制《耕织图》更形象直观。

回京后，康熙帝命宫廷画师焦秉贞重绘《耕织图》。焦秉贞，字尔正，山东济宁人，任钦天监五官正（六品）、供奉内廷充书画谱馆待诏，是耶稣会士汤若望的门生。通天文地理，会测算，又擅长画人物、楼观，画法以工笔重彩为主，兼用西洋画法，讲求明暗与透视等技巧《清史稿》卷五〇四《焦秉贞传》）。焦秉贞参考宋代楼璹的《耕织图》，重新创作，到康熙三十五年（1696年）二月社日（二十二日），绘成《耕织图》《国朝画征录》）。这本《耕织图》，绘画耕图23幅，织图23幅，共46幅。

其耕图23幅是：浸种、耕、耙耨（nòu）、耖（chào）、碌碡（liù zhou）、布秧、初秧、淤荫、拔秧、插秧、一耘、二耘、三耘、灌溉、收刈（yì）、登场、持穗、舂碓、筛、簸扬、砻（lóng）、入仓、祭神。

其织图 23 幅是：浴蚕、二眠、三眠、大起、捉绩、分箔、采桑、上簇、炙箔、下簇、择茧、窖茧、练丝、蚕蛾、祀神、纬、织、络丝、经、染色、攀花、剪帛、成衣。

这 46 幅图画，"田家景物，曲尽其致；蚕室机杼，精妙无穷"（《康熙御制耕织图·严虞惇呈进书》），生动形象地描绘了稻作和蚕桑的生产过程，再现了生产工具的使用，是一部生动直观普及农桑知识的教科书。

康熙帝为《耕织图》作序，写道："古人有言：衣帛当思织女之寒，食粟当念农夫之苦。朕惓惓于此，至深且切也。爰绘耕、织图各二十三幅，朕于每幅制诗一章，以吟咏其勤苦，而书之于图。自始事迄终事，农人胼（pián）手胝（zhī）足之劳，蚕女茧丝机杼之瘁，咸备其情状。复命镂板流传，用以示子孙臣庶，俾知粒食维艰，授衣匪易。"原本有康熙帝御书"一犁杏雨"和"三径桑云"。其摹本序首钤盖"佩文斋"朱印，序后钤盖"康熙宸翰"阳文朱方大印和"稽古右文之章"阴文朱方大印。

康熙帝还为每一幅图配诗一首，每首诗都是七言四句。在诗文中，康熙帝并没有用笔墨更多地介绍农桑知识，而是感慨农夫织女的万般辛劳，告诫人们"须知白粲流匙滑，费尽农夫百种心"（《耕织图》耕图二十），"自昔宫廷多浣濯，总怜蚕织重劳人"（《耕织图》织图二十三），流露出康熙帝对农民、农业的关心、爱惜和怜悯。康熙帝对《耕织图》如此用心，是要把自己关心和爱护农民，发展农业，解决农民吃饭问题的爱心和雄心，传达给王公大臣。康熙帝通过《耕织图》劝课农桑，普及农业知识，推广耕作技术，促进农业发展，应当说是做了一件好事。

康熙帝御制《耕织图》有原本、摹本、刻本（黑白刻本和彩色刻本）三种。康熙帝御制《耕织图》原本，46 幅，册页，绢底，设色，手绘，现藏美国国会图书馆。美国国会图书馆亚洲部学术研究主任居蜜博士提供的《耕织图》，大家可以一览。摹本是焦秉贞弟子冷枚等据原本彩色临摹的。刻本是由朱圭、梅裕凤镌版印刷的，由康熙帝颁赐臣工，后来流传很广。甚至在日本、韩国都有不同版本。

《耕织图》有多种流传形式，有的被烧制在瓷器上。景德镇生产的耕织图瓷器，成为康熙时期瓷器的一个独特品种，当时就成为贡品，现在更是收藏家珍藏的宝物。故宫博物院收藏的有些瓷盘，图案题材就取自《耕织图》。有的瓷瓶，图案也取自《耕织图》。在承德避暑山庄澹泊敬诚殿宝座后面，有一套紫檀围屏，上面雕刻的图案，也是男耕女织的景象。

康熙帝晚年，皇四子雍亲王胤禛特命宫廷画师精心绘制一套《耕织图》进献给皇父康熙帝。《雍亲王耕织图》现藏中国国家图书馆。图中的农夫以他自己为原型，农妇以自己的福晋为原型。画中的雍亲王，扶犁躬耕，弯腰插秧，挥镰割稻，敞怀赤脚，辛苦耕作，虔诚祭神，以此来表示自己不辜负皇父以农桑为本的期望。胤禛继位后的确非常重视发展农业。

康熙帝的孙子乾隆皇帝干脆将《耕织图》中的美景复原在清漪园（今颐和园）里，将雕刻着《耕织图》的石板镶嵌在游廊里，映现在清漪园的湖光山色中。乾隆帝有这样的诗句："玉带桥边耕织图，织云耕雨肖东吴。"近年，颐和园重建了耕织图园。

康熙帝恤农、悯农的思想，我们已经从《耕织图》中领略到了。下面再举一个赈灾的例子。

康熙三十年（1691年），陕西西安、凤翔等地旱灾，大批灾民流落他乡。康熙帝得知后，立即派学士布喀前往灾区。十二月，康熙帝下令动支正项钱粮20万两，由户部侍郎阿山、内阁学士德珠负责，赈济灾民。三十一年（1692年）二月，康熙帝将赈灾不力的户部侍郎阿山及其他隐瞒灾情、防救不力的官员一律解职，除了继续利用本地财力赈灾外，又"拨给别省钱粮，刻期运送，务使均沾实惠，人获更生"（《清圣祖实录》卷一五四）；康熙帝要求各省督抚赈济流落到本省的饥民；提供路费，使流民回原籍者更好。四月，为了吸引流民回籍，康熙帝动支户部库银100万两，送陕西供军需和赈济。在陕西灾情仍未好转的情况下，康熙帝寝食不安，停止元旦筵宴。康熙三十二年（1693年）正月，康熙帝批准四川陕西总督佛伦的请求,将西安、凤翔二府额销盐引暂减一半。三月,康熙帝又以陕西旱荒,遣皇子胤祉(zhī)携御制祭文代祭华山。胤祉祭毕回京后,奏报陕西已经风调雨顺,麦苗长势很好,流民回原籍者甚多。康熙帝略得安慰。七月,佛伦等人奏报,西安、凤翔的情况已大为好转,雨雪霑足,麦豆丰收,秋禾茂盛,流民回籍者已有20余万。康熙皇帝这才如释重负。不久,康熙帝又批准了陕西巡抚吴赫的请求,在陕西招徕流民,有地者给与牛、种,无地者依例给银安插。这样,终于度过一连数年的陕西旱灾。

三 种试验田

康熙帝爱农、务农的一个重要表现是种试验田。

他每到一地巡视,都注意收集当地的民风歌谣,喜欢观察当地的农事。凡是"南北土疆之性,黍(shǔ)稌(tú)播种之宜,节候早晚之殊,蝗蝻(nán)捕治之法"《康熙御制耕织图序》,都特别喜欢咨询和了解,对这些情况都掌握得非常清楚。在听政时,康熙帝总要"与诸臣工言之"《康熙御制耕织图序》。难能可贵的是,康熙帝还创造条件亲自耕田、养蚕。

大家都知道,西苑(今中南海和北海)从金代开始就是皇家苑囿。康熙帝在西苑建立了丰泽园,园中开辟皇帝的试验田。"丰泽园"今见是两组四合院式建筑。一组主建筑是崇雅殿,后名颐年堂,曾是中央开会的场所;另一组主体建筑是菊香书屋,毛泽东曾在这里居住过。当年,康熙帝在这里藏书、读书、听大臣进讲等。而丰泽园旁,有稻田十亩一分,内演耕地一亩三分。这里有康熙帝的"试验田"和蚕房。园外耕种,园内读书,正体现了古代"诗书传家,农耕为本"的儒家修身、齐家、治国的思想。

康熙帝在"丰泽园之侧,治田数畦,环以溪水,阡陌井然在目,桔槔之声盈耳,岁收嘉禾数十钟"《康熙御制耕织图序》。他利用这块农田培育稻子的优良品种,先后种植的稻子有几十个品种。这样就发生了"御稻米"的故事。康熙帝记述了这个故事：有一天，康熙帝发现丰泽园稻田里，有一棵稻秆高出许多，别的稻子刚秀穗，而这棵稻穗已经成熟。康熙帝很是惊奇，就把这棵稻穗收作种子。第二年种下，果然又在六月就成熟了。于是，一年复一年，终于培育出早熟新稻种，因为它生长在御苑田里，所以名"御稻米"。御稻米颜色微红，米粒长，气味香，口感好，且早熟。既适合在北方种植，又可以在南方一年两熟。四十多年以来，内膳所进，都是此米。"朕每饭时，尝愿与天下群黎共此嘉谷也。"（《康熙几暇格物编》下编）

康熙帝还有一首《早御稻》诗记其事：

> 紫芒半顷绿阴阴，
> 最爱先时御稻深。
> 若使炎方多广布，
> 可能两次见秧针。
>
> （《康熙御制文集》四集卷三六）

乾隆帝在《御制丰泽园记》中悟出了康熙帝的良苦用心。他写道："西苑皆元明旧址，惟丰泽园为康熙年间新建之所……园内殿宇制度惟朴，不尚华丽。闻之老监云：皇祖万几余暇则于此劝课农桑，或亲御耒耜。"乾隆帝诗咏中还提到康熙帝曾在丰泽园种植葫芦。

康熙四十二年（1703年），康熙帝建承德避暑山庄，在山庄甫田丛樾（yuè）亭旁开辟了御瓜圃和御稻田，就是皇帝的"菜园"和"稻田"。御瓜圃里种瓜豆菜蔬，御稻田又是试验庄稼田。康熙帝自己也说："北方性种糜、桑、稗（bài）、稷等类，总不知种别样之谷。""山庄苑内，麦、谷、黍、稻皆需焉。""口外种稻至白露以后数天不能成熟，惟有此种可以白露前收割。故山庄稻田所收，每当避暑用之，尚有盈余。"康熙帝在避暑山庄吃的稻米就是在试验田里种植的。

康熙四十三年（1704年），康熙帝看到早御稻在避暑山庄试种成功，便颁旨准许在北京玉泉山等地推广种植。先是，康熙三十九年（1700年），时任直隶巡抚的李光地得知康熙帝在西苑丰泽园试种出了早熟醇香的御稻，就提出在天津一带种植水稻。后在澎湖海战中获康熙帝赞誉的"破肚将军"蓝理，任天津总兵时，在天津、丰润、宝坻（dǐ）"召募闽中农民二百余人"和"江南等处无业之民"，"开为水田栽稻"。试验成功后，在天津等地推广。他报告说，当地"有洼地五十顷，被水浸，不便耕种。又有高地五十顷，不宜种稻。其可作水田种稻者，止五十顷"。康熙帝即指导工匠导河修渠，并亲自绘制水闸、水车图形，使得150顷水田全部种上了水稻。至康熙四十八年（1709年），这150顷水稻获得高产，从而结束了长城内外沿线不种水稻的历史。后人为了纪念蓝理的功德，称这15 000亩稻田为"蓝田"。津郊的水稻，在清朝得到大的发展，至今仍是北方重要的水稻产地。后天津小站地区出产的稻米称"小站稻"。而京郊玉泉山一带种植优质稻米的传统，一直流传到现在。康熙帝说过："自幼喜欢稼穑，所得各方五谷菜蔬之种，必种之，以观其收获。"

康熙五十三年(1714年)，康熙帝把一石御稻种发给苏州织造李煦，令他推广，同时试种双季连作，改变长江两岸一季糯一季稻的种植传统。两年以后，御稻种迅速传播到江苏、浙江、安徽、两淮及江西等地，粮食产量大幅度提高。

除了种水稻，康熙帝还亲自养蚕。他在丰泽园稻田旁种植桑树，搭盖蚕舍，还"浴茧缫（sāo）丝，恍然如茅檐蔀（bù）屋"（《康熙御制耕织图序》）。在蚕舍旁建造了"知稼轩"和"秋云亭"，康熙帝经常在这里观看劳作。雍正帝继位后，在北京的北郊建先蚕祠。乾隆帝在西苑东北角（今北海公园北门内）建先蚕坛，内有先蚕坛、观桑台、亲蚕门、亲蚕殿、浴蚕池、先蚕神殿、蚕所等，兼有祭祀蚕神和养蚕示范的功能。

从丰泽园到御瓜圃，从御早稻到养蚕桑，康熙帝通过亲历农桑的实践，掌握了农桑的全过程和基本常识。康熙帝重视与关心农业的兴趣，常年一贯，至老不减。

他在《刈麦记》一文中说:"朕念切民依,恫瘝(tōng guān)一体,年近七旬,精力渐衰。扶杖而阅耕种,临畦而观刈获,遇雨旸(yáng)时若,则收割之际,苍颜野老,共庆有秋,黄口稚子,无愁乏食。此朕一时之真乐也。"这是他重农重桑、务农务桑、以农为本的真情流露。

先农坛、耕织图、丰泽园和御瓜圃,曾经是清代农耕文明辉煌发展的推进器,康熙帝继承中国几千年的传统,把中国带向农耕文明的最高境界。雍正帝、乾隆帝继承父祖之业,使中国走上"康雍乾盛世"的顶峰。但是,他们领导的中国一直没能跨出农耕文明的圈子,从而与工业文明失之交臂。这时的欧洲,已经跨进近代工业文明的门槛。

与康熙皇帝几乎同时代的俄国沙皇彼得一世,于1689年(康熙二十八年)推翻摄政的姐姐索菲娅,掌握实权八年后,1697年(康熙三十六年),他化名秘密出国,到西欧考察学习。次年回国,将西欧先进的管理方法和科学技术应用于本国建设,兴办工场,发展贸易,建立正规陆海军队。1700年(康熙三十九年)以战争手段夺取波罗的海出海口,使落后的农奴制俄国逐步走向近代化,为沙皇俄国的崛起奠定基础。对比俄国沙皇彼得一世,我们不能不对康熙帝表现的缺憾而深感惋惜。

附录一:康熙御制耕织图序

朕早夜勤毖,研求治理。念生民之本,以衣食为天。尝读《豳风》《无逸》诸篇,其言稼穑蚕桑,纤悉具备。昔人以此被之管弦,列于典诰,有天下国家者,洵不可不留连三复于其际也。西汉诏令,最为近古,其言曰:农事伤,则饥之本也;女红害,则寒之源也。又曰:老者以寿终,幼孤得遂长。欲臻斯理者,舍本务其曷以奉。朕每巡省风谣,乐观农事。于南北土疆之性,黍稷播种之宜,节候早晚之殊,蝗蝻捕治之法,素爱咨询,知此甚晰,听政时恒与诸臣工言之。于丰泽园之侧,治田数畦，环以溪水，阡陌井然在目，桔槔之声盈耳，岁收嘉禾数十钟。陇畔树桑，傍列蚕舍，浴茧缫丝，恍然如茅檐蔀屋。因构"知稼轩""秋云亭"以临观之。古人有言：衣帛当思织女之寒，食粟当念农夫之苦。朕惓惓于此，至深且切也。爰绘耕、织图各二十三幅，朕于每幅制诗一章，以吟咏其勤苦，而书之于图。自始事迄终事，农人胼手胝足之劳，蚕女茧丝机杼之瘁，咸备其情状。复命镂板流传，用以示子孙臣庶，俾知粒食维艰，授衣匪易。《书》曰：惟土物爱厥心臧。庶于斯图有所感发焉。且欲令寰宇之内，皆敦崇本业，勤以徕之，俭以积之，衣食丰饶，以共跻于安和富寿之域，斯则朕嘉画元元之至意也夫。

康熙三十五年春二月社日题并书

附录二：关于"御稻米"的记载

丰泽园中有水田数区，布玉田谷种，岁至九月，始刈获登场。一日，循行阡陌，时方六月下旬，谷穗方颖，忽见一科，高出众稻之上，实已坚好，因收藏其种，待来年验其成熟之早否。明岁六月时，此种果先熟。从此生生不已，岁取千百。四十余年以来，内膳所进，皆此米也。其米色微红而粒长，气香而味腴，以其生自苑田，故名"御稻米"。一岁两种，亦能成两熟。口外种至白露以后不能成熟，惟此种可以白露前收割。故山庄稻田所收，每岁避暑用之，尚有赢余。曾颁给其种与江浙督抚、织造，令民间种之。闻两省颇有此米，惜未广也。南方气暖，其熟必早于北地。当夏秋之交，麦禾不接，得此早稻，利民非小。若更一岁两种，则亩有倍石之收。将来盖藏，渐可收藏矣。昔宋仁宗闻占城有早熟稻，遣使由福建而往，以珍物易其禾种，给江淮、两浙，即今南方所谓黑谷米也。粒细而硬，又结实甚稀，故种者绝少。今御稻米不待远求，生于禁苑，与古之"雀衔天"，两者无异。朕每饭时，尝愿与天下群黎共此嘉谷也。（《康熙几暇格物编》下编）

第十三讲 治理黄河

康熙帝亲政后,"以三藩及河务、漕运为三大事,夙夜廑念,曾书而悬之宫中柱上"。三藩、河务、漕运三大事,而"河务"与"漕运"占其二,实际上是互相联系的一件事。因为"天庾(yǔ)玉粒"、八旗粮饷、京师民需等,主要是靠京杭大运河运输。京杭大运河如人体的大动脉,动脉栓塞,运输不畅,牵动京师,事关重大。从明朝迁都北京以来,中原的三条大河——黄河、淮河、运河有交汇,黄河或淮河出了问题,会直接影响到运河的通航,也就是河务直接影响到漕运。因此,通漕首先要治河,治河重点是黄河。

康熙帝亲政后，"以三藩及河务、漕运为三大事，夙夜廑念，曾书而悬之宫中柱上"《清圣祖实录》卷一五四)。这三件大事，对康熙帝来说，不是座右铭，而是柱右铭。上述三件大事中的"三藩"，前面讲过，已经平息。而"河务"与"漕运"看起来是两件事，实际上是互相联系的一件事。因为"天庾（yǔ）玉粒"、八旗粮饷、京师民需等，主要是靠京杭大运河运输。京杭大运河如人体的大动脉，动脉栓塞，运输不畅，牵动京师，事关重大。从明朝迁都北京以来，运河通达五条大河——海河、黄河、淮河、长江和钱塘江，其中黄河、淮河、运河的交汇，尤为重要，急需治理，因为黄河或淮河出了问题，会直接影响到运河的通航，也就是河务直接影响到漕运。因此，通漕首先要治河，治河重点是黄河。康熙帝是怎样做的呢？下面介绍，分作三目：一、重视治河；二、重用靳辅；三、重要经验。

一　重视治河

黄河是中华民族的一条母亲河，为什么会发生河患呢？既有其自然原因，也有其社会原因。

黄河为害的自然原因之一是，黄河的河水从上游夹带大量泥沙，而泥沙淤积，河床升高，容易溃堤；逢到雨水过大，河水漫溢，河堤溃决。就辽金以来的黄河来说，既有水利，更有水患。

黄河为害的社会因素，又加重了黄河水患。金初攻宋，决黄河豫北段，河道南移，生民遭殃。蒙古灭金，与南宋争开封，决寸金淀，黄河泛滥。明朝末年，决开封黄河堤，水灌开封城，死人十万以上《黄河水利史论丛》）。

元、明、清三代的黄河水患，屡决大堤，为害一方。元代，黄河"溃溢不时，至正中，受害尤甚，济宁、曹、郓（yùn）间，漂没千余里"《明史》卷八三《河渠志一》）。明朝迁都北京后，治河与保运相联系，每年漕运北京的粮食多达500万石，河务更为重要。但是，明朝后期，治河不力，局面严重："河决而塞，塞而复决，决无宁日,遂止弗塞,听其崩溃,河患极矣!"（郑肇经《中国水利史》）所以,有明一代:"河患与明相终始,岂非人事哉!"就是说,明朝的河患,既有自然因素,而更多的是社会因素、人为因素。

那么,到了清初呢?大家知道,自清太祖辽左起兵,至康熙帝统一台湾,关内关外,百年战争,中州大地,人死田荒。执政者将主要精力、物力、财力、军力集中到中原地区皇权的一统,而没有专注于河务的治理。康熙帝亲政后,特别是平定三藩之乱、统一台湾之后,作为一位有作为的兴国之君,摆在他面前的经济与民生的最重要课题是:兴修水利,通导运河,发展农业,惠及民生。

1966年,我骑自行车从北京出发,沿京杭大运河进行考察。行程3 500里,途经八个省市,历时一个月,最后到达杭州。在江苏省淮阴市境,看到黄河、淮河、运河的交汇处,清朝叫"清口"。康熙帝治河、通漕的一个关节点,就在清口。清朝所谓"河务""漕运",首先要保证漕运通畅,所以康熙帝治理黄河是以保漕利运为主。

顺治十六年（1659年）到康熙十六年（1677年）间,苏北地区黄河、淮河等连年溃决,决口百余处,海口淤塞,水灾严重,运河断航,大碍漕运。后康熙帝赋诗道:

> 淮扬罹水灾,流波常浩浩。
> 龙舰偶经过,一望类洲岛。
> 田亩尽沉沦,舍庐半倾倒。
> 茕茕赤子民,栖栖卧深潦。（茕,音qióng）

面对严重水灾,河道总督王光裕被解职勘问,以安徽巡抚靳辅为河道总督。

我在这里介绍一下河道总督。明朝以都御史总督河道,不设专职河道总督。清朝开始设专职河道总督,俗称河台,主管黄河、运河、淮河的堤防疏浚等事宜。

雍正定制，分工管理——江南一人，称南河总督，驻清江浦（今江苏省淮安市）；山东一人，称东河总督，驻济宁州（今山东省济宁市）；直隶一人，称北河总督（时间较短），由直隶总督兼，驻保定府（今河北省保定市）。靳辅任河道总督时，河道总督只一人。所以，职任重要，任务繁巨。

康熙帝要治河，首要是选人、派官。康熙朝河道总督共 12 人，我重点介绍靳辅，从中反映康熙帝治河的决心、政策、运筹、智慧和风范。

二　重用靳辅

靳辅（1633—1692），字紫垣，今辽宁辽阳人，隶汉军镶黄旗。他的父亲随清军入关。靳辅在顺治中由官学生经过考试，官授国史院编修，后任学士（五品）、礼部侍郎（三品）。康熙十年（1671 年），任安徽巡抚（二品）。靳辅在离京赴任途经邯郸时，因吕翁祠诗，结识了陈潢。

陈潢（1637—1688），字天一，浙江钱塘（今杭州）人。陈潢为人聪颖，怀才不遇，屡试不中，落魄京华。他饱读治河之书，研究治水，颠沛流离，暂居邯郸。一日，他在邯郸吕翁祠的祠壁题诗：

四十年中公与侯，虽然是梦也风流。
我今落魄邯郸道，要替先生借枕头。

靳辅见诗，拜访陈潢，交谈甚欢，相见恨晚，引为幕友。康熙十六年（1677 年）二月，靳辅受命任河道总督，替代王光裕。官员们以河道总督为畏途："闻者心惊，见者胆落。"《靳文襄公奏疏》卷八 靳辅自然也惶恐不安，想起前任王光裕因治河不力被革职的下场，犹豫不敢承命。但陈潢劝说靳辅，大丈夫要激流勇进，知难而上，说道：盘根错节以别利器，河失久治起而任之，膺斯任者，非公莫属！

靳辅听了陈潢的一席话，很受感动，决定上任。靳辅受命之后，同陈潢沿河考察，访问耆老，日夜奔波。经过考察，靳辅胸有成竹，一天连上八封奏疏，陈述已往治河得失，建言治河之策。靳辅的治河方略是：统审全局，河运并治，浚河筑堤，束水攻沙，多开引河，量入为出。靳辅汲取前人治河经验，又得幕僚陈潢襄助，征发民工，塞决口，筑堤坝，使河水仍归故道。他重点治理黄河、淮河、运河交汇的清口。

靳辅的治河，主要是三条：

其一，束水攻沙，就是继承和运用前明潘季驯"以堤束水，以水攻沙"的经验，筑堤束水冲刷黄河水中夹带的泥沙。

其二，修筑遥堤，就是主堤（缕堤）外三四里处筑遥堤，加一道堤防，洪峰大时，河水在遥堤里下泻，避免其泛滥成灾。

其三，新开中河，就是在前人基础上，从江苏的淮阴到邳县，开辟300里的运河。我在这里说一下中河。原来漕船行到这里，要借一段黄河，然后才能进入运河。这段黄河，风大浪险，水流湍急，每条船要增加20多名纤夫，日行二三十里。遇到浅滩，还要起驳，就是将货物搬到岸上，陆运过浅滩后，再重新装船。开辟中河后，漕船避开黄河惊险，从中河通过，无风浪之忧，保障漕运，顺利通行。

靳辅的疏奏，多由陈潢起稿，施工也由陈潢监理。他们督率民工，日夜辛勤，治理河道，大有成效。

但是，靳辅却受到朝廷大臣与地方豪绅的攻讦（jié）。于是，他先后遇到五次劫难。

第一劫：自请处分。康熙二十年（1681年），靳辅治黄河三年，黄河未尽复故道，靳辅自劾，请求处分。部议靳辅革职，康熙帝命留任。

第二劫：遭到攻击。康熙二十一年（1682年），候补布政使崔维雅上《河防刍议》，列举二十四条，否定靳辅方案。康熙帝派遣尚书伊桑阿、侍郎宋文运前往调查，命崔维雅随同前往。这时靳辅申辩：工程将要告竣，不应随便变更。康熙帝命朝廷会议讨论，并召靳辅到北京答辩。靳辅说：萧家渡很快堵塞，崔维雅议不可行。康熙帝同意，命靳辅赶回工地。二十二年（1683年）春，萧家渡堵塞，黄河归故道。康熙二十三年（1684年），康熙帝南巡，阅视河工，赐诗赞美。

第三劫：靳于分歧。康熙二十四年（1685年），康熙帝命安徽按察使于成龙修治海口及下河工程，听靳辅节制。于成龙（1638—1700），字振甲，隶汉军镶红旗，康熙初由荫生授知县，后升知府、直隶巡抚，康熙三十一年（1692年），继靳辅任河道总督。这里说明一点：清康熙朝有两位于成龙，另一位于成龙（1617—1684），山西永宁人，字北溟，官知县、知府、巡抚、总督，被康熙帝誉为"清官第一"。

旋召靳辅和于成龙到北京集议。这时，于成龙与靳辅发生意见分歧——于成龙意见：力主开浚海口；靳辅意见：下河海口比内地高五尺，应当修筑长堤，高一丈五尺，束水趋海。靳辅说：开海口虽可泄水，但有海水倒灌之忧；于成龙说：堤高一丈五尺，民居在其下，一旦河决，无数百姓，将饱鱼腹。二人意见不合怎么办？康熙帝命在朝廷会议上讨论。朝廷臣议，各持一说。

康熙帝没有立即作出结论，而是广泛征求意见。

其一，康熙帝先召问身边经筵讲官、江北人乔莱。乔莱说：靳辅意见不对。

其二，康熙帝又派尚书萨穆哈等到当地查议。萨穆哈回京说：开海口无益。

其三，江宁巡抚汤斌回京就任尚书，康熙帝垂询。汤斌说：海口挖开，积水可泄，但高邮一带民众房屋、坟墓会毁掉，恐怕不便。

其四，康熙帝又召靳辅入京。这时于成龙任直隶巡抚，康熙帝将靳辅的奏疏给于成龙看，但于成龙仍坚持下河宜浚。事情仍不能决定。

其五，康熙帝再派尚书佛伦等往施工现场勘查商议，但佛伦支持靳辅意见。

第四劫：遭到免职。康熙二十七年（1688年），御史郭琇弹劾靳辅治河无绩，内外臣工，群起上疏附议。康熙帝听了两方面的陈述，自己不做乾断，而交九卿会议裁决：靳辅被罢官；陈潢被削职，逮京师，下狱之后，忧愤致死。友人张霭生将陈潢治河的著述和言论编纂成《河防述言》。靳辅将它收入自己的《治河方略》里，呈奏康熙皇帝（张含英《历代治河方略探讨》）。陈潢通晓政事，留下《河防述言》《天一遗书》传世，为一代奇才。

康熙帝命：停止修筑重堤，免去靳辅河道总督，以闽浙总督王新命代之。

第五劫：因病而死。康熙三十一年（1692年），重新任命靳辅为河道总督。当年冬，靳辅卒，年60岁。靳辅是康熙朝治河的能臣、名臣、功臣、廉臣。靳辅治理河运，三十年无大灾。有《靳文襄公奏疏》《治河方略》传世。靳辅治河十年，兢兢以筑堤岸、疏下流、塞决口为事，黄淮底定。及病笃，犹陈两河善后之策及河工守成事宜，实心为国，古今罕觏。靳辅以后司河者类能规随成法，晏安数十年，无大变患（《中国水利史》）。

靳辅死后，重要的河道总督有张鹏翮（hé）。

张鹏翮（1649—1725），字运青，四川遂宁人，康熙进士，康熙三十九年（1700年）任河道总督。康熙四十五年（1706年），为治理黄、淮、运三河，在方略、筹款等方面，康熙帝与九卿存在分歧，并在御门听政时进行了多次争论。康熙帝不同意九卿"河务重大，需饷繁浩，应开捐纳条例"的疏奏，就是用卖官得的钱来治河的意见。康熙帝反复劝谕：国库银钱充足，不必捐纳增收。康熙帝还批评九卿"毫不谙练河务"。张鹏翮治河九年，治清口，塞六坝，修归仁堤，成绩显著。后升刑部尚书。雍正时官至武英殿大学士。但他曾赴山西办理赈灾，敲诈勒索，当地舆情说："其患更甚于旱灾。"

三　重要经验

康熙帝治河，有三点经验。

第一，亲理河务。治河是人治，关键在重视。康熙帝治河，贵在亲自抓。抓什么？树有根，水有源，他为治理黄河，首重了解河源。康熙帝曾派侍卫拉锡、侍读舒兰，往穷河源，到星宿海，往返万余里，并绘成舆图。这是中国历史上第一幅经过实际踏查而绘成的黄河图。他六次南巡，巡视黄河，亲自考察，阅读方志，调查研究，访问耆老，扯绳测量，指授方略。

康熙帝亲理河务，治理永定河又是一例。永定河源出山西北部管涔山，上游为桑干河，怀来以下称永定河。上游经大同合浑水东北流，穿黄土高原，含大量泥沙，河水浑浊，故有浑河之称。《元史》名为小黄河。下游淤浅，河道变迁，又称无定河。康熙七年（1668年），决卢沟桥堤。尔后，河道多次北移，沿河地域常受水灾。三十七年（1698年），河水时有泛滥，康熙帝亲自临视。他乘船考察，了解水势，亲自测量，随驾的皇太子、皇四子、皇五子、皇八子、皇十四子、皇十五子、皇十七子等，也遵父命分钉木桩，运用仪器，进行丈量，记录数据。他任用巡抚于成龙，实行疏筑兼治。自北京良乡老君堂旧河口起，经固安、永清、东安、霸州，达西沽入海，疏浚河145里，筑南北堤180里。康熙帝赐名为"永定河"。从此，40多年永定河没有迁徙，京畿地区获益很大。

康熙帝重视历史经验，查阅历史文献，了解治河措施，结合体验，写出论述。但是，他悉心治河数十年，河督张鹏翮疏请将治河谕旨编纂成书，以便永久遵行。他说：前代治河之书，无不翻阅，泛论虽易，实行则难。河水没有定性，治河不可一法。今日治河之言，欲令后人遵行，断不可行。这表现了康熙帝可贵的科学态度。

第二，慎重用人。他用人得当，靳辅、陈潢是力证。河道总督靳辅与直隶巡抚于成龙，治河方略，意见相左。他不妄加论断，而集双方在御前辩论，各申己见，互相驳难。辩不能决，又命集乡里濒临河工的在京官员疏陈己见。最后经朝廷会议，提出方案。康熙帝集思广益，几经反复，作出乾断。

但是，康熙帝也有错误。他片面地支持于成龙的意见，而将靳辅罢官。然而，康熙帝可贵之处在于，不是没有错误，而是有错即改。如康熙二十八年（1689年），康熙帝南巡，巡阅高家堰，见水势回缓很高兴。沿途闻江淮之民，都称颂原任河道总督靳辅，感念不忘。回京后，六部九卿会议，侍郎博济等疏称：靳辅束水攻沙，获得明显效果。康熙帝说："前革职属过，可照原品致仕官例，复其从前衔级。"（《康熙起居注册》康熙二十八年三月二十一日）于是，恢复靳辅官职，当年靳辅卒。康熙帝得到靳辅病死的奏报，临轩叹息；命其灵柩，先入都城，再运回家。这是前所未有的殊荣。靳辅死后，命于成龙为河道总督。

康熙三十三年（1674年），康熙帝召见于成龙，君臣有一段对话：

康熙帝曰：减水坝果然可以塞否？

于成龙曰：不宜塞，仍然按照靳辅的方案做。

康熙帝曰：如此，为何不早陈述呢？你排陷他人容易，身任河道总督则难，这不是明验耶？

于成龙回答：臣那时妄言，现在也按照靳辅的办法去做。

这是对靳辅治河最好的结论，也是康熙帝善于吸取教训的一例。

第三，慎待争议。康熙帝对有争论的问题，自己不轻易下结论，而是派人去调查，亲自召大臣谈话，令九卿等会议讨论，甚至进行御前辩论。他经常在御门听政时向启奏的大臣们询问各地水利工程情况，并利用六次南巡之机，多次视察河工。如对九卿会议提出"祈皇上亲临河上指授方略"的要求，加以断然拒绝。而九卿一再坚持，申明利弊，说皇帝不亲临指示，就不敢动工，工程也不能善成。

康熙帝最终同意亲自前往阅视。这场争论，从正月初十日开始，到十二月二十七日结束，整整进行了一年。九卿或面奏，或呈折，直陈己见，从而大大提高了中枢决策的准确程度，对于国务治理起到了良好的作用。

在治河的过程中，或康熙帝说服了九卿，自己的意见得以顺利推行；或康熙帝发觉自己意见并不完全正确，而采纳臣下意见改变决定。

以上三点，能为其一，可谓明君，能为其三，实属不易。

总之，康熙帝治河，亲自考察，重用能臣，反复商讨，慎重决策，使黄河治理大有改观，出现了四十年安澜的局面。

第十四讲 六下江南

康熙帝六下江南，行经运河、海河、黄河、淮河、长江、钱塘江六条大江河。那么他的主要目的是治理河道，还是游玩呢？他的目的应该是多元的，有治国，有治水，有考察，有巡视，有省耕，也有游览。但康熙帝的旨趣是："安当思危，治不忘乱。"康熙帝想在南巡中解三个结：一、解文化之结；二、解君臣之结；三、解君民之结。

康熙帝从康熙二十三年（1684年）31岁，到四十六年（1707年）54岁，六下江南，共520天。他是清朝12位皇帝中，第一位航经运河、海河、黄河、淮河、长江、钱塘江6条大江河的皇帝，开创了清帝南巡的先例。其中第六次南巡时间最长，118天，达四个月。康熙帝的南巡，做了些什么呢？概括来说，主要有四：一是视察河务与漕运，二是促进满汉文化交融，三是宣扬皇威与督察臣工，四是省耕问俗与游览山水。治河之事，前已讲过，不再重复。这一讲主要介绍康熙帝南巡要解的三个结：一、解文化结；二、解君臣结；三、解君民结。

一 解文化结

康熙帝在削平三藩、统一台湾之后，进行六下江南的重大、系列活动。大家知道，清朝太祖、太宗、世祖三帝，没有一人的足迹跨过黄河。康熙帝为什么要六下江南呢？我认为，康熙帝南巡，一个重要期待是：解满汉文化之结。康熙帝从三代先祖手中接到的一个沉重历史包袱是：满汉文化冲突，整整一百年间，没有完全化解。努尔哈赤的"屠杀汉儒"，皇太极的七掠中原，多尔衮的强令剃发，使得中原汉人更强调"夷夏之辨"，对立情绪更强。

为解开满汉对立的这个文化死结，康熙帝主要做了四件事：

第一，祭孔子。康熙帝从小读《论语》，至少念120遍，背诵120遍，可谓滚瓜烂熟，了然于心。孔子，在他心目中是至圣先师，是"万世师表"。康熙帝第一次到曲阜，一定要到孔庙祭奠孔子。

在康熙帝到达之时，曲阜孔子后代，衍圣公孔毓圻（qí）率领博士孔毓埏（yán）等诸孔氏官员及其男性族人年满16岁以上者，都在曲阜东郊跪迎。这说明孔氏已经接纳了康熙帝。而康熙帝到先师庙的藏书楼——奎文阁前降辇，屈帝王之尊，步入大成门，进入大成殿，在鼓乐齐作的隆重礼仪下，向孔子塑像和牌位行三跪九叩大礼。致祝辞曰："仰惟先师，德侔（móu）元化，圣集大成。开万世之文明，树百王之仪范。永言光烈，莫不钦崇。"康熙帝还御书"万世师表"四个大字，悬额殿中。并由孔子后裔、讲书官孔尚任（后作《桃花扇》）进讲被康熙帝视为"圣经"的《大学》首章。举人孔尚鉝（lì）进讲《易经·系辞》首章《清圣祖实录》卷一一七）。还参观了杏坛、孔林（孔子及其后裔墓），在孔林行三叩礼。

第二，祭岱庙。康熙帝到泰安，登泰山极顶，又东到秦观峰，及孔子"小天下"处，东南到日观峰，薄暮驻跸行宫《清圣祖实录》卷一一七）。大家知道，泰山是五岳之首。相传炎帝、黄帝、尧、舜、禹、周公都封泰山。秦始皇登泰山，中途遇暴风雨，在大树下避风雨。汉武帝也封禅泰山《史记》卷二八《封禅书》）。然而，满洲的"神山"为长白山，康熙帝能够亲诣岱庙，躬祀泰山之神，这表明他对汉族儒家传统文化，认同景仰，顶礼膜拜。

第三，祭明陵。康熙帝连续三次南巡，亲祭明太祖孝陵。当年努尔哈赤、皇太极很看不起明太祖朱元璋，说"尔朱太祖，昔曾为僧"云云。康熙帝却说："明太祖，一代开创令主，功德并隆。"《清圣祖实录》卷一一七）他亲谒明太祖孝陵。第三次南巡，书"治隆唐宋"四个大字匾额《清圣祖实录》卷一九三）。他见明故宫，昔者凤阙巍峨，今则颓垣断壁矣。慨然久之，且深思曰："万历以后，政事渐弛，宦寺朋党，交相构陷，门户日分，而士气浇薄，赋敛日繁，而民心涣散，闯贼以乌合之众，唾手燕京。"《清圣祖实录》卷一一七）

第四，祭禹陵。康熙帝第二次南巡，到了杭州。他说：禹陵离这里很近，念大禹功德隆盛，应万世永赖，当亲自拜祭。于是，康熙帝从杭州渡钱塘江，船停泊在绍兴会稽山麓。康熙帝下船，到大禹陵前，亲撰祭文，祭奠禹陵，率领大臣，行三跪九叩礼。又登窆（biǎn）石亭，观览形胜。

康熙帝的"四祭"——祭孔子、祭岱庙、祭明陵、祭禹陵，就是向天下宣告：接受汉族儒家文化。

在南巡中，康熙帝御书"正谊明道"匾额，令悬于大儒董仲舒祠堂；御书"理明太极"匾额，令悬于大儒周敦颐祠堂。这是对儒学大师董仲舒、周敦颐的尊崇。

又御书"忠荩永昭"匾额，令悬于宗泽祠堂；"忠节不磨"匾额，令悬于陆秀夫祠堂《清圣祖实录》卷二二〇）。领导岳飞抗金忧愤而死的宗泽（1060—1128），在厓山（今属广东新会）背负才8岁的南宋末帝赵昺（bǐng）投海而死的陆秀夫（1236—1279），康熙皇帝对这些汉族抗金、抗元的杰出人物赐赠匾额，进行表彰。曹寅也在扬州发起整修奉祀南宋抗金将领的旌忠庙。

康熙帝的"四匾"——给董仲舒、给周敦颐，特别是给宗泽、给陆秀夫，展现作为一代帝王的博大胸怀，表明康熙帝不仅是满洲令主，而且是天下共主。

康熙帝南巡途中，在行宫喜欢看演出。据《圣祖五幸江南全录》记载，他第五次南巡时，在扬州住六天：初一日，进宴演戏；初二日，两淮盐商进宴演戏；初三日，观看景致，进宴演戏；初四日，观看灯船，进宴演戏；初五日，晚朝之后，进宴演戏；初六日，晚朝之后，进宴演戏。每天晚上，都吃宴会，观看演戏。在苏州、杭州、松江、南京、镇江等，也是经常看戏。一次因下雨没能演戏，"命女乐清唱，至二更安歇"（陈捷先《康熙写真》）。

对于康熙帝在南巡途中看戏，过去多批评是帝王享乐奢侈，这是一面；另一面也应当看到：这是他接受汉文化濡染与熏陶的一种方式。

康熙帝还命人将江南名胜美景在北京畅春园、承德避暑山庄仿造，后对其孙乾隆帝影响很大。

康熙帝在学习汉文化的同时，并没有忘记骑射。他在南京、在杭州，都要到校场，并亲自骑射。在南京校场，康熙帝"右发五矢，五中；左发五矢，四中。士民观者，以数万计，皆踊跃蹈舞，欢呼动地"《清圣祖实录》卷一一七）。他能左右挽射，弓马娴熟。一次，他骑马奔射一个目标，突然坐骑横窜，便急中生智，原要右手弯弓，改为左手弯弓，一箭中的，众人惊异《清圣祖实录》卷一九二）。

《南巡图》是康熙帝南巡的图画记录。清朝承袭明制，设立宫廷画院。紫禁城内的如意馆，是清帝召唤画师作画之所。清顺治帝福临、康熙帝玄烨、雍正帝胤禛、乾隆帝弘历等，不但喜欢赏画，而且也能泼墨，帝王的爱好使得清代北京宫廷里的绘画盛况超过明代。清代宫廷绘画的一个特点是，绘图志功，规模宏大。康熙二十八年（1689年），康熙帝第二次南巡回京后，诏画《南巡图》，以作纪念。绘图由左副都御史宋骏业主持，宋以重金迎其师常熟人王翚（huī）至京合作，王翚带弟子杨晋同行。绘画之前，派遣副手至康熙帝南巡途经各处写生，把有关景物与形胜做了详细描绘。王翚"令众分绘而总其成"《清史稿》卷五〇四《王翚传》），草图画成，分为四片，计十二卷，经康熙帝御览后，才正式落稿，名为《康熙南巡图》。全图的绘制，历时三年，绢本设色，气势宏大，色彩雅丽，绘画人物两万余，再现了康熙帝南巡的盛况。

二 解君臣结

康熙帝南巡，第二个期待是：解君臣隔膜之结。

康熙朝满洲官员占主导地位，汉官常有不满情绪。康熙帝通过南巡活动，尽量缓解满汉官员之间的矛盾，对汉官采取如赐匾、赐字、赐宴、赐物、赐银、赐食、赐茶、赐见、赐官、赐第等许多怀柔、笼络措施。

康熙帝赐致仕（退休）在籍大学士张英御书"谦益堂"匾，赐大学士陈廷敬、户部尚书徐潮、礼部侍郎胡会恩、都察院左副都御史陈诜等御书。他们谢恩跪恳曰："蒙恩浩荡！"

将军马三奇、织造曹寅、中堂张玉书恭进御宴一百桌。又扬州府盐商进古董六十件，又进皇太子四十件，其他地方官员也进皇太子古董、物件不等。康熙帝同汉族官员进行沟通，密切了君臣感情。

康熙帝南巡至德州，接见梅文鼎（1633—1721）。康熙帝听说安徽宣城贡生梅文鼎的天文数学造诣很深，向大学士李光地索取他的《历学疑问》三卷。后带回宫中仔细阅读，亲笔圈点涂抹并贴签批注，认为该书用力深厚、议论公允。康熙帝第五次南巡，将梅文鼎召到御舟上，"从容垂问，至于移时，如是者三日"，赞其为"真仅见也"《清史稿》卷五〇六《梅文鼎传》）！但因梅年老，不便到京，特赐御书、匾额等《国朝先正事略》卷三三《梅定九》）。梅文鼎对历法的见解是："敬授人时，何论中西？"他认为：凡是合天者，从之而已，就是主张历法无国界。梅文鼎在数学方面的成就尤为突出，不仅能吸收西方数学的成就，还对《明史·历法志》正其误、补其缺《清史稿》卷五〇六《梅文鼎传》）。他平生勤奋，手抄杂书不下数万卷，年89而卒。

康熙帝南巡至江宁，发生了一个故事。江宁知府陈鹏年（1662—1723）是个清官，下令将暗娼老窝端掉，改为乡约讲堂，堂内张写《圣谕十六条》，堂中悬挂"天语叮咛"匾。有人告发他"不敬莫大焉"，就是对皇帝的大不敬。定罪"论斩"。正好康熙帝第五次南巡到江宁。江宁织造曹寅向康熙帝免冠叩头，为陈鹏年求情：阶石有声，至血被额。康熙帝最终将陈鹏年免死，到北京武英殿修书处效力。后来陈鹏年官苏州知府，镇江崖刻《瘗（yì）鹤铭》剥落江中，他命人打捞而出，今藏镇江"瘗鹤铭博物馆"，成为文坛佳话。又官河道总督。黄河决口，"自请前往堵筑，寝食俱废，风雨不辞，积劳成疾，殁于工所。闻其家有八旬老母，室如悬磬"。雍正帝说："此真'鞠躬尽瘁，死而后已'之臣！"《清史列传》卷一三《陈鹏年》）

康熙帝通过南巡，消除同汉官、特别是江南汉官的隔膜，增进了君臣感情。这里我讲一个康熙帝同宋荦（luò）的故事。宋荦的父亲宋权，河南商丘人，进士，任明朝顺天巡抚，刚上任三天，崇祯帝吊死。他投降清朝，仍任原官。后上书给摄政睿亲王多尔衮，提出三条建议：一是给崇祯帝发丧，二是免除明末加派粮饷，三是选贤任能，都被采纳。后升任大学士，病故《清史列传》卷七八《宋权》）。他的儿子宋荦（1634—1713），因父曾任内国史院大学士，14岁得荫三等侍卫。因经常出入宫掖，熟悉朝章典制。康熙朝历官知府、布政使、巡抚、尚书等，几与康熙一朝相始终。著作有《漫堂年谱》《西陂类稿》《筠廊偶笔》等。康熙帝与宋荦，君臣关系亲近。康熙帝第三次南巡，正值宋荦任江苏巡抚，君臣二人有"碧螺春"的故事。

故事说：太湖洞庭东山有一座碧螺峰，峰的石壁缝里，生长数株野茶。每年当地人提着竹筐来采茶，以供日用，数十年间，没见异常。康熙某年，按季节采茶，有一人因采茶较多，筐里装不下，便揣在怀里，茶得热气，发出异香，采茶人争呼："吓杀人香！""吓杀人"是吴中的方言，于是就把这种茶叫"吓杀人香"。从此以后，每到采茶时节，当地男女老幼，都要沐浴更衣，前来采茶。新茶不用筐装，而是放在怀里。有一人叫朱元正，独精制法，尤称妙品，每斤值银三两。康熙三十八年（1699年），康熙帝第三次南巡，车驾到苏州，巡抚宋荦特进献当地色香味俱佳的名茶。康熙帝品茶后，问茶名，答"吓杀人香"。康熙帝嫌这个茶名粗俗，以其春天产于碧螺峰，因赐名"碧螺春"。

康熙帝知道宋荦年老眼花，特赐眼镜一副给他。还赐别物给他。康熙帝看到宋荦年纪大了，牙口不好，应该吃点软的、有营养的食品，又以内府所制豆腐赐给宋荦，并派御厨到宋荦衙署厨房，向那里的厨师传授做法，作为宋荦后半辈子食用。康熙皇帝不仅将自己喜欢吃的豆腐送给宋荦，还"全程服务"，宋荦感激涕零，以此为殊荣，曾把这几件事写入自己的《漫堂年谱》里。

康熙帝第四次南巡，赐江苏巡抚宋荦御书"督抚箴"一副。第五次南巡，赐江苏巡抚宋荦御书对联、匾额，赐"福""寿"字，衣服一袭、帽子一顶、砚台一方，又赐诗"久任封疆事，苏台净点尘"。宋荦三次接驾南巡，年老致仕回乡，享年八十。

康熙帝与宋荦之间，不似君臣拘谨，而是交互往来，情谊日增。康熙帝六次南巡，广泛接触汉族官员，对增进君臣了解、消解君臣隔膜，起了不可估量的作用。

三 解君民结

康熙帝南巡，第三个期待是：解君民夷夏之结。

汉人、特别是江南汉人，对满洲文化有一种隔膜，当时人叫作"夷夏之辨"。多尔衮时期，"留发不留头，留头不留发"，"扬州十日""嘉定三屠""江阴抗清"，江南人民，刻骨铭心。康熙帝南巡一个期待是，笼络士绅，维系民心，化解历史积怨，消解不满情绪。

康熙帝到南京，经明故宫，往明孝陵，荆榛满目，一片苍凉，下令加以保护与修整。后曹寅奉旨与江苏巡抚宋荦监修明陵。

他每到一地，都减免田赋。如第三次南巡，他说，"朕巡幸江南遍察地方疾苦，深知民间生计艰难，将通省积欠钱粮尽行蠲免"（《清圣祖实录》卷一九三）。第五次南巡，入山东境，"山东绅衿（jīn）军民数十万，执香跪迎道左，合奏山东连年饥馑，蒙皇上截留漕运，分疆散赈，动内帑数百万两，遣官四五百员，分派各州县赈济，至地丁钱粮前后屡行蠲免，通省亿万民命始得复生，无不垂涕感激，御舟已过犹瞻仰不已焉"（《清圣祖实录》卷二一九）。第六次南巡，山东绅衿士庶，数十万众，跪迎圣驾，为蠲免通省旧欠钱粮，感戴欢呼，叩首谢恩（《清圣祖实录》卷二二八）。

他每到一地，都关心民瘼（mò）。如第四次南巡，一日，"昨夜大风，南村失火，朕遣大臣侍卫扑灭之，小民遭此，深为可悯，著传谕巡抚、布政使，察明被灾房数并议作何行赏之处"。后巡抚王国昌等察明，并议定每被火烧房屋一间，赏银三两（《清圣祖实录》卷二一一）。

不仅在南巡期间体察民情，康熙帝在生活中，更将仁爱见诸行动。康熙五十五年（1716年），因上年直隶所属地区涝灾，当年京师又遭大旱，他说："朕心深为忧虑，自明日为始，朕于宫中，每日止进膳一次。先人而忧，后人而乐。"（《清圣祖实录》卷二六八）

他每到一地，都舆情轰动：

——到山东，第五次南巡，"夹岸黄童白叟，欢呼载道，感恩叩谢者，日有数十万。扶老携幼，日计数万，随舟拥道，欢声洋溢，由中而发，非假饰也"（《清圣祖实录》卷二一九）。

——到宿迁，过白洋河，居人老幼数千，跪迎堤畔，其年老贫寒者，各赐白金(《清圣祖实录》卷一一七)。

——到南京,缙绅士民数十万,于两岸跪送,上停舟。

——到扬州,阖郡士民迎驾。民间张灯结彩,盈衢溢巷欢迎。一些人,不仅夹道跪迎,而且随船追趋(《清圣祖实录》卷一三九)。

——到苏州,阖郡士民迎驾(《清圣祖实录》卷一三九)。

——到杭州,驻防官兵,阖郡绅衿,普通士庶,跪迎圣驾。

以上,难免有官员组织民众夹道欢呼,以博得圣上喜欢;也难免有官方夸大舆情。但是,康熙帝六次南巡,毕竟在一定程度上起到了缓解君民心结的积极作用。

康熙帝六下江南,传说故事很多。一些野史、小说、影视编出康熙帝微服私访民间的故事。如:他曾偷偷地参加过京城的会试;他走访农村初尝乡野平民菜肴的美味;他为了办案,愿意戴枷坐牢并与黑道人士拼杀;他与青楼女子合力打击犯罪行为……情节生动,妙趣横生。然而,这些都不是真实的史事。

举一个例子。有说康熙帝乔装科考得中的事,发生在康熙三十三年(1694年)。这不可能,因为:

第一,清代考试制度严密,所有的考生都必须具有举人的资格,康熙帝从来没有经过这些考试,如何取得举人身份?

第二,参加会试举子要经多道检查、具保等严格手续,不可能蒙混。

第三,主考官们在朝廷上见过康熙帝,不可能在查核时认不出皇帝。

第四,康熙帝会试期间参加了很多活动,据《清圣祖实录》和《康熙起居注册》记载,康熙三十三年二月会试期间的活动:

初八日,康熙帝在乾清门听政,其后又与大学士伊桑阿、阿兰泰、王熙等人讨论折本,处理国事。

初九日,康熙帝先在保和殿视察社稷坛祝版,后来到乾清门听政,稍后又与大学士等讨论折本，处理公务。

初十日，康熙帝到皇太后宫问安。

十一日，章皇后忌辰，为尽哀思，没有办公。

十二日，出巡视察京城近郊，出午门、正阳门，驻跸南苑红门内旧宫。

十三日，驻跸凤河营，当地驻防武官防御萨哈连、守备乐仪凤等来朝见。

十四日，驻跸河西务，武关营游击聂达等来朝见。

十五日，驻跸杨村，营守备何铤等来朝见。

根据以上记载，可知康熙帝当时每日有事忙碌，朝廷办公有大臣多人在一起议事，出巡也有文武官员随行，他是无法偷偷地扮成举子去应考的。以上皇帝的起居日记资料每天由专人写记，并于篇末注明当日记注官的人名，是极为可靠的第一手史料，所以康熙帝参加会试之说是不可信的。

第五，康熙帝一直不赞成人君微服出游。他在晚年，还对都察院的左都御史徐元梦说过："微行之事，断乎不可。不但为人君者，即总督、巡抚亦不可。如朕在外微行，何人不识？此特古来开创帝王恐人作弊，昌言于外耳。书生信以为真，载于史册矣。"康熙帝想做传统儒家的圣贤君主，不可能冒大不韪而被后世人讥评成明武宗正德皇帝那样的君主（参见陈捷先《康熙写真》）。

总之，所谓康熙帝参加会试、微服私访，是没有祖制、没有理念、没有机会、没有时间、没有必要、没有可能，更没有历史依据的，因此，历史上没有这回事。

康熙帝六次南巡，前后跨度24年，巡期总共520天，完成化解文化、君臣、君民三结的期待，达到预期目标，取得良好效果。但其铺张浪费，亦不可忽视。

康熙皇帝每次南巡，不是轻车简从的几十人而已，往往是数千或上万人，兴师动众，地方上接待费用极多，的确"苦累官民"。所谓"三叉河干筑帝家，金银滥用比泥沙"；"行宫宝塔上灯如龙，五色彩子铺陈，古董诗画无计其数，月夜如昼"。如《红楼梦》中赵嬷嬷所言："把银子花的像淌海水似的"，"别讲银子成了土泥，凭是世上所有的，没有不堆山塞海的"。

附录一：康熙帝六次南巡的基本情况

（1）第一次南巡，康熙二十三年（1684年）九月辛卯二十八日启行，到十一月庚寅二十九日回京，共60天。途经河间、济南、泰安、曲阜、桃源、高邮、扬州、镇江、苏州、江宁（南京）等，登泰山，祭孔庙，亲祭明孝陵等。

（2）第二次南巡，康熙二十八年（1689年）正月丙子初八日启行，到三月丙戌十九日还京，共71天。途经济南、泰山、苏州、杭州、绍兴、江宁等，祭大禹陵，二次亲祭明孝陵等。到高家堰，巡视中河、下河。

（3）第三次南巡，康熙三十八年（1699年）二月癸卯初三日启行，到五月乙酉十七日回京，共103天。途经河西务、天津、济南、高邮、宝应、扬州、镇江、无锡、杭州、苏州、江宁等。皇太后随同。

（4）第四次南巡，康熙四十二年（1703年）正月壬戌十六日启行，到三月庚申十五日回京，共59天。途经良乡、德州、济南、泰安（登泰山）、宿迁、淮安、扬州、苏州、杭州、江宁、济宁、天津等。

（5）第五次南巡，康熙四十四年（1705年）二月癸酉初九日启行，到闰四月辛酉二十八日回京，共109天。途经张家湾、天津、济南、淮安、扬州、苏州、松江、杭州、江宁等。阅视黄河中河南口改建工程，康熙帝说："两河告成，特来巡阅。"率皇子向明孝陵行礼。阅高家堰。

（6）第六次南巡，康熙四十六年（1707年）正月丙子二十二日启行，到五月癸酉二十二日回京，共118天。途经东安、静海、沧州、德州、济宁、济南、清口、江宁、苏州、杭州等。进一步巡视治黄工程。

附录二：关于"碧螺春"的记载

洞庭东山碧螺峰石壁，产野茶数株。每岁土人持竹筐采归，以供日用，历数十年如是，未见其异也。康熙某年，按候以采，而其叶较多，筐不胜贮，因置怀间，茶得热气，异香忽发，采茶者争呼"吓杀人香"。"吓杀人"者，吴中方言也，因遂以名是茶云。自是以后，每值采茶，土人男女长幼，务必沐浴更衣，尽室而往，贮不用筐，悉置怀间。而土人朱元正，独精制法，出自其家，尤称妙品，每斤价值三两。己卯岁（康熙三十八年），车驾幸太湖，宋公购此茶以进，上以其名不雅，题之曰"碧螺春"。自是地方大吏岁必采办，而售者往往以伪乱真。（王应奎《柳南随笔·续笔》卷二）

第十五讲 御史弹相

君临天下，首在驭相。康熙帝在位61年，共有48相。其中名相，一为索额图，另一为明珠。康熙帝怎样平衡君与相、相与相之间的关系？

康熙朝的朝廷上发生了一次政治地震，这就是左佥（qiān）都御史郭琇（xiù）弹劾当朝大学士、权相明珠。郭琇为什么要弹劾明珠，康熙帝对此是怎样的态度，郭琇弹劾明珠的后果如何？

康熙朝的朝廷上发生了一次政治地震，这就是左佥都御史郭琇弹劾当朝大学士、权相明珠。郭琇为什么要弹劾明珠，康熙帝对此是怎样的态度，郭琇弹劾明珠的后果如何？我先从康熙朝大学士索额图与明珠的两相争雄讲起。

一　两相争雄

康熙朝最著名的两位大学士（正一品），一位是索额图，另一位是明珠。

索额图（？—约1703），赫舍里氏，满洲正黄旗人，出身于满洲贵胄家庭，是皇太子党的核心人物。索额图之父索尼身历天命、天聪、崇德、顺治、康熙五朝，是康熙帝初政时首辅大臣。他的长兄噶布喇为领侍卫内大臣、康熙帝的岳父。他又是康熙帝皇后（孝诚仁皇后）的叔叔。他的外孙就是皇太子胤礽（réng）。他的弟弟法保袭一等公（超品）、为内大臣（一品），另一弟弟心裕为一等伯（超品）、銮舆使（正二品）。而皇太子的老师汤斌、南书房师傅李光地等，都巴结索额图。索额图作为索尼的第三子，由三等侍卫（正五品）升为一等侍卫（正三品）。

索额图发迹的机缘，是帮助康熙帝智擒鳌拜。在太皇太后支持下，少年康熙帝以弈棋为名，召索额图到御前，秘商对付权相鳌拜的办法。二人秘密定下用"布库"摔跤、角力的大计谋，以擒捕鳌拜。前面讲过，智擒鳌拜，事情顺利，圆满成功。后来，康熙帝肯定索额图擒捕鳌拜的功绩，说："卿首膺机密之重，素著辅弼之猷。"（《康熙御制文集》初集卷六）从此，索额图官运亨通，青云直上。康熙八年（1669年），由头等侍卫直升为内国史院大学士。第二年，改内三院为内阁，索额图为保和殿大学士。尔后，索额图与康熙帝的矛盾，开始出现。

第一，撤藩的争论。在撤藩与平叛的问题上，索额图持反对意见，而明珠主张撤藩平叛。索额图与明珠的政见，针锋相对，如同水火。如在吴三桂公然叛乱，局势最为艰难的时刻，索额图提出因撤藩激变，应首诛建议撤藩之人，矛头直指兵部尚书明珠。索额图想借康熙帝之刀，来诛杀政敌明珠！康熙帝严正声明，撤藩平叛出于己意，驳回了索额图所奏。

第二，党争的激化。索额图是皇太子的外叔祖父（外舅老爷），自然属于皇太子党。其中包括他的弟弟心裕、法保，皇太子的老师汤斌、南书房师傅李光地等人。明珠则另结成明珠党。康熙十八年（1679年），北京发生大地震。左都御史魏象枢借地震来打击索额图，上疏道：索额图怙权贪纵，请皇上严加谴责，以回"天意"。康熙帝召集大臣训谕："国法具在，决不尔贷。"《清史稿》卷二六九《索额图传》直接警告索额图。后康熙帝又警告索额图"且索额图巨富，通国莫及"云云。

第三，平衡的支点。索额图集团势力过大，威胁皇权。康熙十九年（1680年），以索额图有病为由，解除其内阁大学士职务（从康熙八年到十九年共12年）。后命为议政大臣（正一品），于是，索额图仅有议政权，而无行政权。

第四，太子的立废。索额图卷入皇太子立废的皇权核心冲突中。康熙帝斥道："索额图诚本朝第一罪人也！"《清史列传》卷八《索额图》索额图为此而付出了惨重代价，后于康熙四十二年（1703年）五月被拘禁宗人府，不久，索额图于禁所被处死。

明珠，是康熙帝为着平衡朝廷权力集团的关系，而起用的一颗棋子。

明珠（1635—1708），字端范，那拉氏，满洲正黄旗人，比康熙帝年长19岁。明珠没有索额图的家世资本，他出身叶赫部，曾祖父扬佳努、祖父金台石都是叶赫贝勒。叶赫部灭亡，明珠的父亲尼雅哈投降努尔哈赤，后来立功，做了佐领，随军入关。明珠随父入关后，初任侍卫，迁内务府郎中。明珠在内务府任职，精明强干，敬业勤恳，研读经史，胸有城府，康熙三年（1664年）升为内务府总管（二品）。康熙七年（1668年）晋刑部尚书。康熙十年（1671年），康熙帝擒鳌拜、掌朝纲后，明珠充任给皇帝讲解经典的经筵讲官，和康熙帝有较多的接触。同年，又转兵部尚书。这年，康熙帝在南苑大阅，就是举行盛大阅兵及军事演习，部伍整肃，秩序井然。康熙帝很高兴，命以此为例。不久，在撤藩平叛过程中，明珠力主撤藩、坚决平叛，受到康熙帝的信任。他担任兵部尚书，每天处理紧急军务，深得康熙帝的器重。康熙十四年（1675年）转吏部尚书。康熙十六年（1677年），正当平叛高潮时，明珠为武英殿大学士（从康熙十六年到二十七年共 12 年），入阁办事。明珠与索额图，同朝柄政，共有 4 年。

明珠在满洲上三旗贵族中，特别在正黄旗贵族中，为人聪睿，勤奋读书，文化涵养，可谓翘楚，曾充当《清世祖实录》纂修副总裁。当时重要典籍如《清太祖实录》《清太宗实录》《平定三逆方略》《大清会典》《大清一统志》《明史》等，明珠都担任总裁官。后他们一伙拥戴皇八子胤禩，威胁皇权。

明珠广泛结交汉族儒生、名士。他的儿子纳兰性德，被称赞为"满洲第一词人"。他的另一子揆叙官左都御史、翰林院掌院学士、日讲起居注官、理藩院尚书，结交遏必隆之子及佟国纲长子、领侍卫内大臣鄂伦岱等皇亲国戚，权势显赫。南书房的徐乾学、高士奇、王鸿绪等都是明珠集团的人。而徐乾学兄弟三人又是"一状元、二探花"，师生僚友，布满朝廷。高士奇任礼部侍郎，颇受康熙帝的信赖。王鸿绪官左都御史，其兄王顼龄为日讲起居注官、礼部侍郎，顼龄之弟九龄官至左都御史。

明珠从区区宫廷侍卫，而升为刑部尚书、兵部尚书、吏部尚书、内阁大学士，说明他才智非凡，但随着职位的升高，他卷入了当时的政治旋涡之中，终因树大招风，而被劾罢职。

二　郭琇弹相

明珠势力膨胀，皇权受到影响。恰在这时，御史郭琇挺身而出，弹劾权相明珠。

郭琇（1638—1715），字瑞甫，号华野，山东即墨人，出身于诗文之家。他 9 岁丧父，10 岁丧继母，幼年坎坷，曾在即墨城东四十里深山仙姑庵苦读。庵在山中，高崖绝壑，榛莽满布，樵牧之迹，也为罕见。他居住茅舍三间，没有围墙。每当风雨之夜，狐啸狼嚎，悲凉吓人。郭琇却夜以继日，学习不辍，"宿火中宵，且泣且读"。康熙八年（1669 年）考中举人。第二年，中进士，年 33。考中进士后，未分配工作，乡居八年，读书待仕。康熙十七年（1678 年），为江南吴江县（今江苏省苏州市吴江区）知县。郭琇"居心恬淡，莅事精锐"，励精图治，关切民生，九年县令，两袖清风。后来康熙帝南巡时说："郭琇前为吴江县令，居官甚善，百姓至今感颂。"（《清史列传》卷一〇《郭琇》）康熙二十三年（1684年）六月，皇太子师傅汤斌任江苏巡抚，很欣赏县令郭琇。康熙二十五年（1686年），汤斌推荐，经过考试，部议驳覆，康熙帝特批，郭琇任江南道监察御史，后升左佥都御史。从此，郭琇开始了一生中最为辉煌、最为人们称道的监察官员生涯。

郭琇弹劾明珠，恐奏章被拦截，反遭杀身之祸。有资料记载：一日，明珠寿诞，宾客满堂。依惯例，御史不给当朝官长贺寿。这天，郭琇来到明珠相府。明珠格外高兴，将郭琇迎到大堂。郭琇当众从袖中取出弹章，示意要弹劾当朝大员，说完转身而去。随后立即奏上弹章。满朝哗然，不便阻拦。

康熙二十七年（1688年）二月，郭琇上《纠大臣疏》——大臣背公结党、纳贿营私、仰请乾断、立赐严谴、以清政本一疏，弹劾大学士、权相明珠等，举朝震惊。这是郭琇御史生涯中当时轰动、后人称颂的大过人之处。郭琇弹劾明珠，疏文八条（详见附录），要点如下：

第一，把持阁务。明珠指挥大学士余国柱秉承其意向，草拟圣旨。即有错误，同官不敢驳正。满洲则佛伦、葛思泰及其族侄傅腊塔、席柱等，汉人则余国柱等，结为死党，寄以腹心。凡会议、会推，他们把持，戴德私门。

第二，市恩立威。明珠凡是奉到谕旨，或称某人贤，就向彼说："由我力荐。"或称某人不善，则向彼说："上意不喜，吾当从容挽救。"市恩立威，挟取贿赂。

第三，卖官鬻（yù）爵。凡督、抚、藩、臬（niè）、学道缺出，按缺论价，辗转卖官，任意派缺，无端索取，欲满而止。贿赂公行，士风大坏。

第四，控制言路。每日退朝后，出中左门，明珠同拱立以待的部院大臣及心腹密语多时，泄露机密。明珠还与余国柱等交结，糜费河银，大半分肥。

第五，内心阴毒。明珠见人柔颜甘语，百般款曲，而阴行鸷（zhì）害，意毒谋险。对上奏本章，必须先行请问；对参劾自己的人，借事排陷，闻者骇惧。

郭琇奏章上去之后，直声振天下，人称"铁面御史"。不久，郭琇升为都察院左都御史。

康熙帝得到郭琇弹劾明珠奏疏后，可以采取的办法：一是，当众公布；二是，大开杀戒；三是，置若罔闻。但康熙帝没有这么做，他举重若轻，半年之间，做了处置：

第一，解除大学士。当时有大学士七人，解职四人——明珠（满洲正黄旗）革职，勒德洪（觉罗、满洲正红旗）革职，余国柱（户部尚书迁）革职，李之芳（吏部尚书迁）退休回乡。

第二，处置诸尚书。革职或解职四位尚书、一位都御史——户部尚书佛伦（满洲正白旗）解任，吏部尚书科尔坤解任，刑部尚书徐乾学调职，工部尚书熊一潇革职，左都御史徐元文调职。

第三，其他的大员。有民谣："五方宝物归东海（徐乾学），万国金珠贡澹人（高士奇）。"徐乾学已解任，其弟徐元文为状元、徐秉义为探花；徐乾学与南书房师傅、礼部侍郎高士奇为子女姻亲；高士奇与王顼龄结亲，王顼龄与左都御史王鸿绪为兄弟，王顼龄之弟王九龄为日讲起居注官、礼部侍郎；还牵扯地方大员，如湖广巡抚张汧（qiān）等。

这是一个盘根错节、休戚与共的朝廷官僚集团。这个集团不仅影响皇权，而且事关皇位继承。所以，康熙帝决定削弱明珠集团，以加强皇权。

三　怨怨相报

明珠不是一个人，而是一个集团；被郭琇打击的，不是明珠一个人，而是明珠集团。因此，明珠集团必然反扑，也必然报复。他们为打击报复郭琇，先后制造了"三案"——"私书案""冒名案"和"钱粮案"。

第一案：私书案。康熙二十八年（1689年）九月，山西道御史张星法疏参山东巡抚钱珏贪黩劣迹，命钱珏明白回奏。钱珏大怒，反咬一口，说郭琇曾写信给自己，嘱荐关照山东知县高上达等人；并揭发郭琇的私人信件，称郭琇致书嘱托推荐未遂，便衔恨唆使张星法诬劾自己。康熙帝命左都御史马齐审理此案。马齐严刑逼供，再三用夹棍审讯张星法，迫其供认"堂官郭某（郭琇）"指使。十月，郭琇上疏抗辩，并指出这样做，或为若辈主使，或为钱珏（jué）主使，目的是肆行罗织罪名，欲致臣于死地。

不久，刑部等衙门定拟题复：都察院左都御史郭琇，为教官刘奉家等曾寄书嘱托山东巡抚钱珏，缘此不便自行纠弹，故嘱御史张星法将钱珏题参，有玷大臣之职，应照例革职，杖一百，准其折赎。张星法既听郭琇之言，将钱珏纠参，且多方巧辩，亦照例革职，杖一百，准折赎。知县高上达等，央求郭琇等寄书钱珏，俱应革职。

康熙帝曰：郭琇本当依议处分，念其耿直敢言，屡经超擢，从宽免革职治罪，降五级调用。后郭琇被休致回乡。张星法从宽免革职治罪，著降二级留任。凡官员理应各尽职业，不得扶同结党，钱珏既接私书，彼时不行具题，今被纠参，始行举出，殊属不合，可以原品解任《康熙起居注册》康熙二十八年十月初十日）。

私书嘱托有玷官箴，是郭琇获咎之源。嘱人纠劾事宜，虽自陈心迹，矢口否认，但部议仍作为罪状之一，尚难辨析。以郭琇的性格、名声、地位，参一巡抚并非难事，毋需假手于人。但私书嘱托，有隙可乘，确在情理之中。此案之定谳，不能排除明珠党羽暗中左右之可能。因此，"私书案"成为郭琇仕途中的重大转折点。这里可以看出，作为言官，疏参别人，必严律己。

第二案：冒名案。郭琇既被降调，在京等待工作。时前明珠案内被参革职的户部尚书佛伦，已改任山东巡抚。他对郭琇仍怀恨在心，寻找机会报复。康熙二十九年（1690年）五月，佛伦诬劾称：郭琇的父亲郭景昌，原名尔标，曾经在明末清初倡乱伏法，郭琇私改父名，冒请诰封。这是一个有欺君之罪的大罪名。疏入，礼部不待核实，就将诰命追夺。康熙帝接到佛伦揭发郭琇的奏章后，命大学士伊桑阿于无人之处，询问郭琇实情。郭琇回答伊桑阿：是诬告。回答时边流涕、边述说：臣祖父耀横，被尔标之乱挟仇谋害，指仇为亲，实属罗织。康熙帝虽知道了实情，但诰封没有发还。

十年后，郭琇以湖广总督入京陛见，就冒名案，特上《辨白冤诬疏》云：

> 臣本生父郭景昌，系即墨县学庠生。郭尔标乃只身光棍，横赌街坊，为宗族之所不齿，并无妻室，何有子嗣？因而投充宗昌家仆，是阖邑之所共知者。当尔标甲申（顺治元年）作乱之时……后尔标被柯永盛拿获正法。臣父与臣顺治三年始得回籍。时臣已九岁，臣伯父郭尔印乏子，过继臣承嗣。本生父于是年九月内病故，过继父于康熙十五年正月内病故，有丁艰呈词可查。是事迹之彰明较著者也。况臣生父与尔标，固系远族；即臣过继父与彼亦系远堂，各有宗谱支派，又何能掩人耳目？（《郭华野先生疏稿》卷三）

郭琇内称：

> 伏祈皇上敕问佛伦，当日诬臣事件，或系访闻，或系告发，必有其人，请提来臣与质对。事若有据，臣有欺君之罪；事若无稽，而罪在佛伦矣！

疏入，康熙帝询问大学士佛伦，佛伦以举报舛（chuǎn）误对，也就是把责任推到当年下面上报的情况有误上。康熙帝决定重新颁发诰命。身为大学士的佛伦，张冠李戴，无中生有，加罪郭琇，以泄私忿。

郭琇被诬，十年申冤。《郎潜纪闻》评论道："设使人寿不及待，则其含负奇屈于地下者，当复何如！吁，直道难行，仕途荆棘。"（陈康祺《郎潜纪闻二笔》卷三）

第三案：钱粮案。康熙二十九年（1690 年）中，江宁巡抚洪之杰以吴江县亏空漕项，事涉前任知县郭琇，行文山东巡抚佛伦解送对质。佛伦派员押送郭琇起赴江宁，在上元县看守，后进行讯问。事情的经过是：郭琇任吴江知县时，县丞赵炯经收康熙二十二、二十三等年漕米2300石，虽具印结存，但暗中亏空。郭琇当时毫无觉察，在离任时具结移交署印官张绮梅。后因大计（每三年一次对地方官员的考核），赵炯降调，事遂暴露。郭琇闻之，即遣家人董起凤等于康熙二十七年（1688年）代买还仓。此案本易了结，但因江苏按察使高承爵系高士奇同宗、明珠侄婿，而借之报复。

高承爵严刑夹讯张绮梅等人，逼迫他诬指郭琇亏空漕粮，然终未得逞。据称，审讯时，高承爵在堂上，而明珠、高士奇私人"皆伏屏后窃听，画手蹑足，群目眈眈，争欲刑讯，以快夙愤"。江宁士民为郭琇蒙冤愤愤不平，"皆眦（zì）裂发指，袖瓦砾伺击"。当高承爵刑讯张绮梅一无所获，气急败坏，声称"上脑箍"时，郭琇愤怒地对张绮梅道："若辈不过欲死我耳！何不诬承而自苦若是！"高承爵怒问郭琇："尔不畏死耶？"郭琇笑曰："我畏死不至此，畏死者方坐堂上。"（《华野郭公年谱》）时因康熙帝降旨，大臣不许擅刑，高承爵等不敢恣肆，便删改群供，拟遣戍陕西。当郭琇遣戍陕西之讯传到即墨时，其妻屈氏泣血草疏，即"率一仆妇，策蹇走京师"，就是骑着毛驴上北京申冤。疏将上，康熙帝特恩旨宽免，释郭琇回乡（郭廷翼《屈氏行述》，雍正刻本）。

此案，郭琇固有失察之咎，但事后补齐，例有所据。明珠、高士奇、高承爵等对郭琇恨之入骨，故纵赵炯逍遥法外，而对张绮梅施以酷刑，企图加罪郭琇。

以上三案中，"冒名案"纯属诬陷，"私书案"和"钱粮案"属于小题大做，借题发挥。三案迭起，实由明珠等高官贵族兴风作浪所致，必欲置郭琇于死地，以报"疏劾"之仇。面对接二连三的打击报复，郭琇坚贞不屈，顽强抗争。其《剖明心迹虽死犹生疏》云：

窃臣生性憨直，疾恶如仇。去岁一疏两疏，今岁又一疏，不避嫌怨，不畏报复，无非去当道之豺狼，而为社稷生民计也。乃若辈之怨臣、恨臣，愿得臣而甘心焉，盖已久矣，特无隙可乘耳……惟得见皇上，剖明心事，使天下后世知臣之死，由于奸邪罗织、阴谋煅炼，则臣虽死犹生矣。（《郭华野先生疏稿》卷一）

郭琇面对邪恶，不屈不挠，高风亮节，矢志如一，视死如归，确是一位堂堂正正、鼎鼎赫赫的监察名臣。

康熙帝在对待郭琇疏劾明珠集团案件中，有三点做法，很值得思考。

第一，"留中不下"。康熙帝对郭琇弹劾明珠的奏章，没有公开下发。清国史馆修《明珠传》时，找不到郭琇弹章的原件。后乾隆帝命将郭琇参劾明珠原疏，写入《明珠传》中。康熙帝为什么这样做？主要是为避免事情扩大化。

第二，保护郭琇。明珠党人，一而再，再而三，甚至不惜造谣陷害，以报复郭琇。康熙帝很有意思，如对"冒名案"，命大学士伊桑阿于无人处问郭琇，琇"以诬告对"。康熙帝心里有了底数，处理起来，从容主动。如"私书案"，原拟革职、杖一百、准其折赎，康熙帝定降五级调用；"冒名案"，追夺诰命（后发还）；"钱粮案"原拟遣戍陕西，恩旨宽免。后命郭琇任湖广总督。

第三，"执两用中"。郭琇与明珠，在弹劾与被弹劾的天平上，是对立的两极。康熙帝既利用郭琇牵制明珠，制约明珠集团；又利用明珠牵制郭琇，限制郭琇势力。后来，明珠任内大臣二十余年，用其才能而杀其威势；郭琇先在家闲居，后任湖广总督，既保护其人，又不忘其功。所以，乾隆帝说："我皇祖圣明英断，刑赏持平，实为执两用中之极则。"（《清史列传》卷八《明珠》）

综上，明君需要耿直之臣，郭琇应运而出；忠臣需要英明之君，康熙帝俯纳劾疏。康熙帝、明珠、郭琇，君主、廷臣、言官，结成错综复杂的三角关系。康熙帝之于明珠，既委以朝廷重任，又借言官加以抑制；康熙帝之于郭琇，既纳其参劾之疏，又加以笼络保护。为君难，为臣难，为言官尤难。幸遇康熙帝这样的英明之君，郭琇尚不能善始善终，可见谏官难当，忠言难吐，劾章难上，直路难行。

附录：郭琇劾大学士明珠的《特纠大臣疏》

一、凡阁中票拟，俱由明珠指麾，轻重任意。余国柱承其风指，即有舛错，同官莫敢驳正。皇上圣明，时有诘责，乃漫无省改。即如陈紫芝参劾张汧疏内，并请议处保举之员，皇上面谕九卿，应一体严处，乃票拟竟不之及，则保举张汧原属指麾，即此可见矣。

二、明珠凡奉谕旨，或称其贤，则向彼云：由我力荐；或称其不善，则向彼云：上意不喜，吾当从容挽救。且任意增添，以市恩立威。因而要结群心，挟取货贿。至于每日启奏毕，出中左门，满汉部院诸臣及其腹心，拱立以待，皆密语移时，上意无不宣露。部院衙门稍有关系之事，必请命而行。

三、明珠连结党羽，满洲则佛伦、葛思泰及其族侄傅腊塔、席柱等，汉人之总揽者则余国柱，结为死党，寄以腹心。向时，凡会议会推，皆佛伦、葛思泰等把持，而国柱更为之囊橐，惟命是听，但知戴德私门。

四、凡督、抚、藩、臬缺出，余国柱等无不展转贩鬻，必索及满欲而后止。是以，督、抚等官愈事剥削，小民重困。今天下遭遇圣主，爱民如子，而民间犹有未给足者，皆债官搜索以奉私门之所致也。

五、康熙二十三年学道报满之后，应升学道之人率往论价。九卿选择时，公然承风，任意派缺，缺皆预定。由是，学道皆多端取贿，士风文教，因之大坏。

六、靳辅与明珠、余国柱交相固结，每年糜费河银，大半分肥。所题用河官，多出指授，是以极力庇护。皇上试察，靳辅受任以来，请过钱粮几何，通盘一算，则其弊可知矣。当下河初议开时，彼以为必委任靳辅，欣然欲行，九卿亦无异辞。及皇上欲另委人，则以于成龙方沐圣眷，举出必当上旨，而成龙官止臬司，可以统摄，于是议题奏仍属靳辅。此时未有阻挠意也。及靳辅张大其事，与成龙议不合。

于是，始一力阻挠。皆由倚托大臣，故敢于如此。天鉴甚明，当洞悉斯辅累累抗拒明诏，非无恃而然也。

七、科道官有内升、出差者，明珠、余国柱率皆居功要索。至于考选科道，即与之订约：凡有本章，必须先行请问。由是，言官多受其牵制。

八、明珠自知罪戾，见人辄用柔颜甘语，百般款曲，而阴行鸷害，意毒谋险。最忌者言官，恐发其奸状。当佛伦为总宪时，见御史李时谦累奏称旨，御史吴震方颇有参劾，即令借事排陷，闻者骇惧。（《郭华野先生疏稿》卷一，雍正刻本）

第十六讲 康熙字典

康熙帝既爱书、读书、藏书，又著书、编书、印书。康熙帝一生与书结下不解之缘，真是一位视书为第二生命的皇帝。他主持纂修了《康熙字典》《古今图书集成》《律历渊源》《全唐诗》《清文鉴》《广群芳谱》《子史精华》《皇舆全览图》等，总计六十余种，二万余卷。康熙时代是一个文化发展的时代。他一生著的书和编的书，成为中华文化宝库中的重要精神财富。

康熙帝既爱书、读书、藏书,又著书、编书、印书。康熙帝一生与书结下不解之缘,真是一位视书为第二生命的皇帝。他主持纂修了《康熙字典》《古今图书集成》《律历渊源》《全唐诗》《清文鉴》《广群芳谱》《子史精华》《皇舆全览图》等,总计六十余种,二万余卷。康熙时代是一个文化发展的时代。他一生著的书和编的书,成为中华文化宝库中的重要精神财富。今天要介绍的是康熙帝主持的三项文化工程,简括为"三编":第一,编修《康熙字典》;第二,编辑《全唐诗》;第三,编纂《古今图书集成》。

一 编修字典

大家知道,读书离不开字典。康熙帝喜欢读书、作文、赋诗,更是离不开字典。康熙帝懂满文、蒙文、汉文,他编的字典,既有满文字典,也有满蒙文字典,更有汉文字典。清朝重视字典的编修,据统计,仅满蒙文字典就有166种,其中有一体(满语)、二体(满蒙语合璧)、三体(满蒙汉语合璧)、四体(满蒙汉藏语合璧)、五体(满蒙汉藏维语合璧)等。《大清全书》是清朝第一部满文词典,康熙二十二年(1683年)刊印。《清文鉴》也是满文字典。早在康熙十二年(1673年),康熙帝就决定纂修满文字典——《清文鉴》。他将这一任务交给翰林院学士、日讲起居注官傅达礼,谕示:"宜详慎为之,务致永远可传。"(《康熙起居注册》康熙十二年四月十二日)不要急于求成,而要注重质量。参照汉文字汇,分类排纂编修,每日缮稿进呈,亲自逐一审订。到康熙四十七年(1708年)六月,历时35年,全书告成,共二十一卷。赐王以下、内外文武大臣各一部。两年后,又修《满洲蒙古合璧清文鉴》,就是"满蒙文辞典"。这样做的好处,康熙帝说:"一边写满洲字,一边写蒙古字,其引经处,俱行裁去。"(《康熙政要》卷一七)康熙朝的满文词典开始按字母音序排列,而不是按字词义序排列。这是中国词典学的一项创新(春花《清代满蒙文词典研究》)。

《康熙字典》是汉文字典。字典是一个时代文化的重要标志。以前的字典，汉朝《说文解字》、梁朝《玉篇》、唐朝《广韵》、宋朝《集韵》、金朝《五音集韵》、元朝《韵会》、明朝《字汇》和《正字通》等，虽各具特色，却各有不足。因此，需要编纂一部博采众家之长、反映时代特点的新字典。

康熙四十九年（1710年）三月，康熙帝向南书房侍直大学士陈廷敬等提出要编修汉文字书——参考诸家所长，究心进行考证，"今欲谋略得中，归于至当增《字汇》之阙遗，删《正字通》之繁冗，勒为成书，垂示永久"（《清圣祖实录》卷二四一）。

陈廷敬（1638—1712），今山西省晋城市阳城县北留镇皇城村人。顺治十五年（1658年）进士，改庶吉士。初名敬，因同科有同姓名者，奏改名廷敬，号午亭，学问渊博，文采优长。任日讲起居注官、侍读学士、内阁学士、经筵讲官、翰林院掌院学士。康熙帝谕陈廷敬等曰："尔等每日进讲，启迪朕心，甚有裨益，嗣后天气渐寒，特赐尔等貂皮各五十张、表里缎各二匹。"南书房成立的第二年（1678年）七月，陈廷敬同侍读学士叶方蔼入值。康熙二十四年（1685年）正月，疏言："贪廉者治理之大关，奢俭者贪廉之根柢。欲教以廉，先使之俭。"（《清史列传》卷九《陈廷敬》）康熙帝采纳，训诫官员要敦本务实，崇尚节俭。陈廷敬先后任左都御史、工部尚书、户部尚书、吏部尚书、文渊阁大学士，居官55年，康熙帝对他的评价是：夙侍讲幄，简任纶扉，恪慎清勤，始终一节。他的《石榴诗》有句："风霜历后含苞实，只有丹心老不迷。"得到康熙帝的称赞。陈廷敬为《康熙字典》的编纂花费心血，《清史列传》《清史稿》本传中却未提及此事。陈廷敬的乡里阳城县皇城村，近年建立"中华字典博物馆"，尚属首创。陈廷敬还和张玉书主持修订了大型文学工具书《佩文韵府》等，该书以字韵为纲目，共444卷。

康熙帝修书，认真负责，实心任事，其"钦定""御制""敕撰"是名实相符的。纂修《康熙字典》时，他指出：不能"据一家之见，守一家之说"，而应博采众说，态度持平，折中而取，务求精当。于是，设立编书馆，任命张玉书、陈廷敬为总阅官。第二年张玉书去世，陈廷敬负责字典的总纂。召选出27人为纂修官，陈世倌为纂修兼校刊官，组成编辑部，按组分排，各负其责，广采博取，细致考证。陈廷敬在纂修过程中，费尽心血，早夜兢兢，悉心推敲（陈廷敬《午亭文编》）。历时六年，至康熙五十五年（1716年）告竣，初名《字典》，后御定名《康熙字典》，成为一部传世之作。

《康熙字典》达到中国历代字书发展的高峰。编修过程中，不仅参阅诸家字书所长，而且参酌满文、蒙古文、西洋文字"多从字母而来"的特点。《康熙字典》是集历代字书大成之作，其突出特征是：

第一，实际收字最多。达47 035字（古文字1 995个未计），直到1915年《中华大字典》出版，才在字数上超过了它（汉许慎《说文解字》收9 353字，南朝梁顾野王《玉篇》原本收16 900余字、今本为22 700余字，宋司马光《类篇》收31 300余字，明梅膺祚《字汇》收33 000多字。民国《中华大字典》收48 000多字。中华人民共和国《中华字海》收85 000多字）。

第二，每字义项完备。所收每个字，在字形、字音、字义、例句等方面，都比以前字书完备、适用。于多音、多义字均逐一分别列出，字形有古体、俗体者，列在本字之下，篆体者则列在本字书眉上。

第三，引据最早古书。每个字释义的例子，既"参阅诸家、究心考证"，又引用最早出现的古书，从而更具有学术价值。

第四，查阅简捷方便。按部首分类，分214个部首，按笔画排列单字，眉目清晰，查阅方便。它的体例也成为后世出版字书的一个蓝本。

近人张元济先生说："余自束发受书，案头置一《康熙字典》，遇有疑义，辄翻阅之。其于点画之厘正，音切之辨析，足以裨益写读者，殊非浅鲜。后出诸书，陈义多所增益，然于形声二字，终不能出其范围，且搜罗之备，征引之富，尤可谓集字书之大成。"（《康熙字典·小引》）我自己案头有一部《康熙字典》，多年以来，受惠良多，时至今日，经常查阅。

《康熙字典》收字之多，我举个例子。今河北省行唐县独羊岗乡有个村，名叫"䠽（chā）䠊（jù，今音 qǔ）"。《康熙字典》释义："地名，行唐县北村名䠽䠊。"简明通俗扼要，没有别的解释。这两个字，很多字典里没有，42 册本《中文大辞典》里没有，"当今世界收汉字最多的字典"——《中华字海》里也没有，却在《康熙字典》中能查到。这说明《康熙字典》收的字多、收的字全。

康熙帝未曾想到的是，梵蒂冈图书馆也收藏有《康熙字典》康熙五十五年（1716年）武英殿刻本。该字典于嘉庆十年（1805 年）传到意大利，后改装成羊皮封面的七册合订本。更有意思的是，该书出版 200 年后，远渡重洋，由美国驻华使节、传教士和其他人，通过官方和民间途径，纳入美国国会图书馆（居蜜博士《美国国会图书馆藏〈康熙字典〉和中美外交文化史》）。光绪三十年（1904 年），美国圣路易斯博览会，将《康熙字典》雍正后刻本一部，赠送美国国会图书馆。美国驻华外交官柔克义（William Woodville Rockhill），会英、法、德、藏、汉、梵文等六种语言文字，购买《康熙字典》内府重刻本一部，光绪三十二年（1906 年）入藏美国国会图书馆。英国詹·约翰（John Chalmers）在光绪四年（1878 年），编《康熙字典撮要》，在广东刻版印书。这是一个节要本。《康熙字典》的原刻本，就是康熙五十五年（1716 年）清内府刻本，12 集 42 卷，6 函 40 册。原本很难觅见，王树枏有藏本。王树枏（1851—1936），河北新城人，就读于莲池书院，进士出身，曾官新疆布政使，好读书，喜收藏。王树枏将收藏图书 1 655 种、22 100 册，以 1 万美元卖给美国，后收藏于美国国会图书馆。这部《康熙字典》原刻本，洒金蓝纸封面，包角装，多钤印，为精品。以上四例，可以看出：《康熙字典》竟然成为早期中美文化交流史上一个有趣的故事。

二 编《全唐诗》

康熙帝喜欢写诗，现存诗 1147 首；更欣赏唐诗，喜读唐太宗、欧阳修的作品。他在《讲筵绪论》中说："诗以吟咏性灵，如唐太宗诸篇，未有不以天下黎民为念者。欧阳修《憎苍蝇赋》，题虽小，喻谗人乱国，意极深长，每喜读之。"（《康熙政要》卷一七）康熙帝想编纂一部全唐诗，这一项文化工程的实际主持者是曹寅。

曹寅（1658—1712），字子清，号荔轩，内务府满洲正白旗包衣（奴仆），《红楼梦》作者曹雪芹的祖父。母孙氏，23 岁入宫，为皇子玄烨的保姆。玄烨童年为避痘又与孙氏等久居紫禁城西华门外，朝夕相处，关系特殊，这成为曹寅后来备受荣宠的一大因素。曹寅幼年随父曹玺，居南京任所。南京是人文荟萃之地，曹寅自幼与名士往来，受到文化熏陶。如著名文人周亮工，就时常将他抱于膝上，教他背诵古文、诗词，指摘句读，循循善诱。曹寅比康熙帝小 4 岁，少年被召入宫，做玄烨的伴读。后充侍卫，21 岁任銮舆卫治仪正（正五品）。曹寅在京，与名士酬唱往来，小有名气。康熙二十九年（1690 年），曹寅任苏州织造，并与李煦轮管盐政多年。康熙帝六次南巡中他就有四次接驾。康熙帝第五次南巡，曹寅为了逢迎皇上，召集官员与盐商们，大兴土木，建造行宫。现今扬州高旻（mǐn）寺中仍有康熙帝手书"敕建高旻寺"汉白玉石额一方。曹寅等进古董器物，康熙帝收玉杯一只、白玉鹦鹉一架。

曹寅自己是文人，诗文俱佳，身份特殊，以文学交结、笼络士人，东南才士，咸游其门，"知名人士，满集幕下"，可谓盛极一时。他坐镇江南，常密奏地方政事民情，充当康熙帝在江南的耳目。他自刻《楝（liàn）亭五种》《楝亭十二种》，朱彝尊誉其诗道："无一字无熔铸，无一语不矜奇。"仅为其《楝亭图》题诗作画者就有数十人，其中有恽寿平、毛奇龄、尤侗、朱彝尊、金埴等名噪一时的文学名士。他熟习昆曲，家有戏班，"有时自傅粉，拍袒舞纵横"。家中优伶演出尤侗的《李白登科记》，置酒高会，名流会聚，吟诗唱和，传为佳话。

曹寅从 28 岁起任内务府郎中，先后任苏州织造兼江宁织造，或江宁织造兼苏州织造，或专任江宁织造。他在任期间，负责编刻《全唐诗》。康熙四十四年（1705 年）三月，康熙帝谕旨曹寅刊刻《全唐诗》，命 10 名闲居江浙的翰林参与校订。翌年五月，康熙帝命江宁织造曹寅在扬州天宁寺设立编刻《全唐诗》的书局，派庶吉士俞梅到扬州做筹备工作，旋派侍讲彭定求，编修沈三曾、杨中讷、潘从律、汪士铉、徐树本、车鼎晋、汪绎、查嗣瑮等从事校订编辑工作。从制定凡例、汇总分类、安排刻版，到印刷装潢，事必躬亲，并组织人力精写、刻版、印刷、装帧。曹寅上康熙帝奏折说："臣细计书写之人，一样笔迹者，甚是难得；仅择其相近者，令其习成一家，再为缮写。"编纂过程中，取内府所藏全唐诗集，又旁采残碑断碣、稗史杂书之所载，广为汇集，补苴（jū）所遗，到康熙四十五年（1706年）十月，全书告竣。

《全唐诗》"凡得诗48 900余首，作者2 200余人"（《四库全书总目提要》卷一九〇）。有学者统计，《全唐诗》共收录唐、五代诗歌49 403首，作者2 873人。全书共900卷，收诗较全，编排有序，做了补正，查找方便。以楷书写刻，书写精美，一笔不苟，字迹秀丽，精美绝伦，"雕镂之精，胜于宋版"，获康熙帝"刻的书甚好"的赞誉，视为精品。这是一部绝非私人能力所能做好的文化工程，具有很大的文学与历史、文献与版本价值。当然，书中也有错。

曹寅以自己的行为，赢得士人之心。讲几件事：

其一，捐资刻印施闰章《学馀全集》和朱彝尊《曝书亭集》，其人感恩不已。

其二，康熙四十三年（1704年）三月，曾因皇后丧期演出《长生殿》而"获罪"的洪昇到金陵。曹寅支持其在江宁演出三天三夜，传为盛事，士林赞之。

其三，康熙四十七年（1708年），南京明孝陵塌方，街谈巷议，纷乱不已。曹寅一面奏闻，一面开放陵园三天，许百姓参观，谣言自破，闾巷安然。

曹寅家的境况真是"烈火烹油，鲜花着锦"，宾客盈门盛极一时。但织造年俸银仅105两、月支白米5斗，而支出庞大，入不敷出，后以此败。不少学者认为康熙帝南巡是曹寅日后亏空的主因，也是两淮盐课虚空的主要原因。

康熙五十一年（1712年）七月，曹寅在扬州患疟疾，康熙帝派人送金鸡纳，星夜赶送，限九日到，并在奏折后连书四个"万嘱"。但"圣药"未到，曹寅病故，年55岁。曹寅妻李氏是李煦的妹妹，生二子，次子早殇，长子颙（yóng），继任江宁织造，不久病故。康熙帝命曹寅侄子曹頫入嗣为寅子袭职。学界有一种观点认为曹雪芹就是曹頫之子、也就是曹寅的孙子。

编纂《全唐诗》同时及以后，还编有《历代题画诗》《四朝诗（宋金元明）》《全金诗》《御选唐诗》《历代赋汇》《佩文斋咏物诗》等共 2 135 卷（《四库全书总目提要》卷一九〇）。此外，还有类书《古今图书集成》。

三　编纂类书

类书就是按内容分专题而分门别类编纂的图书。《古今图书集成》是康熙帝命皇三子胤祉（zhǐ）与陈梦雷等人为主，编纂的大型类书。《古今图书集成》的实际主编是陈梦雷。

陈梦雷（1650—约1724），字则震，号省斋，晚号松鹤老人，福建侯官（今福州市）人。他聪明过人，才能罕见。康熙九年（1670年），中进士，才20岁。选庶吉士，通满文。康熙十二年（1673年），授编修。当年，请假送双亲南归，到家不久，三藩乱起。靖南王耿精忠据福建叛乱，先逼陈梦雷为官，陈梦雷实际未从，削发入寺，托病不出。不久，同年、同乡好友李光地也因回乡探亲滞留，与陈梦雷在福州相会。二人深谈三日，共同商讨对策。李光地借口父病北上，按陈梦雷所提供的情报向朝廷进蜡丸密疏，陈梦雷则设法保其全家百口安全。李光地说："果能保全者，本朝恢复日，君之事予任之。"李光地独上蜡丸密疏，未列陈梦雷之名。三藩事平，陈梦雷被诬从逆。自作诗云："痛友谊之不终，古风扫地；望君门而独远，血泪呼天！"被捕入狱，拟判斩首。翰林院侍讲学士徐乾学上疏营救，大学士明珠也为他求情。奉康熙帝谕旨，从宽免死，发往沈阳给披甲新满洲为奴（《清圣祖实录》卷一〇〇）。陈梦雷和他的夫人被押上路，"两人耦系，起卧与俱，击柝稽巡，若凶犬虣"。陈梦雷备受精神与肉体的摧残，到戍所不久病倒，在一座僧寺养病，后被心月和尚关照住进沈阳龙王庙。奉天府尹高尔位聘他主持纂修《盛京通志》，志书修成后却没有他的名字。他在沈阳既修书，又读书——所住草堂，"四壁图书列，烟光一径深"。不久，夫人逝世。

康熙三十七年（1698年），康熙帝东巡谒陵。陈梦雷奔迎抚顺地方，"匐伏道左"，御驾暂停，受到接见。康熙帝温和地垂询陈梦雷年纪，清书（满文）是否还记得。起驾后，又命侍卫问陈梦雷居住何处，离城远近，有无家口，如何度日，并问所隶属的主人何旗、何名。陈梦雷一一奏答。康熙帝又在回銮途中接见他。他御前献诗，面觐陈情，并诉说了与李光地合谋进献蜡丸密疏之事。当夜，他随至御营，上谕赦免他回京，从而结束了17年的流放生活（张玉兴《清代人物传稿》上编卷七《陈梦雷》）。陈梦雷回京后，奉旨侍皇子胤祉读书。

胤祉（1677—1732），康熙帝第三子，封诚郡王，后晋诚亲王。皇三子胤祉学问渊博，尤精历算，主持纂修《律历渊源》，又广揽博学之士编纂书籍，颇得康熙帝的赞赏。康熙三十八年（1699年）六月，陈梦雷侍胤祉在北京北园读书，并赐宅城北，安置家属。他准备给王爷进讲，便开始将古代书籍，分门别类，归纳整理。胤祉的二哥、皇太子胤礽曾称赞陈梦雷道："不知他胸中有几万卷书！"这时正值康熙帝有意汇编大型类书，胤祉奏报陈梦雷的渊博学问，便钦奉皇父之命，承揽编书。陈梦雷在《进汇编启》中说：读书五十载，涉猎万余卷，深恐上负慈恩，惟有掇拾简编，以类相从，仰备顾问（陈梦雷《松鹤山房文集》卷二《进汇编启》）。这部书的特点是：汲取前人所长，补足前人所短，大小一贯，上下古今，类列部分，有纲有纪，勒成一书，以光大圣朝文治。胤祉在城西北购庭园一所，名"熙春园"（今清华大学内），园内辟出一区，作为修书之地。康熙帝除"指示训诲，钦定条例"外，还亲至陈梦雷斋中，将御书"松高枝叶茂，鹤老羽毛新"一联相赐（《国朝耆献类征》初编卷一一六《陈梦雷传》），又赐《御制诗集》，使他感到荣光和自豪。这年陈梦雷55岁，从此，他以"松鹤"二字为斋名、诗文集名，并自号松鹤老人。

他在《进汇编启》中写道："闻命踊跃，喜惧交并，自揣五十年来无他嗜好，惟有日抱遗编，今何幸大慰所怀。不揣蚊力负山，遂以一人独肩斯任。谨于康熙四十年十月为始，领人雇人缮写，蒙我王爷殿下，颁发协一堂所藏鸿编，合之雷家经、史、子、集，约计一万五千余卷，至此四十五年四月内，书得告成。"陈梦雷"目营手检，无间晨夕"，编修勤奋，请人誊写，夜以继日，进展迅速。他同时提出校订和修改办法，请胤祉转奏皇帝，委人修订。

康熙帝对胤祉进呈的《汇编》极为珍重，赐名《古今图书集成》，并立即组织儒臣进行修订、充实完善。《古今图书集成》接近完成时，康熙帝幸胤祉邸园，尔后，"岁以为常，或一岁再幸"（《清史稿》卷二二〇《诸王传六》）。于是，命大臣开馆辑《古今图书集成》，召试诸生，重新校订。康熙帝决定用最新印刷技术——铜活字印制该书，派人制造大量铜活字，贮于武英殿活字版处。武英殿在紫禁城太和门的西面，与它相对应的是文华殿。武英殿修书处始设于康熙十九年（1680年），清代许多重要图书都在这里校刻，其版本称为"殿本"。武英殿本的印刷铜活字，后来积累到25万个。清康乾时期武英殿刻本被誉为"尽善尽美，跨越两宋"（张秀民《中国印刷史》）。由于该书规模宏伟，修订缮校及刻铸铜字等，均颇费工时，以及诸王党争，故使出版时间拖延。有学者分析，到康熙帝逝世时，大部已经印刷，只剩少量未印。

康熙帝去世，雍正帝即位。胤祉被贬守康熙帝景陵，后被禁景山，死时年56。胤祉被禁，陈梦雷蒙难，《古今图书集成》受到影响。雍正元年（1723年）初，73岁的老翁陈梦雷被流放，后死于关外卜魁（今齐齐哈尔市）。雍正帝命户部左侍郎蒋廷锡（雍正四年升户部尚书）等"督承在馆诸臣"，修订《古今图书集成》。蒋廷锡对该书仅作极少部分校订，删去修撰人陈梦雷姓名，所有康熙帝谕旨从《清圣祖实录》中删除，雍正帝亲自作序，完成《古今图书集成》。

此书初名《汇编》，后定名为《古今图书集成》，始编于康熙四十年（1701年）十月，初稿完成于康熙四十五年（1706年）四月。雍正六年（1728年）刷印64部。《古今图书集成》一书，有以下特点：

第一，集大成。全书共计1万卷，分订5 000册，装为522函，每函8至10册，另目录 20 册，总字数达 1 亿。明初《永乐大典》2 万余卷、3 亿余字，虽字数较多，却检索不便。且《永乐大典》仅有抄本二部，正本早毁，副本亦散失，所存无几。

第二，分类明。全书分 6 编（历象、方舆、明伦、博物、理学、经济）、32 典、6109 部。部下再分汇考、总论、图表、列传、艺文、选句、纪事、杂录、外编等项。分门别类，便于翻检。

第三，内容广。内容宏富，包罗万象。陈梦雷在《进汇编启》中说："凡在六合之内，巨细毕举。其在《十三经》《二十一史》者，只字不遗，其在稗史子集者，十亦只删一二。"

第四，价值大。它是中国古代有名的大类书，保存了许多珍贵的文献资料。梁章钜评论此书价值道："能贯穿古今，汇合经史，天文地理，皆有图记，下至山川草木，百工制造，海西秘法，靡不备具，洵（xún）为典籍之大观。"（梁章钜《归田琐记》卷四《陈省斋》）当然，限于时代条件，存在诸多不足。

总之，在康熙帝主持并参与下，康熙朝于史书、字书、类书、文学书、经书的编纂、整理、出版，成果丰硕，功绩显著。康熙帝对著述、出版的态度，积极严谨，多而不滥。他在大臣奏疏上朱批："每日修书，不肯闲住，此朕最乐之事。"康熙帝视著述、修书为乐事，为中华文化的传承，作出了自己的贡献。

第十七讲 爱好西学

康熙帝任用西方传教士，采用西方先进科学技术，除了修历和测绘两项科学工程外，在治河、机械制造、火器制造、地矿、气象、生物、农学、中西医药学等方面，也都有所吸纳。

康熙帝的一生都与天文历法和数学结下不解之缘。他学习西方科学，应用西方科学，不仅使自己成为博学的皇帝，而且促进了清朝科学的发展。

这一讲介绍康熙帝爱好西学，分作三个题目：一、两起案件——历法之争；二、一幅地图——《皇舆全览图》；三、一点启示——两种爱好。

一　两起案件

康熙帝小的时候，从他皇父顺治帝和祖母孝庄太皇太后那里，接触到耶稣会士，可能受到西方科学的影响。但真正促使康熙帝学习西方科学的原因，还要从"汤若望案"与"杨光先案"讲起。

先是，清摄政睿亲王多尔衮于顺治二年（1645年）决定颁行崇祯时汤若望等制订而未颁行的新历，定名《时宪历》。德国传教士汤若望受到顺治帝及孝庄太后的信任，被任命主掌钦天监。但是，康熙三年（1664年），钦天监汉官杨光先上书攻击汤若望及其历法，声称："宁可使中夏无好历法，不可使中夏有西洋人。"指责新历只编200年，大清朝则要亿万年。辅政大臣鳌拜等支持杨光先，汤若望、南怀仁被下狱，钦天监的五名官员被处死。杨光先任钦天监监正，吴明烜（xuān）为监副，废除《时宪历》，恢复旧历法。这就是"汤若望案"。受此案牵连的又一人是南怀仁。

南怀仁（1623—1688），比利时人，耶稣会士，青年时曾学习数学和天文，顺治七年（1650年）到北京，协助汤若望修订历法。

汤若望、南怀仁被下狱后，北京发生地震，二人获释。康熙帝亲政初，杨光先等进《康熙八年历书》。康熙帝派人向南怀仁问询意见。南怀仁指出：康熙八年的闰十二月，应在康熙九年正月，并指出其五条差误。康熙帝让杨光先、南怀仁进行辩论，各抒己见，没有结果。又命大学士、六部九卿等亲到观象台测验，又在午门前测验。先后三次测验："南怀仁所言，逐款皆符；吴明烜所言，逐款皆错。"（《清圣祖实录》卷二十八）南怀仁测验准确，杨光先测验错误。康熙帝令将杨光先革职（病死于回乡途中），命南怀仁为钦天监监副，管理监务，恢复使用《时宪历》。

通过汤若望案与杨光先案，康熙帝深感作为一国之君，应当通晓科学，否则无法决策。这促使他吸纳西学，学习科学。他后来回忆说："朕幼时，钦天监汉官与西洋人不睦，互相参劾，几至大辟。杨光先、南怀仁于午门外九卿前当面赌测日影，奈九卿中无一知其法者。朕思己不知，焉能断人之是非？因自愤而学焉。"（康熙《庭训格言》）在万几余暇，专注学习天文历法，一十余载（《御制三角形推算法论》）。

南怀仁为康熙帝进讲天文学、数学等，他是康熙帝的第一位外籍教师。南怀仁亲自或主持制成仪器53件，有的专归皇帝使用。仪器制作精细，被认为是当时世界上最精确的仪器。设在观象台的，有测定天体黄道坐标的黄道经纬仪、测定天体赤道坐标的赤道经纬仪、测定天体地平坐标的地平经仪和地平纬仪、测定两个天体间角距离的纪限仪和表演天象的天球仪等，其中黄道经纬仪和赤道经纬仪是清朝以前没有的。中国天文学家使用这些仪器二百多年（席泽宗《清代人物传稿》上编卷八《南怀仁》）。其特点是：制作和安装较精细，刻度盘上使用了游标，提高了读数精度，黄道经纬仪上安装了黄极轴和黄极圈等（《中国天文学史》）。有人评价说："西人熟于几何，故所制仪象极为精审；盖仪象精审则测量真确，测量真确则推步密合。西法之有验于天，实仪象有以先之也。"〔阮元《畴人传》卷四五）光绪二十六年（1900年）〕，有的仪器被德国人窃走，1919年德国作为战败国，根据国际协定，又归还中国。今北京建国门古观象台上，能看到这些仪器。

南怀仁在康熙九年（1670年），做了一件漂亮的事。这年夏，为修建顺治帝孝陵，需将四块巨石（两块为碑石，每块重7万斤，另两块为基石，每块重12万斤）运过卢沟桥。卢沟桥年久失修，难以承受如此重压，这成了工部的难题。有关人员提出两个方案：一是用特制16个轮子的特型大车，以300匹马牵引，运载巨石过桥，此需加固桥体；二是在河床上筑路，从河上通过。康熙帝命工部官员向南怀仁征求良策。南怀仁亲赴现场考察，认为不宜从桥下过河运输；可以从桥上运输，且不必加固桥体。他提出绝不可用马牵引车辆运石，因为数百匹马的剧烈而有规律的震动，比巨石对桥的破坏力更大。那怎样运呢？他设计的牵引系统是，用滑轮组和多绞盘,以 12 组动滑轮和 24 条绳索,分散重量,起动绞盘,使巨石在桥上平缓移动,获得成功。

在平定三藩之乱时,南怀仁制造出便于携带的轻巧火炮。康熙十四年(1675年)五月,炮成,康熙帝亲临卢沟桥炮场检验,见炮身小,火力大,命中率高,运输方便(可放在骡马背上运行)。康熙帝称赞说:"西洋炮甚利,且轻便易运。"《《清朝文献通考》卷一九四》将士们称之为"得胜炮"。继续制造出铜炮 240 门。康熙帝为表彰他的功绩,加他工部右侍郎衔。

康熙二十七年(1688 年),南怀仁从马上摔伤后死去,终年 66 岁,葬今北京车公庄大街 6 号院内。康熙帝命厚葬。一年后谥号勤敏。康熙帝还撰文说:"尔南怀仁,远来海表,久掌星官,学擅观天,克验四时之序,识通治历,能符七政之占,非惟推步无差。"《熙朝定案》南怀仁出生地比利时贝当城中心广场上,今竖立 1913 年塑造的南怀仁巨大铜像。

南怀仁去世后,耶稣会士张诚、白晋和徐日昇成为康熙帝的西洋老师。

张诚(1654—1707),法国人;白晋(1656—1730),法国人;徐日昇(1645—1708),葡萄牙人,在康熙帝身边 36 年,一直到死。康熙二十六年(1687年),张诚和白晋等以耶稣会士、"国王数学家"的身份,被法国国王路易十四派遣来华,供奉内廷,为康熙帝进讲天文历法、数学、医学、化学、药学、人体解剖学等自然科学知识。他们博学多才,深受康熙帝赏识。现在故宫博物院还收藏着当年他们给康熙帝讲欧几里得《几何原本》用满文整理的讲稿。

张诚、白晋到北京学习九个月满语,将教材译成满文,并用满语进讲三角、几何和代数,还介绍了比例规、算筹等计算工具。康熙帝认真学习,反复思考,运用仪器,亲手操作。康熙帝使用过的一些计算工具,至今收藏在故宫博物院。白晋记述了康熙帝学习科学的情节:

皇上认真听讲,反复练习,亲手绘图,对不懂的地方,立刻提出问题,就这样整整几个小时和我们在一起学习。然后把文稿留在身边，在内室里反复阅读。同时，皇上还经常练习运算和仪器的用法，复习欧几里得的主要定律，并努力记住其推理过程……有一天皇上说，他打算把这些定律从头到尾阅读十二遍以上……皇上使用这些仪器，有时测量某座山的高度，有时测量某个显眼地方的距离。这些测量都是在随驾朝臣面前进行的。（白晋《康熙皇帝》）

康熙帝一向主张不论中国的还是西方的历法，都要用科学实验证明其准确性，并亲自作测验。康熙三十一年（1692年）初，康熙帝召大学士、九卿至御前，命人取来日晷，用笔画出正午时光影应在的位置，一行人一直在日头下等到正午，以检视皇帝的预测，果然吻合。大臣们闻所未闻，见所未见。

康熙帝通过亲自使用仪器在皇宫中测验日食，发现用西洋新法编制的历书，在日食推算上，也出现了误差（《清圣祖实录》卷二一八）。又发现夏至的时间也有出入。康熙五十年（1711年）十月，康熙帝对大学士等说："天文历法，朕素留心。西洋历大端不误，但分刻度数之间，久而不能无差。今年夏至，钦天监奏闻午正三刻，朕细测日影，是午初三刻九分。此时稍有舛错，恐数十年后，所差愈多也。"（《清圣祖实录》卷二四八）康熙帝的测验比钦天监专家们的测验更为精确。

白晋和张诚曾向康熙帝讲述西方医药，如烧伤药的应用。他们还应康熙帝建议，于康熙二十九年（1690年），在宫中设立化学试验室，用西法制药。他们翻阅了当时法国药物学家爱拉（1618—1698）主编的《皇家药典》，仅在三个月内，就制成多种丸散膏丹等药品，康熙帝多次前来观看。他们制的药，不仅作御用，还分给官民。这是中国最先开办的西药制造作坊。

值得一提的是，白晋和张诚曾经治愈康熙帝的病。康熙三十二年（1693年）五月，康熙帝患疟疾，太医院御医药无效后，张诚、白晋便将洪若翰、刘应二人带来的金鸡纳（又名奎宁）献上。连服药数日，康熙帝病愈。皇帝赐给张诚、白晋白银和衣服，还将西安门内一处被籍没的王府拨给他们居住和传教。此后，康熙帝将金鸡纳视为"圣药"，赏赐给他的亲属和部下，并晓谕服食之方。康熙帝从此对西医西药发生了兴趣，白晋、张诚就把自己知道的西药的配方、疗效和制作方法，用满文写成了3本小册子，一共介绍了30多种药品。这3本小册子现收藏在故宫博物院。这为以后西医西药在中国的广泛传播奠定了基础。

康熙帝曾派白晋等回欧洲招聘科技人才。白晋上书路易十四，对康熙帝和清朝加以介绍。后来此文以《康熙皇帝》为名刊印，对于增进法国人士对中国社会的了解起了重要作用；同时，也为后世保存了有关康熙帝的宝贵史料。

康熙五十二年（1713年），康熙帝在畅春园创建了蒙养斋算学馆。蒙养斋的任务是专门从事天文观测，以及编纂《历象考成》《数理精蕴》等大型历算著作。法国传教士将它称为"皇家科学院"。《清史稿》对蒙养斋也有记载："圣祖天纵神明，多能艺事，贯通中、西历算之学，一时鸿硕，蔚成专家，国史跻之儒林之列。测绘地图，铸造枪炮，始仿西法。凡有一技之能者，往往召直蒙养斋。"（《清史稿》卷五〇二）康熙帝在实践中看到了自然科学的重要。他选拔一些有培养前途的人，尤其是年轻人，集中到宫中进行培养。为了传续梅文鼎的家学，命其孙毂（jué）成入内廷学习。李光地推荐的苏州府学教授陈厚耀精通天文历算，康熙帝亲试之后，"命入直内廷，授编修"（《康熙政要》卷一八）。其他还有何国宗、明安图、成德等。康熙帝常将他们召至御座旁，教以几何、数学，或互对议论，探讨问题。

他还亲自给皇子、皇孙们讲授几何学。其中以皇三子诚郡王胤祉成绩优秀。康熙五十二年（1713年）五月，康熙帝在蒙养斋纂修律吕、算法诸书，以皇三子胤祉及皇十五子胤禑、皇十六子胤禄，充纂修，何国宗、梅毂成充汇编，陈厚耀、魏廷珍、王兰生、方苞充分校。令将所纂之书每日进呈，他"亲加改正"。至康熙五十三年（1714年）论述算法的《数理精蕴》、论述历法的《历象考成》及论述乐理的《律吕正义》等书相继完成。康熙帝合三书为一部，赐名《律历渊源》，共100卷。这是一部反映当时中国自然科学最高水平的带有总结性的巨著，系统地收集、编排了明末清初传入我国的西洋数学、几何学、天文学及声律学知识，也汇集了中国传统的历算及声乐精华，颁行之后，影响很大。

康熙帝的一生都与天文历法和数学结下不解之缘。他学习西方科学，应用西方科学，不仅使自己成为博学的皇帝，而且成就了清朝科学的发展。

二　皇舆全图

早在明万历年间，利玛窦带来了《坤舆万国全图》。这张世界地图说明地球是球形的，海陆分布五大洲、四大洋，冲击了中国"天圆地方"的传统观念。该图采用投影作图法，就是测量经纬度，以确定方位，这比中国传统的方法要准确。西方世界地图传入中国，西方地理学知识和测绘技术也随之传来。

康熙帝在出巡、治河、战争等军政活动中，养成了通过地图了解山川道路、形胜关隘的习惯。康熙二十二年（1683年）八月初三日，康熙帝下令地方官将各省地图，"绘送兵部，以备披览。至塞外地名，或为汉语所有，或为汉语所无，应察明，编入《一统志》内"（《清圣祖实录》卷一一一）。但中国传统测绘地图方法，主要有两种：一种是"计里画方法"，因为不知道地球是球体，所以是以地平面为基础，采用矩形网格坐标测绘；另一种是形象对景法，把具有方位意义的地物，如山脉等按照形象特征测绘。这两种测绘方法，没有统一标度，也没有精确比例。

康熙帝学习天文、历算、几何，掌握用经纬度的精确测绘技术，利用巡行、出兵之便，实地测量，为绘制新地图积累素材。在亲征噶尔丹的行军途中，他每到一地都亲自进行实地测量，以明确部队与京师的距离及其所在方位。康熙三十五年（1696年）四月，他在喀伦用仪器测量出北极高度比京师高五度，便写信告诉皇太子，"以此度之，里数乃一千二百五十里"（《康熙御制文集》二集卷一九）。次年闰三月初五日，在宁夏又以仪器进行测量，发现北极高度"较京师低一度二十分，东西相去二千一百五十里……自宁夏视京师，在正东而微北"。康熙帝感到需要采用西方测绘方法，重新测绘各省地图。为此，开始进行准备工作。

第一，制定方案。确定用西法测绘，先测绘分省地图，再总绘成皇舆全图。

第二，派定人员。任用张诚、白晋、雷孝思、杜德美等耶稣会士分成若干组，赴全国各地实测，调派满汉官员和技术人员何国宗、明安图等配合与监督。

第三，配置仪器。购买、配置测绘仪器、工具。

第四，先行试点。康熙四十六年（1707年）十二月，命张诚、白晋等对北京及邻近地区进行试测，半年后绘出样图。康熙帝亲自校勘后认为西法测绘的地图确比旧图精确，于是全面铺开《皇舆全览图》的测绘工程。

康熙四十七年（1708年），全国测绘工作正式开始。测绘组分批从北京出发，抵山海关后，沿长城西行，直到肃州。然后往西宁，返回北京。形成一幅长城地图。这幅地图现珍藏在梵蒂冈图书馆。而后，测绘组从辽东入手，测绘东北地区，绘出《盛京全图》《乌苏里江图》《黑龙江口图》《热河图》等。康熙帝又命他们重点测绘墨尔根城（今黑龙江省嫩江市）和卜魁城（今黑龙江省齐齐哈尔市）。其间，还测绘了北直隶地图。

康熙五十年（1711年），康熙帝命增加人员，分成两队：一队测绘山东、山西、陕西、江西、两广地图；另一队测绘喀尔喀蒙古（今蒙古国）地图。

康熙五十一年（1712年），测绘河南、江南（今江苏、安徽、上海）、浙江、福建地图。

康熙五十三年（1714年），测绘台湾及邻近岛屿地图。

康熙五十四年（1715年），测绘四川、云南、贵州、湖广地图。

康熙五十六年（1717年），康熙帝派在蒙养斋跟从传教士学习数学和测量的两名喇嘛，测绘西宁至拉萨地图。至此，全国测绘工作基本结束。

康熙五十七年（1718年），由传教士杜德美以统一比例，将分省图合辑手绘总图一幅，分合凡32幅，成为《皇舆全览图》，进呈康熙帝（《清史稿》卷二八三《何国宗传》）。采用梯形投影法绘制，比例为一百四十万分之一。地图所绘范围东北至库页岛，东南至台湾，西至伊犁河，北至北海（贝加尔湖），南至崖州（今海南岛）。新疆一带至乾隆帝两次遣专人详查后，加以补全。

康熙帝命大学士蒋廷锡捧图让群臣观看，并对他说："《皇舆全览图》，朕费三十余年心力，始得告成。山脉水道，俱与《禹贡》相合。尔将此全图，并分省之图，与九卿细看，倘有不合之处，九卿有知者，即便指出。"（《清圣祖实录》卷二八三）可惜这 32 幅手绘图现已不见。现能看到的《皇舆全览图》版本有：

第一种，木刻设色本，今故宫博物院藏，共 28 幅。

第二种，铜版图印本，今沈阳故宫博物院藏。康熙五十八年（1719 年），由马国贤印行铜版图。这种以经纬度分幅的方法在中国是第一次。文字记注，内地各省注汉字，东北和蒙藏地区注满文，故又名为《满汉合璧清内府一统舆地秘图》。详绘有西藏和蒙古极西地方，在西藏边境标注出朱母郎马阿林（珠穆朗玛峰）。前有总图，后有各省分图。除新疆外，其内十五省及关外满蒙之地，皆经准确测定，详细绘制，"关门塞口、海汛江防、村堡戍台、驿亭津镇，其间扼冲据险，环卫交通，荒远不遗，纤细毕载，星罗棋布，栉比鳞次，从来舆图所未有也"（《清圣祖实录》卷二八三）。这在中国地图史上具有划时代意义，直到民国初年，国内外出版的各种中国地图基本上都源于此图。

第三种，木刻设色印本，32 幅，今故宫博物院藏，为康熙六十年（1721 年）完成的第二次木刻版图。西方传教士把这套地图传到欧洲，德国、法国、荷兰等国都出版过不同版本。

李约瑟在《中国科学技术史》中评价说："《皇舆全览图》不但是亚洲当时所有的地图中最好的一幅，而且比当时所有的欧洲地图都更好、更精确。"（李约瑟《中国科学技术史》第五卷第一分册）

康熙帝任用西方传教士，采用西方先进科学技术，除了修历和测绘两项科学工程外，在治河、机械制造、火器制造、地矿、气象、生物、农学、中西医药学等方面，也都有所吸纳。这些举措，促进了清朝科技的发展。

《皇舆全览图》和《古今图书集成》是康熙朝巨大文化工程的双璧，也是中华文化的宝贵遗产。

三　两种爱好

既然康熙帝如此重视学习西方科学，为什么其后中国科技越来越落后于西方呢？有人把它叫作"李约瑟难题"。今天我不回答这个问题，而讲一个故事，帮助大家思考。

2005年，在故宫博物院午门举办了《太阳王路易十四——法国凡尔赛宫珍品特展》。展览中有一幅名为《天文学家》的巨幅挂毯，为路易十四时期法国工厂织造的。这幅挂毯织绘康熙帝和法国传教士在观象台观测星象、探究天文的场景。这使我联想到前面讲过的康熙时代世界上的三杰——俄国彼得大帝、法国太阳王路易十四和中国康熙大帝。他们三人有惊人的相似之处，也各自开创了一个崭新时代。前面我讲过彼得大帝，在这里我说一下路易十四。

法国波旁王朝国王路易十四（1638—1715），1643—1715年在位。说到他，大家会想到三件事：

第一，凡尔赛宫。路易十四的王宫——凡尔赛宫，既是法国君主制的象征，又是当时欧洲文化艺术的中心。凡尔赛宫的镜厅长75米，宽10米，有375面大镜子，国王和贵族在此举行舞会，极尽奢侈之能事。奥地利、普鲁士国王都想以此为榜样重塑首都，俄国彼得大帝则兴建了圣彼得堡。

第二，高跟鞋。路易十四身高不足1.60米，便穿上跟高15厘米的鞋子。全国争相效仿，后来风靡全世界。

第三，芭蕾舞。路易十四从小就喜爱芭蕾舞，如痴如醉。15岁时，他参加宫廷芭蕾《卡珊德拉》的演出，扮演太阳神阿波罗。他先后出现在21部芭蕾舞剧中。他下诏成立皇家舞蹈学院，至今芭蕾舞一些规则、术语，都出自这所皇家舞蹈学院。

路易十四与康熙大帝人生经历，惊人的相似，至少有五点：

第一，都幼年继位。康熙帝 8 岁继位，路易十四 6 岁继位。

第二，都在位很久。康熙帝在位 61 年，路易十四在位 72 年。

第三，都曾大权旁落。康熙帝曾被权臣鳌拜轻慢。路易十四由母后摄政，首相马扎然专权。母子曾两次逃出法国，晚上以稻草为枕睡觉。

第四，都勤于国事。康熙帝勤政。路易十四每周工作 6 天，卧病在床也是如此。他做完肛瘘（lòu）切除手术当晚就主持参政院会议，痛得大汗淋漓。

第五，都大有作为。康熙帝开创了康雍乾盛世；路易十四缔造了路易十四时代，法国成为欧洲新霸主。

康熙大帝和路易十四，这两位东方和西方的巨人，曾经有过一次重要的联系。南怀仁给法王路易十四写信，请求他派遣传教使团来华。康熙二十六年（1687 年），路易十四向中国派遣一批耶稣会士，洪若翰、白晋、张诚和刘应带来了浑天仪等 30 箱科学仪器，作为送给康熙帝的礼物。康熙帝见到这些礼物很高兴，并将张诚和白晋留在宫廷。他们起了中国名字，学会了满语、汉语，为康熙帝讲授西方科学。康熙三十二年（1693 年），白晋受康熙帝派遣，回法国招募更多的传教士来华。他带了 300 多卷典册，作为给路易十四的礼物。路易十四和康熙帝的这次联系与科学有关，但两人对待科学的态度却大有差别。

路易十四热衷于芭蕾舞等文化艺术，对科学毫无兴趣。《太阳王路易十四——法国凡尔赛宫珍品特展》中，有一幅路易十四视察法国科学院的珍贵画品。这是他唯一的一次视察法国科学院。法国史学家评价他："路易十四根本没有兴趣参与任何科学活动。"但路易十四却重视国家的科学建设，1666 年（康熙五年），成立了法兰西科学院。科学家享受国王津贴，学术活动受到资助。

康熙帝注意吸纳西学、重视科学，他没有见过芭蕾舞，却对西方科学如醉如痴。他的《几暇格物编》收录 93 篇论文，提出许多新见解、新论断。从中可以看出，康熙帝是一位善于读书、善于动手、善于观察、善于思考、善于总结的具有学者气质的皇帝。他曾经想"把西欧的全部科学移植到中国来，并使之在全国各地普及"（白晋《康熙皇帝》），但没有实现。康熙帝不会想到，100多年以后，他的子孙身为清朝君主竟然因为落后而挨打。同样，路易十四时代是一个崇尚文化、争战疆场的时代。对芭蕾舞如痴如醉的路易十四也不会想到，重视文化，促进觉醒，他成就了一个引领欧洲思潮的文化大国，为法兰西资产阶级大革命思想的诞生和传播提供了社会基础，结果他的后继者路易十六被大革命送上了断头台。

中国古代科技曾经是先进的，为什么近代科学不在中国而在西欧？这个"李约瑟难题"，应当怎样回答？留给读者思考！

第十八讲　样式雷家

清代皇家宫殿、坛庙、园林、陵寝的建筑，达到了中国古典建筑的高峰。这是广大工匠与技师的智慧和辛劳所凝聚的。工匠和技师中的杰出人物，雷发达及其匠艺家族继承者，形成雷氏家族。这在中国建筑史上是空前绝后的，在世界建筑史上也是罕见的。

"样式雷家"留下建筑"图样""烫样"和谱牒、档案资料，仅中国国家图书馆和故宫博物院就达 16 000 余件，中国第一历史档案馆还有很多。这是极其罕见、极其珍贵的，已被列为世界记忆遗产。

中国皇家宫殿园林,秦的阿房宫、汉的上林苑、唐的大明宫、宋的艮岳等,伟丽辉煌,不胜枚举,但皇家宫苑建筑工匠、建筑大师的资料,却如凤毛麟角。清皇家建筑中,从康熙朝开始,杰出的建筑匠师雷发达,子承父业,名传八代,直到民国,史称"样式雷家"。"样式"就是"式样"——"图样"(图纸)与"烫样"(模型)。有了"烫样",如陵墓未开启但能知其内幕,圆明园虽已被毁但能知其原貌。"样式雷家"留下建筑"图样""烫样"和谱牒、档案资料,仅中国国家图书馆和故宫博物院就达16 000余件,中国第一历史档案馆还有很多。这是极其罕见、极其珍贵的,已被列为世界记忆遗产。

今天我先从一个故事说起。

一 一个故事

故事发生的地点在皇宫三大殿。清朝皇宫分为前殿与后宫:前殿主要是三大殿——太和殿、中和殿、保和殿,还有东西两翼的文华殿和武英殿;后宫主要是三大宫殿——乾清宫、交泰殿、坤宁宫,还有东六宫和西六宫。清朝民间流传着一个雷发达太和殿上梁立功的传奇故事。

> 康熙中叶,营建三殿大工,发达以南匠供役其间。故老传闻云:"时太和殿缺大木,仓猝拆取明陵楠木梁充用。上梁之日,圣祖亲临行礼。金梁举起,卯榫悬而不下,工部从官相顾愕然,惶恐失措。所司私畀(bì,给予)发达冠服,袖斧猱(náo)升,斧落榫(sǔn)合。礼成,上大悦,面敕授工部营造所长班。时人为之语曰:"上有鲁班,下有长班;紫微照命,金殿封官。"(*朱启钤《哲匠录·样式雷考》*)

上面故事说:北京皇宫修建太和殿,找不到合适的木料做大梁,便拆下明陵裬（líng）恩殿的楠木大梁充用。当举行太和殿上梁大吉仪式的时候，康熙帝亲临现场。但是，大梁升起后，本应落在预设的卯榫里，因尺寸微差，而没有合辙。工部官员，面面相觑（qù），手足无措。有一位工部官员，私自给雷发达穿上官服，让他袖里装着斧头，像猕猿一样灵巧地爬到梁上，用斧一敲，梁落榫合。上梁大礼圆满完成，康熙皇帝大悦，当面授雷发达为工部营造所长班。当时有个民谣：古有鲁班，今有长班。长班就是雷发达。长班，相当于现在的建筑施工项目经理。

这个故事说的是重修太和殿。我先把太和殿的名称演变和几次重建介绍一下，回过头来再说雷发达的故事。

明永乐十八年（1420年），北京皇宫三大殿建成，名为奉天殿（今太和殿）、华盖殿（今中和殿）、谨身殿（今保和殿）。新宫殿宏伟壮丽，金碧辉煌。永乐帝非常高兴，召博士胡瀹(yūn)卜算吉凶。胡博士卜算后说，明年某月某日午时当毁。永乐帝大怒，命将胡博士囚禁起来，到时验证，听候处理。"至期，狱卒报：午过，无火。胡服毒死。则午正三刻也，殿果灾。上甚惜之。"（《日下旧闻考》卷三四引《明卓异记》）就是说，狱卒报告午正（中午12时）已过，三大殿没有火灾，胡博士便服毒自杀了。过了三刻，三大殿果然大火，全被焚毁。永乐帝对胡博士的死，深感惋惜。从永乐十九年（1421年）正月初一日，举行三大殿建成大典暨庆贺正旦，过了百天，皇宫三大殿便被雷火焚毁。到明英宗正统六年（1441年）九月，第二次兴建三大殿完工。明嘉靖三十六年（1557年）四月，三大殿第二次遭雷火焚毁。嘉靖四十一年（1562年）九月，第三次兴建三大殿完工，改名奉天殿为皇极殿、华盖殿为中极殿、谨身殿为建极殿。明万历二十五年（1597年）六月，皇极殿等发生火灾，白玉石烧成石灰。万历四十三年（1615年）重修三大殿。明天启七年（1627年），第四次兴建三大殿告成。但是，崇祯末，李自成临退出北京前，在皇宫放火，焚毁宫殿，皇极殿（今太和殿）等受灾。明朝紫禁城宫殿，多灾多难，"四建四焚"，但基本保留下来。

到清朝，顺治二年（1645年），三大殿改名，皇极殿为太和殿、中极殿为中和殿、建极殿为保和殿。

在这里补充一句话：皇宫金銮殿第一次名奉天殿，突出"天"；第二次名皇极殿，突出"极"；第三次名太和殿，突出"和"——从突出"天神"，到突出"皇权"，再到突出"人和"，是一个历史进步的过程。

清康熙八年（1669年）重建太和殿，康熙十八年（1679年）太和殿火灾，康熙三十四年（1695年）再建太和殿。其后三大殿的格局，没有大变，延续至今。

现在回过头来，再说雷发达修太和殿的故事。这个故事的主角是"样式雷家"兴起的始祖雷发达。雷发达（1619—1693），祖籍江西建昌（今江西省永修县），清初举家迁往南京。康熙二十二年（1683年），在平定三藩、收复台湾之后，北京开始大规模地兴建宫殿园林。康熙帝招募工匠，发给薪禄。木工技艺高超的雷发达于这年冬季，应募到北京供役清宫营建。

古代皇家工程，工匠实行"匠籍"制，就是世代为工匠；民工则实行"征发"制，就是征发徭役。康熙帝实行工匠"招募"制，就是将各地的能工巧匠、技术人员"招募"到北京，发挥所长，发给薪禄。

雷发达因技艺优秀，应皇家招募来到北京，住在西直门外海淀槐树街。后来他的儿子雷金玉入国子监读书。雷家成为既有工匠技艺，又有文化教养的家族。

康熙帝大修太和殿上梁的故事，后被引述，广为流传，直至今日。主人公是雷发达吗？学术界对此有两种意见：一种意见认为，确有其事，这是指康熙八年（1669年）修太和殿上梁的故事。另一种意见认为这个故事有真，雷发达确有其人；也有假，子冠父戴。天津大学王其亨教授等，对这个故事的真假做了考证（王其亨《雷发达太和殿上梁传说的真相》），认为：

第一，时间不合。故事的第一句话："康熙中叶，营建三殿大工"，如果说这是指康熙三十四年（1695年）太和殿重建的工程，则雷发达已经去世两年，不可能参与。

第二，前后抵牾。有学者将雷发达太和殿上梁的故事，前移到康熙八年（1669

年）。这样看起来，人物较吻合，时间较合理，但修正后的"康熙初年"又与故事中"康熙中叶"的记载不合。前后有抵牾，故事有矛盾。

第三，谱书阙载。雷发达受到康熙帝"紫微照命，金殿封官"，于发达个人，于雷氏家族，都是至上荣耀、无上崇光的事，雷氏家谱应当记载。但是，《雷氏迁居金陵述》《雷氏族谱》《雷氏支谱》及《精选择善而从》等谱书，于雷发达的生平，仅载其生卒时间及葬地，其业绩则载"行无考"，都没有记载这件事。

第四，子冠父戴。这个故事究竟在哪里出了岔呢？王其亨教授考证，《雷氏族谱》《雷金玉墓碑》《精选择善而从》等史料，都有关于雷发达儿子雷金玉"因正殿上梁，得蒙皇恩"的记述。因此，这则"雷发达太和殿上梁"的故老传闻，是把他儿子雷金玉在畅春园"九经三事殿"上梁的真实业绩，传讹为他父亲的功勋。不过，雷发达参与了畅春园、其子孙参与了避暑山庄的工程建设。

二　畅春之园

清朝康、雍、乾时期，大兴土木，兴建园林。为什么呢？因为：一则，明末清初，一些皇家建筑，毁于战乱大火，如紫禁城的宫殿、明朝的陵寝等；二则，满洲兴起关外，春秋射猎、夏季避暑，都需要园林；三则，天下太平，财力雄厚，府库充裕；四则，康熙帝乐巡游，倡骑射，兴修园林，视为乐趣；五则，康熙帝南巡后，深感江南园林景色秀美，更促使他在北京大兴皇家园林。清初在北京原有的御园外，大造皇家园林，使清代的皇家园林达到中国古典园林史上的高峰，而康熙帝是其经始者。那么，康熙帝兴建了哪些大的园林工程呢？

清朝皇家大的园林工程，京师主要是"三山五园"，就是香山静宜园、玉泉山静明园、万寿山清漪园（后改名为颐和）和畅春园、圆明园。其中，圆明园主要是雍正和乾隆时期修建的，清漪园（颐和园）主要是乾隆时期修建的。京师西郊的畅春园，京师以外的避暑山庄，康熙帝是其开创者。所以，我主要讲康熙朝皇家园林中的畅春园和避暑山庄。

康熙二十三年（1684年），康熙帝第一次南巡回京后，倾慕江南的秀美景色和精美园林，决定建造清朝北京第一座规模宏大的皇家园林——畅春园。畅春园在今北京颐和园以东、北京大学以西的地方。《日下旧闻考》记载：

> 都城西直门外十二里曰海淀，淀有南有北。自万泉庄，平地涌泉，奔流瀺灂（guó），汇于丹陵沜（pàn）。沜之大以百顷，沃野平畴，澄波远岫，绮合绣错，盖神皋（gāo）之胜区也。朕临御以来，日夕万几，罔自暇逸，久积辛劬（qú），渐以滋疾。偶缘暇时，于兹游憩，酌泉水而甘，顾而赏焉。清风徐引，烦疴（kē）乍除。爰稽前朝戚畹（wǎn）武清侯李伟，因兹形胜，构为别墅。当时韦曲之壮丽，历历可考。圮（pǐ）废之余，遗址周环十里……爰诏内司，少加规度，依高为阜，即卑成池。

（《康熙御制畅春园记》）

康熙帝在《御制畅春园记》中说，西直门外十二里有海淀，分南淀、北淀。万泉庄一带，平地涌泉，碧涛滚滚。畅春园在南淀之北，原是明万历帝外祖父（李太后之父）、武清侯李伟的别墅《明史》卷三〇〇《李伟传》，周围十里。康熙帝在其故址上改建，作为避喧听政之所，也为几暇游冶之区，赐名畅春园。

畅春园于康熙二十三年（1684年）始建，二十六年（1687年）初竣。康熙帝平日在乾清门御门听政，夏季中期多在畅春园、后期多在避暑山庄听政，寒暑不辍，无日间断，仅过年期间等封印。

畅春园的建筑与园林，分为三路：

中路 大宫门悬挂康熙帝御书"畅春园"，门里为"九经三事殿"，以及其他建筑。这里"九经三事"的"九经"，取义儒家经典九部，即《周礼》《仪礼》《礼记》《左传》《公羊传》《穀梁传》《周易》《尚书》《诗经》。"三事"，典出《尚书·大禹谟》:"正德、利用、厚生。"畅春园正殿以"九经三事"取名,充分表达了这正殿的地位至为重要,乃是皇帝循经守礼、治理国政的地方。后来避暑山庄的"澹泊敬诚殿"、圆明园的"正大光明殿"、颐和园的"仁寿殿",都仿照"九经三事殿"而建。

西路 有无逸斋,为皇子读书的场所。这里还有买卖街,后来清漪园(颐和园)等处的买卖街就滥觞于此。园内的交通,有蹊径——或行走、或乘马、或坐辇;也有行船,船名吉祥舟、载月舫等。船从西直门外倚虹桥,沿长河,经畅春园,到清漪园(颐和园)。后来乾隆帝、慈禧太后到清漪园(颐和园),水路都是这样走的。乾隆帝诗云:"轻舸顺流下,片时平渡湖。易舆行宛转,前苑到斯须。"就是说,由清漪园(今颐和园)乘船,顺流而行,来到畅春园(因在圆明园南,又称南苑),再改舟乘舆,到了行宫。今长河已经修整,可通航到颐和园。

东路 主要建筑为澹宁居。澹宁居前殿为康熙帝御门听政、接见臣工的殿堂,后殿为康熙帝及其子孙读书处。康熙帝晚年,养育12岁的小孙子弘历(乾隆帝)在澹宁居。后乾隆帝作诗说:"忆昔垂髫岁,赐居曰澹宁。"东路还有"渊鉴斋""佩文斋",《渊鉴类涵》《佩文韵府》的书名就是由此而来。园中有小溪,溪北的清溪书屋,为康熙帝燕寝之所。康熙帝死在清溪书屋,这里演绎出他临终前接见皇子和隆科多以及雍正帝即位的历史故事。康熙帝死后,雍正帝将清溪书屋改建为恩佑寺,里面悬挂康熙帝的影像(画像),寺的山门东向。恩佑寺右为恩慕寺。寺外山门,今存遗迹,就在今北京大学西墙外。这是今人所能看到的畅春园的唯一遗迹。

畅春园的兴建,与样式雷家有什么关系呢?据有关碑文记载:

> 恭遇康熙年间修建海淀园庭工程,我曾祖考领楠木作工程。因正殿上梁,得蒙皇恩召见奏对,蒙钦赐内务府总理钦工处掌□(案),赏七品官,食七品俸。

文中的"海淀园庭工程"，当是畅春园工程。畅春园的楠木作工程，负责具体设计、施工、装修的正是雷发达、雷金玉父子。雷金玉正值而立之年，技艺精湛，精力充沛，在畅春园工程中有突出事迹：其一，受到康熙帝的召见；其二，因上梁而立功；其三，被赐为内务府总理钦工处掌案（负责人）；其四，官七品（相当于知县）。当时考中进士，为做知县的正途。一个木工，因贡献突出，官封七品，实属不易。

康熙帝善待工匠，对曾经主持和参加皇家工程的杰出工匠礼遇有加。雷发达年老寿终，归葬江南金陵祖坟。他的儿子雷金玉，也因畅春园工程而蒙恩："曾祖考（即雷金玉）七旬正寿，又得蒙皇恩钦赐，命皇太子书'古稀'二字匾额。此匾额供奉原籍大堂。"（《雷金玉碑记》）此外，如江南著名的造园叠山艺术家张南垣之子张然，负责畅春园的规划设计，并主持叠山理水工程，园建成后，年老告归。当时，张然年近七旬，"以年老，赐肩舆出入，人皆荣之"（戴名世《张翁家传》）。另一位江南著名的山水画家兼造园叠山艺术家叶洮（táo），负责工程设计与监造，后因病乞归。

雍正帝兴建圆明园工程，仍由内务府营造司鸠工经营。雷金玉为内务府包衣匠人，供职圆明园楠木作样式房掌案。时雷金玉年近古稀，仍参与其事，凭其出神入化的技艺，"领楠木作工程"，带领样式房诸样子匠制画样、烫样，为圆明园的设计施工作出贡献。现在仍能看到清代圆明园建筑的部分烫样。

康熙朝园林建设的另一重大工程为避暑山庄。

三　避暑山庄

避暑山庄位于今河北省承德市，康熙四十二年（1703年）开始兴建，五十年（1711年）宫殿区基本告成。初称热河行宫，康熙帝题写"避暑山庄"门额，并撰《避暑山庄记》，遂以"避暑山庄"为名。后经扩建，到乾隆四十五年（1780年）基本建成。嘉庆时期予以修整。前后百年，使得避暑山庄逐渐完善。避暑山庄围墙

20里，分为宫殿区和苑景区（包括湖区、林区、山区）两部分，内有康熙三十六个景（每景四字命名）、乾隆三十六个景（每景三字命名），合称"七十二景"。前者如：烟波致爽、芝径云堤、无暑清凉、水芳岩秀、万壑松风、云山胜地、锤峰落照、濠濮间想等。其中烟波致爽后演绎出咸丰遗命的故事。后者如：烟雨楼（仿浙江嘉兴烟雨楼）、狮子林（仿苏州狮子林）、沧浪屿（仿苏州沧浪亭）等。乾隆四十年（1775年）在山庄内建成文津阁，贮藏《四库全书》，称文津阁本，今藏中国国家图书馆。康熙五十二年（1713年），为康熙帝六十寿辰，在避暑山庄外建溥仁寺、溥善寺（已毁），为蒙古部落首领举行朝贺的寺庙。乾隆年间陆续兴建普宁寺、安远庙、普乐寺、普陀宗乘之庙、殊像寺、须弥福寿之庙，加上溥仁寺、溥善寺，总称为"外八庙"。康熙帝先后53次到避暑山庄，去世当年还到过避暑山庄。

这里讲一下康熙帝《御制避暑山庄三十六景图诗》。康熙帝为纪念六十寿辰，命宫廷画家沈喻绘制《避暑山庄三十六景图》，由朱圭和梅裕凤刻版，并配以《御制避暑山庄诗》。康熙五十二年（1713年）完成，共两卷，卷首有康熙帝序言。先由内府刻印朱墨套印本，又由马国贤刻印成铜版画（李晓丹、王其亨《清康熙年间意大利传教士马国贤及避暑山庄铜版画》）。马国贤（1682—1746），意大利人，23岁为神甫，受过短期中国语言、文化训练，会点汉语。康熙四十八年（1709年）冬来中国，先到澳门，继到广州。康熙帝指示马国贤先在广州学汉语，并送几幅画到北京。马国贤画山水、人物画各一幅，送到北京（《康熙朝满文朱批奏折全译》）。康熙帝看了马国贤的画，并对他作了考察后，准其入京。第二年冬，马国贤到了北京。在康熙帝接见时，他说自己懂点绘画，还略通镂刻铜版，康熙帝就命他刻印避暑山庄三十六景图铜版画。马国贤在他的回忆录中说，他每天进宫作画，于1714年（康熙五十三年）4月24日完成了《御制避暑山庄三十六景图诗》制版印刷。马国贤印制的《御制避暑山庄三十六景图诗》，是中国第一次印刷的大尺寸铜版画。康熙帝看后很高兴，称这些铜版画为"宝贝"，并配上诗文。后满文本、汉文本可能共有 60 套，马国贤手中可能还有 30 套。马国贤在北京宫廷服务十三年（1711—1723），雍正帝即位后，离开北京，回到欧洲，《御制避暑山庄三十六景图诗》开始西传。马国贤见到英王乔治一世并赠送《御制避暑山庄三十六景图诗》，此书后来成为大英博物馆的藏品。马国贤寄给巴斯（Bussi）神甫的一套《御制避暑山庄三十六景图诗》暨信件，现保存在纽约市公共图书馆。《御制避暑山庄三十六景图诗》在西方的收藏地有：伦敦大英博物馆和大英图书馆、巴黎法国国家图书馆、德国德累斯顿国家艺术博物馆、梵蒂冈图书馆（马国贤 1720 年送给主教的）、维也纳奥地利国立图书馆、欧洲木版画基金会、美国哈佛大学图书馆等（冯德堡《清宫〈避暑山庄〉和红票》）。在国内的收藏地有：北京故宫博物院、台北故宫博物院、沈阳故宫博物院。马国贤印制的《御制避暑山庄三十六景图诗》铜版画传到西方，对 18 世纪英国园林艺术的影响极大（余华《梵蒂冈图书馆藏马国贤避暑山庄铜版画册》）。

康熙帝还兴建木兰围场，举行秋狝（xiǎn）。"木兰"为满语，汉意为"哨鹿"；秋季狩猎称"秋狝"。康熙二十年（1681 年），康熙帝出巡塞外，会蒙古科尔沁、喀喇沁等王公贵族及八旗蒙古官兵。蒙古喀喇沁、敖汉等献地，康熙帝决定在这里兴建木兰围场。木兰围场在今河北省围场蒙古族满族自治县，周长千余里，占地总面积一万多平方公里，山峦起伏，森林密布，河水穿插，草原相间，飞禽走兽，繁盛孳衍。木兰围场先后设围 72 处，满、汉、蒙古王公大臣，内蒙古 49 旗、喀尔喀蒙古、厄鲁特蒙古王公、台吉等，随康熙帝入围。康熙帝每年到木兰围场举行秋狝，有时一年两次，共达 48 次之多，直到康熙六十一年（1722 年），他以 69 岁的高龄，还最后一次到木兰围场，同年十一月逝世。

由康熙帝经始至乾隆帝完成的清代皇家园林，不仅是中国园林史上的艺术杰作，而且在世界园林史上占有重要地位。

康熙帝兴建的畅春园、避暑山庄和木兰围场，与清朝同兴盛、同衰亡。其避暑与围猎、政治与民族、军事与文化、园林与艺术的价值，为后人留下了宝贵的文化遗产，与此同时，民众也付出了巨大代价。

辛亥鼎革，清朝覆亡。雷氏家族，传了八代，其第八代传人雷献彩，虽娶两房，却也无后。失业的忧愁，无嗣的悲哀，家境衰落，声名匿迹。但样式雷烫样被列为世界记忆遗产（参阅王其亨教授指导、何蓓洁博士论文《样式雷世家研究》）。康熙帝兴建的畅春园虽然成为历史陈迹，避暑山庄则被列为世界文化遗产，成为世界历史文化的一颗明珠。

附录一：样式雷世家

样式雷第一代始祖为雷发达（1619—1693）。

样式雷第二代传人为雷金玉（1659—1729）。

样式雷第三代传人为雷声澂（1729—1792），金玉第五子。先"承当掌班楠木作事务"，即样式房差，继为楠木作样式房掌案，后"掌总差事"。他开始定居北京。

样式雷的第四代传人为雷家玺（1764—1825），声澂次子。继承父业，在圆明园样式房当差，承办万寿山、玉泉山、香山、避暑山庄等皇家园林的设计。

样式雷的第五代传人为雷景修（1803—1866），家玺第三子。十六岁就在圆明园样式房做事。父亲病逝后任"世传掌总差事"。曾参与或主持道光帝慕陵等多座工程。

样式雷的第六代传人为雷思起（1826—1876），景修长子。精于建筑设计，并在承包皇家建筑施工的天合局、三义局等私营厂商"坐柜"多年。主持定陵、定东陵、惠陵和西苑（即北海及中南海）等工程，还有辽宁永陵等修缮及府邸、园林等建筑设计。

样式雷的第七代传人为雷廷昌（1845—1907），雷思起长子。未满十三岁就开始师从父亲学习，成年后协助父亲承担定陵、定东陵、惠陵和北海、中南海等大型工程的设计，以及重修圆明园的方案设计。父亲去世后担当样式房掌案。

样式雷的第八代传人为雷献彩（1877—？），幼年聪颖，显露绘画天赋。光绪二十三年（1897年），重修圆明园，未满二十岁的雷献彩，任圆明园样式房掌案。又同父亲承担了普陀峪定东陵重建，及被八国联军损毁的京城宫苑、坛庙、府邸等皇家建筑的重建与修缮，以及新政期间新式洋房的设计等。

附录二：避暑山庄康熙三十六景

康熙帝《御制避暑山庄三十六景诗并图》二卷，玄烨撰，沈喻绘，揆叙等注，清康熙五十一年（1712年）内府朱墨套印本。其避暑山庄三十六景为：

（1）烟波致爽，（2）芝径云堤，（3）无暑清凉，（4）延薰山馆，
（5）水芳岩秀，（6）万壑松风，（7）松鹤清越，（8）云山胜地，
（9）四面云山，（10）北枕双峰，（11）西岭晨霞，（12）锤峰落照，
（13）南山积雪，（14）梨花伴月，（15）曲水荷香，（16）风泉清听，
（17）濠濮间想，（18）天宇咸畅，（19）暖溜暄波，（20）泉源石壁，
（21）青枫绿屿，（22）莺啭乔木，（23）香远益清，（24）金莲映日，
（25）远近泉声，（26）云帆月舫，（27）芳渚临流，（28）云容水态，
（29）澄泉绕石，（30）澄波叠翠，（31）石矶观鱼，（32）镜水云岑，
（33）双湖夹镜，（34）长虹饮练，（35）甫田丛樾，（36）水流云在。

第十九讲 文字之狱

文字之狱，就是因文字触犯龙颜而被下监狱，遭到镇压。《辞海》"文字狱"条释曰："旧时统治者往往故意从文人的作品中摘取字句，罗织罪名，构成冤狱，以镇压知识分子，叫'文字狱'。"其实，文字之狱，古已有之。清朝的文字狱的一个特点是，除了君主这个敏感点之外，又多了一个民族的敏感点。

清朝文字狱之先例，是从康熙朝开始的，虽其数量远不及雍正、乾隆两朝，但开了清朝文字狱的先例，使士人活跃的思想受到钳制与打击。

文字狱，就是因文字触犯龙颜而被下监狱，遭到镇压。《辞海》"文字狱"条释曰："旧时统治者往往故意从文人的作品中摘取字句，罗织罪名，构成冤狱，以镇压知识分子，叫'文字狱'。"其实，文字之狱，古已有之。早在春秋时的齐国，齐庄公与大夫崔杼的妻子私通而被崔杼杀了，史官在史书上记载："崔杼弑其君。""杀"与"弑"有什么不同呢？上杀下、君杀臣叫"杀"，下杀上、臣杀君叫"弑"。所以写"崔杼弑其君"。崔杼发怒，杀了史官。史官之弟继为史官，照写"崔杼弑其君"，也被杀。后继者仍然秉笔直书。崔杼退让，希望不要用"弑"字。史官答：臣子杀君王就是"弑"。这就是两千年前的一桩文字狱。后世史官，以此为荣。到了明代，明太祖朱元璋因做过和尚，忌讳"光""僧""亮""秃"等字，以及跟其谐音的字。有人竟然因为在诗文中用"光"（会意秃）、"生"（谐音僧）等字而被杀头。清代的文字狱则与前代不同，为祸之烈，影响之深，都是中国历史上少见的。清朝文字狱之先例，是从康熙朝开始的。

今天我讲两个文字狱大案及其几点思考。分作三个题目：一、"明史之狱"，二、《南山集》狱，三、历史思考。

一 "明史之狱"

康熙朝最著名的文字狱，首先发生的是"明史狱"。

缘起 "明史之狱"的原委，史书记载：朱国桢，浙江湖州乌程南浔人，万历进士，天启朝官文渊阁大学士、首辅，被魏忠贤排挤去职。他曾抄录明朝史事及公卿奏疏草稿，数量很多，编著《明史》，未及刊行，崇祯五年（1632年），离开人世。明朝覆亡，朱氏衰落，家藏稿本，以千金高价卖给庄氏。庄氏就是庄允城，浙江湖州乌程南浔人，在当地知书而又巨富。庄允城为什么要花重金买这些书稿呢？因为他的儿子庄廷鑨，虽双目失明，但有志于史，他买书稿是为儿子庄廷鑨纂修明史用。古代有位盲人史学家，就是左丘明。司马迁在《报任安书》中说:"左丘失明,厥有国语。"这句话对庄廷𬭩影响很大。他也想做左丘明,失明修史,著书传世。怎样实现呢？一个办法是自己刻苦努力,进行著述；另一个办法是买部书稿,进行编辑加工,换上自己的名字,雕版印刷出书。庄允城为实现儿子的心愿,就花银千两买了朱国桢所撰写的明史书稿。然后,庄廷𬭩延请文人学士十余人,夜以继日,整理资料,编辑修改,并增补了天启朝、崇祯朝和南明诸朝的历史,历时五年,而告成书,名为《明史辑略》,作为自己的著作。但书未刊印而庄廷𬭩病故,临终,嘱父刻印（张捷夫《清代人物传稿·庄廷𬭩》）。书中有碍时讳的文字,如在述及南明史事时,仍奉南明弘光、隆武、永历的年号,不用顺治的年号,也就是不承认清朝的正统地位；并有指斥清朝的文句,书中直书清帝先人的名字,指斥明将降清者为叛逆,触犯禁忌。庄允城面对死去的儿子,悲伤地说:"吾哀其志,当先刻其书。"同乡巨富朱佑明,出资助刊。书稿于顺治十七年（1660年）刊行,请人作序吹捧。

这件事被革职的知县吴之荣告发,遂兴起了一场文字大狱。康熙二年（1663年）,湖州归安县知县吴之荣以贪赃问绞,后遇赦出狱。他以此书相要挟,向庄氏索贿,庄氏敷衍应付,拒不贿赂。吴之荣想借此东山再起,将"明史"一事报告杭州将军科魁。科魁移文浙江巡抚朱昌祚,朱又行文督学胡尚衡,但庄氏用重金贿赂得免。庄氏乃稍微改动原书某些违碍的话,重刊出版。吴之荣一计不成,又特购买《明史辑略》的初刊本,告到北京刑部,辅政大臣派官到浙江决断此狱（《鲒埼亭外集记·庄廷𬭩史祸》）。互相株连,辗转抓人,杭州监狱多时在押两千多人。

处理 "明史之狱"的处理,有以下特点:

第一,庄氏蒙难。时庄廷𬭩已死,诏掘墓剖棺戮尸；其父庄允城被逮入京,死于刑部狱中,处以戮尸；其弟廷钺（yuè）处以凌迟；籍其家。其弟侄等并列名参阅者18人,都论死。

第二,株连广泛。参与该书编撰者、作序者、校阅者、列名者、刻印者、贩卖者、藏书者、相关者,都被处死。如旧礼部侍郎李令晳曾作序被处死,并及其四个儿子——幼子年十六，法司令其减供一岁，则得免死充军。回答：予见父兄死，不忍独生。不改口供，毅然而死。吴之荣素恨富人朱佑明，因其与朱国桢同姓，便嫁祸于他。朱佑明被满门抄斩。湖州知府谭希闵到任刚半个月，事发后与推官李焕，都被以隐匿罪处以绞刑。归安、乌程两县的学官并坐斩。幕客程维藩，押赴京师，戮于燕市。

附带讲一个悲剧故事。浒墅关（税关）的主事李尚白听说阊门书坊有庄廷鑨的书，就派衙役前往购买。恰逢书商外出，该衙役坐在书店邻居朱姓家里等候，及书商返回店里，朱老先生为其讨价还价。结果：主事李尚白已经到北京，被以购逆书罪立斩；书商及李尚白派去购书的衙役，斩于杭州；邻居朱老先生，因年逾七十免死，偕其妻发配极边。

第三，震惊天下。此案共斩决70余人，其中凌迟处死者18人。妻妾、女孙辈及子侄年十五以下者，发边为奴数百人。有说被处死者221人，或言"庄史株连至七百家"。据故老相传：庄、朱家皆富人，书的卷首罗列诸名士，盖欲借以自重显名者，达二百余人，其中多半没有参与编纂，求名反被名所累！

第四，小人得逞。吴之荣以此被起用，并得到所籍没朱佑明的财产，后官至右佥都御史（《清朝史料》卷三）。

庄廷鑨"明史"案，牵连之广，前史罕见。清廷借庄氏"明史"案，开了打击和镇压不同政见者与异端思想者的恶劣先例。

二 《南山集》狱

康熙五十年（1711年）发生了戴名世《南山集》的文字狱。

事情缘起 我先讲戴名世，再讲《南山集》。

戴名世(1653—1713)，字田有，号忧庵，安徽桐城人。他幼年虽"处穷极之遭，当败坏之世"，却聪明颖慧，贫困勤学，酷爱历史，立志著述。他20岁时做教书先生，28岁才应试补县学生。顺治初，以文行兼优，被送入国子监读书。著有关明末安徽桐城地方史事的《孑遗录》一书。他不齿于当时一班士子的"习剽窃之文，工侧媚之貌，奔走形势之途，周旋仆隶之际，以低首柔声乞哀于公卿之门"（《戴名世集》卷五），"欲上下古今，贯穿驰骋，以成一家之言"。经常"极饮大醉，嘲谑骂讥"，而被视为"狂士"。后因得到浙江学政姜橚资助，在原籍南山冈买房一所、田五十亩，遂迁居于此，世人称其为南山先生。他编文章，汇古文百余篇，雕印自刊，以居住"南山"，取名《南山集》。

《南山集》的作者戴名世，历来有志于研求明代史事，自谓："余夙昔之志，于明史有深痛焉！"他对清廷为避本朝忌讳而随意篡改、歪曲历史的做法颇为不满。他亲访遗老，考证史实，尤为留意先朝文献，二十年来，搜求遗编，记载下来。在此过程中，他曾参考过同乡方孝标所著《滇黔纪闻》《钝斋文集》等书。康熙四十年（1701年），戴名世的学生尤云鹗，将其所著书稿整理刊布，名为《南山集偶钞》，由方苞、朱书、尤云鹗作序，其中尤序为戴氏自作。与此同时，还刊刻《孑遗录》，王源、汪灏（hào）、方正玉为之作序。

康熙四十八年（1709年），戴名世中会试第一名，又中殿试一甲第二名（榜眼），年57岁。授翰林院编修，入明史馆，与修《明史》。戴名世此时志满意得，颇为自负，以为可展平生所学，完成修史夙愿，两年之间，积稿盈尺。康熙五十年（1711年）十月，《南山集》案发，戴名世缧绁（léi xiè）入狱。

戴名世自幼喜读史书，要完成《明史》的修纂。有一次他给学生写信说："今以弘光之帝南京，隆武之帝闽越，永历之帝两粤、帝滇黔，地方数千里，首尾十七八年，揆以《春秋》之义，岂遽不如昭烈之在蜀，帝昺（bǐng）之在厓州！"（《清朝史料》）就是说，南明弘光帝在南京，隆武帝在福建、浙江，永历帝在广东、广西、云南、贵州，地方有数千里，前后有十七八年，按照史书《春秋》的义理，难道还不如三国昭烈帝刘备、南宋末帝赵昺吗？又在论修史体例时说："本朝当以康熙壬寅（康熙元年）为定鼎之始，世祖虽入关十八年，时三藩未平，明祀未绝。

若循蜀汉之例，则顺治不得为正统。"这些言论以及他的老友方孝标的著作《钝斋文集》《滇黔纪闻》等书，都被他的学生一起刻印在为他祝寿的《南山集》中。这些观点被清廷视为大逆不道。学生们原想以此作为表达对老师尊敬的一份献礼，但横遭一场文字大狱。

案件涉及的另一人是方孝标。孝标，原名玄成，因避康熙帝玄烨名讳，以字行。顺治六年（1649年）进士，历官内弘文院侍读学士，两次充任会试同考官。但是，方孝标遇到两次大不幸：一次在生前，一次在身后。

顺治十四年（1657年）江南丁酉乡试科场案，方孝标与其父方拱乾都受到牵连，流放宁古塔（今黑龙江省宁安市），后释归。他游山玩水，刚到贵州，恰逢吴三桂叛乱，被拘留。方孝标乃假装疯癫，逃出虎口，披上袈裟，返回原籍。他将在云贵的见闻，取名《滇黔纪闻》刻入自己的著作《钝斋文集》。戴名世见其书，就在自己所著《南山集》中加以引用。案发时，方孝标已亡故，也被牵连。

案件发端　康熙五十年（1711年）十月，左都御史赵申乔据《南山集偶钞》中的文字，参奏道："翰林院编修戴名世，妄窃文名，恃才放荡。前为诸生时，私刻文集，肆口游谈，倒置是非，语多狂悖……祈敕部严加议处，以为狂悖不谨者戒。"（《清圣祖实录》卷二四八）奉旨：该部严察，审明具奏。

经过六部九卿审查之后，认为："方孝标丧心狂逆，倡作《滇黔纪闻》。以至戴名世摭（zhí）饰其间，送书流布，多属悖乱之语，罔识君亲之大义，国法之所不宥，天理之所不容也。"（《清朝野史大观》卷三）于是，刑部再参：戴名世所著《南山集》《孑遗录》内有大逆等语，应即行凌迟。已故方孝标所著《滇黔纪闻》内，亦有大逆等语，应剉其尸骸。汪灏、方苞为戴名世作序，俱应立斩。朝中重臣张伯行、韩菼（tǎn）及庶吉士汪汾等32人，也因此祸而获咎。

朝廷内外，人心惶惧。凡《南山集》书中列名者都被逮捕下狱，祸及三百余人，遂酿成文字大狱。刑部大堂，夹讯之下，戴名世供称："《南山集》《孑遗录》方正玉刻的，《南山集偶钞》系尤云鹗刻的。云鹗是我门生，我作了序，施他名字。汪灏、方苞、方正玉、朱书、王源《序》是他们自己作的，刘岩未有作序，我与余生书内有方学士名，即方孝标。他作的《滇黔纪闻》内载永历年号，我见此书即混写悖乱之语，罪该万死。"涉案诸人也都称罪。此案审理三年，过程复杂，来回反复，最后由康熙帝朱批定案。

处理反复 康熙五十一年（1712年）正月，刑部等衙门对此案议处极严："察审戴名世所著《南山集》《孑遗录》，内有大逆等语，应即行凌迟。已故方孝标所著《滇黔纪闻》内，亦有大逆等语，应剉其尸骸……汪灏、方苞为戴名世悖逆书作序，俱应立斩。方正玉、尤云鹗闻拿自首，应将伊等妻子，一并发宁古塔安插。编修刘岩虽不曾作序，然不将书出首，亦应革职，全妻流三千里。"（《清圣祖实录》卷二四九）

上述刑部拟议中，还有一段参照"明史案"例而扩大化的意见："戴名世、方孝标之祖父子孙兄弟及伯叔父兄弟之子，年十六岁以上者，俱查出解部，即行立斩。其母女妻妾姊妹，子之妻妾，十五岁以下子孙、伯叔父兄弟之子，亦俱查出，给功臣家为奴……将方孝标同族人，不论服之已尽未尽，逐一严查，有职衔者，尽皆革退，除已嫁女外，子女一并即解到部，发与乌喇、宁古塔、白都纳等处安插。"（《清圣祖实录》卷二四九）

康熙帝看了刑部拟判的报告书后"为之恻然"，觉得涉及的人士太多。经过一年零一个月的研究、斟酌、反复、核查，康熙帝才最后作出决定。

最后结论 康熙五十二年（1713年）二月初七日，康熙帝谕定：戴名世从宽免凌迟，著即处斩。方孝标斫棺剉尸。其弟御史亨咸、孝标子工部主事方登峄（yì）、登峄子内阁中书方世济等，俱从宽免死，并伊妻子发往黑龙江。此案内牵连人犯，俱从宽免治罪，著入旗（《清圣祖实录》卷二五三）。孝标、名世所著书皆禁毁。旨下三日后，戴名世被绑赴刑场，亲戚奴仆皆避匿，唯其好友杨三炯（jiǒng）（字千木），"独赁栈车与名世同载，捧其首而棺敛焉"。杨三炯的义举，名动京师。名世弟戴辅世自京师扶榇（chèn）南归，葬于乡里南山。

康熙帝对此案的处理,从事发到定案,先后十六个月,反复酝酿,可谓慎重。戴名世的著作,虽清廷严厉禁毁,但仍然流传至今。

三　历史思考

康熙朝的文字狱,给后人一些什么思考呢?

第一,事后进行反思。清朝入关后第一代君主顺治帝,初年因皇叔多尔衮摄政,同时又正值平息国内反清势力,根本无暇也无法关注到知识分子的文字问题。康熙帝继位后,中原地区,形势稳定。四大臣辅政,政策有变化。"明史狱"发生,是一个标志。康熙帝亲政后,以崇儒重道为国策,以文化作手段,表示尊重知识分子,对于一些怀有民族思想的遗老遗臣,基本上采取怀柔手段——亲自祭拜孔子,诏举山林隐逸,博学鸿儒取士,修纂《明史》等,以笼络汉族名士、化解反清情绪。重视学校教育,发展文化事业,视士人为社会中坚,从而使大多数汉族知识分子与其合作,入仕于清朝。

戴名世案的处理,与"明史狱"相比,既有不同——轻重大不相同;也有相同——文字兴狱相同。戴名世案处理后,雍正帝尚在潜邸,他阅《滇黔纪闻》和《南山集》二书及案卷后,看到书中有尊弘光、隆武、永历等南明年号的字句,认为:"虽皆非臣子之所宜言,实无悖逆之语,当时刑部复旨,亦未谓此外更有违碍之词,故亦以为冤。"雍亲王即位后,雍正元年(1623年)特诏:凡此案牵连隶旗籍者,尽得释归。但方登峄未蒙赦,便与子方世济先后郁死于卜魁(今黑龙江省齐齐哈尔市)流放地。乾隆四年(1739年),《明史》修成。后乾隆帝下令改修《明史》,特谕:"甲申以后存福王年号,丙戌以后存唐王年号,戊子以后存桂王年号。"由此看来,《南山集》是清朝一大冤案。

康熙朝文字狱,虽其数量远不及雍正、乾隆两朝,但开了清朝文字狱的先例,使士人活跃的思想受到钳制与打击。

康熙、雍正、乾隆三朝的文字狱，既有相同的一面——进行思想与文字钳制，以维护皇权统一；又有不同的一面——康熙朝的文字狱案都是因干犯正统意识或是影响到皇权稳固而兴起的，与乾隆朝因只言片语或琐碎细故而小题大做很有不同。

第二，历史纵横比较。从纵向与横向两个方面，对康熙朝文字狱进行思考。

先从纵向看。康熙朝发生两起较大的文字狱。前一起"明史"案发生在康熙帝亲政之前，他时年才10岁，由四大臣辅政，对文人思想异端的镇压是残酷的，但康熙帝不负直接的政治责任；后一起《南山集》案是在康熙帝亲政后、且在六十大寿之年，在处理上既有情感因素，又有理性色彩。

其情感因素，主要表现在天子皇权独尊，满洲特权独享。比如，此案牵扯到方孝标，方孝标因做过内弘文院侍读学士，故称方学士。此前有一个案子：吴三桂叛乱时方学诗受伪职，三桂失败后，伪官皆伏法，唯学诗在逃。而此案刑部疏奏据《南山集》原文，称方孝标为方学士，北方"士"与"诗"同音，满文又同为一字，康熙帝览阅满文疏曰：是非漏网之方学诗邪？欲将方学士（方孝标）从重处理。

其理性色彩，康熙帝亲自处理的《南山集》案，和四辅政大臣处理的"明史"案相比，略为理性，略为慎刑，体现了康熙帝为政以宽、为刑以慎的特点。这主要表现在漫长的处理过程，最后还是理胜于情、法胜于理，仅处死戴名世与方孝标（已死剉尸）两个人。这样一来，"得恩旨全活者三百余人"。康熙末年的这件文字狱，比起初年的庄氏史案，实在"格外开恩"，处罚很轻了。康熙帝不想得罪更多的汉族知识分子，也借以表现他个人的威中有恩。

再从横向看。西方中世纪的布鲁诺、伽利略、哥白尼等，都因触犯宗教天条，而受到教会势力的迫害。康熙朝的文字狱，自然也不能离开时代与文化的背景。

第三，学界存在分歧。清史界对康熙朝的文字狱，主要有三种意见。

其一，批判观点。认为康熙朝文字狱开了清朝镇压知识分子的恶劣先例，后来演变为雍正、乾隆的大兴文字狱。其实，庄廷鑨、戴名世二人著作中，并没有什么严重诋毁清朝的"大逆"之语，只是方孝标的书中说到南明永历政权不算是伪朝，戴名世的书中提到南明弘光帝及其年号，又揭露了康熙帝杀掉"明太子"的真相；以倾向明朝的视角叙述了明末清初的抗清事件，对南明诸王寄予同情。

其二，维护观点。认为康熙帝对方孝标、戴名世的打击、处理是正确的、必要的。一个政权存在了七十年，仍然不承认其合法性是不能允许的。无论是满族祖先的谥号、庙号、年号，都得被尊重、被承认，戴名世犯了这些忌讳，当然应该受到处罚。

其三，执中观点。认为康熙帝对《南山集》案的处理，有醇有疵，体现了康熙帝的整体形象。康熙帝一生中的一大失误，以文字罪人并予以严厉处理的文字狱案，仅此一起，同后来雍正、乾隆两帝滥兴文字狱比较起来，并不可等同看待。

总之，康熙帝尊崇儒家文化的政策，产生了积极与消极两个方面影响：其积极方面，传承中华传统文化，有利于社会全体成员力量的凝聚，因为大家都修身齐家，对稳定社会，促进国家经济的发展、文化的弘扬，都起了积极的作用。其消极方面，为维护清帝自身皇权与满洲贵族特权，又对汉族知识分子加以防范、打压，抹煞了理学的哲学思辨光华，消磨了汉族的民族自尊精神，钳制思想，限制舆论，日后恶果，值得深思。

总之，清朝的文字狱，贻祸之烈，悬垂久远！

第二十讲 读书之道

康熙帝是一位读书学习型的皇帝。他的《庭训格言》即《康熙语录》，共246条，其中有41条讲读书学习，占总条数的1/6，就是例证。孔子曰："好仁不好学，其蔽也愚；好知不好学，其蔽也荡；好信不好学，其蔽也贼（败坏）；好直不好学，其蔽也绞（迂）；好勇不好学，其蔽也乱；好刚不好学，其蔽也狂。"由上可见：读书学习，非常重要。

康熙帝是一位读书学习型的皇帝。他的《庭训格言》即《康熙语录》，共246条，其中有41条讲读书学习，占总条数的六分之一，就是例证。由此联想到孔子的话："好仁不好学，其蔽也愚；好知不好学，其蔽也荡；好信不好学，其蔽也贼（败坏）；好直不好学，其蔽也绞（迂）；好勇不好学，其蔽也乱；好刚不好学，其蔽也狂。"《论语·阳货》由上可见：读书学习，非常重要。我今天讲康熙帝读书之道，分作三个题目：一、四个阶段，二、四种境界，三、四点经验。

一　四个阶段

康熙帝的读书学习，从5岁开始，到69岁故去，其间65年，经历了四个阶段——少年好学，中年苦学，盛年博学，老年通学。

少年好学　"好"是爱好、喜好，就是说康熙帝少年非常好学。《三字经》说："子不学，非所宜。幼不学，老何为？"儿童少年学习，对人的一生来说是很重要的。康熙帝小时候，由祖母、苏麻喇姑、保姆教他满语、蒙语，由略通儒学的张、林二太监，教他汉语文的识字、句读。句读是很重要的。《三字经》说："凡训蒙，须讲究，详训诂，明句读。"过去，小学启蒙学习，主要是两件事：一是识字，二是句读。那么，"句读"是什么意思呢？又为什么重要呢？古时候没有标点符号，要靠老师教给断句，就是教给句读。这样，既能识字，又会断句，就有了阅读的能力。

幼年玄烨，在祖母孝庄太皇太后和皇父训教下，从5岁开始到书房读书，汉人师傅教他读"三百千"——《三字经》《百家姓》《千字文》，满洲师傅教他满语骑射《清圣祖实录》卷一。他有时读书痴迷，忘了玩耍，忘了寝食。祖母见他勤奋好学，打趣地说道：你贵为天子，还要像生员科举赶考那样苦读吗？少年玄烨，勤奋好学，可以说是——"朝于斯，夕于斯"。

康熙帝读书，史书记载："粤自五龄，矢志读书。当是之时，鞠育深宫，不离阿保，非有左右丞弼，而好学孜孜，出于天性，早夜读诵，无间寒暑，至忘寝食。年十龄，益博综群书，潜心好古，背诵不遗。虽皇上天姿敏妙，一见辄记忆，而必百倍其功。反复乎简编，沉潜乎理义，使书与心契，无少乖违。故于古人文字，随举一篇，皆口诵如流，不遗一字。"（《康熙起居注册》康熙二十三年十一月十七日）这些话，既洋溢着赞美之词，也反映了实际情况。

康熙帝认为，一个人幼年所读的书，终身受益："应须早学，勿失机会。朕七八岁所读之经书，至今五六十年，犹不遗忘。至于二十以外所读经书，数月不温，即至荒疏矣。然人或有幼年，遭逢坎坷，失于早学，则于盛年，尤当励志。盖幼而学者，如日出之光；壮而学者，如炳（bǐng）烛之光。虽学之迟者，亦犹贤乎始终不学者也！"（康熙《庭训格言》）

他回忆少年好学时说："逐日未理事前，五更即起诵读，日暮理事稍暇，复讲论琢磨，竟至过劳，痰中带血，亦未少辍。朕少年好学如此。"（康熙《庭训格言》）

中年苦学 "苦"是刻苦、艰苦的"苦"，就是说康熙帝中年的读书学习能够勤奋刻苦，按照常规，循序渐进。《三字经》说："为学者，必有初，小学终，至四书。""四书"就是《大学》《中庸》《论语》《孟子》。在"《孝经》通，四书熟"之后，"如六经，始可读"。"六经"就是《诗》《书》《易》《礼》《春秋》《乐》（已佚）。康熙帝说："八龄践阼（zuò），辄以学、庸、训诂，询之左右，求得大意，而后愉快。日所读者，必使字字成诵，从来不肯自欺。及'四子'之书，既已通贯，乃读《尚书》，于'典谟''训诰'之中，体会古帝王孜孜求治之意，期见之施行。及读大《易》，观象玩占，实觉义理悦心，故乐此不疲耳。"（《清圣祖实录》卷一一七）就是说，他8岁继位后，读《大学》《中庸》，后来读《论语》《孟子》等，再读《尚书》《易经》。于"诗歌古辞，上薄风骚，下陵汉、魏、六朝，三唐以降，不足道也"（《康熙起居注册》康熙二十三年十一月十七日）。康熙帝的读书，每篇新书，都要念120遍，背120遍，篇篇成诵，意思融通。

康熙九年（1670年）十月，康熙帝年17岁，举行"经筵大典"，就是由讲官给皇帝讲解"四书""五经"等。此后，每日大清早，康熙帝到乾清宫弘德殿，听讲官进讲，讲毕，辰时（7—9时），到乾清门听政，有时则先听政而后进讲，非特殊情况，从来不间断。康熙十二年（1673年）三月，因乾清宫楹柱损坏，遇雨渗漏，需要修葺，移驻瀛台，暂住几天，也不废讲。夏日酷暑，奏请停讲。他让讲官暂停数日，但"讲章仍照常进呈"——师傅停讲，他不停学。康熙帝认为，学问之道，不可间断，无论寒暑，不可废学。他不满足于隔日进讲，命令大臣们"日侍讲读，阐发书旨，为学之功，庶可无间"。经筵改为每天举行。在平定三藩之乱的紧张时刻，也乘间隙，进讲经史。

康熙帝亲政后，每日早朝，御门听政，虽政务极为纷繁，但必定抽时读书，寒暑无间，乐此不疲。他说："人心至灵，出入无响，一刻不亲书册，此心未免旁骛。朕在宫中，手不释卷，正为此也。"康熙帝读书有乐趣，也有习惯，坚持不懈，一以贯之。在南巡途中的行殿（御舟）上，带着书卷，经常到深夜。他南巡御舟到南京燕子矶，读书至三更。南书房高士奇进言："南巡以来，行殿读书写字，每至夜分，诚恐圣躬过劳，宜少自节养。"他仍然坚持博览群书，增长知识，修炼心性，思考治道。他在亲征噶尔丹时，晚上的时间，常常手不释卷，张诚等给他讲解几何学及其他自然科学知识。

盛年博学 "博"是博大、博览的"博"，就是说康熙帝在盛年的读书学习能够博览众取。《礼记·大学》："致知在格物。"就是说，读书的过程是格物致知的过程。什么是"格物致知"呢？格物致知的"格"就是推究、探索，"物"就是事物、东西，"致"就是使到、得到，"知"就是知识、智慧，总之就是推究事物，得到知识。

康熙帝22岁时，即从康熙十四年（1675年）四月二十三日开始，规定在讲官进讲之后，由他复讲一遍，以求阐明义理，有裨（bì）知识贯通。谕曰："日讲原期有益身心，加进学问。今止讲官进讲，朕不复讲，则但循旧例，渐至日久，将成故事，不惟于学问之道无益，亦非所以为法于后世。自后进讲时，讲官讲毕，朕仍复讲,如此互相讲论,方可有裨于实学。"康熙帝读书:读书、讲论、体验、笃行——改变了以讲官进讲儒家经籍成规旧例,从而开创经筵大典的新局面。讲是重要的学习,自己明白了,不一定能讲明白。读书是学习的一种方式,讲论是学习的又一种方式。这一点我在《百家讲坛》讲课深有体会。有些问题,不讲的时候以为已经研究明白了,但是一讲就发现还没有真正弄明白。非得真明白,才能讲明白。

康熙帝读书,除儒家经典外,也涉猎史部的《史记》《汉书》《资治通鉴》等,还遍读道、释、医、农以及诸子百家。他说过:"至若史、汉以及诸子百家、内典、道书,莫不涉猎,触事犹能记忆。"还读医书、药书、农书、地理书、治河书等,几乎是无书不读。并学习西方的天文、数学、物理、化学、地理、医学、药学、测绘、语言、音乐、绘画、人体解剖等知识。康熙帝勤奋学习,使他成为当时学贯中西的学者,值得称道,也值得学习。

康熙帝读书重点,一是经,二是史,读经与治史,互相参证,相辅相成,从"经"中"探求治天下之大道",阐发义理;从"史"中了解世运升降、君臣得失、治国之道。法国耶稣会士白晋说,康熙帝对《通鉴纲目》"整部内容丰富的历史是如此精通,以致要指出一些他不能立刻回忆起来的史实是很困难的"。

康熙帝将经、史、子、集打通,汲取儒学的治道、历史的治鉴、诸子的智慧、文学的涵养,以及西学的科技,提高自己的素养,陶冶自己的情操,提升治国的能力。

老年通学 "通"是融通、贯通的"通",就是说康熙帝晚年的读书学习能够融会贯通。康熙帝在学习过程中,嗜学敏求,虚心倾听,寻绎玩味,启沃心路,是既通晓儒家的"帝王之学"又熟悉历史的封建君主。

康熙帝强调:"书不贵多而贵精,学必由博而致约。"说明他读书学问,愈老愈纯,愈老愈通。

他不像有的帝王那样,或为附庸风雅,或徒具虚名,或自我炫耀,或自欺欺人。在读书中，他体验了心灵乐趣与实用价值。"圣人扶阳抑阴，防微杜渐，垂世立教之精心，朕皆反复探索，必心与理会，不使纤毫扞（hàn）格。实觉义理悦心，故乐此不疲。"

康熙帝说：朕闲暇时，与熊赐履讲论经史，有疑必问。他问熊赐履读书切要之法。熊赐履答：凡读书全要得古圣人立言之意。得立言意，中心默识，应事接物，方才得力。"博学笃志，切问近思，为圣门求仁之方。"就是说，读"圣贤之书"，要领会其立意，掌握其实质，并非死记纸上的字句。康熙帝说："诚然。"他说："人君讲究学问，若不实心体认，徒应故事，讲官进讲之后，即置之度外，是务虚名，于心身何益？"

经常有人问我：应当怎样学习？我认为康熙帝的读书人生是很值得借鉴的。少年读书，重在培养兴趣，贵在养成习惯；青年读书，重在打下基础，贵在读懂扎实；盛年读书，重在博览群书，贵在提高素养；老年读书，重在回眸人生，贵在融会贯通。所以，康熙帝读书，对后世有普遍的借鉴意义。

二 四种境界

康熙帝读书，有四种境界——欣然、愤然、敬然、陶然的境界。

一是欣然境界。欣，是欣喜。康熙帝读书，有一种欣然的境界。玄烨小时候即以读书为乐。史书记载："皇上冲龄读书时，奉圣夫人（康熙帝保姆孙氏）爱护圣躬，恐勤诵过苦，乃匿所读书，冀得暂辍，皇上必索读之不少休。"（《康熙起居注册》康熙二十三年十一月十七日）

良心要实，学心要虚。读书学习，必要虚心。他说："人心虚则所学进，盈则所学退。朕生性好问，虽极粗鄙之夫，彼亦有中理之言，朕于此等，决不遗弃，必搜其源而切记之。"（康熙《庭训格言》）有了虚心，才能用功。康熙帝常对大臣说："朕在宫中，手不释卷。""学问之道，宜无间断。"（《清史稿》卷六《圣祖本纪一》）玄烨勤奋读书，常常至于深夜:"五龄以后,好学不倦,丙夜披阅,每至宵分!"(《清圣祖实录》卷一)他常晚间读书,直至深夜。祖母太皇太后担心他因读书累坏了身体,后来玄烨果真苦读累得吐血(《清圣祖实录》卷一)!

二是愤然境界。愤,是发愤。康熙帝读书,有一种愤然的境界。《论语·述而》:"不愤不启,不悱不发。"朱熹注释:"愤者,心求通而未得之意。"我前面讲过,中西历法之争,他深切地感到:自己不懂得,怎能定是非?于是,发愤读书学习。我引述他讲的一个故事:"朕幼年习射,耆旧人教射者,断不以朕射为善。诸人皆称曰:善!彼独以为否,故朕能骑射精熟。尔等甚不可被虚意承顺赞美之言所欺。诸凡学问,皆应以此,存心可也。"(康熙《庭训格言》)他的体会是:"凡事可论贵贱老少,惟读书不问贵贱老少。读书一卷,则有一卷之益;读书一日,则有一日之益。此夫子所以发愤忘食,学如不及也!"(康熙《庭训格言》)"学如不及"也是心求通而未得的情态。就是在三藩之乱,局势艰难,京师地震,官民惊恐,十分困难之际,康熙帝依旧坚持经筵进讲不可废误。

总之,康熙帝认为:"凡人进德修业,事事从读书起。多读书,则嗜欲淡;嗜欲淡,则费用省;费用省,则营求少;营求少,则立品高。"(康熙《庭训格言》)

三是敬然境界。敬,是尊敬、恭敬。康熙帝读书,有一种敬然的境界。在《庭训格言》中,"敬"字出现41次。朱熹说:"为学之道,莫先于穷理。穷理之要,必在于读书。读书之法,莫贵于循序而致精。而致精之本,则又在于居敬而持志。"(《朱文公文集》卷一四《甲寅行宫便殿奏札二》)就是说,学习重在穷理,穷理重在读书,读书重在精通,精通重在"居敬",精髓在于一个"敬"字。

有了敬心,才会好学:向智者学,向长者学。康熙帝说:"人多强不知以为知,乃大非善事。是故,孔子云:'知之为知之,不知为不知。'朕自幼即如此。每见高年人,必问其以往经历之事,而切记于心,决不自以为知,而不访于人也!"(康熙《庭训格言》)

四是陶然境界。陶,是和乐。康熙帝读书,有一种陶然的境界。《诗经·王风·君子阳阳》:"君子陶陶。"我借用《诗经》里的"陶"字,说明康熙帝学习的陶然心境。他自己也说"读书乐志"。如康熙二十四年(1685年)三月,康熙帝在理政之余,将《资治通鉴》《资治通鉴纲目》《纲目大全》三部编年体史书,仔细通读,朱笔圈点,做出批注,达107则。他在《序文》中说:"自元旦以至岁除,未尝有一日之间,即巡幸所至,亦必以卷帙自随。"(《御制资治通鉴纲目序》)《资治通鉴纲目》一书,他先后通读、细读了四遍(宋荦《漫堂年谱》)。他将读书学习看作一种和悦的、快乐的事情,要读到愉悦,读到赏心,读到快乐,也读到幸福。

三　四点经验

康熙帝读书,有四点经验——贵恒久、贵思悟、贵知行、贵著述。这些值得思考,值得借鉴。

第一,贵恒久。康熙帝读书,既重恒,又重久。一个人,读点书并不难,难的是长久坚持;一个人,平时读书并不难,难的是动荡时静心坚持读书。所以,一个人读书的恒久,既表现为平时坚持,更表现为困难时坚持。康熙帝读书有毅力,善坚持。在平定三藩之乱时,局势紧张,不仅"每日军报三四百疏,手批口谕,发纵指示",还坚持读书学习。

康熙帝学习之所以恒久,一以贯之,关键在毅力。以书法为例,他说:"朕自幼嗜书法,凡见古人墨迹,必临一过,所临之条幅、手卷将及万余,赏赐人者不下数千。天下有名庙宇禅林,无一处无朕御书匾额,约计其数亦有千余。"(康熙《庭训格言》)康熙帝对书法,颇下功夫,"听政之暇,无间寒暑,惟有读书写字而已"。他学明董其昌字体,翰林沈荃曾教他书法。他又向善于书法之人学习,用笔时轻重疏密,或疾或缓,各有体势,因而有异于寻常人的书法。他说:"学书须临古人法帖,其用笔时,轻重疏密,或疾或徐,各有体势。宫中古法帖甚多,朕皆临阅。有李北海书'华山寺碑',字极大,临摹虽难,朕不惮劳,必临摹而后已。朕性好此,久历年所，毫无间断也。"（《清圣祖实录》卷二一〇）宫中古法帖甚多，他都赏阅临遍。他五十初度后，在巡行塞外喀喇和屯行宫门外，对诸臣等，"上坐书大字、小字，顷刻数十纸。诸臣聚观，无不惊喜。"又曾向大臣们说："朕自幼好临池，每日写千余字，从无间断。凡古名人之墨迹、石刻，无不细心临摹，积今三十余年，实亦性之所好。"（《清圣祖实录》卷二一六）白晋在给法王路易十四的奏报中说：康熙皇帝"写得一手漂亮的满文与汉文"。康熙帝的书法能不能跻身于书法名家之林？我认为：完全可以。

第二，贵思悟。康熙帝读书，既重思，又重悟。康熙帝说："读书务求实学，若不询问、覆讲，则进益与否，何由得知？"因而经筵讲学，以皇帝听讲与亲讲相结合的方式进行。康熙十六年（1677年）六月初五日，他亲自讲述，评论是："讲论精微，义理融贯。"

不读死书，不信空文。康熙帝说："凡看书不为书所愚始善。即如董子（仲舒）所云'风不鸣条，雨不破块'，谓之升平世界。果使风不鸣条，则万物何以鼓动发生？雨不破块，则田亩如何耕作布种？以此观之，俱系粉饰空文而已。似此者，皆不可信以为真也。"（康熙《庭训格言》）

玄烨读书，追问根底。他看到石鱼（鱼化石）后，查阅《水经注》《酉阳杂俎》《池北偶谈》等书有关记载后，发问："其与鱼俱生耶，抑鱼之化？"是鱼与石同时生的，还是鱼化作石的呢？又如，对潮汐现象，他到山海关、天津、钱塘江等处观察潮涨潮落，询问当地人，并问西洋传教士地中海的情况，还观察泉、井水位的变化，命人做记录，最后得出同先贤一致的结论："属月之盈昃（zè），其理甚明。"（《康熙几暇格物编》）

读书只有读到不忍放下，才算真正品出书中真趣。玄烨读书，达到了这个境界。他引述朱熹的话："读书须读到不忍舍处，方是得书真味。若读之数过，略晓其义即厌之，欲别求书者，则是于此一卷书，犹未得趣也！"认为此言极是。他说："朕自幼亦尝发愤读书、看书，当其读某一经之时，固讲论而切记之。年来翻阅其中，复有宜详解者。朱子斯言，凡读书者，皆宜知之！"（康熙《庭训格言》）朱熹的意思是：书必须读到废寝忘食、不愿意放下时，那才是体会到书中的真正滋味。如果书读了几遍，知道了大意，就放弃它，再去寻找别的书来读，那么，对于这本书来说，就没有得到它的旨趣。康熙帝说自己从小就曾经发愤读书，刻苦学习。当读到某一经典时，就一定要读懂它，讲论它，把它牢牢记住。近年，我翻阅以前读过的书，又发现了一些地方应进一步深入理解。朱子的这些话，读书的人，都应知道。

第三，贵知行。康熙帝读书，既重知，又重行。他说："明理最是紧要，朕平日读书穷理，总是要讲求治道，见诸措施。故明理之后，必须实行。不行，徒空谈耳。"又说："读书得之虽多，讲论得之尤速，思虑得之最深，行事得之最实。"（康熙《庭训格言》）怎样知行呢？在生活方面，南巡的船，他试坐多种，后亲自参与设计、制作。在亲征噶尔丹的行军路上，运粮困难，"将士每日一餐，朕亦每日进膳一次"。又如，在生活中，将仁爱见诸行动。康熙五十五年（1716），上年直隶涝灾，当年京师大旱，他说："朕心深为忧虑，自明日为始，朕于宫中，每日止进膳一次。先人而忧，后人而乐。"（《清圣祖实录》卷二六八）再如，在亲征行军途中，安营时雨雪大作，他没有先住下，而是"雨服露立，俟众军士结营毕，始入行宫，营中皆炊饭，然后进膳。又派御前侍卫海青，以骆驼载帐房及食物、柴炭，赐挽车未至之人，令栖息举爨。"（《清圣祖实录》卷一七一）

玄烨读书，重视实验。在读书过程中，还演算题，搞测量，做实验，在北京城头占风、派人探测黄河源头、解剖冬熊了解胃中食物等，都像专家做学术研究一样。他读书不为表演，不徒虚名，而是对书中义理真正有了兴趣，想做深层探讨。因此，他后来成为一位学术造诣很深的君主。

康熙帝在《通鉴纲目》满文译本序文中说："朝夕起居之时，循环披览，手未释卷，以是考前代君臣得失之故，世运升降之由，纪纲法度之所以立，人心风俗之所由纯。事关乎典常，言有裨于治体，靡不竟委穷源，详加论断，如是者有年矣。"他引述朱熹的话:"朱子云:读书之法,当循序而有常,致一而不懈,从容乎句读文义之间,而体验乎操守践履之实,然后,心静理明,渐见意味。不然,则虽广求博取,日诵五车,亦奚益于学哉!此言乃读书之至要也。人之读书,本欲存诸心、体诸身,而求实得于己也。如不然,将泛然读之,何用?凡读书人,皆宜奉此以为训也!"(康熙《庭训格言》)就是说,读书的方法,应当循序渐进,坚持不懈。从文字语义中,从容领会其真意;在德行操守方面,力行而体验。然后,做到心中平静,道理明晰,从而体味出妙旨。否则,即使博览群书,一天读书五车,于治学无益。

他在《御纂朱子全书序》中说:"朕读其书,察其理,非此不能知天人相与之奥,非此不能治万邦于袵席,非此不能仁心仁政施于天下,非此不能外内为一家。"因此,康熙帝崇尚理学的期待是:其一,为了"天人合一";其二,为了统治万邦;其三,为了仁政治国;其四,为了天下一家。这就是强调从思想文化方面巩固清王朝的一统天下。

第四,贵著述。康熙帝读书,既重编,又重著。康熙帝认为图书的功能是:"能令古今人隔千百年觌(dí)面共语,能使天下士隔千万里携手谈心,成人功名,佐人事业,开人识见,为人凭据。"(康熙《庭训格言》)所以,他一方面亲自组织、编纂了大量书籍,如《康熙字典》《古今图书集成》《律历渊源》等,既是古代典籍的整理,也是自身体验的总结,形成了在中国版本史上极有影响的书品精良、版式美观的"康版";另一方面,他勤于笔耕,撰写了诗文集。学习与著述,就像春蚕,读书如吃桑,著述则如吐丝。

康熙帝所著文,由臣下整理成《康熙御制文集》一至四集,共 176 卷,武英殿版,陆续雕印。康熙五十年(1711 年)以前的著述,为一至三集,140 卷;康熙五十一年到六十一年(1722 年)的著述为第四集,36 卷。《康熙御制文集》中的大部分是他在世时亲自主持,由大学士张英与詹事府詹事高士奇等人协助完成的。第四集则是在他身后由雍正帝刊行的。

康熙帝《御制诗集》收录1 147首七言与五言诗及少量词，题材广泛，内容丰富，是他亲历活动的记录，可补正史之不足，具有重要的史料价值。

康熙帝《几暇格物编》，共93篇文章。他喜爱读书，留心考察，潜心研究，勤于著述。当他出师、行猎或巡视各地时，注意到各地的方言习俗、山川物产、动物虫鱼、药材草木等的异同关系。如蝗虫滋生的规律，各地农作物像水稻、小麦、西瓜、葡萄等等生产的情形。又因为他学过西洋的科学知识，他对自然界的若干现象也有所论述，例如他注意到黑龙江西部察哈延山"喷焰吐火，气息如煤"的奇特现象。他从瀚海的螺蚌壳，推知远古蒙古大沙漠曾是水乡泽国。他也曾在一次打猎后，命人将一只冬眠熊解剖实验。这是他学习西方解剖学后的一次亲身实验。康熙帝探讨人体生理构造，命令西洋人把西文《人体解剖学》译成满文本（《张诚日记》）。但由于大臣反对，没有雕梓印行，而留下一部手写本，保存至今。

康熙帝《庭训格言》更值得一提。他晚年体弱多病，亲自口述，由皇子或侍从笔录，雍正帝继位后出版。这本《庭训格言》是以康熙帝一生体验为主，告诉后人一些有益的做人处事道理。全书27 419个字，共246条，讲述养心、修身、齐家、治国、平天下的经验与道理。其中多是《清实录》与《圣训》所阙，有重要价值。书中有六分之一条数是讲读书学习的。如康熙帝引述孔子"吾十有五而志于学"后论道："圣人一生，只在志学一言，又实能学而不厌，此圣人之所以为圣也！千古圣贤与我同类，人何为甘于自弃而不学？苟志于学，希贤希圣，孰能御之？是故志学乃作圣之第一义也。"（康熙《庭训格言》）就是说，圣人不是高不可攀的，圣人之所以成为圣人，其关键是两个字——志学。如果一个人立志于学，一以贯之，成贤成圣，谁能阻挡？所以，"志学"是做圣人的第一要义。

康熙帝过分推崇儒家理学部分，作为文化遗产，或许今天已不适用；他的读书之道，今天却仍可借鉴。康熙帝的读书经验，如读书"四个阶段"——少年好学、中年苦学、盛年博学、老年通学，"四种境界"——欣然境界、愤然境界、敬然境界、陶然境界，"四点经验"——贵恒久、贵思悟、贵知行、贵著述，于今人，犹可鉴。

第二十一讲 养生之道

历来皇帝求长生，长生皇帝无一人。康熙帝的可贵之处是，不求长生，而求养生。康熙帝的养生，有一套方法和经验——饮食有节，起居有常；既重养生，更重养心。康熙帝认为："节饮食，慎起居，实却病之良方也。"（康熙《庭训格言》）这个"节"字很重要，"起""居""饮""食"，都要讲求一个"节"字，不足不好，过量也不好。不能贪，要有度。

康熙帝的养生理念，既重视饮食起居，又重视弓马骑射，更重视修心养性。康熙帝说："朕用膳后，必谈好事，或寓目于所作珍玩器皿。如是则饮食易消，于身大有益也！""养身者但宽其心。""天道好生，人一心行善，则福履自至。"（康熙《庭训格言》）也就是说：养心要悦心、养心要宽心、养心要善心、养身要修心。

中国历史上有皇帝349位，其中生卒年有记载的290位，平均寿龄是41.75岁。69岁以上者12位，占皇帝总数的3%，平均近200年出1人。康熙帝69岁的寿龄在今天不算什么，但在从辽到清的皇帝中，算是高寿。

康熙帝的养生之道，有成功的经验，也有失败的教训。本讲分作三个题目：一、饮食起居，二、弓马骑射，三、养生理念。

一　饮食起居

康熙帝平日的饮食起居是怎样的呢？

一说饮食　饮食分开来讲，先讲饮，再讲食。

康熙帝认为："人之养身，饮食为要，故所用之水最切。"他很重视饮水。康熙帝经常喝的是北京西山玉泉山的泉水，今天叫矿泉水。清朝每天运水的车，由玉泉山运出泉水，进西直门，到紫禁城。康熙帝把玉泉山的水，有时赐给大臣，表示君王关怀。康熙帝还喝蒸馏水。他说："朕所经历多矣，每将各地之水，称其轻重，因知水最佳者，其分两甚重。若遇不得好水之处，即蒸水以取其露，烹茶饮之。"（康熙《庭训格言》）他饮蒸馏水，是向哲布尊丹巴呼图克图（外蒙古蒙古藏传佛教首领）学的，因为多年以来，哲布尊丹巴呼图克图都是饮用"水蒸之露"，就是用蒸馏水。

康熙帝平日饮茶，沏茶的水也是玉泉山的泉水，或是蒸馏水。康熙帝南巡去杭州，当地官员送他西湖龙井茶；去苏州，巡抚送他碧螺春茶。每年各地贡献名茶有五十多种。

康熙帝是不是喝酒呢？他说自幼"不喜饮酒"，更不酗酒。他认为酒不仅对人无益，而且可以乱人心志，或致疾病。但他平日膳后或年节筵宴，也饮一小杯酒。废皇太子后他得了一场大病，传教士请他喝葡萄酒。他说："前者朕体违和，伊等跪奏：西洋上品葡萄酒，乃大补之物，高年饮此，如婴儿服人乳之力。谆谆泣谏，求朕进此，必然有益。朕鉴其诚，即准所奏，每日进葡萄酒几次，甚觉有益，饮膳亦加。今每日竟进数次，朕体已经大安。"（《上谕》康熙四十八年正月二十五日）可见，康熙帝为治病而喝葡萄酒，每天喝几次，效果还不错。

葡萄酒传到北京的时间，一般认为在明末清初，由耶稣会士带来或由西洋进贡。如康熙二十五年（1686年），荷兰进贡"葡萄酒两桶"。汤若望确曾以西洋葡萄酒招待过北京达官贵人，因酒珍贵，沾舌即止。葡萄酒味道好，故有"红毛之酒红于血，色香异味三奇绝"的赞美诗句。康熙帝所喝葡萄酒的来源，主要是江南封疆大吏孝敬的。如江南总督邵穆布派人专程到北京进呈"在江宁天主堂西洋人林安恭备葡萄酒十一瓶"。广东、福建、江西的总督、巡抚也纷纷进呈葡萄酒，江西巡抚郎廷极将收集的葡萄酒99瓶进呈。

清帝一天吃几顿饭呢？民间传说皇帝一天吃四餐，也有说吃五餐。康熙帝说过："朕每日进膳二次，此外不食别物。"就是说康熙帝每天吃两顿饭。两顿饭之外，不再吃东西。每日两餐，这个习俗，清帝沿袭，直到清末。

清朝皇帝为什么每天只吃两餐呢？我想，这同满洲传统习惯有关。满洲先人女真男人，早上吃饭后上山，或打猎，或采参，晚上回了家吃饭，于是养成一天两餐的习俗。

清朝皇帝重视吃肉类，诸如猪肉、鹿肉、狍子肉、鸡肉、鸭肉等。在坤宁宫，皇帝吃祭肉。什么是祭肉呢？满洲信奉萨满教，有萨满文化的习俗。萨满习俗的一个表现就是祭神祭天。清朝宫廷，早在盛京清宁宫，就是庄妃的姑姑孝端皇后住的后宫，就有宰牲祭祀的传统。顺治帝定鼎北京后，这个习俗就沿袭到北京皇宫的坤宁宫。清初对明坤宁宫进行重大改建，如宫的正门不在当中，而在偏东；宫内砌成三面炕（俗称万字炕），西墙供奉祖宗板子，宫内安设三口大锅，还有案板、杀猪工具等。每天要在坤宁宫宰两头猪，灌耳、杀猪、放血、剥皮、煮肉、祭祀、吃祭肉等。皇帝、皇后等在坤宁宫南炕上，围坐吃祭肉。清朝皇帝爱吃肥猪肉。这是女真先人居住在白山黑水的寒冷地带生活的古老传统。崇德帝、康熙帝、雍正帝、嘉庆帝的死，都同心脑血管病有关，而心脑血管病又同他们的饮食习惯有关。后来，太监将清宫祭肉偷出宫外卖，在今北京西四开了一家饭馆，叫砂锅居。"砂锅居白肉"就成了老北京的一道名菜。

康熙帝的食谱怎样？有人说：皇帝每顿饭有九十九道菜。我以某年除夕早膳为例，看康熙帝都吃什么？

> 黄米饭一品，燕窝挂炉鸭子、挂炉肉、野意热锅各一品，燕窝芙蓉鸭子热锅一品，万年青酒炖鸭子热锅一品，八仙碗燕窝苹果脍肥鸡一品，青白玉碗托汤鸭子一品，青白玉碗额思克森鹿尾酱一品，金戗（qiàng）碗碎剁野鸡一品，金戗碗清蒸鸭子、鹿尾攒（cuán）盘各一品，金盘蒸肥鸭一品，金盘羊乌叉一品，金盘烧鹿肉一品，金盘烧野猪肉一品，金盘鹿尾一品，珐琅盘竹节卷小馒首一品，珐琅盘番薯一品，珐琅盘年糕一品，珐琅葵花盒小菜一品。（《故宫辞典》）

以上凡二十一品，其中主食四品，小菜一品，肉十六品，没有蔬菜，也没有水果。这样的饮食结构，显然是不够合理、不够科学的。

但是，康熙帝喜欢吃蔬菜、水果。他喜欢吃黄瓜、萝卜、茄子一类的蔬菜，尤其到晚年，他说："朕每岁巡行临幸处，居人各进本地所产菜蔬，尝喜食之。高年人饮食宜淡薄，每兼菜食之则少病，于身有益。所以农夫身体强壮，至老犹健者，皆此故也。"（康熙《庭训格言》）他又说："诸样可食果品，于正当成熟之时食之，气味甘美，亦且宜人。"（康熙《庭训格言》）他吃应季节的蔬菜、水果，认为有益于养生。

太皇太后有病，康熙帝昼夜奉侍，衣不解带，如糜粥之类，备有三十余品（康熙《庭训格言》）。这从一个侧面说明，康熙帝晚年喜欢喝粥。

康熙帝晚年，身体不太好。康熙二十八年（1689年），康熙帝时年36岁，他说自己"目力不能书写细字"，就是说已经不便写小字。到三十一年（1692年），

39岁时，他又对大臣们说："朕不写字作文亦久矣！"

康熙四十七年（1708年）九月，康熙帝时年55岁，在热河的布尔哈苏台，发生了一件于朝廷、于个人，都有极大震动的事——这就是康熙帝宣布废皇太子胤礽。他"且谕且泣"，出现宣布完便"仆倒在地"的场面。废皇太子胤礽对康熙帝的打击真是太大了。此后，他害了一场大病。真是心力交瘁，尔后是"诸病时作"。轻则风寒感冒、心跳不宁、夜间不寐，重则头昏脑涨、手脚浮肿、行动不便，严重到右手不能握笔写字，甚至于走动都"须人扶掖"。他为了治病养生，也喝起了西洋葡萄酒。

康熙帝说："凡人饮食之类，当各择其宜于身者，所好之物，不可多食。"（康熙《庭训格言》）就是说，喜欢吃的东西，不要多吃，更不要过量。

二说起居　康熙帝的作息时间，从史书记载来看，是比较有规律、有节制的。他经常早起、早睡。一般是早上寅时（3～5时）起床。

康熙帝居住有两个特点：一是中年以后，大多时间住在郊外。春秋多在畅春园，夏季多在避暑山庄。康熙帝夏秋多在避暑山庄和木兰围场，这对他的健康是有利的。他说，每到避暑山庄，心境更好，饭食更增，睡眠更香，精神更爽。

三说衣着　康熙帝说："凡人养身，重在衣食。古人云：'慎起居，节饮食。'然而衣服之系于人者，亦为最要。如朕冬月衣服，宁过于厚，却不用火炉。所以然者，盖为近火则衣必薄，出外行走，必致感寒。与其感寒而加服，何如未寒而先进衣乎？"（康熙《庭训格言》）屋里屋外，尤其冬季，温度相差不要太多，预防感冒，有益健康。

四说保健　保健分坐汤、嗜好、补品、食补、气功几项内容来讲。

坐汤。康熙帝保健的一个办法是坐汤，就是洗温泉浴。其实，早在清太祖努尔哈赤时，就经常坐汤。康熙帝相信坐汤能治很多疾病。孝庄太皇太后在世时，康熙帝常陪祖母去各地温泉——如赤城汤泉、小汤山温泉小住，为祖母休养、治病。不少大臣也听从他的话去坐汤。如李光地，年已70岁，在康熙五十年(1711年)三月，身患毒疮，起坐困难，后余毒大发，以致两手硬肿，脓血多至数升，痒躁难忍，彻夜不寐，严重时竟不能动移数步。康熙帝叫他去坐汤治疗，兼用海水泡洗，疗效很好，"疮毒已净，恶疾渐除"。

不吸烟。康熙帝有个习惯，就是不吸烟、不饮酒。他认为："烟酒及槟榔等物，皆属无用。"这自然是个好习惯。

我讲一个康熙帝不抽烟的故事。溧（lì）阳史文靖（贻直，官至文渊阁大学士）、海宁陈文简（元龙，官至文渊阁大学士）两公，酷嗜淡巴菰（即烟草），不能释手。康熙帝南巡，驻跸德州，听说史、陈二臣嗜好抽烟，就赐给他们水晶烟管。他们刚呼吸，火焰上升，爆及唇际，差一点烧了嘴唇，二人害怕，不敢使用。于是，康熙帝下令：禁天下吃烟。学士蒋陈锡（后官山东巡抚、云贵总督）诗纪此事云："瑶池宴罢云屏敞，不许人间烟火来。"（《清宫遗闻》卷一）康熙帝厌恶抽烟，还有一个故事。康熙四十六年（1707年）九月，行围途中，御营边失火，因膳房佛泰的家人二格吃烟引起，命将二格耳鼻穿箭，游营示众；佛泰回京后，枷号三个月，鞭一百。

补品。中国人一向重视补品、补药，病时固然要补，平时也要进补。西医也强调营养对人体的重要。康熙帝于医药学贯中西，他对补品、补药是怎样看待呢？他是否喝人参汤呢？这里有一个故事。太医孙斯百等，误用人参，使得康熙帝颇为烦躁。朝廷要对太医孙斯百、孙徽百等俱拟斩。康熙帝批示："著从宽免死，孙斯百等各责二十板，永不许行医。"康熙帝在康熙三十二年（1693年）患疟疾，因服用人参等药使病情加重。所以，康熙帝认为："南人最好服药、服参，北人于参不合。朕从前不轻用药，恐与病不投，无益有损。"

康熙帝劝人治病、自己养生，都反对用补品、补药，尤其是服用人参。他认为补品、补药没有益处，甚而有害。他说，好服补药者，就像喜欢逢迎的人，世上岂有喜逢迎而能受益者乎？一次，他对日讲起居注官揆叙说："尔年幼不可漫服补药，服补药之人，断无受益耳。"他对皇八子胤禩用补药很不高兴。他对官员们说："服补药无益。"他认为："凡人之性喜补剂，不知补中有损。"因为补肝者，即不利脾；治心者，即不宜于肾。每见村野农人，终身未尝服药，然皆老而强健。富贵人动辄服温补之药，究竟为药所误，而且不自知。

但是，康熙皇帝对于年老体衰的人，还是主张要服补药的。他的祖母孝庄太皇太后身体违和时，他同意应"进滋补之剂"。曾任勇略将军的赵良栋后来年老生病，皇帝特赐"人参以调摄"。皇帝曾赐人参给年高的宋荦与魏象枢等官员。康熙帝自己仍是"不轻用药，恐与病不投，无益有损"。

食补。康熙帝认为：病人大病初愈或是病中需增饮食，进行食补，有益健康。内务府官员赫世亨在夏天生病，得了痢疾，发冷发烧，不思饮食，经过诊治，病情转好。康熙帝在他下痢停止之后，派人送给他狍肉一大块、黄雉二只，并降旨说："病人食此狍肉后，痊愈者甚多，是亦朕之所见。朕非大夫，尔可食之看，黄雉亦用之看看。"赫世亨吃了康熙帝赏赐的食物之后，果然身体好了起来，"已能坐卧，且气亦稍强"。康熙帝知道后很高兴，遂又派人送去鲫鱼10尾，叫他"少少食用，不得多食"，尤其不可因"心情喜悦，食之太过"。

气功。气功是道家的一种养生健身法，康熙帝对于道家的养生法、长生术是不大相信的。他对唐高祖以老子为祖，建立道观，至高宗、明皇，崇信不疑，很不以为然。康熙帝认为：金石性烈，烹炼益毒，从古以来，受害者众，皆不可信。康熙帝晚年，身体多病，有人介绍气功可以治病。他先派太监李兴泰、冯尧仁等到道观，向王真人学习练功，"如法危坐，直至饥时，乃出静候。食毕，略步一刻，即仍前坐"。康熙帝见了他们的奏报后，批了"再看"二字，等到有明显效应后，自己再决定是否做。后来他没有修炼道家的这套功法。

总之，康熙帝认为："节饮食，慎起居，实却病之良方也。"（康熙《庭训格言》）这个"节"字很重要，"起""居""饮""食"，都要讲求一个"节"字，不足不好，过量也不好。不能贪，要有度。所以，"饮食有节，起居有常"，这是健身却病、养生长寿的一个最好的办法。

二 弓马骑射

康熙帝身体很好，他说："朕自幼强健，筋力颇佳，能挽十五力弓，发十三握箭，用兵临戎之事，皆所优为。"（《清圣祖实录》卷二七五）重视巡守和骑射——东巡、西巡、南巡、北征，既是体育活动，也是娱乐活动，更是健身活动。

三次东巡 康熙帝的三次东巡，分别发生在康熙十年（1671年）、康熙二十一年（1682年）、康熙三十七年（1698年）。从北京出发，过山海关，经沈阳，到兴京（今辽宁省抚顺市新宾满族自治县），往返路程四千里。其中第二次东巡，远到吉林乌拉（今吉林省吉林市），骑马远行，长途跋涉，颠簸筋骨，有益健康。康熙帝这次东巡，在山海关外67天，射虎39只，最多一天射虎5只（《清圣祖实录》卷一〇〇）。他东巡祭祖，近者到遵化清东陵，远者到关外三陵。

六次西巡 康熙二十二年（1683年）二月和九月、康熙三十七年（1698年）、康熙四十一年（1702年）、康熙四十二年（1703年）、康熙四十九年（1710年）。从北京出发，翻山越岭，道路崎岖，攀登五台山，是一种很好的体育锻炼。

六次南巡 康熙二十三年（1684年）、康熙二十八年（1689年）、康熙三十八年（1699年）、康熙四十二年（1703年）、康熙四十四年（1705年）、康熙四十六年（1707年），康熙帝六次南巡，一次往返约七千里，或骑马，或乘船，或步行，或坐辇，开阔了心胸，陶冶了性情，刺激了情绪，愉悦了心境，对健康无疑是有利的。南巡中，在南京，在杭州，都要到校场，阅兵、习武。如第一次南巡到江宁校场，"上亲射，右发五矢，五中；左发五矢，四中。士民观者，以数万计，皆踊跃蹈舞，欢呼动地"（《清圣祖实录》卷一一七）。

塞外巡幸 从康熙二十年（1681年）开始设立木兰围场，到康熙六十一年（1722年），除康熙二十一年（1682年）准备同俄国进行雅克萨自卫反击战，康熙三十五年（1696年）亲征噶尔丹外，康熙帝每年都去木兰围场，共48次。他还到避暑山庄（前面讲过），共53次。在避暑山庄约四个月。在木兰围场围猎，一般是二十余天。围猎时，每天黎明之前，康熙帝率领皇子、大臣、官兵等，形成方圆数十里的大圈，将动物围在圈里，逐渐紧缩，适度范围。哨鹿手吹响长哨，像雄鹿求偶的声音，雌鹿群集，开始射猎。一天的行围，像一天的战斗。晚间，点燃千百堆篝火，烧烤猎物，载歌载舞，饮酒欢歌。这既是战斗，又是体育，还是娱乐，更是亲谊。显然，夏秋季，离开炎热的北京到凉爽的塞外避暑，坝上行围，空气清新，水草丰美，无暑清凉，云山胜地，鹿鸣鸟叫，多么惬意。

三次北征 亲征噶尔丹——共三次，分别在康熙二十九年（1690年）、康熙三十五年（1696年）、康熙三十六年（1697年）。

康熙帝在亲征噶尔丹时，如康熙三十年（1691年）四月，出古北口后，沿途围猎而行。据《张诚日记》记载：有时"不扶缰绳，快马疾驰，穿过山岗，满弓发射，表现了骁勇动作及娴熟技巧"。有一次，老虎突然跃起，发出吼声，向骑士们冲去，一人被老虎咬死。此刻，放出一群猎犬，它们狂吠着紧随虎后，老虎为防备猎犬，不再追赶猎手。这时，康熙帝连射三四箭，因距离较远，老虎受点轻伤。猎手们高声呼喊，用石块、长枪轰赶藏身荆棘中的老虎，而老虎突然惊起，以极快速度向康熙帝所在地方冲来。后老虎突然掉转方向，又逃到树林中。康熙帝跨过山谷紧跟老虎，开枪射击了两次，把老虎打死。所有的朝廷大臣都过来观看这只大老虎，并对康熙帝表示钦佩。

康熙五十八年（1719年），康熙帝已经66岁高龄，他曾对近臣说："朕自幼至老，凡用鸟枪、弓矢，获虎一百三十五、熊二十、豹二十五、猞猁狲十、麋鹿十四、狼九十六、野猪一百三十二，哨获之鹿凡数百，其余围场内，随便射获诸兽，不胜记矣。朕曾于一日内，射兔三百一十八，若庸常人，毕世亦不能及此一日之数也。"（《清圣祖实录》卷二八五）

这个数字，可以看出：康熙帝自幼至老，长于骑射，不断运动。当时没有保护野生动物的观念，以射猎多为荣。按我们今天的观点，野生动物，应当保护。这是应当注意的。

三　养生理念

康熙帝的养生理念，既重视饮食起居，又重视弓马骑射，更重视修心养性。康熙帝的修心养性，主要包括：

养心要悦心　康熙帝说："朕用膳后，必谈好事，或寓目于所作珍玩器皿。如是则饮食易消，于身大有益也！"（康熙《庭训格言》）作为帝王，也有衰老。衰老是必然的，只有善于对待。康熙帝晚年，牙齿不好。他说："朕今年高，齿落殆半，诸凡食物，虽不能嚼，然朕所欲食者，则必烹烂，或作醢（hǎi）酱，以为下饭，并无一念自怨衰老。"（康熙《庭训格言》）但是，他那些自幼跟随身边的近侍，有人时常以齿落身衰，行走不便，而在人前诉苦。康熙帝认为，这都是不明事理，不能顺其自然。

养心要宽心　康熙帝说，"养身者但宽其心"，就是说心要宽。他说："天下未有过不去之事，忍耐一时便觉无事……孔子曰：'小不忍，则乱大谋。'圣人之言，至理存焉。"（康熙《庭训格言》）就是说，小事要忍耐，忍过去，便无事。他年近花甲时，脸上胡须变白了，有人劝他用"乌须药"，他说："从古以来，有几个白须皇帝？我若能须发皓然，岂不为万世之美谈乎？"康熙帝确实是一位乐天知命的人。

养心要善心　康熙帝说："天道好生，人一心行善，则福履自至。"又说："凡人平日，必当涵养此心。朕昔足痛之时，转身艰难，足欲稍动，必赖两傍侍御人挪移，少著手即不胜其痛。虽至于如此，朕但念自罹之灾，与左右近侍，谈笑自若，并无一毫躁性生忿，以至于苛责人也。二阿哥在病时，朕一日视之，正值其含怒与近侍之人生忿，朕宽解之曰：'我等为人上者，罹疾却有许多人扶持任使，心犹不足。如彼内监或是穷人，一遇疾病，谁为任使？虽有气忿，向谁出耶？'彼时左右侍立之人，听朕斯言，无有不流涕者。凡此等处，汝等宜切记于心。"（康熙《庭训格言》）要换位思考，应体谅他人。

养心要专心　康熙帝认为书法绘画能养生。他说："人果专心于一艺一技，则心不外驰，于身有益。朕所及明季人与我国之耆旧，善于书法者，俱寿考而身强健。复有能画汉人或造器物匠役，其巧绝于人者，皆寿至七八十，身体强健，画作如常。由是观之，凡人之心志有所专，即是养身之道。"（康熙《庭训格言》）一个人，如心志专一，有益于健康。他所亲见明末清初的老年人中，擅长书画，或有专长者，寿数七八十岁，身体还很强健。

养心要清心 康熙帝说："凡人养生之道，无过于圣人所留之经书，故朕惟训汝等，熟习'五经''四书'，性理诚以其中，凡存心养性立命之道，无所不具！"（康熙《庭训格言》）怎样养生呢？一个重要经验是读书，他说："学以养心，亦所以养身。盖杂念不起，则灵府清明，血气和平，疾莫之撄（yīng），善端油然而生，是内外交相养也。"（康熙《庭训格言》）就是说，读书学习，以学养身，减少杂念，心境清静，气血平和，益于健康。康熙帝读了很多医书、药书，而且学贯中西，被誉为"医生天子"。这对他的保健是有好处的。

养心要敬心 康熙帝说："人主势位崇高，何求不得？但须有一段敬畏之意，自然不致差错。便有差错，也会省改。若任意率行，略不加谨，鲜有不失之纵佚者。朕每念及此，未尝一刻敢暇逸也。"一放纵，便伤身。康熙帝提出"五不养生法"："勤修不敢惰，制欲不敢纵，节乐不敢极，惜福不敢侈，守分不敢僭，是以身安而泽长也。"（康熙《庭训格言》）康熙帝这些不懒惰、不放纵、不过极、不奢侈、不僭越的"五不养生法"，是他养生经验的精辟概括，具有普遍意义。

康熙帝不讲迷信。康熙二十八年（1689年），他第二次南巡，到明太祖孝陵。有一个叫王来熊的，献《炼丹养身秘书》一册给康熙帝。他看到后说："朕于经史之余，所阅载籍多矣。凡炼丹修养长生，及师巫自谓前知者，皆妄诞不足信，但可欺愚民而已。通经明理者，断不为其所惑也。宋司马光所论甚当，朕有取焉。此等事，朕素不信！"遂将《炼丹养身秘书》掷还给王来熊（《清圣祖实录》卷一三九）。

他说："每见道士，自夸修养得法，大言不惭。但多试几年，究竟如常人，齿落须白，渐至老耄。观此，凡世上之术士，俱欺诳人而已矣。神仙岂降临尘世哉！

又有一等术士，立地数十年，或坐小屋几载，然能久坐者不能久立，能久立者不能久坐，可知其所以能此，乃邪魅之术耳。此皆朕历试之，而知其妄者也。"（康熙《庭训格言》）

作为帝王，都想长生。秦始皇、汉武帝，都派人求长生不老药。明嘉靖皇帝也炼丹药，求长生。康熙帝对于死，似乎看得很淡。他认为："人之有生必有死。如朱子之言，天地循环之理，如昼如夜。孔子云：'居易以俟命。'皆圣贤之大道，何足惧乎？"这表现了康熙帝开朗乐观的胸怀。

人的养生——寡嗜欲，以养精；寡言语，以养气；寡思虑，以养神。但是，康熙帝也是人，也有七情六欲。他的七情六欲，影响了他的养精、养气、养神，因而影响了他的寿命。

其一，生活过奢。康熙帝平日生活很简单，费用也不大。但他一生先后娶后妃五十多人，实际上还多得多，到了晚年还不断从江南挑选年轻女子，到宫中来做妃嫔。这些伤了他的精。

其二，情感过重。康熙帝的太皇太后、皇太后、皇后死后，他都不能以理制情，过于悲哀，大伤身体。这些伤了他的气。

其三，思虑过细。皇太子的立废，不能举重若轻，不能拿得起放得下，太费心机，在当众宣布废太子时，且谕且泣，仆倒在地，不进饮食，害了大病。这些伤了他的神。

康熙帝的精、气、神骚动，"欲与天地长久，非所闻也"（司马迁《史记·太史公自序》卷一三〇）！康熙帝因重视养生，他比历史上许多皇帝更长寿；他过伤了精、气、神，他有可能活过70岁而只活了69岁，没有活到他应该活到的寿命。可惜，可叹！

第二十二讲 后宫生活

古人云："家和万事兴。"康熙帝的后宫家庭是清朝诸帝中最大的家庭，也是当时中国最大的家庭。这个家庭有多大？共6代人，有太皇太后、太后太妃，皇后妃嫔55人，子女55人，孙、曾孙150余人，还有服务的太监、宫女。康熙帝对祖母孝爱，对皇后挚爱，对子女慈爱，各种关系处理得当。但是毕竟这是一个帝王的家庭，人员庞杂，关系复杂，花销巨大，不知道需要多少人来供养他们。

康熙帝自幼生活在一个庞大的皇帝家庭里，他成人后又营造了一个更加庞大的皇帝家庭。康熙帝的后宫家庭，是清朝诸帝中最大的家庭，也是当时中国最大的家庭。这个家庭有多大？共六代人，有太皇太后、太后太妃，皇后妃嫔55人，子女55人，孙、曾孙150余人，还有服务的太监、宫女。原明宫老太监跟康熙帝说，明宫有太监10万人、宫女9 000人。清宫比明宫太监、宫女人数少，但还是多得惊人。

透过康熙帝的后宫生活，来了解和接近康熙帝，更容易触及他的感情世界。康熙帝的后宫生活，错综复杂，多姿多彩，几页稿纸，难以言尽。本讲选取他同后宫三代女性——同祖母关系、同皇后关系、同女儿关系的片断，以偏窥全，略加讲述。

一 孝爱祖母

康熙帝童年痛失双亲，他对长辈中四个女人感情最深：祖母孝庄太皇太后及其侍女苏麻喇姑、姑母巴林固伦淑慧长公主（孝庄女）、嫡母孝惠皇太后（是父亲的皇后而不是自己的生母），从小受到她们的关爱和照顾，也极尽晚辈之孝敬。"夫孝，天之经也，地之义也，民之行也"。（《汉书·艺文志》）。《大学》曰："为人子，止于孝。"一般人对长辈或老人来说，做到孝顺，顺着老人，不算很难；做到孝敬，敬着老人，不算太难；做到孝爱，爱着老人，心灵相通，的确很难。我重点讲康熙帝对祖母孝庄太皇太后的孝顺、孝敬、孝爱，特别讲孝爱。

在康熙帝心目中，最孝爱的人是太皇太后。他说："朕自八龄，皇考世祖章皇帝宾天。十一岁，又遘（gòu）皇妣（bǐ）章皇后崩逝。早失怙恃，未得久依膝下，于考妣音容，仅能仿佛，全赖圣祖母太皇太后抚育教训三十余年。"（《清圣祖实录》卷一三二）玄烨将孙儿的亲情和孝敬，与作为儿子未能给予父母的回报，合在一起，给了祖母，三十余年，拳拳孝爱。

孝在咨政 康熙帝的祖母孝庄太皇太后，身历天命、天聪、崇德、顺治、康熙五朝，阅历丰富，见多识广。玄烨14岁亲政，还是少年，他在政事方面，求教祖母。《康熙起居注册》记载，康熙帝每日下朝后的第一件事，就是到慈宁宫向祖母请安。他在诗中说"晨昏敬睹慈颜豫"——早晚问安，孝敬祖母，亲睹慈颜，圣心欢快；"承欢祗（zhī）领徽音训"——面禀朝事，聆听训诲，承奉懿旨，以便资政。少年天子十分珍视每日与祖母的会面，这是他日理万机生活中尽享亲情的时刻，更是他以政事求教祖母的最好机会。处理好国家大事，使社稷长治久安，是对祖母最大的孝。

孝在顺心 孝顺、孝顺，讲孝必讲顺。顺，首先要使祖母心情顺畅。

其一，孝顺得长辈欢心。康熙九年（1670年），17岁的康熙帝奉祖母太皇太后、嫡母皇太后前往遵化昌瑞山，祭谒顺治帝的孝陵，皇后赫舍里氏随行。康熙帝原想独自前往，先拜谒太祖、太宗山陵，再拜谒世祖山陵。但孝庄太皇太后以"世祖升遐十年，未得一诣陵寝"为由，说服孙子先去拜谒孝陵，并执意要自己和皇太后博尔济吉特氏、皇后赫舍里氏同往。康熙帝欣然顺应。像这样，祖、媳、孙三代四人一起谒陵，有清一代，仅此一例。后来，康熙帝以自己的体会告诫儿孙们："凡人尽孝道，欲得父母之欢心者，不在衣食之奉养也，惟持善心，行合道理，以慰父母，而得其欢心，斯可谓真孝者矣。"（康熙《庭训格言》）

其二，奉祖母五台之行。山西五台山是我国四大佛教名山之一。元、明以来，大批蒙古信徒来到这里，在菩萨顶修建了多座喇嘛庙。清初皇家对五台山喇嘛庙极为重视。孝庄太皇太后自幼信奉喇嘛教，去五台山菩萨顶礼佛，是她多年的夙愿。

凡是祖母所想的，康熙帝总是千方百计地满足。为陪祖母到五台山进香，他先往五台山，抵达菩萨顶，住了4天。其间，道路、修庙、行宫、物资，亲自安排，做了准备。

康熙二十二年（1683年）九月，康熙帝陪同太皇太后前往五台山。路上，康熙帝"特赴长城岭，用輂亲试"。果然，山势过陡，抬轿之人，站立不稳，难以攀登。

康熙帝返回后如实禀告祖母，但孝庄太皇太后仍不愿放弃多年的愿望，还是要去五台山。康熙帝不愿让祖母失望，谕令抬轿校尉及随侍内监等，勤加演习，小心扈行。届日，起驾出发。行到长城岭，因山路崎岖，乘车不稳，改为暖轿，他本人侍从，前后扶掖，左右照顾。后来，康熙帝回忆这段经历说："昔日太皇太后驾诣五台，因山路难行，乘车不稳，朕命备八人暖轿。太皇太后天性仁慈，念及校尉请轿步履维艰，因欲易车。朕劝请再三，圣意不允，朕不得已，命轿近随车行。行不数里，朕见圣躬乘车不甚安稳，因请乘轿。圣祖母云：'予已易车矣，未知轿在何处，焉得即至？'朕奏曰：'轿即在后。'随令进前。圣祖母喜极，拊朕之背，称赞不已，曰：'车轿细事，且道途之间，汝诚意无不恳到，实为大孝。'盖深惬圣怀而降是欢爱之旨也。可见凡为臣子者，诚敬存心，实心体贴，未有不得君亲之欢心者也。"（康熙《庭训格言》）

道路愈走愈险，车驾难以行进。太皇太后终于对孙子说："岭路实险不可度，吾及此而止，积诚已尽，五台诸寺应行虔礼者，皇帝代吾行之，犹吾亲诣诸佛前也。"康熙帝令皇兄福全等扈从祖母先行返京，他本人择日再到菩萨顶，遵慈旨"代礼诸寺"。七天后，祖孙平安抵京。虽然孝庄亲至菩萨顶礼佛的夙愿，最终未能实现，但她让玄烨代为礼佛，一路上又备感孙儿的至诚体贴，这些都使自己内心的遗憾大为减轻。

其三，时常到后宫看望。康熙帝经常到慈宁宫，看望祖母太皇太后。康熙帝说："自唐宋以来，人君往往疏于定省，有经年不一见者。独不思朝夕承欢，自天子以至于庶人，家庭常礼出于天伦至性，何尝以上下而有别也！"（康熙《庭训格言》）

康熙帝对祖母的回报，尽现在他三十多年"期尽孝养，朝夕事奉"的行动中。朝臣评述道："我皇上至德纯孝，奉事太皇太后三十余年，极四海九洲之养，尽一日三朝之礼，无一时不尽敬，无一事不竭诚。居则视膳于寝门，出则亲扶于雕辇。万几稍暇，则修温凊（qìng）之仪；千里时巡，恒驰络绎之使。此皇上事太皇太后于平日，诚自古帝王之未有也。"这些话，虽是颂扬之语，却基本属实。可以

说康熙帝对祖母的孝,做到了如《孝经》所云:居则致其敬,养则致其乐,病则致其忧,丧则致其哀。"具体说来,其表现在:

孝在饮食 康熙帝出巡时想着祖母。康熙帝每次出巡——东巡、西巡、南巡、北巡,都想着祖母,新的食品,地方风味,都不远千里,送给祖母吃。一次,他驻跸南苑,遣使为祖母恭送鲜果:"日永离宫节候新,薰风早已献嘉珍。赤瑛盘内千鲜果,奉进瑶池第一人。"他在南巡途中捕得鲜鱼,立即"驰进两宫(太皇太后、皇太后),兼志思慕之情":"千里难承玉陛欢,鲜鳞网得劝加餐。遥知长信开函日,定荷慈颜一笑看。"他行围时猎获的飞禽野兽,采集的山珍野味,也恭进祖母:"遣使呈鲜味,须令马迅飞。"康熙帝时时事事处处,体现对祖母一片孝心。

康熙帝对嫡母孝惠皇太后也同样如此。他后来回忆道:"朕事皇太后五十余年,总以家庭常礼,出乎天伦至性,遇有事奏启,一日二三次进见者有之;或无事,即间数日者有之,至于万寿诞辰,嘉时令节,朕备家宴,恭请临幸,则自晨至暮,左右奉侍,岂止日觐数次?朕之巡狩江南,出猎塞北,也随本报,三日一次,恭请圣安外,仍使近侍太监乘传请安,并进所获鹿麅(páo)、雉兔、鲜果、鲜鱼之类。凡有所得,即令驰进,从不拘定日期。且朕侍皇太后,事家人礼数,惟以顺适为安,自然为乐,并不以朝见日期限定礼法而称孝也。"(康熙《庭训格言》)

孝在侍疾 康熙帝对祖母疾病的关切,竭诚尽意,无以复加。

其一,奉祖母洗温泉。康熙帝陪祖母先后六次坐汤治病,一次去宣化赤城汤泉,两次去昌平小汤山温泉,三次去遵化福泉山温泉。时间最长一次达73天,最短一次45天。如:康熙十一年(1672年)正月,19岁的康熙帝陪祖母去坐汤。途中进膳时,他亲视祖母降辇,陪祖母一起到进膳处,亲自安排。饭后,又到祖母行宫,侍祖母登上乘舆,并亲扶辕驾,行走数十步,才上马跟随。过八达岭时,康熙帝下马,亲手为祖母"扶辇整辔"。太皇太后心疼孙子,几次劝他说:"汝步行劳苦,其乘马前行。"康熙帝执意不肯:"此处道险,必扶辇整辔,于心始安。"经过9天翻山过岭,长途跋涉,终于抵达赤城温泉。由于温泉附近地方狭隘,康熙帝住在 7 里以外的地方。他每天前去请安，并陪伴祖母说话。回程过长安岭时，大雨滂沱，康熙帝不顾祖母的劝阻，下马步行，护持辇辕。孝经曰："夫孝，德之本也。"这次往返 65 天的行程中，康熙帝表现出对祖母的虔诚孝爱。

其二，风雨进香祈祷。一是白塔进香。康熙二十四年（1685 年）八月二十八日深夜，孝庄太皇太后突然中风，右肢麻木，舌头发硬，言语不清。康熙帝为祖母"亲侍进药，侍奉至夜半"。此后数日，康熙帝每日两三次去祖母宫中问安。康熙帝决定前往白塔寺（位于北京阜成门内）进香为祖母祈福，正准备从宫中动身时，突然电闪雷鸣，大雨如注。近侍请求等雨停后再去，康熙帝不允，毅然冒雨前往。二是天坛祈祷。康熙二十六年（1687 年）十二月初一日，祖母病重。隆冬凌晨，寒风刺骨，康熙帝率王公大臣从乾清宫出发，步祷天坛，前往致祭。康熙帝读祝版时，跪在坛前，涕泪满面，泪滴成冰。陪祀臣工，无不感泣。

其三，照料病重祖母。康熙二十六年（1687 年）十一月二十一日，孝庄太皇太后发病，康熙帝谕令："非紧要事，勿得奏闻。"康熙帝对祖母的孝，"病则致其忧"（《孝经》）。他在慈宁宫祖母的床边，席地奉侍，昼夜不离，"衣不解带，寝食俱废"。孝庄太皇太后入睡后，康熙帝"隔幔静候，席地危坐，一闻太皇太后声息，即趋至榻前，凡有所需，手奉以进"。后来他回忆说："昔日，太皇太后圣躬不豫，朕侍汤药三十五昼夜，衣不解带，目不交睫，竭力尽心，惟恐圣祖母有所欲用而不能备，故凡坐卧所须，以及饮食肴馔，无不备具，如糜粥之类，备有三十余品。其时圣祖母病势渐增，实不思食，有时故意索未备之品，不意随所欲用，一呼即至。"（康熙《庭训格言》）

孝在居丧 《中庸》曰："爱其所亲，事死如事生，事亡如事存，孝之至也。"孝敬长辈，既在生前，也在身后。康熙二十六年（1687 年）十二月二十五日，孝庄太皇太后病逝，享年 75 岁。康熙帝一连十余昼夜，流涕呜咽，号痛不止，居住围帐，水浆不入，以致昏迷。他违背皇后大丧皇帝不割辫的祖制，毅然割辫；又将孝庄梓宫安放在慈宁宫内，直到翌年正月十一日发引，康熙帝昼夜不离。第二年过年，康熙帝坚持在慈宁宫为祖母守丧。他"每念教育深恩，哀痛实难自禁"，五心哀戚，恸哭不止。孝庄太皇太后的梓宫被迁往朝阳门外殡宫，发引之时，康熙帝坚持步行；途中每次更换抬梓宫的杠夫时，也"必跪于道左痛哭，以至奉安处，刻不停声"。祖母临终及病故后，他连续60天衣不解带，也不盥（guàn）洗。到正月下旬，御门听政时，还要人扶掖而出。康熙帝晚年的高血压及心脏病等疾患，就是祖母大丧和废皇太子忧伤而落下的病根。康熙帝从孝庄死到自己故去，其间35年，前往遵化祭谒暂安奉殿、孝陵共26次，时刻缅怀祖母的慈恩。

孝庄太皇太后临终，拊着孙儿康熙帝的后背，流着眼泪赞叹说："因我老病，汝日夜焦劳，竭尽心思，诸凡服用，以及饮食之类，无所不备，我实不思食，适所欲用不过借此支吾，安慰汝心，谁知汝皆先令备在彼，如此竭诚体贴，肫肫恳至，孝之至也。惟愿天下后世，人人法皇帝如此大孝可也。"（康熙《庭训格言》）史官评论康熙帝说："天性纯孝，古帝王未之有也！"

这里，附带讲一个孝惠皇太后的故事。太后为排解寂寞，将宜嫔郭络罗氏生的皇五孙胤祺，从小养在自己宫中，由太监韩信专门负责服侍。康熙二十六年（1687年）六月，康熙帝召诸皇子在大臣面前讲诵经书，9岁的胤祺不能背诵汉文经书。康熙帝向儒臣解释说："皇五子向在皇太后宫中育养，皇太后爱之不令其读汉书，止令其习清书（满文）。今汉书虽未曾读，已能通晓清书矣。"于是，命胤祺写清书一篇。可见孝惠太后对孙辈胤祺的溺爱。胤祺自幼没能像其他皇兄弟那样，受到系统的儒家教育，而是被惯养在皇太后身边，很少接触外部世界，对新生事物也缺乏了解，从而眼界狭窄，学识浅薄，为人平庸，未结党羽。不过，事有不测，因祸得福。雍正帝上台后，原优秀与结党的兄弟，或死或囚，胤祺以平庸而得终天年，是康熙帝年长诸子中最终得以保全的少数几人之一。这或应验《庄子》林木以其不材而免遭砍伐的寓言。

康熙帝对长辈如此孝顺，对待三位皇后如何呢？

二 挚爱皇后

康熙帝的后妃在 55 人以上，是清朝诸帝中最多的。陪康熙帝入葬景陵的后妃 55 人，其中皇后 4 人、皇贵妃 3 人、贵妃 1 人、妃 11 人、嫔 8 人、贵人 10 人、常在 9 人、答应 9 人。妃嫔中享年最高的是定嫔万琉哈氏 97 岁，比康熙帝小 18 岁，康熙帝死后她跟儿子、皇十二子胤裪过，又活了 46 年，为清朝后妃中最高寿的。还有和妃瓜尔佳氏 86 岁、贵妃佟佳氏 76 岁。其他 18 位妃嫔，大多得享高寿。康熙帝的后妃，有 4 对亲姐妹——孝诚仁皇后赫舍里氏和妹妹、孝昭仁皇后钮祜禄氏和妹妹、孝懿仁皇后佟佳氏和妹妹、宜妃郭络罗氏和妹妹。光绪帝载湉（tián）的瑾妃与珍妃也是一对姐妹。此外，孝恭仁皇后乌雅氏是胤禛生母，原为德嫔、德妃，雍正帝即位，尊为皇太后。

在这里，我介绍一下他的三位皇后——赫舍里氏、钮祜禄氏、佟佳氏，她们相继病故，史所罕见。

赫舍里氏皇后 赫舍里氏是辅政大臣索尼的孙女，康熙四年（1665 年）与康熙帝举行了大婚典礼。时新郎 12 岁（十一周岁零六个月），新娘 13 岁（十一周岁零九个月），他们是清帝后大婚时年龄最小的。这对少年帝后的感情如何？他们有爱情吗？有一次，我给外国驻华官员及其眷属作报告，一位大使问："清朝皇帝那么多的后妃，他们有爱情吗？"我回答说："有！"我举了清太宗皇太极同关雎宫宸妃、顺治帝同董鄂妃的爱情故事。这位大使又问："康熙皇帝那么多的后妃，他有爱情吗？"我回答说："有！"举的例子就是康熙帝同皇后赫舍里氏的爱情故事。

皇后赫舍里氏少年入宫，册为皇后，练达聪慧，性格宽柔，颇有心计，善于处理同太皇太后、皇太后、皇帝及众多妃嫔的关系。但是，康熙十三年（1674 年），赫舍里氏因难产在坤宁宫去世，享年才 22 岁。康熙帝得到噩耗，非常悲痛，辍朝五日，全国举哀。赫舍里氏去世后第三天，康熙帝"迁送大行皇后梓宫于紫禁城西"。从这一日起直到第二十七日，他几乎每天都去梓宫前举哀。第二十七日上午，他亲自将大行皇后梓宫送往京师北郊沙河地区的巩华城。在梓宫安放处，康熙帝独自默哀许久，直到晚上戌时（19—21时）才返回皇宫。据《康熙起居注册》统计，康熙十三年（1674年）六月至十二月，康熙帝去巩华城34次，平均每周1次多。十四年（1675年）去24次，平均每月2次，其中赫舍里氏去世周年的前一天，他提前赶到巩华城，当晚留宿一夜，翌日亲行致祭后返回。十五年（1676年）去15次。赫舍里氏死后，三年之内康熙帝没有再立皇后，直至十六年（1677年）八月，他才遵奉祖母之命册立第二位皇后。十六年正月至七月，他仍旧去巩华城7次，平均每月1次。据《康熙皇帝一家》作者杨珍研究员统计，三年之间，康熙帝共去巩华城80次。这几年每逢除夕前一日，康熙帝都去巩华城陪伴亡灵，日暮方归。朝鲜使者自清廷返回后向国王报告说："（康熙帝）每往哭沙河宫殡后之所。"

康熙帝时当盛年，妃嫔众多，又值平定三藩之乱的危难局势，日理万机，昼夜忙碌，却多次往返祭奠亡后，非同寻常，难能可贵。康熙帝出于对亡后的爱，她生的儿子胤礽才2岁就被立为太子。

钮祜禄氏皇后 皇后赫舍里氏死后三年，康熙帝册立钮祜禄氏为皇后。钮祜禄氏是辅政大臣遏必隆的女儿，能读书习文，"览史披图"。不幸的是，钮祜禄氏只当了六个月皇后，便于康熙十七年（1678年）二月二十六日，在坤宁宫去世，年约25岁。康熙帝亲自将皇后钮祜禄氏的梓宫，送到紫禁城武英殿安厝。在大行皇后二十七日的丧期内，康熙帝每天必去梓宫殿前举哀，而且几乎每次都是辰时往，申时还，在梓宫旁待上七八个小时。丧期满后，他亲自将梓宫送至巩华城，与孝诚仁皇后赫舍里氏同安于殿内。当晚，宿于巩华城。一连四五天，他每日都长时间地在钮祜禄氏梓宫前举哀。据杨珍研究员统计，康熙帝在大约三年的时间内，去巩华城致哀48次，加上此前致祭赫舍里氏80次，前后累计达128次。康熙帝亲自去巩华城为故去的皇后哀悼，其次数之多，时间之久，往返之频，路程之远（50华里），爱戚之诚，挚情之笃，古往今来，实属罕见。

康熙二十年（1681年）二月，赫舍里氏和钮祜禄氏两位皇后的灵柩，迁往遵化景陵安葬。皇后赫舍里氏和钮祜禄氏，比康熙帝早逝四十多年，但康熙帝对她们的追念哀思，一直持续到他生命的尽头。

佟佳氏皇后 佟佳氏是佟国维的女儿，是康熙帝生母孝康章皇后的亲侄女，所以康熙帝和佟佳氏是舅表亲。佟佳氏是康熙帝的表妹。她先是被封为贵妃，又被册为第三位皇后。佟佳氏的父亲佟国维官内大臣、领侍卫内大臣、议政大臣，佟家在朝廷做官的很多，有"佟半朝"之称。

佟佳氏曾亲自抚养皇四子胤禛（雍正帝）。何以见得？雍正帝继位后，宣谕："朕奉皇太后懿旨：孝懿皇后曾亲抚育尔躬。"（《清世宗实录》卷二）雍正帝为佟佳氏追加谥号册文中说："抚冲龄而顾复，备蒙鞠育之仁；溯十载之劬劳，莫报生成之德。"（《清世宗实录》卷一一）乾隆元年（1736年）加上谥号册文说："抚皇考于冲龄，十载劬劳，备荷生成之德；终天哀育，常怀高厚之恩。"就是说，胤禛出生不久，便由佟佳氏领养，直到十年后她去世。

用个民间的说法，康熙帝是不是"克后"呢？他的第一位皇后年仅22岁故去。第二位皇后册封前十几年内，一直安然无恙，但册立为皇后刚半年便故去。第三位皇后也过早地故去。不管康熙帝是不是这样想的，他失去第三位皇后时，正值36岁的盛年，但此后再未册后。至于第四位皇后乌雅氏，因为是皇四子胤禛的生母，胤禛即皇帝位后，追封她为康熙帝的皇后。

汉族妃子 康熙帝的妃子，有满洲人，有蒙古人，也有汉人。妃子们的生活有哀怨，也有乐趣。上元节，吃元宵，抖空竹："上元值宴玉照宫，歌舞朝朝乐事同。妃子自矜身手好，亲来阶下抖空竹。"清明节，去踏青，放风筝："花朝才过又清明，天际游丝漾午晴。惆怅翠华临别苑，玉阶独立放风筝。"（《清宫词》）康熙帝后宫，确有汉族妃子。早在顺治初年，孝庄太后谕：有以缠足女子入宫者，斩！相传这道谕旨，悬于神武门里。上文的"缠足女子"是指汉族女子，因为满、蒙两族妇女是天足（大脚）。高士奇在畅春园，看到康熙帝的两幅妃嫔画像。康熙帝指着其中一幅对高士奇说："此汉人也。"康熙帝后宫有汉族妃嫔，大约在他第一次南巡之后。《清宫词》记载："华风纤巧束双缠，妙舞争夸贴地莲。何似珠宫垂厉禁，防微早在入关年。"妃嫔中的高氏、陈氏、石氏、王氏等，都为康熙帝生过儿子。据《康熙写真》作者陈捷先教授考证，康熙帝55位后妃中至少有10位确属汉人。

总之，康熙帝内心对后妃、特别是对皇后确有一定的真实感情，其中有生理的需求、心灵的慰藉、情感的沟通、朴素的爱恋，也时有真、善、美的流露。

三　慈爱女儿

康熙帝有20个女儿，她们出自16位母亲。其中乌雅氏（雍正帝的生母）生下三男——皇四子胤禛、皇六子胤祚、皇十四子胤禵和三女——皇七女、皇九女、皇十二女，可谓多产。

《大学》曰："为人父，止于慈。"康熙帝对女儿是慈爱的。

康熙帝的20位皇女，《清史稿·后妃传》《星源吉庆》中也不记她们的名字。本来，满洲在关外，皇女是有名字的，如努尔哈赤三女名莽古济，四女名穆库什等。清入关后，受汉文化影响逐渐深化，女孩——包括金枝玉叶的公主，史书也不记载她们的名字。在提及她们的时候，或用排行（如皇长女、皇二女、皇三女），或用封号（如和硕荣宪公主即皇三女）来称呼。

康熙帝20位女儿，未成年死的12位，其中年龄最小的皇十八女不满一个月，而不满一周岁死的有4位。康熙帝的皇女平均寿龄为16.75岁。

康熙帝皇女婚嫁的有8位：皇三女（二公主），19岁结婚，享年56岁；皇五女（三公主），19岁结婚，享年37岁；皇六女（四公主），19岁结婚，享年57岁；皇九女（五公主），18岁结婚，享年20岁；皇十女（六公主），22岁结婚，享年26岁；皇十三女（八公主），20岁结婚，享年23岁；皇十四女（九公主），18岁结婚，享年 48 岁；皇十五女（十公主），18 岁结婚，享年 19 岁。

康熙帝的 8 位出嫁公主，他们的婚姻生活有什么特点呢？

其一，大多晚婚。她们结婚的平均年龄为 19.125 岁，其中最大的为 22 岁。这在当时来说，都算是晚婚。

其二，多嫁蒙古。8 位出嫁公主中有 6 位嫁给蒙古王公子弟，一位嫁给满洲镶黄旗人，一位嫁给汉人。

其三，远嫁他乡。皇六女（四公主）指配给博尔济吉特氏喀尔喀郡王敦多布多尔济为妻，皇十女（六公主）指配给喀尔喀台吉策凌为妻。康熙四十六年（1707 年）七月，康熙帝北巡，驻恪靖公主（皇六女）府（位于今内蒙古呼和浩特市）。

其四，去世过早。这些出嫁的公主平均寿龄为 35.75 岁，寿龄最大的皇六女活了 57 岁。

其五，得父慈爱。康熙帝结婚时 12 岁，皇后 13 岁。为什么他的女儿晚婚呢？可能是因为额驸难找，但更大的可能是康熙帝舍不得把女儿嫁出去。

康熙帝对祖母的孝爱，对皇后的挚爱，对公主的慈爱，是中华传统文化美德的一例体现，值得后人细心思考。但是，康熙帝毕竟是帝王，他的后宫，后妃很多，如皇后、皇贵妃、贵妃、妃、嫔、贵人、常在、答应等。我们以"答应"为例，这种后妃位列贵人、常在之后，没有定数（《国朝宫史》卷八）。康熙四十六年（1707 年），宫内有大答应 64 人、小答应 104 人、答应 41 人，共 209 人（杨珍《康熙皇帝一家》）。皇帝身边女人伴，世间贫者鳏（guān）夫怨。这些后妃要有多少人供养她们呢！

第二十三讲 立废太子

康熙帝61年皇帝生涯，遇到三次挑战皇权的斗争。第一次，少年时期，皇权与相权的矛盾，他用"布库"就是"游戏兵"智擒鳌拜，亲掌朝纲。第二次，青年时期，皇权与"藩王"的矛盾，他用武力讨伐，经过八年战争，取得削平"三藩"的胜利。第三次，老年时期，皇权与储君的矛盾，他动用皇威处置之，极为痛苦，极为艰难，也极为伤心。康熙帝文治武功，英明一世；立废太子，糊涂一时。立废太子的问题，从隐到显，从蓄到发，是一个漫长、复杂、激烈、残酷的过程。这要从康熙帝一步错棋讲起。

康熙帝 61 年皇帝生涯，遇到三次挑战皇权的斗争。第一次，少年时期，皇权与相权的矛盾，他用"布库"就是"游戏兵"智擒鳌拜，亲掌朝纲。第二次，青年时期，皇权与"藩王"的矛盾，他用武力讨伐，经过八年战争，取得削平"三藩"的胜利。第三次，老年时期，皇权与储君的矛盾，他动用皇威处置之，极为痛苦，极为艰难，也极为伤心。康熙帝文治武功，英明一世；立废太子，糊涂一时。立废太子的问题，从隐到显，从蓄到发，是一个漫长、复杂、激烈、残酷的过程。这要从康熙帝一步错棋讲起。

一　一步错棋

康熙帝有 35 个儿子，分别由 18 位后妃所出，平均寿龄 32.8 岁。在 35 个儿子中，排序的只有 24 位，其中除去夭折 4 人、出继 1 人，还有 19 人。在这 19 位皇子中，康熙帝临终时未满 16 岁的有 5 人，可以考虑皇位继承的有 14 人。

康熙帝 22 岁立皇太子，55 岁废皇太子，56 岁复立皇太子，59 岁再废皇太子，直到他去世，没有公开明确指定皇位继承人。

问题的发生，在棋错一步。康熙帝为什么要在年富力强的 22 岁时立皇太子呢？

康熙帝之立储，主要原因有四：

第一，满洲历史教训。努尔哈赤、皇太极临死之前都没有确定并宣布皇位继承人，因而引起大位争夺的严重事件。如努尔哈赤死后，大妃阿巴亥被逼殉葬；皇太极死后，由亲王、郡王贵族会议公推新君，几乎在大清门前兵戎相见。清政权在皇位更迭之际，两次濒于分裂的险境。

第二，汉族历史经验。康熙帝学习并接受汉族儒家经典，研究中国历朝统治经验，深悉预立储君有利于皇权的连续性与稳固性，是巩固清皇朝统治的头等政治大事。他开始接受历代皇位继承的经验，特别是明朝嫡长制继承皇位的历史传统,打算实行皇太子制度。

第三,平定叛乱所需。当时吴三桂等发动三藩之乱,形势危急。康熙帝命杀掉吴三桂唯一的儿子、在北京做人质的额驸吴应熊,以丧其志,并绝其望;同时,立皇太子,正位东宫,"以重万年之统,以系四海之心"（《清圣祖实录》卷五八）。也就是以此稳定人心、表明决心、加强皇权、巩固统治。

第四,还有特殊原因。皇太子胤礽的生母是皇后赫舍里氏,13岁嫁给玄烨,但在生育胤礽时因难产而死,年仅22岁。康熙帝怀念这位早逝的皇后,在大丧期间几乎每天都去举哀;后梓宫移到昌平巩华城,三年间每逢除夕前一天,他都去巩华城陪伴亡灵。母因子死,子以母贵,康熙帝便立这位嫡长子为皇太子。

首立太子 康熙十四年（1675年）十二月十三日,康熙帝亲御太和殿,参照汉族的"嫡长制",册立刚过一周岁的嫡长子胤礽为皇太子。康熙帝对皇太子的教育倾注了极大的心血。皇太子幼时,康熙帝就开始亲自为他授课:"上在宫中亲为东宫讲授'四书''五经',每日御门听政之前,必令将前一日所授书背诵、复讲一过,务精熟贯通乃已。"（章乃炜、王蔼人编《清宫述闻》）皇太子5岁入学读书,天资聪颖,学业长进。史载:皇太子聪明好学,"通满、汉文字,娴骑射,从上行幸,赓（gēng）咏斐然"（《清史稿》卷二二〇《允礽传》）。而且身体健壮,眉清目秀,一表人才。康熙帝非常喜爱。

康熙帝为培养皇太子,委以重任,进行锻炼。康熙三十五年（1696年）、三十六年（1697年）,康熙帝三次亲征噶尔丹,先后有十多个月不在京城,他命皇太子胤礽坐镇京师,处理朝政:"代行郊祀礼;各部院奏章,听皇太子处理;事重要,诸大臣议定,启皇太子。"（《清圣祖实录》卷一七一）由于皇太子不负众望,克尽厥职,"举朝皆称皇太子之善"（《清圣祖实录》卷二三四）。康熙帝也很满意,他给皇太子的朱批说:"皇太子所问,甚周密而详尽,凡事皆欲明悉之意,正与朕心相同,朕不胜喜悦。且汝居京师,办理政务,如泰山之固,故朕在边外,心意舒畅,事无烦扰,多日优闲,冀此岂易得乎?朕之福泽,想由行善所致耶!朕在此凡所遇人，靡不告之。因汝之所以尽孝以事父，凡事皆诚恳悃切，朕亦愿尔年龄遐远，子孙亦若尔之如此尽孝，以敬事汝矣。因稔知尔诸事谨慎，故书此以寄。"《宫中档康熙朝奏折》第八辑《满文谕折》）可见，康熙帝对皇太子，充分信任，寄予厚望。

这时，康熙帝已进入中年，皇子们逐渐长大成人。康熙三十七年（1698年）三月，康熙帝分别册封成年诸皇子为郡王、贝勒，其中：封皇长子胤禔为多罗直郡王，皇三子胤祉为多罗诚郡王，皇四子胤禛、皇五子胤祺、皇七子胤祐、皇八子胤禩，俱为多罗贝勒（皇六子胤祚已死）。受封诸子参与国家政务，并分拨佐领，各有属下之人。分封皇子，相对削弱了皇太子的力量，对皇太子是又一次考验。同时，诸年长皇子有权有势以后，加剧了与皇太子的矛盾。诸皇子及其党羽觊觎储君者，共同盯住并打击的目标，是皇太子及皇太子党。于是，在皇帝与储君、皇太子与诸皇子之间的矛盾，错综复杂、日益加剧。

矛盾发生　康熙帝立胤礽为皇太子后，朝中就逐渐形成了拥护皇太子与反对皇太子的两大政治势力。皇太子党首脑人物索额图，是康熙帝幼年首席辅政大臣索尼之子、孝诚仁皇后叔父、皇太子外叔祖父、大学士、领侍卫内大臣。康熙二十八年（1689年），他担任中俄议定边界谈判的中方首席代表，主张尼布楚、雅克萨两地当归清朝，同俄国首席代表戈洛文签订《中俄尼布楚条约》。索额图对从小就失去母亲的皇太子胤礽格外疼爱和关怀。但他后来陷入了康熙帝与皇太子矛盾的政治旋涡。康熙四十二年（1703年）五月，康熙帝以索额图"议论国事，结党妄行"之罪，令宗人府将其拘禁。不久，索额图死于幽所。又命逮捕其诸子，将索额图之弟心裕、法保拘禁，并命："若别生事端，心裕、法保当族诛！"大臣麻尔图、额库礼、温代、邵甘、佟宝等，也以党附索额图之罪，并被禁锢，"诸臣同祖子孙在部院者，皆夺官"《清史稿》卷二六九《索额图传》）。

为什么要严惩索额图？五年后废皇太子时，康熙帝才作了解释："从前索额图助伊潜谋大事，朕悉知其情，将索额图处死。"《清圣祖实录》卷二三四）到第二次废皇太子时，康熙帝更明确地说皇太子问题根子在索额图："骄纵之渐，实由于此。索额图诚本朝第一罪人也！"（《清圣祖实录》卷二五三）就是说索额图之罪，在于同皇太子结党，骄纵皇太子，图谋篡夺皇位。康熙帝严惩索额图，打击并削弱皇太子势力，是杀鸡给猴看，给皇太子敲警钟。

康熙四十七年（1708年）五月十一日，康熙帝巡幸塞外，命皇太子、皇长子、皇十三子、皇十四子、皇十五子、皇十六子、皇十七子、皇十八子随驾。在巡幸期间，发生了几件事，促使康熙帝与皇太子矛盾激化。

其一，皇长子胤禔等皇子，在康熙帝面前，向皇父说了皇太子的许多小话，如说他暴戾不仁，恣行捶挞诸王、贝勒、大臣，还有截留蒙古贡品等不良表现。康熙帝对皇太子种种不仁的表现非常不满。最重要的是，他认为储权威胁皇权，皇太子"欲分朕威柄，以恣其行事也"！（《清圣祖实录》卷二三三）

其二，康熙帝巡幸途中，因刚满7岁的皇十八子胤祄患了急性病，心情十分焦虑，皇太子却无动于衷。康熙帝由此回想起十多年来耿耿于怀的一件事：康熙二十九年（1690年）七月，乌兰布通之战前夕，康熙帝出塞，途中生病，令皇太子与皇三子驰驿前迎。胤礽到行宫给皇父请安，看到天颜消瘦，竟没有忧戚之意，也没有良言宽慰。康熙帝对皇太子不满，让他先回北京（《清圣祖实录》卷一四七）。胤礽当时只有16岁，可能根本没有意识到皇父的不满。后来，康熙帝在废皇太子时说已包容了20年，认为皇太子不忠不孝，不堪重用，就是以这件事作为起点。在胤祄病死的当天，康熙帝就下令拘执胤礽。

其三，在返京途中，康熙帝发现皇太子夜晚靠近他的帐篷，从缝隙向里面窥视，便怀疑皇太子可能要"弑逆"，就是暗杀。这件事刺激康熙帝下决心要废掉皇太子。

初废太子 康熙四十七年（1708年）九月初四日，康熙帝在巡视塞外返回途中，在布尔哈苏台，召集诸王、大臣、侍卫、文武官员等于行宫前，垂泪宣布皇太子胤礽的罪状。

第一，专擅威权，肆恶虐众，将诸王、贝勒、大臣、官员恣行捶挞；

第二，穷奢极欲，远过皇帝，吃穿所用，恣取国帑，犹不以为足；

第三，对亲兄弟，无情无义，有将诸皇子不遗噍（jiào）类之势；

第四，朕躬起居，无不探听，"伊每夜逼近布城，裂缝向内窃视"；

第五，"朕未卜今日被鸩（zhèn），明日遇害，昼夜戒慎不宁"（《清圣祖实录》卷二三四）。

罗列太子罪状之后，康熙帝说：不能让这个不仁不孝的人将来为国君。康熙帝"且谕且泣，至于仆地"。谕毕，命将胤礽即行拘执（《清圣祖实录》卷二三四）。同一天，康熙帝为了打击皇太子集团的势力，命将索额图的两个儿子格尔芬、阿尔吉善及胤礽左右的二格、苏尔特、哈什太、萨尔邦阿等人"立行正法"。

康熙帝为了政治的需要，废斥皇太子，但废黜之后，又很难过——愤怒、怨恨、失望、怜爱，复杂的心情，交织在一起。他一连六日，"未尝安寝"，对诸臣谈起此事，犹"涕泣不已"（《清圣祖实录》卷二三四）。

九月十六日，康熙帝回到北京。命在皇帝养马的上驷院旁设毡帷，给胤礽居住。又命皇四子胤禛与皇长子胤禔共同看守。当天，康熙帝召集诸王、贝勒等副都统以上大臣、九卿等于午门内，宣谕废黜皇太子胤礽之事。康熙帝亲撰告祭文，于十八日告祭天地、宗庙、社稷。将废皇太子幽禁紫禁城内咸安宫，二十四日，颁诏天下。

皇太子胤礽从康熙十四年（1675年）初立，至康熙四十七年（1708年）初废，长达33年之久。这一年，康熙帝55岁，皇太子35岁。为了培养皇太子，康熙帝可谓费尽苦心。废皇太子一事使康熙帝悲愤叠加，心力交瘁。这时，康熙帝已经进入老年，而接班人却变得渺茫。更为严重的是，康熙帝看到废黜皇太子后，皇子们之间的争斗，由表及里，由隐到显，由缓到急，愈演愈烈。这当然是他不愿意看到的。因此，他在处理皇太子事件过程中，立废反复，犹疑不定，自乱章法。

二 乱了章法

康熙帝的儿子太多，自己在位时间又长，夜长梦多，子多生变，皇子们结党自固，逐渐形成了几个集团，如皇太子（胤礽）集团、皇四子（胤禛）集团、皇八子（胤禩）集团、皇十四子（胤禵）集团。他们所争夺的，不是房子、银子、珠宝和土地，而是皇位。

诸子争储　康熙帝深恶皇子结党，蓄谋大位。他在废皇太子胤礽后说："诸皇子有钻营为皇太子者，即国之贼，法所不容。"（《清史稿》卷二二〇《允禩传》）但是，一些年长的皇子，觉得自己有戏，明争暗拉，内外勾结，上下串联，四处钻营，谋求储位。台面上最活跃的是皇长子胤禔和皇八子胤禩。

胤禔谋取皇储。皇长子胤禔的有利条件是：一则居长，二则原大学士明珠是其外堂叔祖父（姑爷爷），三则得到皇父的宠爱。他积极活动，谋求储位。表现是：第一，争取立长。他错误地估计形势，认为康熙帝立嫡不成，势必立长。康熙帝不得不宣谕："朕前命直郡王允禔善护朕躬，并无欲立允禔为皇太子之意。"（《清圣祖实录》卷二三四）第二，请杀胤礽。胤禔利令智昏，竟奏请杀掉胤礽："今欲诛允礽，不必出自皇父之手。"康熙帝听了，非常惊异，意识到胤禔与胤禩结党谋取储位，竟欲杀害胤礽，如若得逞，后果严重。第三，推荐胤禩。胤禔见自己夺储无望，便想推荐与己关系密切的皇八弟胤禩（胤禩少时为长兄胤禔生母惠妃所抚养）。第四，镇魇(yǎn)胤礽。就是用魔法诅咒皇太子。皇三子胤祉向康熙帝揭发：皇长子与一个会巫术的人有来往。经查，发现胤禔用巫术镇魇胤礽，阴谋暗害亲兄弟，并有物证。其母惠妃出身微贱，向康熙帝奏称胤禔不孝，请予正法。康熙帝不忍杀亲生儿子，同时，又警惕以明珠为首的另一支外戚势力膨胀，令革其王爵，终身幽禁。

胤禩谋取皇储。皇八子胤禩精明能干，在朝中有威望，党羽多，声势大。胤礽被废后，胤禩虽为贝勒，但署内务府总管事，很有希望当皇太子。胤禔利用张明德相面之事，为胤禩制造舆论，说："相面人张明德曾相允禩，后必大贵。"康熙帝派人追查张明德相面之事，查出：有相面之事，且有谋杀皇太子的企图。从此，康熙帝对胤禩更为戒备。

康熙四十七年（1708年）九月，康熙帝痛斥胤禩道："允禩柔奸性成，妄蓄大志，党羽相结，谋害允礽。今其事皆败露，即锁系，交议政处审理。"（《清史稿》卷二二〇《允禩传》）九阿哥胤禟（táng）告诉十四阿哥胤禵。胤禵进入，营救胤禩。康熙帝大怒，拔出佩刀，将诛胤禵。五阿哥胤祺上前，跪地抱着皇父劝止，康熙帝愤怒少解。（《清圣祖实录》卷二三四）这件事情闹得宫廷乌烟瘴气。同年十一月，复允禩为贝勒。

十一月十四日，康熙帝召满汉文武大臣齐集畅春园，令从诸皇子（皇长子除外）中举奏一位堪任皇太子之人，说："众议谁属，朕即从之。"在诸臣推举皇太子之前，康熙帝的意思是复立皇太子，曾找大学士李光地询问废皇太子病："如何医治，方可痊好？"李答："徐徐调治，天下之福。"康熙帝试图启发臣下，复立胤礽，意思是说，胤礽的病由废其皇太子之位引起，对症下药，只有复立。他希望李光地将自己的意思传播出去，但李光地为少惹是非，未向任何人透露此事。结果，这次民意测验并未向着康熙帝希望的方向发展。"集议日，马齐先至，张玉书后入，问：'众意谁属？'马齐言众有欲举八阿哥者。俄，上命马齐勿预议，马齐避去。阿灵阿等书'八'字密示诸大臣，诸大臣遂以允禩名上，上不怿。"（《清史稿》卷二八七《马齐传》）时马齐为大学士、阿灵阿为领侍卫内大臣兼理藩院尚书。康熙帝说：皇八子未曾办理过政事；近又罹罪，母家出身微贱，故不宜立为皇太子（《清圣祖实录》卷二三五）。康熙帝传谕李光地，提醒说："前召尔入内，曾有陈奏，今日何无一言？"这时，诸臣才恍然大悟，原来康熙帝有过暗示。

大家注意，在众皇子上下钻营之时，皇四子胤禛却不露声色，暗自韬晦，观察窥测，等待时机。

康熙帝鉴于朝中保奏胤禩的势力大、呼声高，考虑必须要把皇太子缺位补上，以堵塞诸子的争储之路。他当时能想到的办法，只有让嫡长复立。后来他说："诸

大臣保奏八阿哥，朕甚无奈，将不可册立之允礽放出。"（《清圣祖实录》卷二六一）

二立太子 康熙帝废太子后，经过思考，认识到胤礽的罪名原多不实。当初，他最怀疑皇太子企图谋杀他，胤礽申诉说："皇父若说我别样的不是，事事都有，只弑逆的事，我实无此心。"康熙帝听了，不但未斥责胤礽，反而认为他说得对，令将胤礽脖子上的锁链取下。（《文献丛编》第三辑《胤禗胤禟》）

还有，自废皇太子后，康熙帝就痛惜不已，每日流泪，寝食不宁。他回想拘禁胤礽那天，"天色忽昏"，十八子胤祄病死；进京前一日，大风旋绕驾前；夜间梦见已故祖母太皇太后，远坐不说话，脸色不高兴，与平时不同；皇后亦以皇太子被冤见梦（《清圣祖实录》卷二三五）。康熙帝在十月二十三日病倒。当日回宫，立即召见胤礽。此后经常召见，每"召见一次，胸中疏快一次"。

康熙四十七年（1708年）十一月十五日，康熙帝召科尔沁达尔汉亲王额驸班第、领侍卫内大臣、都统、护军统领、满大学士、尚书等入宫，亲自向他们宣布："皇太子前因魇魅，以至本性汨没耳。因召至于左右，加意调治，今已痊矣。"（《清圣祖实录》卷二三五）命人将御笔朱书，当众宣读。

康熙帝又召废皇太子、诸皇子及诸王、大臣、都统、护军统领等，进一步宣谕澄清事实，说胤礽"虽曾有暴怒捶挞伤人事，并未致人于死，亦未干预国政"，"胤禔所播扬诸事，其中多属虚诬"。接着，当众将胤礽释放。胤礽表示："皇父谕旨，至圣至明。凡事俱我不善，人始从而陷之杀之。若念人之仇，不改诸恶，天亦不容。"（《清圣祖实录》卷二三五）

康熙四十八年（1709年）三月初九日（《清史稿·圣祖本纪》误作三月初十日），以复立皇太子胤礽，遣官告祭天地、宗庙、社稷。次日，分别将皇三子胤祉、皇四子胤禛、皇五子胤祺，晋封亲王，皇七子胤祐、皇十子胤䄉（é），晋封郡王，皇九子胤禟、皇十二子胤祹、皇十四子胤禵，俱封为贝子，胤䄉在此前已复为贝勒（《清圣祖实录》卷三三七）。

康熙帝试图以此促进皇太子与诸皇子以及诸皇子之间的团结。然而，事与愿违,皇储争夺,愈演愈烈。

矛盾激化 皇太子复立,原有的皇帝与储君的矛盾,很快又激化。这次牺牲品是托合齐。托合齐出身卑微,原为安亲王家人,后转为内务府包衣。以其为定嫔万琉哈氏之兄、皇十二子允祹之舅,故受到康熙帝信任,于康熙四十一年(1702年)六月出任步军统领。康熙五十年(1711年)十月二十日,以托合齐有病为由,将其解职;同时任命隆科多为步军统领。托合齐被解职七天后,康熙帝在畅春园召见诸王、贝勒、大臣等,宣称:"诸大臣皆朕擢用之人,受恩五十年矣,其附皇太子者,意将何为也!"当场质问刑部尚书齐世武、兵部尚书耿额等,众人矢口否认结党。康熙帝令将他们锁拿候审《清圣祖实录》卷二四八)。又命将已经解职的步军统领托合齐,拘禁宗人府。到次年四月,议处户部书办沈天生等贪污受贿案。经刑讯取供:刑部尚书齐世武受贿3 000两,步军统领托合齐受贿2 400两,兵部尚书耿额受贿1 000两《清圣祖实录》卷二五〇)。这在贪污大案中受贿数字本是微不足道的,但因有皇太子党一事,处罚特重。将尚书齐世武"以铁钉钉其五体于壁而死"。另据《满洲名臣传·齐世武列传》记载:齐被判绞之后,改发遣伯都纳,雍正二年(1724年)卒。十月二十九日,议托合齐将其"即行凌迟处死",不久于监所病故,命将其"剉尸扬灰,不准收葬"。其罪名主要是:胤礽潜通信息,求托合齐等人借助手中的权势,"保奏"他尽早即帝位《清圣祖实录》卷二五〇)。这就是说,皇太子在策划逼皇父尽早让位。康熙帝对皇太子党可谓恨之入骨。这个事件,是康熙帝将要再废皇太子的前奏。

再废太子 皇帝与储君之间的矛盾,终于又发展到不可调和的地步,康熙帝决定再废皇太子。康熙五十一年(1712年)九月三十日,康熙帝巡视塞外回京当天,即向诸皇子宣布:"皇太子允礽自复立以来,狂疾未除,大失人心,祖宗弘业断不可托付此人。朕已奏闻皇太后,著将允礽拘执看守。"《清圣祖实录》卷二五一)十月初一日,以御笔朱书向诸王、贝勒、大臣等宣谕再废允礽的理由,主要是:

第一,从释放后,乖戾之心,即行显露;

第二，数年以来，狂疾未除，大失人心；

第三，饮食服用，陈设等物，有倍于朕；

第四，是非莫辨，秉性凶残，结党小人。

康熙帝要求诸臣："后若有奏请皇太子已经改过从善、应当释放者，朕即诛之。"（《清圣祖实录》卷二五一）随之，将废皇太子事遣官告祭天地、宗庙、社稷。

康熙帝第二次废黜皇太子，虽然并非如他自己所说"毫不介意，谈笑处之"，但已不像第一次时那么痛苦。因为他发现，立皇太子就难免有矛盾；不立皇太子可能更好。数月之后，针对有的官员奏请册立皇太子，康熙帝说："宋仁宗三十年未立太子，我太祖皇帝并未预立皇太子，太宗皇帝亦未预立皇太子。汉唐以来，太子幼冲，尚保无事；若太子年长，其左右群小，结党营私，鲜有能无事者……今众皇子学问、见识，不后于人，但年俱长成，已经分封，其所属人员，未有不各庇护其主者，即使立之，能保将来无事乎？"（《清圣祖实录》卷二五三）

其实，康熙帝明白，大臣们明白，历史也昭示，康熙帝立废皇太子是失败的。那么，康熙帝立废皇太子失败的根源在什么地方？

三　症结所在

康熙帝晚年的皇位继承，既是一场悲剧，也是一场闹剧。康熙帝到死也没有公开明确皇位继承人，他死后尸骨未寒，皇子们为争夺皇位，又上演了一场悲剧与闹剧。这场立废太子的悲剧与闹剧，其症结何在？

第一，康熙帝立储诸多弊端。康熙帝立皇太子，应当是有条件的——或不预政事，避免威胁皇权；或秘而不宣，避免太子骄傲；或用嫡长制，避免皇子争储。但是，康熙帝没有这样做，从而出现皇帝、太子、皇子的三角形错综关系。胤礽2岁立为皇太子，总共长达36年，其间，时时、处处、事事与众不同，充满了优越感。再加上身边多奉迎、吹捧者，天长日久，便目空一切，妄自尊大，骄奢暴戾。

皇太子与幼帝有所不同：皇太子有荣誉地位，而无重任在肩；有权力欲望，而无责任在身。骄奢不仁，势所难免。后来，雍正帝秘密建储，既是为了防止储君骄奢，也是为了防止皇子彼此厮杀。回过头来看，康熙帝公开立2岁的胤礽为皇太子，是一着错棋。其错主要表现在无法避免皇帝与储君、太子与皇子的矛盾。

第二，皇帝与太子的矛盾。当时清廷处于八和硕贝勒共治国政向中央集权过渡时期，预立储君，包括皇帝、满洲贵族和储君本人，都一时无法适应这种新的情况。如实行储君制度，就应当实行储君不御政。皇太子御政，必然引发皇太子与皇帝的权力冲突。而其他皇子临政，也会植成党羽，与皇权、储权相争。康熙帝一方面改革满洲先代的皇位继承制度，建立储君；另一方面又让太子柄政，派皇太子和其他皇子参与各种军政事务。皇太子权势增长，无形中朝廷里似乎要出现两个权力中心，至高无上的皇权受到侵犯和威胁。康熙帝建立储君，事与愿违，陷入旋涡，遭到失败。

第三，太子与皇子的矛盾。明朝诸王"列爵而不临民、食禄而不治事"；清朝诸王"内襄政本、外领师干"，这样太子与皇子便发生矛盾。康熙帝本意是培养教育皇子，却使他们增长了权力与财富的欲望。这不以康熙帝的意志为转移，也不是皇子主观意志所决定的。诸皇子成人之后，赐封世爵，分拨人口，建立府第，设置官署，对内临政，对外领兵。诸王贝勒所属人员，又"各庇护其主"，甚而纠集党羽。这本身就容易与皇权产生某种矛盾。如果设立皇太子，其地位高于诸王，近于皇帝，又必然为诸皇子所不容，使矛盾更趋复杂。康熙帝两立两废皇太子，既是皇帝与储君矛盾，也是太子与皇子矛盾的集中表现。

第四，皇位继承制度死结。清朝皇位继承，无论是实行汉族那样的嫡长继承制，还是满洲贵族公推制，都没有找到解决问题的根本办法，没有跳出"父死子继""兄终弟及"家天下的窠臼。清代立储制，为康熙帝所创，虽思之久远，却事与愿违。康熙帝对大臣处罚的丧失理智，对皇子处理的欠合情理，从根本上说，这不是康熙帝不仁，也不是康熙帝无能，而是皇位继承制结下的恶果。后来，雍正帝的"秘密建储制"、慈禧的"懿旨立储制",都不能解开皇位继承制度的死结。6岁的同治、4岁的光绪、3岁的宣统继承皇位,说明大清皇朝已经走进"家天下"的死胡同。只有结束帝制,实行共和,历史才会进入一个新的阶段。以民主共和制取代封建君主制,才是历史之趋势、世界之潮流、时势之必然、民众之所望。

第二十四讲 悲苦而死

人总有一死，或悲凉而死，或含笑而终。

康熙六十一年（1722年）十一月十三日，康熙帝在北京畅春园清溪书屋病逝，享年69岁，葬遵化景陵，庙号"圣祖"，谥号"仁皇帝"。康熙帝"经文纬武，寰宇一统，虽曰守成，实同开创焉"！大清的根基是康熙帝奠定的，大清的盛世是康熙帝开创的。但是，就是这样一位卓有成就的君主，却在悲苦中离开人世。

康熙六十一年（1722年）十一月十三日，康熙帝在北京畅春园清溪书屋病逝，享年69岁，葬遵化景陵，庙号"圣祖"，谥号"仁皇帝"。在清朝十二位皇帝中，庙号为"祖"的，只有三位：清太祖努尔哈赤，因为他是大清国的开国皇帝；清世祖顺治，因为他迁都北京、入主中原；清圣祖康熙，因为他"经文纬武，寰宇一统，虽曰守成，实同开创焉"！大清的根基是康熙帝奠定的，大清的盛世是康熙帝开创的。

但是，就是这样一位卓有成就的君主，却在悲苦中离开人世。这一切，要从他的积郁成疾说起。

一　积郁成疾

康熙帝在废皇太子胤礽时说过："朕未卜今日被鸩，明日遇害，昼夜戒慎不宁。"（《清圣祖实录》卷二三四）就是说康熙帝认为自己的生命受到威胁，随时可能被人毒死或杀害。康熙五十六年（1717年），康熙帝谈到梁武帝台城之祸与隋文帝见害于逆子炀帝之事，极为感慨地说：《尚书·洪范》中所谓的"五福"——长寿、富贵、康宁、攸好德、考终命，"以'考终命'列于第五者，诚以其难得故也"。"考终命"就是享尽天年。康熙帝希望自己能得到善终。在他死后，其子雍亲王胤禛继位，是为雍正帝。有人传说："圣祖皇帝在畅春园病重，皇上（按：指雍亲王）就进了一碗人参汤，不知何故，圣祖皇帝就崩了驾，皇上就登了位。"由于康熙帝晚年一再提到可能被人毒害，这一传闻在当时、在日后、在当今，很多人比较重视，不少人信以为真。

其实，康熙帝的死，同晚年长期患病有关，尤其同积劳、积郁有关。

积郁成疾　康熙帝究竟是怎么死的呢？据清朝官书记载：康熙六十一年（1722年）十月二十一日，康熙帝去北京南苑打猎。十一月初七日，因身体不适，回到畅春园休养。同月十五日冬至，要举行天坛祭天大典，他觉得自己不能亲往，便命皇四子胤禛（后来的雍正帝）代他去天坛祭祀。胤禛遵命前往天坛斋宫准备祭典，每天派侍卫或太监到畅春园代向皇父问安。康熙帝告诉他"朕体稍愈"，皇子、大臣们以为皇帝的病不严重。但到十三日凌晨，康熙帝的病情突然加重，立即命皇四子胤禛从斋宫赶来畅春园。其他皇子多人都比胤禛先到达康熙帝的病榻前，康熙帝告诉他们："雍亲王皇四子胤禛，人品贵重，深肖朕躬，必能克承大统，著继朕登基，即皇帝位。"（《清圣祖实录》卷三〇〇）雍亲王胤禛到当天上午十时左右才赶到畅春园，曾三次进入寝宫问安。当晚八时左右，康熙帝终因病重不治，在畅春园清溪书屋逝世。

康熙皇帝69岁去世，没能像他的孙子乾隆帝那样得享高寿，原因主要有三。

一是遗传基因。他父亲活了24岁，他母亲也活了24岁，都比较短寿。他祖父活了52岁，祖母活了75岁。从他祖父、父亲、母亲来看，都寿命不高；但他祖母高寿。这样看来，他的寿命基因，受着两个方面——祖父、父亲男性与祖母、母亲女性的基因影响。

二是心身忧劳。康熙帝是一个严格律己的人，性格内向，处事谨慎。他说："凡人于事务之来，无论大小，必审之又审，方无遗虑。"他又说："凡天下事，不可轻忽，虽至微至易者，皆当以慎重处之。"（康熙《庭训格言》）康熙帝待人处事，既敬勤，又审慎。其好处是，力求完美，减少失误；其坏处是，过劳伤身，过忧伤神。康熙帝的一生，如自己所言："孜孜汲汲，小心敬慎，夙夜不遑，未尝少懈。数十年来，殚心竭力，有如一日。"（《清圣祖实录》卷二七五）他神大用而形大劳。《史记·太史公自序》说："夫神大用则竭，形大劳则敝，形神骚动，欲与天地长久，非所闻也！"劳逸结合，强身固本——这是高寿的基本理念。好在他喜欢游猎，擅长骑射，这对于他的健康是有益的。

三是后妃太多。康熙帝的后宫，虽不够佳丽三千，却也多得惊人。他晚年下江南，还纳汉女为宫姬。康熙帝晚年的子女，多为汉女所生。这也影响他的精气神。

晚年悲苦　康熙帝晚年是悲苦的，何以见得？他的三段话，可以作证明。

其一,"朕未卜今日被鸩,明日遇害,昼夜戒慎不宁。"前面曾引述过的这句话,祖露了他的心迹。

其二,"日后朕躬考终,必至将朕躬置乾清宫内,束甲相争耳!"（《清史稿》卷二二〇《允禵传》）这个典故,说的是春秋五霸之一的齐桓公,晚年五个儿子树党争立,桓公刚死,诸子相攻,箭射在尸体上,其尸体在床上67日未入殓,以至蛆虫爬出窗外的悲剧故事。由此可以透出康熙帝晚年心境的悲苦。

其三,"昔梁武帝亦创业英雄,后至耄年,为侯景所逼,遂有台城之祸；隋文帝亦开创之主,不能豫知其子炀帝之恶,卒致不克令终。又如丹毒自杀,服食吞饼,宋祖之遥见烛影之类,种种所载疑案,岂非前辙？"（《清圣祖实录》卷二七五）这里讲了梁武帝遭侯景之乱被困台城饿死、隋文帝不能预见儿子杨广调戏宠姬宣华夫人并相传被其所杀、宋太祖晚年相传被其弟匡义（光义）所杀的三个悲剧故事,这些故事无一不让康熙帝联想到自己。

这些因素纠结在一起,尤其是诸子皇位继承的纠葛,使得康熙帝大伤元气,郁结成疾,病情日重,于康熙六十一年十一月十三日（1722年12月20日）抱憾而死。

二　死因异说

康熙末年,废储之后,未立皇太子,皇子们结党斗争。康熙帝死后,这场争夺皇位的斗争更是加剧。皇八子胤禩等后来被处分下狱,其门下太监、侍卫被充军的很多,这些人在充军途中,到处散布雍正帝以人参汤毒死皇帝的传言,因而康熙帝被毒死之说在民间传布开来。

这件事情,不大可能。理由是:

其一,按照清宫定制,皇帝在进膳、进药之前,都需要由亲近太监或侍卫先试食、试饮,以免饮食有毒。

其二，康熙帝早就担心有人会毒害他，甚至于日夜焦虑不安，他的防范必定是严密的。

其三，康熙帝一直反对以人参进补，他认为"北人与参不合"，所以他是不会喝人参汤的。

其四，雍亲王胤禛长期揣摩皇父的心理，他也知道皇父平日不喝人参汤，自然不会违反父意，贸然进皇父不喜欢的饮食而自碰钉子。

其五，上述的传说，可能只是胤禛等的门下之人，散发的谣言或民间传闻而已，不可作为史料，也不可据以为证。

从康熙帝的健康来看，他可能是久病不治，因病而死。

久病缠身　康熙帝晚年的身体健康状况很不好。史料记载，自康熙二十六年（1687年），太皇太后患病及死后，康熙帝过于悲痛，大伤元气。康熙四十七年（1708年）初废皇太子之后，康熙帝就得了一场大病。不少大臣知道这个消息，都纷纷上奏向皇帝请安，祝福他早日康复。康熙帝在大臣们的奏折上，常批一些反映他当时健康状况的朱批。如当年十一月十七日，川陕总督齐世武上了恭请万安折，康熙帝批道："自尔去后，朕体渐弱，心跳加增甚重……目下想是无妨，只是虚弱。"十二月初十日，直隶巡抚赵弘燮（xiè）也上疏请安，朱批道："朕体虽然比前安好，气血不能全复，甚弱。"第二年正月，康熙帝对闽浙总督梁鼐朱批道："朕大安了，还瘦弱些。"

到康熙五十年（1711年）底，天坛大祭时，康熙帝因健康不佳，勉强"亲诣行礼"。他说："朕今年已六十，行礼时两旁少为扶助亦可。"可见他体力不支，身体大不如从前。

康熙五十四年（1715年）冬，他说："此番出巡，朕以右手病，不能写字，用左手执笔批旨。"

康熙五十五年（1716年）正月，他手臂毛病加重，向赵弘燮说："朕偶然风吹，所以左手连臂，少有违和，故用汤泉洗浴，身不入水，近来深得效验。"

康熙五十六年（1717年），康熙帝去热河避暑山庄，五月底文华殿大学士嵩祝，写了一份奏折向皇帝请安。康熙帝朱批道："在宫中时，身体不甚好，原以为勉强来口外水好之处，大概可以健康矣。至今朕体未见甚好，行走需人搀扶。甚虚弱，何言万安，一安亦无。"同年十月，他向大臣说道："朕近月精神渐不如前，凡事易忘。向有怔忡之疾，每一举发，愈觉晕迷。"同年十一月，他说："自康熙四十七年大病之后，过伤心神，渐不及往时。况日有万几，皆由裁夺，每觉精神日逐于外，心血时耗于内，恐前途倘有一时不讳，不能一言，则吾之衷曲未吐，岂不可惜！故豫于明爽之际，一一言之，可以尽一生之事，岂不快哉！"他感到身体不佳，而预留遗诏。十二月，皇太后病重，康熙帝侍疾70余日，足背浮肿，不能转移，用手帕缠裹，被人搀扶，乘坐软舆，每日亲往宁寿宫问安。然后，在苍震门内设帷幄居住，衣不解带，竭尽孝心。《清圣祖实录》卷二七六）悲痛心绪，更加重了病情。

康熙五十七年（1718年）正月，康熙帝曾两次对大臣的奏折作出朱批。一则说："不幸身罹大忧，肢体不能动履，已寝卧五旬矣。"患病卧床五十天，算是比较严重。另一则说："自热河来京，心中沉闷，身体有疾，又值皇太后大事，总无暇调治，以致身体甚是不安者七十余日。"同年二月，康熙帝的病况加重，他说："若谓朕安，则羸弱已极，仅存皮骨，未觉全复，足痛虽较前稍愈，步履犹艰。"在同月底的一份大臣奏报上，他又写道："朕体稍早起，手颤头摇，观瞻不雅。或遇心跳之时，容颜顿改，骤见之人，必致妄生猜疑。"康熙帝病得"手颤头摇""容颜顿改"，他是非常伤感的。康熙帝患过中风，可能是心脑血管的疾病。

康熙六十年（1721年）四月，官书中又记载他身体"违和"，五月在避暑山庄着了凉，病情加重，"以致面色稍减，或稍行动，或多言语，便不胜倦乏"，稍微行动，感到疲倦，体力很差，精神大减。

康熙六十一年（1722年），康熙帝去山庄避暑、木兰行围，已不能骑马，而是乘坐四人抬的肩舆。四月出巡，九月回銮。初冬十月，又去南苑行围狩猎。其时气候已转冷，所以有"偶患风寒"的事发生。西洋传教士说他"寒颤""发高烧"，可能是重感冒引起了并发症。

同年十一月十三日,康熙帝病死。

康熙帝年轻时,身体强壮,很少得病。他35岁时,太皇太后病故,过于哀伤,元气初伤;55岁时,废皇太子,哭泣仆地,情绪沮丧,身心交瘁,害了大病,元气大伤;64岁时,皇太后病故,头眩脚肿,病情加重。他死前的四五年间,身体状况,日坏一日,消瘦、健忘、手抖、脚肿、头摇、脸麻、头晕、心慌、气喘、失眠,诸病缠身,终致病死。

所以,人参汤毒害康熙帝之说,应该只是一种传闻而已。(参见陈捷先《康熙写真》)

三 遗诏真伪

康熙帝遗诏,是真、是假,还是半真半假?先从皇四子胤禛和皇十四子胤禵两个同胞兄弟之争说起。

同胞相争 康熙帝晚年皇储争夺,主要在皇四子胤禛和皇十四子胤禵同胞兄弟间进行。胤禵在几位阿哥谋取储位接连受挫后,积极活动。他讨好大臣,礼贤下士。时势给他提供了一个历史机遇,这个机遇在当时很难判断是吉是凶。康熙五十七年(1718年),命胤禵为抚远大将军王,用正黄旗纛(dào),率军征讨策妄阿拉布坦。行前,康熙帝亲往堂子行祭告礼,亲御太和殿授印。胤禵乘马出天安门,诸王、二品以上文武官员都到德胜门外为胤禵送行。胤禩对胤禵说:"早成大功,得立为皇太子。"可见,胤禵、胤禩等将这次出征立功,视为争取皇储的机会。但是,康熙帝病故时,胤禵恰巧不在宫廷,胞兄胤禛得以继位。所以胤禵挂大将军王印出征,给他命运带来的不是吉兆,而是凶讯。

胤禛在皇太子党、皇八子党、皇十四子党等进行明争暗斗的时候,却在韬光养晦,讨好皇父,等待时机,谋取皇位。果然,康熙帝临终时,皇长子胤禔、皇次子(废皇太子)胤礽都在圈禁中,皇八子胤禩只是贝勒,皇十四子胤禵出征在外,皇四子胤禛却在天坛斋戒，且在皇父临终那天，一连三次被召到畅春园清溪书屋。再加上其他因素，雍亲王胤禛就继承并坐上了第五任清朝皇帝的宝座。

雍亲王胤禛继承皇位，合法也好、不合法也好，正取也好、逆取也好，赞成者与反对者，都以《康熙遗诏》作依据说事。因此，康熙帝身后留下了一场遗诏风波。

遗诏风波　《康熙遗诏》是真是伪，见解角立。

主张《康熙遗诏》是真的，其理由是：

第一，实录为证。《大清圣祖仁皇帝实录》卷三〇〇记载了《康熙遗诏》的全文，凿凿实实，不容置疑。

第二，档案为证。中国第一历史档案馆和台北故宫博物院，都分别珍藏《康熙遗诏》的档案。

第三，历史记载。康熙帝临终的当天，召见皇三子胤祉、皇七子胤祐、皇八子胤禩、皇九子胤禟、皇十子胤䄉、皇十二子胤祹、皇十三子胤祥，以及理藩院尚书兼步军统领隆科多；当时，皇长子胤禔、皇二子胤礽被圈禁，皇四子胤禛在天坛斋戒，皇五子胤祺除外，皇六子胤祚已死，皇十一子胤禌已死，皇十四子胤禵出征在外，皇十五子以下年龄较小，没有在场。康熙帝召见时谕曰："雍亲王皇四子胤禛，人品贵重，深肖朕躬，必能克承大统，著继朕登基，即皇帝位。"（《清圣祖实录》卷三〇〇）

第四，有人为证。《康熙遗诏》中的"雍亲王皇四子胤禛，人品贵重，深肖朕躬，必能克承大统，著继朕登基，即皇帝位"，是理藩院尚书、步军统领隆科多亲口向雍亲王胤禛传谕的。

主张《康熙遗诏》是伪的，其理由是：

第一，实录不实。《大清圣祖仁皇帝实录》是雍亲王胤禛继位后编修的，其时主要当事人或死亡或圈禁，死了的无法对证，活着的无话语权，"历史是胜利者的记录"。

第二，档案可疑。《康熙遗诏》档案是在康熙帝死后四天才公布的，不是康熙帝临终当众留下的遗诏（如顺治帝临终时留下遗诏）。

第三，记载不实。康熙帝临终当天召见七位皇子，有学者考证受召见七位皇子没有听到由皇四子胤禛继位的口谕，这条史事是雍正帝杜撰的。

第四，文献无征。萧奭（shì）作《永宪录》时，是在雍正初年，当时人记当时事，但书中没有记载此事。

第五，口证不实。《康熙遗诏》是重大之事，为什么隆科多不向诸皇子传谕，而单独向雍亲王胤禛一人传谕？

后人评说 《康熙遗诏》的当时情景，历史烟云，人亡物非，已难考证。文后附录两份遗诏，一份是康熙五十六年十一月二十一日，凡2 211字；另一份是康熙六十一年十一月十三日，凡1 087字，均原文照录。其中，"雍亲王皇四子胤禛，人品贵重，深肖朕躬，必能克承大统，著继朕登基，即皇帝位"是真伪问题争论的关键所在。学界见仁见智，难有定论。或许将来，找到铁证，材料充实，方可作出结论。这道难题，怎样解法，还请读者自己思考！

附录一：康熙上谕

（康熙五十六年十一月辛未二十一日）

朕少时，天禀甚壮，从未知有疾病。今春，始患头晕，渐觉消瘦。至秋月，塞外行围，蒙古地方，水土甚佳，精神日健，颜貌加丰，每日骑射，亦不觉疲倦。回京之后，因皇太后违和，心神忧瘁，头晕频发。有朕平日所欲言者，今特召尔等面谕。

从来帝王之治天下，未尝不以敬天法祖为首务。敬天法祖之实，在柔远能迩，休养苍生，公四海之利为利，一天下之心为心，体群臣，子庶民，保邦于未危，致治于未乱。夙夜孜孜，寤寐不遑，宽严相济，经权互用，以图国家久远之计而已。自古得天下之正，莫如我朝。太祖、太宗，初无取天下之心，尝兵及京城，诸大臣咸奏云"当取"，太宗皇帝曰："明与我国，素非和好，今取之甚易，但念中国之主，不忍取也。"后流贼李自成，攻破京城，崇祯自缢，臣民相率来迎，乃剪灭闯寇，入承大统。昔项羽起兵攻秦，后天下卒归于汉。其初，汉高祖一泗上亭长耳。元末，陈友谅等并起，后天下卒归于明。其初，明太祖一皇觉寺僧耳。我朝承席先烈，应天顺人，抚有区宇，以此见乱臣贼子，无非为真主驱除耳。

今朕年将七旬，在位五十余年者，实赖天地宗社之默佑，非予凉德之所致也。朕自幼读书，于古今道理，粗能通晓。凡帝王自有天命，应享寿考者，不能使之不享寿考；应享太平者，不能使之不享太平。自黄帝甲子至今，四千三百五十余年，称帝者三百有余；但秦火以前，三代之事，不可全信。始皇元年至今，一千九百六十余年，称帝而有年号者，二百一十有一。朕何人斯，自秦汉以下，在位久者，朕为之首。古人以不矜不伐，知足知止者，为能保始终。览三代而后，帝王践祚久者，不能遗令闻于后世。寿命不长者，罔知四海之疾苦。朕已老矣，在位久矣，未卜后人之议论如何，而且以目前之事，不得不痛哭流涕，豫先随笔自记，而犹恐天下不知吾之苦衷也。

自昔帝王，多以死为忌讳，每观其遗诏，殊非帝王语气，并非中心之所欲言，此皆昏瞀之际，觅文臣任意撰拟者。朕则不然，今豫使尔等，知朕之血诚耳。当日临御至二十年，不敢逆料至三十年，三十年，不敢逆料至四十年，今已五十七年矣。《尚书·洪范》所载："一曰寿，二曰富，三曰康宁，四曰攸好德，五曰考终命。""五福"以"考终命"列于第五者，诚以其难得故也。今朕年将七十，子、孙、曾孙，百五十余人，天下粗安，四海承平，虽不能移风易俗，家给人足，但孜孜汲汲，小心敬慎，夙夜不遑，未尝少懈。数十年来，殚心竭力，有如一日，此岂仅"劳苦"二字，所能该括耶！前代帝王，或享年不永，史论概以为"侈然自放，耽于酒色"所致。此皆书生好为讥评，虽纯全尽美之君，亦必抉摘瑕疵。朕为前代帝王剖白：盖由天下事繁，不胜劳惫之所致也。诸葛亮云："鞠躬尽瘁，死而后已。"为人臣者，惟诸葛亮一人耳！若帝王仔肩甚重，无可旁诿，岂臣下所可比拟！臣下可仕则仕，可止则止，年老致政而归，抱子弄孙，犹得优游自适。为君者，勤劬一生，了无休息。如舜虽称无为而治，然身殁于苍梧；禹乘四载，胼手胝足，终于会稽。似此皆勤劳政事，巡行周历，不遑宁处，岂可谓之崇尚无为，清静自持乎！《易·遁卦》六爻，未尝言及人主之事，可见人主原无宴息之地，可以退藏，鞠躬尽瘁，诚谓此也。昔人每云："帝王当举大纲，不必兼总细务。"朕心窃不谓然，一事不谨，即贻四海之忧；一时不谨，即贻千百世之患。不矜细行，终累大德。故朕每事，必加详慎，即如今日留一二事未理，明日即多一二事矣！若明日再务安闲，则后日愈多壅积，万几至重，诚难稽延。故朕莅政，无论巨细，即奏章内有一字之讹，必为改定发出。盖事不敢忽，天性然也。五十余年，每多先事绸缪；四海兆人，亦皆戴朕德意。岂可执"不必兼总细务"之言乎！

朕自幼强健，筋力颇佳，能挽十五力弓，发十三握箭，用兵临戎之事，皆所优为。然平生未尝妄杀一人，平定三藩，扫清漠北，皆出一心运筹。户部帑金，非用师赈饥，未敢妄费，谓此皆小民脂膏故也。所有巡狩行宫，不施采绘，每处所费，不过一二万金，较之河工岁费三百余万，尚不及百分之一。幼龄读书，即知酒色之可戒，小人之宜防，所以至老无恙。自康熙四十七年大病之后，过伤心神，渐不及往时。况日有万几，皆由裁夺，每觉精神日逐于外，心血时耗于内，恐前途倘有一时不讳，不能一言，则吾之衷曲未吐，岂不可惜！故豫于明爽之际，一一言之，可以尽一生之事，岂不快哉！

人之有生，必有死。如朱子之言："天地循环之理，如昼如夜。"孔子云："居易以俟命。"皆圣贤之大道，何足惧乎？近日多病，心神恍忽，身体虚惫，动转非人扶掖，步履难行。当年立心以天下为己任、许死而后已之志。今朕躬抱病，怔忡健忘，故深惧颠倒是非，万几错乱。心为天下尽其血，神为四海散其形。既神不守舍，心失怡养，目不辨远近，耳不分是非，食少事多，岂能久存？况承平日久，人心懈怠，福尽祸至，泰去否来，元首丛脞，而股肱惰，至于万事隳坏，而后必然招天灾人害，杂然并至。虽心有余而精神不逮，悔过无及，振作不起，呻吟床榻，死不瞑目，岂不痛恨于未死？昔梁武帝亦创业英雄，后至耄年，为侯景所逼，遂有台城之祸；隋文帝亦开创之主，不能豫知其子炀帝之恶，卒致不克令终。又如丹毒自杀，服食吞饼，宋祖之遥见烛影之类，种种所载疑案，岂非前辙？皆由辨之不早，而且无益于国计民生。汉高祖传遗命于吕后，唐太宗定储位于长孙无忌。朕每览此，深为耻之。或有小人，希图仓卒之际，废立可以自专，推戴一人，以期后福。朕一息尚存，岂肯容此辈乎！

朕之生也，并无灵异；及其长也，亦无非常。八龄践祚，迄今五十七年，从不许人言祯符瑞应，如史册所载景星、庆云、麟凤、芝草之贺，及焚珠玉于殿前，天书降于承天，此皆虚文，朕所不敢。惟日用平常，以实心行实政而已。今臣邻奏请立储分理，此乃虑朕有猝然之变耳。死生常理，朕所不讳。惟是天下大权，当统于一。十年以来，朕将所行之事，所存之心，俱书写封固，仍未告竣。立储大事，朕岂忘耶？天下神器至重，倘得释此负荷，优游安适，无一事婴心，便可望加增年岁。诸臣受朕深恩，何道俾朕得此息肩之日也。朕今气血耗减，勉强支持。脱有误万几，则从前五十七年之忧勤，岂不可惜！朕之苦衷血诚，一至如此。每览老臣奏疏乞休，未尝不为流涕。尔等有退休之时，朕何地可休息耶？但得数旬之怡养，保全考终之死生，朕之欣喜，岂可言罄？从此岁月悠久，或得如宋高宗之年，未可知也。朕年五十七岁，方有白须数茎，有以乌须药进者，朕笑却之曰："古来白须皇帝有几，朕若须鬓皓然，岂不为万世之美谈乎！"初年同朕共事者，今并无一人。后进新升者，同寅协恭，奉公守法，皓首满朝，可谓久矣，亦知足矣。朕享天下之尊，四海之富，物无不有，事无不经。至于垂老之际，不能宽怀瞬息，故视弃天下犹敝屣，视富贵如泥沙也。倘得终于无事，朕愿已足。愿尔等大小臣邻，念朕五十余年太平天子，惓惓丁宁反复之苦衷，则吾之有生考终之事毕矣。

此谕已备十年，若有遗诏，无非此言。披肝露胆，罄尽五内，朕言不再。（《清圣祖实录》卷二七五）

附录二：康熙遗诏

（康熙六十一年十一月甲午十三日）

从来帝王之治天下，未尝不以敬天法祖为首务。敬天法祖之实，在柔远能迩，休养苍生，共四海之利为利，一天下之心为心，保邦于未危，致治于未乱，夙夜孜孜，寤寐不遑，为久远之国计，庶乎近之。

今朕年届七旬，在位六十一年，实赖天地宗社之默佑，非朕凉德之所致也。历观史册，自黄帝甲子迄今，四千三百五十余年，共三百一帝。如朕在位之久者甚少。朕临御至二十年时，不敢逆料至三十年，三十年时，不敢逆料至四十年，今已六十一年矣！《尚书·洪范》所载："一曰寿，二曰富，三曰康宁，四曰攸好德，五曰考终命。""五福"以"考终命"列于第五者，诚以其难得故也。今朕年已登耆，富有四海，子孙百五十余人，天下安乐，朕之福亦云厚矣！即或有不虞，心亦泰然。念自御极以来，虽不敢自谓能移风易俗，家给人足，上拟三代明圣之主，而欲致海宇升平，人民乐业，孜孜汲汲，小心敬慎，夙夜不遑，未尝少懈。数十年来，殚心竭力，有如一日，此岂仅"劳苦"二字所能该括耶！前代帝王，或享年不永，史论概以为酒色所致。此皆书生好为讥评，虽纯全尽美之君，亦必抉摘瑕疵。朕今为前代帝王剖白言之：盖由天下事繁，不胜劳惫之所致也。诸葛亮云："鞠躬尽瘁，死而后已。"为人臣者，惟诸葛亮能如此耳！若帝王仔肩甚重，无可旁诿，岂臣下所可比拟？臣下可仕则仕，可止则止，年老致政而归，抱子弄孙，犹得优游自适。为君者勤劬一生，了无休息之日。如舜虽称无为而治，然身殁于苍梧；禹乘四载，胼手胝足，终于会稽。似此皆勤劳政事，巡行周历，不遑宁处，岂可谓之崇尚无为，清静自持乎！《易·遁卦》六爻，未尝言及人主之事。可见人主原无宴息之地，可以退藏。鞠躬尽瘁，诚谓此也。

自古得天下之正，莫如我朝。太祖、太宗初无取天下之心，尝兵及京城，诸大臣咸云当取，太宗皇帝曰："明与我国，素非和好，今欲取之甚易，但念系中国之主，不忍取也！"后流贼李自成攻破京城，崇祯自缢，臣民相率来迎，乃剪灭闯寇，入承大统，稽查典礼，安葬崇祯。昔汉高祖系泗上亭长，明太祖一皇觉寺僧，项羽起兵攻秦，而天下卒归于汉，元末陈友谅等蜂起，而天下卒归于明。我朝承席先烈，应天顺人，抚有区宇，以此见乱臣贼子，无非为真主驱除也。

凡帝王自有天命，应享寿考者，不能使之不享寿考；应享太平者，不能使之不享太平。朕自幼读书，于古今道理，粗能通晓。又年力盛时，能弯十五力弓，发十三把箭，用兵临戎之事，皆所优为。然平生未尝妄杀一人。平定三藩，扫清漠北，皆出一心运筹。户部帑金，非用师赈饥，未敢妄费，谓此皆小民脂膏故也！所有巡狩行宫，不施采绘，每岁所费，不过一二万金，较之河工岁费三百余万，尚不及百分之一。昔梁武帝亦创业英雄，后至耄年，为侯景所逼，遂有台城之祸；隋文帝亦开创之主，不能预知其子炀帝之恶，卒至不克令终，皆由辨之不早也。朕之子孙，百有余人，朕年已七十，诸王、大臣、官员、军民，以及蒙古人等，无不爱惜朕年迈之人，今虽以寿终，朕亦愉悦。至太祖皇帝之子礼亲王，饶余王之子孙，见今俱各安全。朕身后，尔等若能协心保全，朕亦欣然安逝。

雍亲王皇四子胤禛，人品贵重，深肖朕躬，必能克承大统，著继朕登基，即皇帝位。即遵典制，持服二十七日释服。布告天下，咸使闻知。（《清圣祖实录》卷三〇〇）

第二十五讲 康熙盛世

古今中外的伟大人物，都有其杰出的过人之处，也都有其突出的历史贡献。康熙帝以其才华与天赋，智慧与胆识，勤政与谦虚，好学与著述，顽强与坚韧，宽容与简约，在人生旅途中，克服诸多艰难，完成重大使命。康熙帝的文治与武功，学养与行事，都令人称道。

康熙帝作为大清帝国这艘航船的舵手，在波涛汹涌的海洋上，经过半个世纪航行，从"乱世"到"治世"一直驶向康熙盛世的局面，给后世留下了珍贵的历史宝鉴与教训。

《尚书大传·卿云歌》曰："日月光华，旦复旦兮！"康熙皇帝君临天下61年，是中国有文字记载以来，在位时间最长的皇帝。他开创了中国皇朝史上一次盛世的局面，留给后世许多历史经验与宝贵财富。

从明万历十一年（1583年）努尔哈赤起兵点燃战火，到康熙二十二年（1683年）南明最后的象征——延平王台湾郑克塽归清，时间跨度整整百年。这100年间，君王与民众、官员与百姓、贵族与平民、地主与农民、业主与工匠、士绅与商人，他们在痛苦、磨难、战乱、灾荒之后，最需要什么呢？是国家统一，民生富裕，文化融合，天下太平。康熙帝在国际与国内既有机遇又有挑战的历史条件下，面临着如何"从打天下到坐天下"的课题。康熙帝作为大清帝国这艘航船的舵手，在波涛汹涌的海洋上，经过半个世纪航行，从"乱世"到"治世"一直驶向康熙盛世的局面，给后世留下了珍贵的历史宝鉴与教训。

一　盛世争议

古今中外的伟大人物，都有其杰出的过人之处，也都有其突出的历史贡献。康熙帝以其天赋与才华，智慧与胆识，勤政与谦虚，好学与著述，顽强与坚韧，宽容与简约，在人生旅途中，克服诸多艰难，完成重大使命。康熙帝的文治与武功，学养与行事，都令人称道，也都有特殊贡献。

他幼年登极，以智取胜，亲掌朝纲；他崇儒重道，修文兴教，治理中国；他奖励农桑，蠲（juān）免田赋，兴修水利；他重用士人，民族关系，趋向协和；他提倡学术，吸纳西学，编纂群书；他勤奋好学，诗文书法，颇有造诣；他决心撤藩，消除割据，巩固统一；他重用施琅，统一台湾，海疆宁静；他悉心筹划，打败俄军，签订条约；他善抚蒙古，北部长城，空前巩固；他进兵安藏，加强管理；他十拒尊号，小心勤慎，孜孜求治。这是两千年帝王文治武功所罕见的。

对康熙帝的历史评价，辛亥以来，众说纷纭。我先从一个真实的故事说起。

一个故事 20世纪90年代初,香港回归之前,香港大学要做一个历史研究课题:《论黄金时代——康乾盛世》,并成立一个由香港、北京两方面的学者合作的课题组,约我参加这项课题研究。但课题组主持人说:这个课题要经过一个专家委员会审议通过。结果,课题没有被通过,其理由是:专家委员会认为康乾时代不是历史的盛世,而是专制黑暗时代。这本来不是什么大事,但由此启发我思考一个严肃的课题:怎样评价康熙朝的历史地位?

三种观点 对康熙帝历史功过的评价、对康熙朝历史地位的评价,清朝人是充分肯定的;辛亥革命反满派观点是否定的;当代学者又是怎么看的?目前,学术界主要有三种观点:

第一,康熙朝的历史是中国封建社会一个黑暗的时期;

第二,康熙朝的历史是中国封建社会一个强盛的时期;

第三,康熙朝的历史是中国封建社会一次落日的辉煌。

先说第一种观点。持康熙"黑暗"说者,主要论据是说康熙朝为"封建专制"。但我们看,封建君主专制从秦始皇到宣统帝,其间有三百多位君主,不可一概而论,不可不加分析。历史上的汉朝"文景之治"、唐朝"贞观之治"、明朝"洪宣之治"等,也都是"封建专制"。因此,以"封建专制"作为否定"康熙盛世"的论据值得商榷。

次说第三种观点。论者认同康熙朝出现"辉煌",但这是落日的辉煌。这个提法很有道理,但日出的辉煌与日没的辉煌,终究都是一次辉煌。《尚书大传·卿云歌》曰:"日月光华,旦复旦兮!"其实,康熙朝也好,整个清朝也好,其他皇朝也好,都像日出日没、月升月落一样,既要观察其是日出或月升,日没或月落;更要观察日出月升时,是被乌云遮蔽,还是光亮天下。本文讨论的是学术界存在的第二种观点。

再说第二种观点。我个人不提"雍正盛世",因为雍正朝十三年,时间太短;也不提"乾隆盛世",因为西方大国崛起,争议较大。我赞成"康熙盛世"的说法,有什么根据呢？因为，康熙盛世有其特点。

清康熙盛世，什么算盛世？没有一个统一的标准。一般认为：中国帝制时代，在大一统的皇朝中，出现过三个皇朝盛世，这就是汉武帝盛世、唐贞观盛世、清康熙盛世。本章不讨论汉唐，只讨论清朝。

下面分别来看康熙盛世景象的八个特点。

二　盛世景象

康熙帝61年的君主生涯，做了许多事情。在历史的天平上，康熙帝对中国历史和世界文明的发展，作出的最值得称道的重大贡献有哪些？他留给后世的历史财富又是什么呢？康熙帝留给后世的重要历史遗产是"康熙盛世"。清康熙盛世，什么算盛世？没有一个统一的标准。一般认为：中国在帝制时代，在大一统的皇朝中，出现过三次盛世，这就是汉武帝盛世、唐贞观盛世、清康熙盛世。清朝康熙盛世的特点和标志，主要表现是：（1）国家空前统一，（2）疆域空前广大，（3）民族空前协和，（4）文化空前融合，（5）人口空前众多，（6）经济空前发展，（7）社会空前安定，（8）万国空前来朝。具体分析，分列如下。

第一，国家空前统一。中国在明清之际，从明万历十一年（1583年），到清康熙二十二年（1683年），整整一百年。在这一百年间，最大的社会现象是争战。长城内外，大江南北，战争烽火，燃遍全国。各种战争——族群的，阶级的，集团的，派别的，地域的，军阀的，等等，不一而足。几代人，过着颠沛流离、血泪苦难的生活。到康熙帝平定三藩之乱后，中原地区出现和平局面，长达41年。到康熙六十一年（1722年），全国设立直隶、江苏、安徽、山东、山西、河南、陕西、甘肃、福建、浙江、江西、湖广、偏远、四川、广东、广西、云南、贵州巡抚，就是十八个行省。康熙帝之后，其子雍正帝、其孙乾隆帝等继承其业，先后增设台湾、新疆、奉天、吉林、黑龙江五省，共二十三个省，以及原明朝漠南蒙古（内蒙古）、喀尔喀蒙古（外蒙古）、厄鲁特蒙古（西蒙古）、布里亚特蒙古（北蒙古）等，特别是在满、蒙、疆、藏、台地域，同样派遣官员、驻扎军队、征收赋税、实施法制，都完全置于清廷实际管辖与有效治理之下。这既是康熙帝治国的功绩，也是康熙盛世的表现，且是中国皇朝史上空前的。

第二，疆域空前广大。打开中国地图和东亚地图，看看当时的清朝疆域：

在东南，统一台湾，金瓯完整。明天启四年（1624年）荷兰人侵占中国台湾。清顺治十八年十二月十三日（1662年2月1日），郑成功从荷兰人手中收复台湾。郑成功死后，其子郑经奉南明正朔（即承认南明的正统地位）。康熙二十二年（1683年），康熙帝抓住郑经死后，其子郑克塽年幼、部属内讧、政局不稳的时机，以施琅为福建水师提督，文武兼施，征抚并用，统一台湾。设台湾府，隶属于福建省。台湾府下设三县——台湾县（今台南）、凤山县（今高雄）、诸罗县（今嘉义），派总兵官一员、率官兵八千，驻防台湾。从而加强了中央对台湾的管辖，并促进了台湾经济文化的发展。

在东北，抵御外侵，缔结和约。黑龙江流域地区，在皇太极时已经归属清朝。清军入关后，沙俄东进侵入我国黑龙江流域地区，占领雅克萨（今阿尔巴津）、尼布楚（今涅尔琴斯克）、呼玛尔（今呼玛）等城。康熙帝统一台湾后，调派军队进行两次雅克萨自卫反击战，取得胜利。康熙二十八年（1689年），同俄国在尼布楚签订《中俄尼布楚条约》，规定：格尔必齐河、额尔古纳河以东至海，外兴安岭以南，整个黑龙江流域、乌苏里江流域（包括库页岛）土地，归中国所有。这是中国历史上第一个同外国签订的平等条约，表明康熙帝独立自主外交的胜利。清朝加强了对黑龙江地区的管辖，初步奠定了后来黑龙江等行省的规模。

在正北，多伦会盟，善治蒙古。努尔哈赤和皇太极解决了漠南蒙古问题，康熙帝则进一步解决了漠北蒙古、初步解决漠西蒙古的问题，后雍正帝和乾隆帝进一步解决新疆等地区的蒙古难题。从秦汉匈奴到明朝蒙古，两千年历史的北疆难题,到康熙帝时才算真正得解。康熙帝说:"昔秦兴土石之工,修筑长城。我朝施恩于喀尔喀,使之防备朔方,较长城更为坚固。"(《清圣祖实录》卷一五一)秦汉以来,长城是中原农耕民族用来防御北方游牧民族的屏障;康熙之后,蒙古是中华各个民族防御外国南侵的长城。

在西北,三次亲征,败噶尔丹。康熙帝先后三次亲征,遏制噶尔丹势力东犯,不仅稳定漠北喀尔喀蒙古局面,也稳定漠南蒙古的社会,并有助于安定西藏,更有利于中原地区的社会安定。后雍正帝、乾隆帝继续统一,完成对天山南北的统一。

在西南,进兵高原,安定西藏。清初,顺治帝册封达赖喇嘛,西藏已完全归属于清朝。康熙帝又派兵平定西部蒙古势力对西藏的扰犯,册封班禅额尔德尼,任命西藏政务官员,在西藏驻军,设驻藏大臣,维护西藏的社会安定。

在东南,统一台湾,设台湾府,隶属于福建省。后于光绪十一年(1885年)设台湾巡抚。(《清德宗实录》卷二一五)

在南海,清朝管辖的领域,包括东沙群岛、西沙群岛、中沙群岛、南沙群岛,直至曾母暗沙。

总之,盛清时中华版图,北部自库页岛、庙街(今尼古拉耶夫斯克)、外兴安岭山脊、贝加尔湖、唐努乌梁海、铿格尔图喇等一线,东起大海,西北到巴尔喀什湖,西至到帕米尔高原,西南到喜马拉雅山,南达曾母暗沙,总面积约1400万平方公里。同历代相比,清朝列入版籍、实际控制、长期管辖、有效统治之面积为最大。这既是康熙帝治国的功绩,也是康熙盛世的表现,且是中国皇朝史上空前的。

第三,民族空前协和。清代民族关系,从康熙朝开始,是中国皇朝史上最好的时期。在东北,打败俄国的侵略,解决并巩固了自辽河到黑龙江流域各民族的安定问题。东北的达斡尔、鄂温克等,前代所谓的"边徼"之野,清朝则成为"龙兴之地"。在北方,中国自秦汉以来,匈奴一直是中央王朝北部的边患。明代的蒙古问题始终未获彻底解决，己巳（1449年）与庚戌（1550年），京师两遇危机，明英宗甚至成为蒙古瓦剌部的俘虏。清朝兴起后对蒙古采取了既完全不同于中原汉族皇帝的做法，也不同于金代女真皇帝的做法。先后绥服了蒙古各部，"抚驭宾贡，夐（xiòng，远）越汉唐"。在西北，后乾隆帝对南北疆维吾尔族等统一。在西南，进兵安藏，加强了对西藏的统治。后乾隆《钦定西藏章程》制定，设立金瓶掣签制度；西南云贵川的苗、瑶、彝等，改土归流，清朝实现了中国皇朝史上多民族的协和。

康熙帝的家庭、他的血缘也是民族合和的例证。康熙帝的祖母是蒙古族，父亲是满族，母亲是汉族，所以，康熙帝身上有50%的汉族血缘，25%的满族血缘，25%的蒙古血缘。康熙帝本身就是一个民族协和的象征。

康熙朝国家一统、国力强盛，多民族协和在一个中华大家庭中，没有出现大的民族动荡、民族分裂。这既是康熙帝治国的功绩，也是康熙盛世的表现，且是中国皇朝史上空前的。

第四，文化空前融合。中华文化传承。清朝帝王为了钳制知识分子的思想，镇压异端、打击政敌，实行文字狱。清代文字狱始于顺治、康熙，发展于雍正，大行于乾隆，约计近百起。康熙朝主要有《南山集》案一起。这是应当批评的。但康熙帝在文化方面，也有巨大的贡献：其一，兴文重教，编纂典籍。他重视文化教育，主持纂修了《康熙字典》《古今图书集成》《律历渊源》《全唐诗》《清文鉴》《皇舆全览图》等，总计六十余种，二万余卷。其二，移天缩地，兴建园林。康熙帝先后兴建畅春园、避暑山庄、木兰围场等，雍正帝、乾隆帝又大兴"三山五园"——香山静宜园、玉泉山静明园、万寿山清漪园（后改名颐和园）和圆明园等，将中国古典园林艺术推向高峰。其三，引进西学，学习科技等。李约瑟博士称康熙帝为"科学的皇帝"。

世界四大文明古国——古埃及、古巴比伦、古印度的文明中断，而中华文明在清朝于曲折与艰难中得到传承，不仅没有中断，而且激发了活力。这既是康熙帝治国的功绩，也是康熙盛世的表现，是中国皇朝史上空前的。

第五，人口空前众多。明末清初，战争频繁，灾荒频仍，白骨盈野，人民流离，人口锐减。如广西罗城县，兵乱之后，"遍地榛莽，县中居民仅六家"。（《清史稿·于成龙传》卷二七七）由于中原战争结束，社会逐渐安定，豁免人丁纳税，且传入番薯、玉米等高产粮食作物，到康熙六十一年（1722年），人口突破一亿："是岁，人丁户口二千五百三十万九千一百七十八，又永不加赋滋生人丁四十五万四千三百二十。"（《清世宗实录》卷二）这既是康熙帝治国的功绩，也是康熙盛世的表现，且是中国皇朝史上空前的。而后，到乾隆五十八年（1793年），人口突破三亿："各省通共大小男妇三万一千四十九万七千二百一十名口。"（《清高宗实录》卷一四四三）再到道光十四年（1834年），人口突破四亿："直隶等省通共大小男妇四万一百万八千五百七十四名口。"（《清宣宗实录》卷二六一）

第六，经济空前发展。清军入关后，最大的弊政，莫过于圈占土地。跑马占田，任意圈夺。康熙帝颁令，停止圈地，招徕垦荒，重视耕织，恢复生产。治理黄河、淮河、运河、永定河，并兴修水利，培育新的稻种，取得很大成绩。蠲免田赋，赈济灾荒，没有见到"人食人"现象的记载。康熙四十八年（1709年）十一月，户部库存银5 000万两，"时当承平，无军旅之费，又无土木工程，朕每年经费，极其节省，此存库银两，并无别用，去年蠲免钱粮八百万两，所存尚多"（《清圣祖实录》卷二四〇）。上年十二月，征银27 804 553两，加上课银295 728两，共征银28 100 281两（《清圣祖实录》卷二三六）。康熙帝强调藏富于民，减免天下钱粮共达545次之多，其中普免全国钱粮三次，计银1.5亿两。

康熙朝国家一统、国力强盛，社会经济经过战乱、灾荒后，有所恢复，也有所发展。这既是康熙帝治国的功绩，也是康熙盛世的表现，且是中国皇朝史上空前的。

第七，社会空前安定。社会秩序安定。康熙朝社会安定，主要是指康熙二十二年（1683年）三藩之乱平定以后，虽然社会矛盾也有，民族纠纷也有，但没有大的、严重的社会动荡。康熙帝很有幸，他执政的后四十年，中国社会处于由乱到治、由动到静的历史时期。原有的社会冲突已经平息、原有的动乱能量已经释放殆尽，新的社会冲突、新的社会动乱，其能量还没有积聚起来。康熙朝社会安定，我举三个例子：

（1）从康熙二十年（1681年）到六十一年（1722年），中原地区41年间，没有大的厮杀争战，没有大的社会动荡，也没有大的社会危机。在中国两千年皇朝史上，统一王朝皇帝在位40年以上的有六位：汉武帝、唐玄宗、明世宗、明神宗、清圣祖和清高宗。汉武帝有天汉民变、唐玄宗有安史之乱、明世宗嘉靖帝有庚戌之变、明神宗万历帝有萨尔浒之战、清高宗乾隆帝有王伦起义，而中原地区连续四十多年无战争的"太平之世"，只有康熙朝。

（2）秋决死刑比较少。死刑的案件，康熙十二年（1673年），"死犯共有八十余名"（《康熙起居注册》康熙十二年三月十一日），后来"决一年之罪犯，减至二三十人"（《康熙起居注册》康熙四十五年十二月）。康熙十六年（1677年），终岁决断死刑，"不过十数人焉"！当时有多少人口呢？当在1亿以上。当时有多少个省呢？全国设18个省，包括直隶、江苏、安徽、山东、山西、河南、陕西、甘肃、福建、浙江、江西、湖广、偏沅（yuán）。偏沅巡抚，明万历二十七年（1599年）设。康熙三年（1664年）分湖广置湖南，巡抚于长沙。雍正二年（1724年）改为湖南巡抚、四川、广东、广西、云南、贵州。平均每省每年死刑一人。对于一个上亿人口、18个省的大国来说，一年死刑十余人，死刑数字，算是很少。这就说明：当时社会相当安定。

（3）康熙帝多次四方出巡。他3次东巡、6次南巡、6次西巡、3次北征，还48次去木兰秋狝、53次到避暑山庄（前面讲过）。试想：如果社会动荡，康熙帝四方出巡是不可能的。如康熙帝第五次南巡，到山东，民众扶老携幼，随舟拥道："夹岸黄童白叟，欢呼载道，感恩叩谢者，日有数十万。"（《清圣祖实录》卷二一九）到江南，缙绅士民数十万人，夹岸跪迎（《清圣祖实录》卷二二八）。以上难免有官员组织民众夹道欢呼以博得圣上喜欢的举动，也难免有官方夸大舆情的现象，但可以透露出一个社会现象，就是当时社会比较安定。

康熙朝国家一统、国力强盛，社会秩序比较安定。这既是康熙帝治国的功绩，也是康熙盛世的表现，且是中国皇朝史上空前的。

第八，万国空前来朝。康熙朝国家一统、国力强盛，周边国家没有出现动荡，也没有出现威胁（俄国侵犯被击退）。康熙帝与俄国彼得大帝、法国国王路易十四有书信来往。有朝鲜、安南（越南）、琉球、暹罗（泰国）等国入贡。俄国学生入国子监学习。后来同多国建立关系，如日本、尼泊尔、缅甸、俄罗斯、英国、法国、意大利、德国、奥地利、荷兰、西班牙、葡萄牙、比利时、瑞典、挪威、丹麦、美国、秘鲁、巴西、墨西哥、刚果等。这既是康熙帝治国的功绩，也是康熙盛世的表现，且是中国皇朝史上空前的。

总上，可以说康熙朝是中国皇朝史上的一个盛世朝代。"盛世"的"盛"是强盛、昌盛、兴盛、繁盛的意思。康熙朝的后四十年，在中国皇朝史上，的确是一个相对强盛、昌盛、兴盛、繁盛的局面——"强"，当时是世界上强大的帝国；"昌"，是当时世界上昌明的大帝国；"兴"，当时是亚洲兴隆的帝国；"繁"，当时是比欧洲国家繁荣的帝国。

康熙帝国有内在矛盾，有潜存危机吗？有。

三　盛世缺憾

康熙帝既有功绩，也有缺憾。康熙帝的缺失，可以列出很多。如台湾内附后开放海禁，但到康熙五十五年（1716年），突然宣布商贾"南洋不许行走"，此一决策，大有失误。又如晚年禁止天主教传布，切断了中国与世界文化的联系。再如禁止采矿使国家财政收入减少，也使手工业材料发生短缺，对社会经济发展不利。另如限制新武器的试验、制造、配置，影响军力的强大等。

清朝开国"二祖一宗"就是太祖努尔哈赤、太宗皇太极和世祖福临（还有多尔衮）。他们在建国时、在入主中原后，于制度的设计，存在严重缺失。康熙帝在位时间久、皇权威望高，他应当、也可能对其弊端作出重大改革。康熙朝虽遇到新问题，但他对这些问题的解决缺乏原创性的革新，或者根本没有意识到，或者意识到了也没有什么好办法。他的长处主要是解决传统的问题，比如勤政、治河、农桑、尊儒，善于在前人走过的道路上再前进一步，或者恢复起来，或者更加完善。他没有对自己遇到的各种新问题作一个整体的认识，看到它们之间的联系，进行总体性的反思和回应。清朝的灭亡正是在制度、体制、政策、民生、文化方面矛盾交织而产生的结果。

第一，八旗制度没有彻底改革。八旗制度在打天下时起过积极作用，但对治天下呢？这就表现出清朝"二祖一宗"（还有多尔衮）在八旗制度的设计上有严重的缺失。当时，八旗制度的制订只考虑到旗人政治、经济、社会利益而埋下隐患。主要表现在：

其一，在政治上，满洲贵族享有特权。如最高权力决策层、核心层的"五大"——内大臣（上三旗各二人）、领侍卫内大臣（上三旗各二人）、议政大臣（满洲贵族）、大学士和军机大臣（雍正设），主要是满洲贵族。如大学士，康熙十六年（1677年）到二十七年（1688年），满洲大学士中除觉罗勒德洪外，全是满洲正黄旗。康熙朝大学士48人，其中满洲22人，汉军4人，汉人22人，旗人占55%，汉人占45%。康熙朝12位河道总督，旗人占了10位。

其二，在经济上，旗人生计问题。八旗群体生计由国家包下来，旗人缺乏创业与谋生的机制，从而腐蚀了整个八旗群体。

其三，在社会上，旗民矛盾难题。旗人与民人、满洲贵族与汉族平民，分城居住，禁止通婚，同罪不同罚，同刑不同法，终世不变。

康熙帝对八旗制度缺乏原创性的改革和创新（八旗制度是他碰到的极少无法从前人那里学习解决方案的问题之一），只是解决了一些枝节问题。八旗贵族集团，在清政权巩固之后，其保守性大于进取性，顽固性大于创新性，安逸性大于勤奋性，寄生性大于谋生性，因此，这是一个拒绝分割部分利益给平民的集团，拒绝改革的保守集团。

八旗制度是清朝立国的根本制度。清朝有些制度是学习明朝的，如六部设置、内阁制度、科举制度、监察制度等，但八旗制度是明朝所没有的，也是以往皇朝所没有的。八旗制度根本特点是维护八旗群体的政治特权和物质利益。清朝不同于明朝的关键一点，就是旗民矛盾。这是当时社会的基本矛盾，也是清朝的死结。康熙帝首先代表八旗贵族的利益。要进行八旗制度改革，根本一点就是割出一部分旗人利益，特别是满洲贵族的利益，分给民人，分给民众。孙中山先生同盟会纲领"驱除鞑虏、恢复中华"，就是将旗人与民人、满洲贵族与汉族民众的矛盾，提到了政治的高度。

这个难题在努尔哈赤和皇太极时期，并不突出；顺治时期，已经突出，但顺治帝年轻、在位时间短，没有解决、也不可能解决。康熙帝不同，他在位时间长、政治上成熟、威望也很高，有条件、也有可能进行改革，或加以解决。但他没有这样做。从这种意义上说，康熙帝是一位政治家，而不是一位改革家。此后，雍正帝在位时间短，乾隆帝缺乏魄力，也都没有解决这道难题。再往后，内忧外患，矛盾丛生，失去解决的机会。

第二，皇位继承没有建立章法。清朝的皇位继承，没有采取明朝的"嫡长制"。清太祖、太宗朝的皇位继承，采取"贵族公推制"。顺治朝是"皇帝遗命制"。康熙帝则实行"立皇太子制"。他将两岁的胤礽册立为皇太子，作为皇位的接班人。事与愿违，康熙帝两立两废皇太子，闹得朝廷纷争，个人健康受损。英国在1688年（康熙二十七年）发生"光荣革命"，走向君主与议会共同统治的历史。清朝却在"家天下"的圈子里转悠。尤其给慈禧太后以懿旨确立皇位埋下隐患，制度的缺失让慈禧钻了空子。其结果，雍正帝实行"秘密立储制"，慈禧太后实行"懿旨确定制"，路子越走越窄，最后走向灭亡。

第三，吸纳西学没有进行推广。当时的主要社会矛盾，不是东西问题，而是满汉问题。康熙帝是中国历史上既了解西方科学文化、又精通中华传统文化的唯一的封建君主。他学习西方的天文学、数学、物理学、化学、地理学、生物学、音律学、医药学、解剖学、测绘学等。还建立蒙养斋，被西方称为皇家科学院。但康熙帝仅仅局限在个人兴趣、个别皇子、个别官员的研修上，没有成为政府行为，也没有形成国家政策。

这一点，康熙帝同俄国彼得大帝相比，显得有一定的差距。彼得大帝建立近代工厂，建立海军；康熙帝却始终没有产生对近代工业的狂热，也没有使社会越出封建经济一步，更没有表现出某种农耕文明向工业文明过渡的尝试。彼得大帝面临的是向工业文明的过渡，康熙大帝面临的却是由牧猎文明向农耕文明的过渡。如果康熙帝能够再完成农耕文明向工业文明的过渡，自然是美好的。然而，毕竟受当时历史条件、社会条件、文化条件的局限，在中国既不能产生俄国的彼得大帝，也不能产生法国的路易十四，而只能产生中国的康熙大帝。

第四，人口发展没有长远之见。清承明制，丁纳银，地交赋，丁银与地赋分征。康熙朝的人口，随着社会安定、经济发展开始较快地增长。康熙五十一年（1712年）规定："盛世滋生人丁，永不加赋。"（《清圣祖实录》卷二四九）减免新生人丁的"人头税"。他的儿子雍正帝又规定"摊丁入地"，从此免除了"人头税"。这项政策的正面影响是，免除丁银，减轻人身依附，促进人员流动；负面影响是，刺激人口过快增长，乾隆时达到3亿，至道光十七年（1837年），全国人口达到405 923 174人。人口猛增，解决的一个方法是奖励垦荒，而大量垦荒又破坏生态平衡。一项重大政策的制定，要考虑长远的后果。这点康熙帝当时是不能认识到的，只是后人回顾历史，要从中吸取一点教训。

第五，文化差异没有根本弥合。康熙帝为了解决满汉之间的文化冲突，采取许多措施，做了很多事情。弱化议政王大臣的权力，就是削弱满洲贵族权力的一个措施。康熙朝有过两起文字狱，皆因民族问题而起。清朝最后还是败于民族问题，特别是八旗群体特殊化，尤其是八旗贵族掌控朝纲的问题，得不到根本上的解决。孙中山"驱除鞑虏"的纲领，虽然带有强烈的民族主义色彩，却反映了埋在汉人心中的积怨。清朝最后还是在文化问题上翻了船。

第六，海洋文化短板缺乏治策。康熙五十五年（1716年）十月，已届晚年的康熙帝，朦胧地察觉到西方可能从海上威胁中国。他预见地说："海外如西洋等国，千百年后，中国恐受其累。此朕逆料之言。"他告诫："国家承平日久，务须安不忘危。"（《清圣祖实录》卷二七〇）中国帝制时代，农耕、草原、森林三种文化，都或长或短地建立过全国性政权，高原文化也建立过地区性政权（如南诏、吐蕃），海洋文化则连区域性政权也没有建立过。中国农耕、草原、森林、高原文化的执政集团，都缺乏海洋文化的基因。他们既不懂、也不重视海洋文化。康熙帝的预见，确是难能可贵，遗憾的是他既没有在治策上做出思考，也没有在措施上做出安排。后来到他的子孙时——鸦片战争、英法联军、八国联军、甲午海战，都是从海上打来的，清军力不能敌，结果吃了败仗，割地赔款，丧权辱国，大清帝国，走向覆亡。

清朝的近三百年间，在全球竞赛中黯然落后，而欧美则因技术创新和工业革命而卓然崛起，最终改变了全球格局。总起来说，康熙帝有功有过，有对有错，有成就也有缺憾，但他仍旧是中国历史上一位不可多得的伟大君主。

康熙帝的一生有功有过，有对有错，有成就也有缺憾。如何从总体上评价康熙皇帝呢？

第二十六讲 千年一帝

康熙帝在位六十一年，是中国两千年皇朝历史上执政时间最长的君主。康熙帝的三大主要贡献是：奠定中国版图、协和民族关系、传承中华文化。他的三个主要缺憾是：八旗制度未能彻底改革、文化差异未能深入弥合、学习西学未能形成国策。

康熙大帝其在位最久，其社会景象，其文治武功，其历史业绩，可谓千年一帝。《新唐书·太宗本纪》赞曰："自古功德兼隆，由汉以来，未之有也！"似可以说：在中国皇朝史上，康熙大帝，功德兼隆，始皇以来，未之有也！

康熙帝的一生，有功有过，有对有错，有得意也有失算，有成就也有缺憾。如何从总体上评价康熙皇帝的历史地位呢？分别阐述，进行论析。

一　不同观点

康熙帝的历史评价，古今中外，众说纷纭。概括说来，主要有三种评价、十种观点。

目前，国内外学术界对康熙帝、康熙朝历史的看法主要有三种评价：即康熙朝的历史是中国皇朝社会一个黑暗的时期；康熙朝的历史是中国皇朝社会一个盛世的时期；康熙朝的历史是在中国皇朝史上一个落日辉煌的时期。

具体学术观点，主要有十种。

第一种观点，对康熙帝历史功过、对康熙朝历史地位，清朝人的评价是赞扬的。清朝皇廷对康熙帝的评价，集中反映在其谥号、庙号上："大清圣祖合天弘运文武睿哲恭俭宽裕孝敬诚信中和功德大成仁皇帝"《清高宗实录》卷一四，共二十九个字。这是对康熙皇帝的最高评价。康熙帝于康熙六十一年（1722年）十一月十三日宾天后，雍正帝二十日在大行皇帝梓宫前即皇帝位的当日，命礼部议"尊谥"。二十四日，雍正帝谕曰："我皇考大行皇帝，缵继大统，旧典本应称宗，但经云'祖有功而宗有德'，我皇考鸿猷骏烈，冠古轹今，拓宇开疆，极于无外。且六十余年，手定太平，德洋恩溥，万国来王。论继统则为守成，论勋业实为开创。朕意宜崇祖号，方副丰功。"《清世宗实录》卷一 因命诸王大臣等，会同九卿詹事科道、文六品以上、武四品以上，详考旧章，从公确议。二十八日，众议：谥号突出"仁"，庙号突出"圣"。其"仁"，《礼记》云："为人君，止于仁。"同心合词，恭上尊称，庙号为"仁皇帝"。其"圣"，古有三祖之例，谥义帝王功业隆盛得称祖，因谓："惟圣字，可以赞扬大行皇帝之峻德；惟祖号，可以显彰大行皇帝之隆功。"所以，尊谥仁皇帝，庙号曰圣祖。雍正帝持针刺中指出血，将奏内"圣祖"二字圈出，

康熙帝的尊谥和庙号遂定。(《清世宗实录》卷一)

第二种观点，清史馆纂修者的评价。《清史稿·圣祖本纪三》论曰："圣祖仁孝性成，智勇天锡。早承大业，勤政爱民。经文纬武，寰宇一统。虽曰守成，实同开创焉。圣学高深，崇儒重道。几暇格物，豁贯天人，尤为古今所未觏。而久道化成，风移俗易，天下和乐，克致太平。其雍熙景象，使后世想望流连，至于今不能已。《传》曰：'为人君，止于仁。'又曰：'道盛德至善，民之不能忘。'于戏，何其盛欤！"(《清史稿·圣祖本纪》卷八)这比《清高宗纯皇帝实录》对康熙帝的评价略低一些，如没有"合天弘运""文武睿哲""诚信中和""功德大成"等字样。

第三种观点，康熙帝自我评价。他晚年自我评价说："朕自幼强健，筋力颇佳，能挽十五力弓，发十三握箭，用兵临戎之事，皆所优为。然平生未尝妄杀一人，平定三藩，扫清漠北，皆出一心运筹。户部帑金，非用师赈饥，未敢妄费，谓此皆小民脂膏故也。所有巡狩行宫，不施彩绘，每处所费，不过一二万金，较之河工岁费三百余万，尚不及百分之一。幼龄读书，即知酒色之可戒，小人之宜防，所以至老无恙。"又说："朕之生也，并无灵异；及其长也，亦无非常。八龄践祚，迄今五十七年，从不许人言祯符瑞应……惟日用平常，以实心行实政而已。"(《清圣祖实录》卷二七五)康熙帝的行为，换而言之，没有功劳，也有苦劳。这种自我评价与清人不乏溢美之词的赞语相比，既更为谦逊，也更为中肯。

第四种观点，辛亥反满派学者的观点，对康熙帝、对康熙朝的历史是否定的，主要的论点说康熙朝是"封建专制"。封建君主专制从秦始皇起，到宣统帝止，其间2 132年，300多位君主，不可一概而论，不可不加分析。历史上的"文景之治""贞观之治""洪宣之治"等，也都是"封建专制"。因此，以"封建专制"而全部否定康熙大帝功绩、否定康熙盛世历史的观点是值得商榷的。

第五种观点，20世纪90年代初，香港回归之前，香港大学要做一个历史研究课题：《论黄金时代——康乾盛世》。时拟成立一个由香港、北京两方面学者合作的课题组。但课题组主持人说：这个课题要立项，需要经过一个专家委员会审议通过。结果专家委员会审议没有被通过，其理由是——康乾时代不是历史的盛世，而是专制黑暗时代。这就启发人们思考一个严肃的问题：康熙帝与康熙朝的历史地位应当怎样做出历史评价？

第六种观点，论者虽认同康熙朝是"辉煌"，然却是"落日的辉煌"。这个提法有道理，但值得深究。所谓日升日落，虽可用来喻指兴盛衰亡，但应当有明确的本体。如将讨论限定于清朝，康熙时期将清朝推向了盛世，恰如旭日向中天攀升，显然不能算是"落日"。如将讨论扩展到两千多年的皇朝史，那么所谓"落日"，就是喻指皇朝社会走向没落的历史大势。清朝处于中国皇朝历史序列的末端，从宏观上当然带有皇朝社会衰落的色彩。但是，中国皇朝社会的衰落，并不自清朝始，更非自康熙始；中国与世界差距的迅速拉大，更不全是、且主要不是康熙帝的历史责任。

第七种观点，西方耶稣会士的评价。法国的耶稣会士白晋，在给其国王路易十四题名为《康熙皇帝》的报告中，评价康熙皇帝说："他是自古以来，统治天下的帝王当中最为圣明的君主。"又说：康熙帝不仅在"国内享有绝对的尊严，而且以其具有高尚而贤明的品德、丰富的阅历以及非凡的见地和诚意，受到邻近各国国民的尊敬和颂扬，他在亚洲的所有地方是赫赫有名的"。（[法]白晋《康熙皇帝》（中译本））

第八种观点，康熙五十二年（1713年）三月三十日，朝鲜谢恩兼冬至使金昌集、尹趾仁向其国王报告时，评价康熙帝说："清皇节俭惜财，取民有制，不事土木，民皆按堵，自无愁怨。"（《李朝肃宗实录》卷五三）

第九种观点，"文化大革命"时期造反派的观点，认为康熙皇帝是封建地主阶级的总代表，是封建社会最大的剥削者、寄生虫，是人民的罪人、民族的罪人。对康熙帝、康熙朝的历史，予以全面否定。

第十种观点，赞成《清史稿·圣祖本纪三》"论曰"中的部分论断："早承大业，勤政爱民。经文纬武，寰宇一统。虽曰守成，实同开创焉。"对康熙帝这二十五个字的评价，还是比较公允、比较符合历史的。康熙帝及其子雍正帝、孙乾隆帝时期的版图，东濒大海，东南包台湾，南及曾母暗沙，西接葱岭，西北到巴尔喀什湖，北达贝加尔湖以东、外兴安岭以南，东北至库页岛（今萨哈林岛），总面积约一千四百万平方公里。盛清时期的中国，是当时世界上幅员最为辽阔、人口最为众多、军事最为强盛、实力最为雄厚的大帝国。康熙大帝吸收了中华多民族的、西方多国家的、悠久而又新近、博大而又深厚的文化营养，具有其时最高的文化素养。这为他展现雄才大略、帝王才气，实现国家一统、宏图大业，陶冶了性格，开阔了视野，蓄聚了智慧，奠定了基础。康熙大帝奠下了清朝兴盛的根基，开创出康熙盛世的大局面。

二　主要贡献

康熙帝（1654—1722），姓爱新觉罗，名玄烨，实际上是清朝自努尔哈赤、皇太极、多尔衮（虽无君主之名却有君主之实）、福临之后的第五代君主。他8岁继位，在位61年。其间，曾经先后智擒权臣、平定三藩、收复台湾、打败帝俄，还有绥服蒙古、抚安西藏，武功盛极一时，前朝无人可比。他重视个人修养，好学习武，敬孝仁爱，手不释卷，克己修身。他又能重视学术、弘扬文化、编纂图书、奖励学者，文治上的成就也很高。他毕竟还是中国历史上难得的皇帝，占有历史伟人之地位。

康熙帝61年的君主生涯，对中国历史和世界文明的发展，作出了重的大贡献。就其贡献而言，概括说来，主要有五——中华版图奠定、民族关系稳定、中华文化传承、经济恢复发展、社会秩序安定。

第一，中华版图奠定。打开中国地图和东亚地图，看看康熙和盛清时的清朝疆域。

在东南，征抚台湾，金瓯一统。明天启四年（1624年），荷兰人侵占中国台湾。顺治十八年十二月十三日（1662年2月1日），郑成功从荷兰人手中收复台湾。郑成功死后，儿子郑经奉南明正朔。康熙二十二年（1683年），康熙帝抓住郑经死后，其子郑克塽年幼、部属内讧、政局不稳的时机，以施琅为福建水师提督，文武兼施，征抚并用，率军统一了台湾。设台湾府，隶属于福建省。台湾府下设三县——台湾县（今台南）、凤山县（今高雄）、诸罗县（今嘉义）。派总兵官一员，率官兵八千，驻防台湾。从而加强了清廷对台湾的管辖，并促进了台湾经济文化的发展。

在东北，抵御外侵，缔结和约。黑龙江地域在努尔哈赤和皇太极时已经逐渐归属清朝。清军入关后，沙俄东进侵入中国黑龙江流域地区，占领雅克萨（今阿尔巴津）、尼布楚（今涅尔琴斯克）、呼玛尔（今呼玛）等城。康熙帝统一台湾后，调派军队进行两次雅克萨自卫反击战，取得胜利。康熙二十八年（1689年），同俄国在尼布楚签订《中俄尼布楚条约》，规定：格尔毕齐河、额尔古纳河以东至海，外兴安岭以南，整个黑龙江流域、乌苏里江以东到海地域（包括库页岛）土地，归中国所有。康熙帝设立黑龙江将军衙门、吉林乌喇将军衙门，加强了对黑龙江地区和乌苏里江地区的管辖，初步奠定后来黑龙江和吉林等行省的规模。

在正北，会盟多伦，善治蒙古。努尔哈赤和皇太极解决了漠南蒙古（内蒙古）问题，康熙帝则进一步解决漠北蒙古（外蒙古）、初步解决厄鲁特蒙古（西蒙古）的问题（后雍正和乾隆解决漠西蒙古问题）。从秦汉匈奴到明朝蒙古，两千年古代社会史上的北疆难题，到康熙帝时才算真正得解。康熙帝说："昔秦兴土石之工，修筑长城。我朝施恩于喀尔喀，使之防备朔方，较长城更为坚固。"（《清圣祖实录》卷一五一）秦汉以来，长城是中原农耕民族用来防御北方南进势力的屏障；康熙之后，蒙古是中华各民族防御沙俄南进的长城。

在西北，三次亲征，败噶尔丹。康熙帝先后三次亲征，遏制噶尔丹势力东犯，不仅稳定了漠北喀尔喀蒙古局面，也稳定了漠南内蒙古的社会，更有利于中原地区的社会安定。

在西南，进兵高原，安定西藏。清初，顺治帝册封达赖喇嘛，康熙帝又册封班禅额尔德尼，西藏已经完全归属于清朝。康熙帝派兵平定西部蒙古势力对西藏的扰犯，维护西藏的社会安定。

康雍乾时的版图，东濒大海，东南包括台湾，南及曾母暗沙，西南到喜马拉雅山，西接葱岭，西北到巴尔喀什湖，北达贝加尔湖、外兴安岭，东北至库页岛（今萨哈林岛），后乾隆帝底定新疆，总面积约1 400万平方公里。特别是对满、蒙、疆、藏、台地区，完全置于清廷长期、全面、有效、稳固的管辖之下。清康熙朝的中国是当时世界上幅员最为辽阔的大帝国。

康熙朝国家一统，国力强盛，周边国家没有出现威胁，也没有出现动荡，仅有的俄国侵犯亦被击退。这既是康熙帝治国的功绩，也是康熙盛世的表现。

第二，民族关系稳定。清代民族关系，从康熙朝开始，包括雍正、乾隆，是中国皇朝史上最好的时期。在东北，打败俄国的侵略，解决并巩固了自辽河到黑龙江流域各民族的问题。东北的达斡尔、索伦（鄂温克）、鄂伦春、赫哲、锡伯等，前代所谓的"边徼"之野，在清朝则成为"龙兴之地"。在北方，中国自秦、汉以来，匈奴一直是中央王朝北部的边患。明代的蒙古问题，始终未获彻底解决，"边境之祸，遂与明终始云"。（《明史·鞑靼传》卷三二七）己巳与庚戌，蒙古军队两次攻打京师，明英宗皇帝甚至成为蒙古瓦剌部的俘虏。清朝兴起后，对蒙古采取了既完全不同于中原汉族皇帝、也不同于金代女真皇帝的做法，先后绥服了漠南蒙古、漠北喀尔喀蒙古、漠西厄鲁特蒙古。清朝对蒙古的绥服，"抚驭宾贡，夐越汉唐"。（《清史稿·藩部列传一》卷五一八）在西北，对南、北疆维吾尔族、哈萨克族、蒙古族等统一。在西南，进兵安藏，加强了对西藏的统治。后乾隆《钦定西藏章程》设驻藏大臣，在西藏驻军，册封达赖喇嘛和班禅额尔德尼，设立金奔巴瓶制度。今拉萨布达拉宫殊胜殿七世达赖喇嘛像前，仍立有当时立的"大清皇帝万岁万万岁"木牌。西南云、贵、川的苗、瑶、彝等，改土归流，加强了对这个地区民族的管理。在清朝实现了中国皇朝史上多民族国家新的协和。

康熙朝国家一统、国力强盛，多民族协和在一个中华民族大家庭中，没有出现大的民族动荡、大的民族分裂。这既是康熙帝治国的功绩，也是康熙盛世的表现。

第三，中华文化传承。清朝帝王为了钳制知识分子的思想、镇压异端、打击政敌，实行文字狱。清代文字狱始于顺治、康熙，发展于雍正，大行于乾隆，约计百起。康熙帝亲政后重大文字狱，主要有一起即《南山集》案。这是应当批评的。在文化方面，康熙帝主要有几件事情：其一，确立以儒学为国学，促进汉与满、藏、蒙、维等民族文化的融合；其二，兴文重教，编纂典籍。他重视文化教育，主持纂修了《康熙字典》《古今图书集成》《佩文韵府》《律历渊源》《全唐诗》《清文鉴》《皇舆全览图》等，总计六十余种，二万余卷。特别是康熙帝下令在熙春园设"古今图书集成馆"，后用铜活字印刷了一万卷、一亿六千余万字的《古今图书集成》。于雍正初，最后完成。其三，移天缩地，兴建园林。康熙帝先后兴建畅春园、避暑山庄、木兰围场等，雍正、乾隆又兴修或扩修"三山五园"——香山静宜园、玉泉山静明园、万寿山清漪园（后改名颐和园）、畅春园和圆明园等，将中国古典园林艺术推向高峰。其四，引进西学，学习科技，设立被誉为皇家科学院的蒙养斋等。李约瑟博士称康熙帝为"科学的皇帝"。康熙帝同法国国王路易十四、俄国彼得大帝等，都有文书往来与交流。

世界四大文明古国——古埃及、古巴比伦、古印度和古中国，其中古埃及、古巴比伦、古印度的语言和文字都中断了，中华文明在清朝不仅得到薪火传承，而且延续活力。

康熙朝国家一统、国力强盛，中华文化在交融中传承、在曲折中发展。这既是康熙帝治国的功绩，也是康熙盛世的表现。

第四，经济恢复发展。清军入关后，最大的弊政，莫过于圈占土地和占房，也就是跑马占田，强占民房，任意圈夺。康熙帝颁令，停止圈地，招徕垦荒，重视耕织，恢复生产。治理黄河、淮河、运河、永定河等，并兴修水利。培育新的稻种，取得很大成绩。康熙四十八年（1709年）十一月，户部库存银5 000万两，

"时当承平，无军旅之费，又无土木工程，朕每年经费，极其节省，此存库银两，并无别用。去年蠲免钱粮至八百余万两，而所存尚多"云云。(《清圣祖实录》卷二四〇) 上年十二月，征银 27 804 553 两，加上课银 2 950 728 两，共征银 30 755 281 两。康熙帝即使户部库储充盈，又强调藏富于民——减免天下钱粮共达 545 次之多，其中普免全国钱粮 3 次，计银 150 000 000 两。

康熙朝国家一统、国力强盛，社会经济在经过战乱、灾荒后，有所恢复，也有所发展。这既是康熙帝治国的功绩，也是康熙盛世的表现。

第五，社会秩序安定。康熙朝社会安定，主要是指康熙二十二年（1683 年）统一台湾之后，虽然社会矛盾也有，民族纠纷也有，但没有大的、严重的社会动荡。康熙帝很幸运，他生活的后 40 年，中国社会处于由乱到治、由弱到强、由分到合、由动到静的历史时期。原有的社会冲突、原有的动乱能量已经释放殆尽，新的社会冲突、新的民族动乱能量还没有积聚起来。康熙朝的社会安定，兹举三个例子：

（1）从康熙二十一年（1682 年）到六十一年（1722 年），中原地区 40 年间，没有大的厮杀争战，没有大的社会动荡，也没有大的社会危机。在中国两千多年皇朝史上，统一王朝皇帝在位 40 年以上的皇帝，只有 6 位：汉武帝在位 54 年，但有天汉民变；唐玄宗在位 44 年，但有安史之乱；明世宗嘉靖帝在位 45 年，但有庚戌之变；明神宗万历帝在位 48 年，但有萨尔浒大战；清康熙帝从平定"三藩之乱"后，40 余年间，中原无大乱；清乾隆帝在位 60 年，但有王伦起义。所以，自秦始皇到宣统帝，在位期间中原地区连续 40 年无战争的，只有康熙帝一朝。

（2）秋决死刑数字比较少。秋决死刑的案件，康熙十二年（1673 年），"死犯共有八十余名"。后来"决一年之罪犯，减至二三十人"。康熙十六年（1677 年），终岁断狱死刑，"不过十数人焉"！(《清代起居注册·康熙朝》) 当时，全国人口在一万万以上。当时，全国设 18 个省，包括直隶、江苏、安徽、山东、山西、河南、陕西、甘肃、福建、浙江、江西、湖广、偏沅、四川、广东、广西、云南、贵州（以康熙六十年为例)。平均每省每年死刑不到一人。对于一个上亿人口的大国来说，一年死刑十余人，数字算是很少。这就说明：当时社会，相当安定。

(3) 康熙帝多次四方出巡。他三次东巡、六次南巡、五次西巡、三次北征，还48次去木兰秋狝、53次到避暑山庄。试想：如果社会动荡，康熙帝四方出巡，则是不可能的。如康熙帝第五次南巡途经山东，民众扶老携幼，随舟拥道："夹岸黄童白叟，欢呼载道，感恩叩谢者，日有数十万。"(《清圣祖实录》卷二一九) 又如到江南，史书载：自古帝王不惮跋涉之劳、为民阅视河道，现场指示，亘古未有；缙绅士民，数十万人，欢声雷动，夹岸跪迎。(《清圣祖实录》卷二一九) 以上两则史料，难免有官员组织民众夹道欢呼以博得圣上喜欢，也难免有官方夸大舆情的现象，但可以透露当时社会比较安定。

康熙朝国家一统、国力强盛、民族协和、文化发展，社会秩序比较安定。这既是康熙帝治国的功绩，也是康熙朝盛世的表现。

"盛世"的"盛"是强盛、繁盛、兴盛的意思。康熙朝的后40年，在中国皇朝史上，确是一个相对强盛、繁盛、兴盛的局面——"兴"，当时是东亚兴隆的帝国；"繁"，当时是比欧洲国家繁荣的帝国；"强"，当时是世界上强大的帝国；

概括地说，康熙帝超越前人的重大贡献是，在中华两千多年皇朝史上，实现了中原农耕文化、西北草原文化、东北森林文化和西部高原文化的空前大融合。康熙盛世的历史宝鉴是什么？

三 个人修养

康熙盛世出现，主要因素有五：一是，国际环境有利，恰好处于西方大国两次崛起高潮之间；二是，周边国家协和，如果周边环境不好，清朝也难以独善其身；三是，国内因素有利，处在两次社会大动荡之间相对平静的时期；四是，满洲族群新兴，满洲民族共同体是一个上升的、有朝气的族群；五是，康熙帝个人素养。

康熙盛世出现的诸因素中，最主要因素是什么？如果用最简明的文字怎样概括？我在《正说清朝十二帝》中，分析清兴的根本原因时，突出讲一个"合"字；在《明亡清兴六十年》中，分析明亡的根本原因时，突出讲一个"分"字；那么，在分析康熙盛世的根本原因时，则突出讲一个"一"字。这个"一"字，于康熙帝治国，重点表现在三个方面：国家金瓯一统，民族多元一体，文化多派一流；于康熙帝个人修养，我想起《论语·里仁》里，孔子说："吾道一以贯之。"《论语·卫灵公》里，孔子又说："予一以贯之。"孔子在《论语》中两次强调"一以贯之"。我说，康熙帝个人素养的一个重要特点就是"一"，具体言之，就是五个"一以贯之"。

《尚书·吕刑》曰："一人有庆，兆民赖之。"这里引出一个古老的话题：是英雄创造历史，还是人民创造历史？我认为是英雄与人民共同创造历史。历史既重视群众，历史也重视雄杰。可以设想一下：如果康熙帝是一个荒淫无道之君，或是一个穷兵黩武之君，或是一个懦弱无为之君，或是一个懒惰怠政之君，尽管有上述四个客观有利条件，也不能出现康熙盛世！康熙帝的个人素养，对于想在修身、齐家、治国、平天下中有所作为的人，都会得到有益的启迪。

我着重探讨康熙帝的个人因素，特别是探讨康熙帝的个人素养。康熙帝的"一以贯之"，其修养，举六例——知敬、知孝、知勤、知慎、知学、知止。

（1）知敬：一以贯之。康熙帝认为，君子修德，在于知敬。知敬，就是要敬天、敬地、敬人、敬事、敬己、敬祖，要有敬畏之心。康熙大帝，地位至高，权力至上，怎样约束自己？作为皇帝的"敬"，就是对自己的约束。敬天，康熙帝说："朕自幼登极，凡祀坛庙、礼神佛，必以诚敬存心。"（康熙《庭训格言》）又说："昔年曾因干旱，朕于宫中设坛祈祷，长跪三昼夜，至第四日，步诣天坛虔祷，油云忽作，大雨如注……朕自谓精诚所感，可以上邀天鉴。"我在这里不是讲迷信，而是讲要虔诚敬天。敬地，必须敬畏养育我们的脚下这片大地。敬人，就是要仁爱。《大学》曰："为人君，止于仁。"朱熹说："爱而不敬，非真爱也；敬而不爱，非真敬也。"

(《朱子语类》卷二三）康熙帝的仁爱之心，源自将心比心，"己所不欲，勿施于人"。敬事，《论语·学而》说："敬事而信"，"执事以敬"。《论语》中出现"敬"字22次。敬己，康熙帝说："节饮食，慎起居。"这都是敬身、敬己。敬己，要从小事做起："凡人修身治性，皆当谨于素日，朕于六月大暑之时，不用扇、不除冠，此皆平日不自放纵而能者也。"（康熙《庭训格言》）敬，不要时断时续，而要"一以贯之"。敬祖，就是要敬祀祖先。总之，康熙帝认为"敬"就是"正"，他说："念念敬，斯念念正；时时敬，斯时时正；事事敬，斯事事正。君子无在而不敬，故无在而不正。"（康熙《庭训格言》）

（2）知孝：一以贯之。《孝经》说："夫孝，德之本也。"孝，是为人、为民、为官、为君之德性的根本。孔子重视孝，《论语》中有19处讲孝。孝为天之经、地之义、民之行、道之至。天子之孝，既要事亲，又要爱民——"爱敬尽于事亲，而德教加于百姓。"（《孝经·天子》）孝亲的具体表现有五："居则致其敬，养则致其乐，病则致其忧，丧则致其哀，祭则致其严。"（《孝经·纪孝行》）康熙帝的孝行，表现在敬、乐、忧、哀、严。居，康熙帝对祖母孝庄太皇太后，恭敬、虔诚，每日退朝，直奔太皇太后宫请安。他说：宋孝宗月四朝太上皇，称为盛事。而康熙帝对太皇太后，有时一日二三次进见。（康熙《庭训格言》）乐，想尽办法，让尊亲快乐、高兴，甚至在太后生日时，载歌载舞，祝釐万寿。出京或狩或巡，向太皇太后驰进所获鹿麋、雉兔、鲜果、鲜鱼之类。忧，太皇太后有病，榻前伺候，衣不解带，不思饮食。哀，太皇太后病故后，在梓宫前，昼夜号哭，水米不进，哀伤过度，以至昏迷。严，祭祀时如《玉藻》所言：丧容累累（疲倦的样子），色容颠颠（忧思的样子），视容瞿瞿（恍惚的样子），言容茧茧（气微的样子）。（《礼记正义》卷三十）康熙帝的孝，尤重心孝："凡人尽孝道，欲得父母之欢心者，不在衣食之奉养也，惟持善心，行合道理，以慰父母，而得其欢心，斯可谓真孝者矣！"可以说，康熙皇帝确实是中国帝王孝敬的一个榜样。

（3）知勤：一以贯之。勤，就是勤奋，而不懒惰。康熙帝从8岁继位，到

69岁病故，终生勤政，终生勤学，以劳为福，以逸为祸。他的勤，包括勤奋、勤俭。他说："祖宗相传家法，勤俭敦朴为风。"（康熙《庭训格言》）他认为一个人的贫与富，重要的因素，不在命运，而在勤勉："惟患人之不勤不勉。"（康熙《庭训格言》）因此，每一个人，当读书乐志，勤学力行。康熙帝的一生，是勤奋的一生。以他勤政为例，五十余年，从不懈怠，御门听政，始终如一。他每天至少写一千个字，他说："善书法者，虽多出天性，大半尤恃勤学。朕自幼好书，今年老，虽极匆忙时，必书几行字，一日亦未间断，是故犹未至于荒废。人勤习一事，则身增一艺；若荒疏，即废弃也。"（康熙《庭训格言》）如何读书？他借用朱子的话："循序而有常，致一而不懈。"所以，康熙帝主张君子"五不敢"——"勤修不敢惰，制欲不敢纵，节乐不敢极，惜福不敢侈，守分不敢僭"（康熙《庭训格言》）。

（4）知慎：一以贯之。知慎，就是谨慎。进爵封赏，判刑处罚，既要公正，又要慎重："爵赏刑罚，乃人君之政事，当公慎而不可忽者也。"（康熙《庭训格言》）康熙帝说："凡天下事，不可轻忽，虽至微至易者，皆当以慎重处之。慎重者敬也！当无事时，敬以自持；而有事时，即敬以应事务，必谨终如始，慎修思永，习而安焉。"（康熙《庭训格言》）康熙帝又说："凡人于事务之来，无论大小，必审之又审，方无遗虑。"（康熙《庭训格言》）康熙帝要求官员"清慎勤"，即"慎"在"勤"之前，因为勤而不慎，会把事情做错，督责愈勤，损失愈大。慎，既慎言，又慎行。《孝经》说："言满天下无口过，行满天下无怨恶。"这很难做到，却应当自律。慎之又慎，减少遗憾。不但工作要谨慎，而且生活要谨慎："尝见高年有寿者，平日俱极敬慎。即于饮食，亦不敢过度。"（康熙《庭训格言》）总之，康熙帝修心以谦，修行以健，一生勤奋，一生谨慎："孜孜汲汲，小心敬慎，夙夜不遑，未尝少懈。"（《清圣祖实录》卷二七五）

（5）知学：一以贯之。知学，就是重视读书学习。康熙帝立志高远。他说：圣人一生，只在志学。"志之所趋，无远弗届；志之所向，无坚不入。"（康熙《庭训格言》）凡人、俗人与贤人、圣人的区别在哪里？在于读书学习，以一贯之，坚定不移："初学贵有决定不移之志，又贵有勇猛精进之心，尤贵有贞常永固不退转之念。"（康熙《庭训格言》）康熙帝读书，终生坚持，手不释卷。他读《大学》（1 753 字）、《中庸》（3 567 字）、《论语》（15 876 字）、《孟子》（35 261 字），合计 56 457 个字，都能念诵 120 遍、背诵 120 遍，直至老年，还能背诵。康熙帝终生读书，手不释卷，直至老年，好学不辍。康熙帝的学习，笃志读书，丰富知识，化知为智，悟智为慧。康熙帝是一位学习型的皇帝。

（6）知止：一以贯之。一个人，既要知浮知沉，又要知合知分；既要知进知变，又要知足知止。知浮，可以不骄；知沉，可以不馁；知合，可以不孤；知分，可以不败；知进，可以不衰；知变，可以不僵；知足，可以不辱；知止，可以不殆。康熙帝作为君王，特别自勉自戒，知足知止。康熙帝说："世人衣不过被体，而衣千金之裘，犹以为不足，不知鹑衣袍缊（yùn）者固自若也；食不过充肠，罗万钱之食，犹以为不足，不知箪食瓢饮者固自乐也！朕念及于此，恒自知足。虽贵为天子，而衣服不过适体；富有四海，而每日常膳，除赏赐外，所用肴馔从不兼味，此非朕勉强为之，实由天性自然，汝等见朕如此俭德，其共勉之。"（康熙《庭训格言》）康熙帝知足知止，既不立碑记功，也不自上尊号。他拒绝大臣请求为他立碑记功，说："凡立碑者，惟为一时之名，并不能与永载实史可比，此事理应停止。"他更不允为他上尊号。康熙二十年（1681 年），因平定三藩之乱，大臣奏请加上尊号，他认为"此奏无益"，一不准；两年之后，统一台湾，诸大臣请加上尊号，二不准；康熙二十六年（1687 年），喀尔喀蒙古诸王等请加上尊号，三不准；康熙二十九年（1690 年），达赖喇嘛等请加上尊号，四不准；康熙三十年（1691 年）五月，因多伦会盟，喀尔喀蒙古诸王请加上尊号，五不准；康熙三十六年（1697 年）五月，三征噶尔丹胜利，群臣请加上尊号，六不准；康熙四十二年（1703 年）三月，以五十大寿，王公官民等又请加上尊号，"终不允"，七不准；康熙五十年（1711 年），大臣以御极五十年，功越三王、德越二帝，请加上尊号，谕"若侈陈功德，加上尊号，以取虚名，无益治道，朕所不喜"，八不准；康熙五十一年（1712

年),群臣以六旬万寿,请加上尊号,九不准;康熙六十年(1721年),诸王大臣等以御极一甲子,亘古所无,纷纷吁请恭上尊号,并称:"皇上参天赞地,迈帝超王,手定平成,致海晏河清之盛;身兼创守,备文谟武烈之全。道德已贯乎三才,福寿更高于千石",他说:"这所奏无益,不准行",十不准。而他十拒群臣请上尊号,一贯坚拒别人的赞誉、恭维,更是难能可贵的。康熙四十一年(1702年)九月二十四日,两江总督阿山上奏说,地方粮食丰收,都是皇帝洪福与施恩的结果。康熙帝反而给他一个批答:"若云此皆皇帝洪福齐天、恩播遐迩所致,则江北属数地及山东数处,皆被水灾,民游食者亦多,抑非福不与天齐、恩未能传布所致耶?"康熙帝在位61年,一直谦逊不骄,从不喜欢别人对他过分阿谀与赞美。康熙帝之个人修养、勤学内省、文治武功、出众才华,在中国历代帝王中实属罕见。

总之,康熙帝的这些素养,不是一曝十寒,也不是浅尝辄止,而是"一以贯之"。康熙帝可贵的素养在于一句话:"公四海之利为利,一天下之心为心"。康熙帝突出"一"字,却产生了"僵"字。但他仍是中国皇朝史上的千年一帝。

四 千年一帝

康熙帝之所以能够成为千年一帝,是因为遇到了一个大"天时"。小天时以决利钝,大天时以出明君。

在国内,康熙帝遇到的"天时",有四个特点:

第一,金瓯需要一统。从明万历十一年(1583年)努尔哈赤起兵,到康熙二十二年(1683年),南明最后的象征——台湾郑氏延平王郑克塽归清,整整百年。这一百年间,中华大地一直处于战争和分裂状态,人民最重要的历史期待是什么?作为帝王,最重要的历史使命又是什么?答案都是重新实现金瓯一统。

第二,民众需要富裕。战争的破坏,社会的动荡,灾害的降临,人为的灾难,给民众生命财产造成了巨大损失:在北方,"一望极目,田地荒凉";在中原,"满目榛荒，人丁稀少"；在江南，"荒凉景象，残苦难言"；在湖广，"弥望千里，绝无人烟"；在四川，"民人死亡，十室九空"。就全国而言，国库空虚，民生凋敝，田土抛荒，路暴白骨，村无炊烟，户无鸡鸣。民要富，家要兴，族要盛，国要强。

第三，文化需要融合。自努尔哈赤以"七大恨"告天，打着反抗民族压迫旗帜对抗明朝，到康熙帝即位，再到吴三桂反叛，满汉之间，文化差异，异常凸显，冲突不断。满洲统治者在统一中国的过程中，曾经实行镇压和屠杀的政策。流传到现在的"扬州十日""嘉定三屠""江阴抗清"等故事，就反映了这种暴政和由此引发的汉族军民的强烈反抗。特别是多尔衮摄政以后，在中原地区普遍推行剃发、易服、圈地、占房、投充、捕逃"六大弊政"，更激化了族群矛盾和文化冲突。

第四，天下需要太平。一百年间，地不分南北，族不分夷夏，人不分老幼，性不分男女，民不分贫富，教不分释道，都蒙受着战乱、屠杀、大旱、水患、瘟疫、地震等灾难。黎民百姓，背井离乡，饥寒交迫，奔波流离，历尽苦难，饱经沧桑，他们最渴望天下太平。而实现金瓯一统、民众富裕、文化融合、天下太平的民众百年梦想，既是康熙大帝的责任，也是康熙大帝的荣光。

同时，从中国历史规律来看，大乱之后往往有大治，短命天子之后往往有寿君皇帝。明末到清初，数十年战乱，给康熙大帝提供了一个做明君的历史机遇；从满洲贵族集团来看，康熙帝正好处在从"打江山"到"坐江山"的转变——满洲虽占有中原大地，却没有坐稳江山，如果不能恰当地处理满汉民族关系，而使族群矛盾激化，有可能会重蹈元朝最后被赶回漠北的历史重演。而如能缓和各种矛盾，成功实现"转型"，而其"守成"之功，实同"开创"之业。

这些就是康熙皇帝成为一代"大帝"的重要"天时"条件。康熙帝利用了有利条件，做出历史功绩。那么，怎样评价康熙帝的历史地位呢？

中国有确切文字记载的历史有3 000多年。秦王嬴政二十六年（前221年），嬴政自以为"德高三皇、功过五帝"，自称始皇帝，从此中国开始有了皇帝；到清宣统三年（1911年），辛亥革命推翻清朝，帝制被废除。这段历史有一个特点，就是有皇帝。我将这段历史称作中国皇朝历史。中国皇朝历史，总算为2 132年。

这2 132年的皇朝历史，有多少位皇帝呢？有人统计共349位皇帝，康熙帝让他的大臣统计奏报说211位皇帝，再加上自康熙到宣统9位，共220位。其统计数字之差异，主要是源于标准不同，这可以不论。我们重在思考这2 132年皇朝的历史。

中国两千多年皇朝历史，大体可以分作前后两段。前一段一千年，中国的政治中心主要是在西安。其间政治中心经常东西摆动——秦在咸阳，西汉在长安，东汉在洛阳，唐在长安等，但摆动中心在西安。其间，出现文景之治（文帝在位23年，景帝在位16年）、贞观之治（唐太宗在位23年）。《旧唐书·太宗本纪下》史臣曰："千载可称，一人而已。"（《旧唐书·太宗本纪下》卷三）后一段一千年，中国的政治中心主要是在北京。其间政治中心经常南北摆动——辽上京在临潢（今内蒙古巴林左旗菠萝城），金都先在上京（今黑龙江省哈尔滨市阿城区）、后在中都（今北京），明都先在金陵（今江苏省南京市）、后在北京，清都先在盛京（今辽宁省沈阳市）、后在北京，就是从今哈尔滨往南，经沈阳、北京、开封、南京，到杭州，但摆动中心在北京。从上述可以看出一个有意思的历史现象：中国两千多年帝国历史政治中心的摆动，先是东西摆动，后是南北摆动，从而呈现出大"十"字形变动的特点。

就其后一千年来说，辽、北宋、金、南宋、西夏、元、明、清8朝，共90帝，一个重要的特点是国内的民族纷争与融合。辽—契丹、金—女真、西夏—党项、元—蒙古、清—满洲，八朝中有五朝是少数民族建立的。明朝虽然是汉族人建立的，但朱元璋以"驱逐胡虏、恢复中华"（《明太祖实录》卷二六）为号召，结果又被"胡虏"所替代。

这里有一个很有意思的历史现象。辽、北宋、金、南宋、元、明、清七朝，共有皇帝八十位。这七朝都有一个民族融和的问题。辽朝与北宋对峙，金朝与南宋对峙，元朝取代金朝，都是民族问题。朱元璋是汉人，他的口号是"驱逐胡虏、恢复中华"，带有浓厚的民族色彩。满洲以"七大恨告天"的民族旗号起兵，取代了明朝；民国孙中山先生又以"驱除鞑虏、恢复中华"（《中国同盟会章程》第二条）为纲领而推翻满洲人建立的清朝。

从辽太祖耶律阿保机神册元年（916年），到清宣统三年（1911年），总算一千年。折腾来，折腾去，都离不开"民族"二字。

现在回到本题——对康熙帝的评价问题。

先从纵向比较 中国自辽金以降，千年以来，有九十帝。辽九帝、金十帝与北宋九帝、南宋九帝，半壁山河，西夏十帝偏隅一方，凡四十七帝，均不足论。元朝十五帝，太祖成吉思汗，一代天骄，打下基业，武功伟绩，略输文采，并未一统，更无盛世。元世祖忽必烈，在位二十四年，定鼎大都，武功赫赫，文治稍逊，也无盛世。其他诸帝，均不足论。明朝十六帝，太祖朱元璋，推翻元朝，一统天下，功绩很大；但是，冤案烦苛，史多讥评。明成祖朱棣，雄才大略，迁都北京，派郑和下西洋，派亦失哈下奴尔干，设奴儿干都司，然"靖难"之举，史称之为"篡"；蒙古难题，六次北征，死于道途，抱恨归天。所谓"洪宣"之治，洪熙在位一年，宣德在位十年，都没有形成盛世的局面。至于清朝，共十二帝，可以提及的是"三祖三宗"——清太祖努尔哈赤、世祖顺治、圣祖康熙、太宗皇太极、世宗雍正、高宗乾隆。"三宗"自然位在"三祖"之下。仅以"三祖"而论，清太祖努尔哈赤奠基清朝，未入主中原。顺治帝虽迁都燕京，英年早逝，后期荒唐。算来算去，自辽以降，约一千年，康熙帝的前述五大贡献，及其个人品格，迈越古人，千年以来，谁能与比？千年一帝，首推康熙！

再从横向比较 其时，清朝的四邻国家，比较和睦。东面的朝鲜，皇太极时已经向清朝纳贡称臣，其国王受清帝册封。西面的哈萨克、阿富汗都比清朝经济落后，更没有形成气候。南面的越南、泰国、缅甸、马来亚、菲律宾、爪哇等，都比清朝落后、弱小。西南的印度，处于莫卧儿帝国时期，受喜马拉雅山阻隔，也没有同清朝发生纠纷与摩擦。清朝北面和东面后来的两大强国——俄国和日本，在康熙时期都还没有崛起，俄国废除农奴制是在1861年（清咸丰十一年），日本明治维新则在1868年（清同治七年），都是在康熙朝以后。虽然俄国有些小的动作，但都被击败，没有形成大的威胁。

此时的"西方"，经济方面，工业革命还远没有开始（1765年哈格里夫斯发明珍妮纺织机，被公认为工业革命的先声，已是康熙帝的孙子弘历乾隆三十年的事）；文艺复兴以来的欧洲新科技，在明末已经传入一些，康熙帝本人也比较重视学习，但对生产影响重大的科技突破（如蒸汽机的改良等）都发生在康熙朝之后；政治方面，其时欧洲处于民族国家形成时期，主要大国都实行君主制，只有英国在1688年（康熙二十七年）"光荣革命"后确立了君主立宪制。但那时英国的力量还基本达不到中国，也没有其他国家效仿英国政体，大英帝国的海上霸主之梦更是迟至19世纪才实现。至于美利坚合众国，则是康熙帝死了半个多世纪以后才建立的。所以说，给康熙帝扣上"丧失学习西方、富国强兵机遇"的帽子，是不太公平的，也是缺乏历史常识的。

五　历史缺憾

但是，康熙大帝有缺憾、也有缺失，有疏误、也有错误。到其儿孙们主宰的大清帝国时，以"天朝大国"自诩，以"持盈保泰"（《清高宗实录》卷六〇〇）自恃，瑞叠祥骈，故步自封，逐渐走向衰落。下面列举八旗制度、民族协和、文字之狱、海洋文化，分四点，做讨论。

第一，八旗制度，虽是创造，但不改革，终成顽疾。清朝为什么能够取代明朝？为什么又能够巩固统治？主要原因，关键一条，就是八旗制度。八旗制度是清太祖努尔哈赤的一个创造，前世未有，后世也无。八旗制度是亦兵亦猎、且耕且战的兵民合一、军政合一的社会制度。八旗制度创立于战争时期，适合于战争需要。清朝在全国确立统治后，如何使八旗制度适应新的社会形态，并具有可持续性，是一个重大课题。八旗制度像一把双刃剑——清朝兴也八旗，清朝亡也八旗。我在《正说清朝十二帝》中说过："清太祖努尔哈赤既播下了康乾盛世的种子，也埋下了光宣哀世的基因。"这个基因是什么？主要是八旗制度。清朝多尔衮、顺治过世太早，康熙帝有可能、也有条件对八旗制度的弊端——如定旗分、定土地、定钱粮、定世袭，不务农、不做工、不经商、不做事等，做出改革，但他坚持"首崇满洲"的祖制，于八旗制度，也想改革，改而停，停而改，改而再停，没有进行大胆切实的改革，以至于积重难返，终成顽疾，结果异化八旗子弟，出现大清覆亡悲剧。

第二，文字之狱，过于残酷，扼杀创新，影响深远。清与明比，广大士人，奴性更甚。如明代官员辞职还乡是一种常态；清代官员少见请辞归里的现象。又如明大学士李廷机，先后上书请辞达一百二十余疏，这在清朝是绝对没有的。再如明朝大理寺左评事雒于仁上"四箴疏"，直言批评万历皇帝纵酒、好色、贪财、尚气，皇帝要求重处，辅臣婉转劝说，最后革职回乡，人身安全终老。(《明神宗实录》卷二一九)清代文字狱，籍没家产，妻女为奴，甚者灭门，挖坟扬尸。文狱之后，大量士人，或甘心为奴，哑口无言；或爬疏文字，考据训诂；或游戏文墨，自求安全；或学优则仕，谋求功名。虽清帝进行若干文化工程，益于后世，亦有成效；但编修古籍，抄书注经，缺乏社会创新风气。后如龚自珍所叹，在文化领域，万马齐喑，一片沉寂。西方恰在这个时代，思想活跃，不断求新，科技发展，影响巨大，推动新时代的到来。有清268年，文网严密，杰出思想家有几位？创新科学家有几人？清帝的文化专制，忽视科技和创新，是近世中国落后挨打的一个重要文化原因。

第三，民族协和，卓有成效，也有问题，后成死结。中国历史上的民族问题，对汉族君主来说，主要是处理同少数民族的关系；对少数民族君主来说，主要是处理同汉族的关系。清朝的民族问题，一方面是满族同其他少数民族的关系，另一方面是满族同汉族的关系，前者虽有成效（也有问题），后者却有问题（也有成效）——"按下葫芦，浮起了瓢"。清朝的民族问题，关键在于处理满汉关系，特别是对待汉族问题上，没有完全处理好。诸如优厚满洲、地域封禁、旗民分居、优待旗人等，都逐渐加剧了民族矛盾。以清廷核心人员组成来说，我做过统计，康熙朝有一段时间大学士全是满人，汉人一个没有；满人里全属上三旗，下五旗一个没有；领侍卫内大臣六人，全是满洲上三旗，在处理满汉关系时没有摆平。后来的大学士、军机大臣，大体上说，三人时满洲人占其二，五人时满洲人占其三，七人时满洲人占其四，九人时满洲人占其五，且首辅大学士、首席军机大臣都是满洲人。有清一代，皇帝之下，位最高、权最重的"八大臣"——辅政大臣、首辅大学士、首席军机大臣、内务府总管大臣、领侍卫内大臣、议政大臣、御前大臣、内大臣全是满洲人。清于满汉关系，企望协和，亲满洲，疏汉人，合而未协，晚年失之于当协未协。最后，孙中山以"驱除鞑虏、恢复中华"相号召，在民族问题上大做文章，把清朝推翻了。

第四，海洋文化，是条短板，大清之败，败在海上。中国帝制时代，有五种基本经济文化类型，即中原农耕文化、西北草原文化、东北森林文化、西部高原文化、沿海及岛屿海洋文化。农耕、草原、森林三种文化，都或长或短地建立过全国性的政权，高原文化只建立过地区性政权（如吐蕃、南诏），海洋文化则连区域性政权也没有建立过。中国农耕、草原、森林、高原文化的执政集团，都缺乏海洋文化的基因。他们既不懂、也不重视海洋文化。近世以来，鸦片战争、英法联军、八国联军、甲午海战、日军侵华，都是从海上打来的，中国力不能敌，结果吃了大亏。研究清史、近代史的学者，多从清朝统治腐败等方面去找原因，这是对的，但不全面。我们或可变换一下视角，从文化上去探究原因。康熙帝晚年预见海上外患："海外如西洋等国，千百年后，中国恐受其累。此朕逆料之言。"他告诫："国家承平日久，务须安不忘危。"（《清圣祖实录》卷二七〇）康熙帝的预见很可贵，但遗憾的是他既没有在理论上、制度上做出创新思考，也没有在政策上、措施上做出具体安排。海洋文化的短板，给后人以启示：发展海洋文化，建立强大海军，建设海上强国，制定海洋方略。

最后，还是回到康熙帝的历史时期和康熙帝的历史评价。在其时的世界上，有三位伟大的君主——中国的康熙大帝、俄国的彼得大帝和法国的太阳王路易十四。康熙朝在当时世界上，是国家最为一统、幅员最为辽阔、人口最为众多、民族最为协和、经济最为雄厚、文化最为昌盛、社会最为安定、军力最为强盛的大帝国。康熙大帝不仅是中国历史上的千年一帝，而且是世界历史上的伟大君主。

综上，无论就中国历史作纵向比较，或就世界历史作横向比较，都可以说，康熙大帝是中国皇朝史上的千年一帝，也是世界历史上的千年名君。康熙大帝同其时的俄国彼得大帝、法国太阳王路易十四，同列世界伟大的君主。

附录一

阎崇年与二月河的对话（访谈）

【说明】2008年5月15日，在中央电视台录播厅，张越主持阎崇年与二月河对话。根据录音整理，内容略加修改。

张　越：观众朋友大家好！这里是《百家讲坛》，今天的节目有点特别，我们请来了两位嘉宾：一位是《康熙大帝》的主讲人，历史学家，阎崇年先生；一位是小说《康熙大帝》的作者，作家，二月河先生。非常欢迎两位。

我想两位是不约而同——您讲这个讲座的时候叫它《康熙大帝》，您写小说的时候也叫它《康熙大帝》。中国历史上几百个皇帝，被人称"大帝"的人不太多，两位把康熙都叫了"大帝"，我不知道在你们心里，这个"大帝"的标准是什么？

阎崇年：凌老师，您是先出的书，您先说，我随其后。

张　越：好。

二月河：好。中国历史上称"大帝"的如清太祖皇帝、太宗皇帝，"太"本身就有大的意思。但是，具体说到这个"大帝"，没有人这样称过。写完《康熙大帝》第一章的时候，有一位很著名的作家提出异议，说中国没有"大帝"这个词，也没有"伟大（great）"这个词，后来我给他讲了，《史记》《淮南子》里面都有"大帝"这个词。如果真正说没有这个词，那玉皇大帝是哪一国人？所以"大帝"这个词很早就在用了。具体到康熙为什么要用这个词呢，可以进行一下纵向比较和横向比较。一个是纵向比较，从秦始皇到宣统皇帝，一共是276位皇帝，也有版本说273位，还有一种版本说是500多位。那么这些皇帝当中，对于我们国家的统一、民族的团结作出过最大贡献的，对于发展当时的生产力、改善当时人民生活水平方面作出最大努力的，还有在科技、文化、教育这些方面作出突出贡献的，这个里面比较集中的体现没有人能够和康熙比。

阎崇年：我查了一下，从什么时候开始把康熙和大帝连在一起？有一个日本人叫西本白川，他写了一本书，书名就叫作《康熙大帝》，是昭和十六年（1941年）出版的，这是第一本以《康熙大帝》作书名的著作。

张　越：先称康熙为大帝的倒是日本作者。

阎崇年：到上个世纪八十年代，二月河先生写的书，书名就叫《康熙大帝》。这一次《百家讲坛》要我讲康熙，叫个什么题目？反复斟酌，仔细商量，海内海外，集思广益，最后大家意见一致，四个字——"康熙大帝"。称康熙为"大帝"，肯定有人会提出挑战的啊！说帝就是帝，干吗还来个"大帝"。我想，回答这挑战要有充分的根据。我说康熙这一辈子，八岁登极，在位61年，他做了许多事，我给概括一下，康熙帝最大的贡献就是一个"一"字。这"一"字表现在哪儿呢？主要表现在三个方面：

第一，国家金瓯一统。他把中国的领土，在明朝的基础上，继承先祖遗业，又重新统一起来，而且版图比明朝更大，也更巩固。

第二，民族多元一体。咱们中国是多民族国家，今天是56个民族，这56个民族当年都生活在这片土地上。这56个民族充分地统一在一起，和睦相处，很不容易，在康熙朝基本上把这件事完成了。

第三，文化多派一流。不同的民族有不同的语言，有不同的文化，每一个民族文化好像河的派，流派的"派"，文化多派一流，长江的流、黄河的流，把这么多不同民族的文化汇合到一起，最后合在一起成为中华文化的江河。

这三个"一"，我想康熙帝在中国皇朝史上是前无古人、后无来者的。于是，我想了好久，还是给这个讲座定个"康熙大帝"的题目吧。

张　越：金瓯一统，民族和谐，文化融合，包括经济发展，凌先生刚才还没来得及说，如果横向比较呢？

二月河：横向比较，应该比彼得大帝。

张　越：彼得大帝，俄国的沙皇。

二月河：彼得大帝和康熙是同时期人，当年跟这位作家在辩论的时候就说，俄国人可以称彼得为大帝，中国可以称康熙是大帝。康熙和彼得两个人相比较而言，康熙在治国的经验上，在政治、经济、军事乃至文化，各个方面都是超越彼得大帝的。康熙所不及彼得大帝的也有，就是彼得大帝接触西方先进科学技术知识，这方面比康熙要早，而且在彼得时期俄国已经开始修铁路了。这种东西不是个人素质所能解决的问题，那是因为中国国民经济的发展速度以及当时人们的政治理念、经济理念这方面的东西相结合中，没有那种生产力，没有那种生产关系，任何人也不能够创造出一种思想来。这两个人这样相比较而言，我就感觉到，康熙大帝和俄国的彼得大帝，可以并驾齐驱，为世界上的大帝。

张　越：从以上的论据来说，我们可以称康熙大帝为"大"，如果让你们两位用一个词评价康熙这个人物，你们会用什么词呢？

阎崇年：我说四个字——千年一帝。

张　越：您觉得他是中国历史上至少是最伟大的皇帝之一。

阎崇年：我算了一下中国有皇帝的历史，从秦始皇到宣统帝，一共是2132年，从中间切一刀，前一千年，后一千年。这后一千年，两宋、辽、金、西夏、元、明、清，一共八代，有90位皇帝。这90位皇帝，大一统皇朝皇帝在位够40年以上的，只有4个人。第一个是明世宗，就是嘉靖帝，在位45年，他那时候蒙古军队打到北京城下，所以北京修了外城，近年复建的北京永定门城楼就是那时候修的啊。第二个是万历皇帝，在位48年，万历皇帝二十几年不理政咱不说，还发生过大的战争，比如说萨尔浒大战，明朝出动号称47万军队，实际上双方大约有20多万军队在一个战场上，当时还是不太平的。底下的乾隆帝，在位60年，但中期山东有王伦起义，也是不平静的。而康熙呢？康熙帝从削平三藩之后，中原就再没有大的战争，大约40年中原地区和平安定。我查了一下，这在中国皇朝历史上，中原地区40

年没有大的战争是唯一的。前一千年，在位40年以上的大一统皇朝的皇帝，只有两个：一个汉武帝，在位54年，但后期有"天汉民变"，也是有点乱。唐玄宗在位44年。

张　越：有大乱。

阎崇年：有大乱，安史之乱，唐玄宗不仅自己逃亡，他的爱妃杨贵妃也死在马嵬坡啊！这也不是一个平静的朝代。从皇朝历史的后一千年看，或者从前一千年看，康熙大帝都可以称作"千年一帝"。

张　越：这是您给他的定评："千年一帝"。凌先生呢？

二月河：我说这么三个字吧："器量大"。

张　越：器量大。

二月河：器量大。康熙自己本身是少数民族，而且是在清兵入关时间不是太长就继位，在这个过程当中，首先他是向汉族知识分子学习，学习汉族的这种统治术，乃至当了皇帝以后，进一步向汉族学习，自己也成为一个很了不起的汉学家。

张　越：接纳和尊重汉文化，器量大。

二月河：对，他不仅是接纳汉文化，当了皇帝以后还接纳西方的文化。这种东西，几何、地理、数学、地震学，以及对西方先进的科学技术知识的这种兴趣，都是引人瞩目的，还会外语，所以康熙本人这种善于学习的精神，是他自己成就了他自己，成了一个千古一帝。

张　越：我们说康熙是很了不起的皇帝，然后提到从康熙、到雍正、到乾隆这段时间，咱们历史课本里就叫"康乾盛世"，但是很多人很多学者不同意这个时候是盛世这个说法，请问他们不同意的理由是什么呢？

阎崇年：国内外学者，特别是西方学者，相当一部分人不同意"康乾盛世"。似乎可以说西方学者普遍不同意，不接受。他们的主要根据就是"康雍乾"这个时代西方已经发展起来了，中国还是在封建社会这么一个时代。

我有一次在外面作报告，一个人站起来说："阎老师啊，你说康熙盛世我不同意！"我问："为什么？"他说："康熙时代，英国已经工业革命了，法国大革命了，美利坚合众国也建立了，清朝还是在君主专制。"我问："您学什么专业？"他说："历史专业，研三。"

张　越：他把这几件事给提前了，是吗？

阎崇年：对了。我说不识字的人，没念过书的人，提这个问题不足为怪，您是历史系研究生三年级的学生，这个问题就提得不妥当了。我说这三件事情啊，英国工业革命、法国大革命和美利坚合众国建立，都是在康熙帝的孙子、雍正帝的儿子乾隆帝那个时候发生的，我说你不能把历史提前了。我说康熙帝有个特点，他在西方大国两次崛起高峰的低谷之间，第一次是葡萄牙、西班牙、荷兰，第二次是英国、美国、法国，他恰好处在这两次高潮的低谷之间。这给康熙朝历史发展提供了一个比较长期稳定的国际环境，而且康熙帝又利用了这个环境，经济得到恢复，民族得到团聚，文化也得到发展，使得清朝能够发展、能够壮大、能够强盛。

张　越：那二月河先生，我这儿称呼也乱了，一会儿称呼您凌老师，一会儿称呼您二月河先生，您的小说出来后也有人不同意您称之为"康熙大帝"，不同意康熙时期是盛世，我不知道这个不同的声音它的理由是什么？

二月河：主要作为成分考虑。

张　越：成分？

二月河：成分考虑。康熙是"地主阶级的总代表"，所以不同意。《康熙大帝》第一卷写完以后，在我们河南省一家报纸，用通栏的大标题，批判二月河写这个封建地主阶级的孝子贤孙。就是说，《国际歌》里面我们唱的是"从来就没有什么救世主，也不靠神仙皇帝"，那么你把康熙称为大帝，这是什么阶级立场？

张　越：哦，原来攻击您的理由是这个，康熙帝是属于地主阶级，所以就不能说他好。

二月河：对，还有一个，康熙是少数民族。

张　越：少数民族就不能好吗？

二月河：他们认为我是汉族。

张　越：您只能夸汉族人？

二月河：所以说我是"汉奸"的人也很多。

张　越：哇，这个也太狭隘了吧？

阎崇年：也有人这么攻击我。

二月河：打开网页里面，有一个"二月河吧"，里面就有大量的关于这方面的表述，有些标题就叫"二月河，我恨不得杀了你"！

张　越：如果因为这个理由就攻击，那我觉得这个问题，我们就不值得再往下探讨了。我们接着跟阎先生探讨他这边的问题。您刚才说得对，就是世界走进现代文明的那几个重大事件，比如说俄国废除农奴制、日本明治维新、美国的建立，这些确实都是在康熙之后。但是我从时间表上看，我觉得从康熙执政之前，横向比较世界各国的状态，中国当时真的不差，很强大的帝国。但是，在康熙执政期间，英国发生了"光荣革命"，就是议会开始参与国家政治，而不全由英王一个人执政，它开启了现代民主政治的一个序幕。而在康熙之后，其实全世界各国已经开始走进现代文明，工业文明、资产阶级革命等等，但是中国在康熙当政的这个时期，他好像没有打开大门的思想准备，反而在不断地加固自己的这个封建文明，从这点上说，康熙的执政是不是有一些缺憾？

阎崇年：有缺憾，我一会儿再说缺憾。我觉得刚才您说的这个反映很多人的看法。康熙作为一个帝王来说，他御门听政，摆在御桌上要处理很多问题，那在康熙御前要处理的主要是什么问题？我说主要两个问题：一个叫作"南北问题"，一个叫"东西问题"。这是我给概括的。所谓"南北问题"，因为满洲原来在关外东北地区，进了中原，汉族在南方，就是满汉文化之间的关系，也就是康熙帝首先要处理的问题。这问题处理不好，可能清朝要丧失已经得到的政权，重新像元朝蒙古那样，还回到山海关以外去，中原仍归汉族来统治。如果处理好了，那么清朝政权可能就巩固了。康熙是清朝第四代皇帝，所以他有一个承前启后，从打天下到坐天下这么一个历史的使命。康熙帝怎么处理呢？刚才凌先生也说了，康熙帝采取了很多措施，加强满汉之间的文化交流，特别是向汉族学习。康熙帝亲自到山东曲阜孔庙，冲孔夫子的塑像和牌位行三跪九叩大礼。康熙皇帝啊，都是汉人跟他三跪九叩，他向一个汉人三跪九叩，说明什么？接纳了中原的传统文化。

二月河：我们汉族皇帝也去拜孔，行的是二跪六叩礼，康熙去是君臣大礼，是最高的礼节。

张　越：可见确实如您所说器量很大，反而是抨击说人家少数民族咱就不能夸他，这显得器量太小了。

阎崇年：康熙朝有一个重大的贡献，就是满汉之间文化的融合，他做了很多工作，可以说初步缓和了满汉文化的冲突，就是康熙完成了由渔猎文明向农耕文明过渡。这是他的一个重要贡献。还有"东西问题"，就是由农业文明向工业文明的过渡。我曾想：大家有个美好的愿望，希望康熙帝完成这个过渡，我们国家就不至于有鸦片战争了！不至于有英法联军打到北京火烧圆明园了！

张　越：所以其实我觉得大家寄这个希望于康熙，反而是因为大家觉得他是个了不起的皇帝，他应该完成这一个伟大的历史重任。

阎崇年：他应该完成由农业文明向工业文明过渡，但当时还没有把这个问题摆到康熙帝的御前，就是说在康熙朝，还没有成为问题。他已经做了不少工作，学习西方的科学技术，他主持画了《皇舆全览图》，实地测绘；他也了解世界的形势，通过耶稣会士进行往来，做了很多的工作；也在畅春园搞了个蒙养斋，西方把它称为"皇家科学院"等。但是很遗憾，康熙帝没有再往前走一步。比如他学数学，相当于当时数学专家的水平。如果康熙帝下个命令，科举考试都要考数学，那么全国的举子都学数学，情况可能是另一个样子。有些事情康熙帝可以做到，但是没做，所以他存在遗憾。

张　越：二月河先生，尽管有人因为您夸康熙皇帝就称您为地主阶级的"孝子贤孙"，我想您肯定还是愿意批评一下"地主阶级的总代表"康熙皇帝，他的执政一生有什么缺憾之处？

二月河：我的感觉和阎先生的意见是一致的。康熙有点像中国的潘多拉，就是希腊神话中有一个女神，她把盒子打开，从盒子里面飞出来了战争、饥饿、灾荒、瘟疫这些东西，这个潘多拉吓坏了，赶快把盒子扣起来，结果把希望和光明扣在了盒子里面。我们注意一下《红楼梦》的话，《红楼梦》里面有个人物叫王熙凤，王熙凤她的娘家是粤、闽、滇、浙四省海关总督，这个衙门在康熙时期就已经有了。康熙帝开海禁二十多年，突然把海禁又封起来了。那么开海禁，我们运出去一船一船的茶叶、瓷器和丝绸，运进来一船一船的银子，很好的贸易顺差。但是有人在康熙跟前说，朱三太子在爪哇（印度尼西亚）这些地方，如果海禁继续开下去的话，朱三太子带着兵回来，你这个江山让不让？康熙吓得很快把开海禁停下来了。如果开海禁政策不停，西方的那种文明之风能够早一点通过商贸来往流入中国，我们中国的发展能够相对地与西方走向同步，将来可能会发生改变。康熙自己个人的兴趣和爱好有很多是和最先进的科学在一块儿连着的，但是他没有把自己的兴趣和他的工作很好地联系起来。这是我对康熙不满的地方。你注意一下王熙凤的特点，喜欢资金流动，不喜欢把资金压在箱底里，放高利贷，以及不信鬼神，这些东西很可能是跟王熙凤家庭里外交背景有联系的。所以说康熙有些事情做得很令我们后人扼腕叹息，但是当时就是没有这种先进生产力和先进生产关系的支撑，单凭康熙个人天赋他解决不了这个问题。

张　越：尽管您很赞赏康熙皇帝，但是您在写《康熙大帝》《雍正皇帝》和《乾隆皇帝》三部曲的时候，您称之为"落霞三部曲"，为什么叫"落霞"呢？

二月河："落霞三部曲"就是表现我们华夏民族文化的特征。第一个就是像晚霞一样，非常灿烂的，非常璀璨的，非常丰富多彩的，非常动人的这种文化。第二个就是这个文化当中含着一种很落后的东西，涵盖着一些很要命的东西，这些东西也导致以后鸦片战争中我们的失败。这个文化要负责任，康熙、雍正、乾隆这三代皇帝也应该负一定的历史责任。也就是说这种文化虽然很灿烂、很辉煌，但是这毕竟是太阳快要落山了，黑暗就要来临了，所以用"落霞"。

张　越：说个轻松的话题。据说康熙是一个性格很有意思的人，很生动的人，说了半天严肃的，两位老师能不能给我们讲讲你们觉得康熙这个人有什么趣事？

阎崇年：我挺受康熙帝感动的，就是他小时候念书，是废寝忘食那么念，都累咯血了。他奶奶，就是孝庄太皇太后，跟他说，孩子啊，你不用这么念了，人家读书人为什么那么刻苦念呢？是为了考秀才、考举人、考进士，你用不着，你贵为天子，用不着啊！他说不，我还是要念，我对读书有兴趣。康熙帝读书从5岁开始，到69岁死，虽说日理万机，却还勤奋读书。我给概括八个字："寒暑无间，手不释卷。"看到一个材料，他南巡坐船，很有意思，张越老师，那船是他参与设计的，他觉得别的船不好，就亲自参加设计，找人帮着做，他还监督。他坐自己设计的船去南巡。南巡到了长江的燕子矶，您一定知道，就是南京长江边上的燕子矶，风景很好，我曾去过。我是1966年骑自行车，从北京沿大运河往南，骑到杭州，其中骑到南京，我就特别到燕子矶看看。康熙帝到燕子矶，已经深夜，紧急军报，到那儿一看，这皇帝老爷子还在那儿看书呢。他三征噶尔丹，就是凌老师刚才说的，亲征噶尔丹，非常艰苦，艰苦到什么程度？就是官兵一天吃一顿饭，康熙帝也一天吃一顿饭。

二月河：并日而食。

阎崇年：并日而食。皇帝当然没问题，可以供应了，康熙帝说不行，我要和官兵一样，也是这么吃，果真这么做。征途艰苦，车马劳顿。在一片浩瀚荒漠里走，夜里头搭一个帐篷，他还在那儿做数学题，读书学习。我说这个精神是太难能可贵了。

张　越：哎呀，听上去真是个苦命的人，从小没爹没妈，一辈子操劳，一直到死，心里也没安生，还跟很多儿子都打起来了。

阎崇年： 康熙帝临死之前还说了一句话呢，说当年齐桓公死了以后停尸，他那几个儿子争王位，互相射箭，几个儿子往尸首底下躲啊，这箭都射在尸首上，尸首上射中的箭跟刺猬皮一样。后来儿子们打出了屋，就把门关上了，67天没收尸，那个蛆从窗户往外爬。

张　越： 哎呀，死后这么凄凉！

阎崇年： 他说我百年之后，也很有可能把我的尸体停在乾清宫里，大家束甲相争。你看多么悲凉！

张　越： 都这样了，他还不想着改革体制。

阎崇年： 所以我们后人要吸取历史的教训。

张　越： 人人都想当皇帝，皇帝那么好当吗？听着不像个好差事。

阎崇年： 他自己说，人们都觉得当皇帝不错，大家给你磕头，给你呼万岁，还说你们诸位大学士、尚书，你们老了可以回家，致仕退休或者离休回家了，抱着孙子，享受天伦之乐。他说我行吗？我一年365天，没有礼拜天，没有节假日休息（这话是我的语言），一年就有三大节——过生日万寿节休息一下，大家朝拜也累得很啊；冬至祭天的时候，那也不能休息啊。

张　越： 很多仪式啊，要主持很多仪式的。

阎崇年： 还有正旦，过年。过年这天你就是不上班，可是也忙得很啊，哪有休息日啊？他说哎呀，做皇帝很苦啊，可他儿子不理解，还争，争这个皇位。

张　越： 你看，想说点康熙皇帝有趣的事，结果说出来的事儿都这么沉重，可见这个人一辈子操心。您能贡献点他轻松好玩的事儿吗？

二月河： 康熙有时候也有一点小狡猾，这个我就想不通，因为在写书的时候不能回避这个事情，康熙到明太祖朱元璋的墓上，在那地方把身子都哭软了。

张　越： 这个事儿我也不是特理解，前朝皇帝，而且是他们这朝的敌人。

二月河： 但是你在写书的时候你不能跟读者说，我不知道，他怎么会哭出眼泪来？因为明朝剩孤遗老在南京的很多，在旁边观礼的很多。康熙就是要哭给他们看，但人要哭要有点眼泪，也要积累。

阎崇年：演员有时候不积累，也行，也能哭。

二月河：康熙这个皇帝在朱元璋墓前怎么能哭得出眼泪来，我很费了一番脑筋。我后来想，康熙进大享殿之前，他老师高士奇给他讲，你那个老师叫伍次友，你的老师死了。我说康熙进去哭的时候，他哭的是他自己的老师，他趴在朱元璋墓前哭自己的老师，哭瘫在那个地方，这样就是给人一种真实的感觉。那么这样说康熙有的时候表现得有点狡猾、虚伪，但是康熙这个人不全是这样的。从开博学鸿儒科有几位先生就不买他的账，我看博学鸿儒科的资料，有的交白卷，有的故意作错诗，故意抬错格，这样的有的是，故意给康熙出难题，康熙都忍了。我认为这属于康熙的帝王心术。

阎崇年：就是您说的器量大。

二月河：器量大。到了康熙五十六年，这个时候康熙已经不需要再来巴结汉族知识分子了。山西不有个人叫傅山吗，傅青主。康熙就给山西巡抚写了一封信，说傅青主家里有什么人，现在家里面有什么困难，你们还是要去看一看，有困难帮助一下，家里子弟要能够出来做官的话，就出来做官，我给他一个公务员指标，就这个意思。从这些方面看，康熙又显得非常真诚，有的时候单纯得像个老小孩，有些时候他又严厉，康熙不是个懦弱无能的人。

张　越：看阎先生的节目里面，您提到过一件事情，自打有长城以来的皇帝，对长城都特别重视，这是重要的军事防御措施，但是到康熙年间长城被废弃不用，这意味着什么？

阎崇年：这事儿太重要了。咱们从秦始皇统一六国修长城，编派孟姜女那个故事，非常生动，所以大家有一个很深刻的印象，就是孟姜女哭长城。长城啊，长城啊，孟姜女的先生，在那儿都累死了！长城防什么呢？前期主要是防匈奴，明朝主要防什么？防两个：一个蒙古，一个满洲。清朝入关了，蒙古怎么办？一个办法是把蒙古变成敌人，另一个办法是把蒙古变成朋友，变成自己人——满蒙联盟。其实这个政策啊，是康熙帝的老爷爷——努尔哈赤定下来的，满蒙联姻。皇太极就又发展了，一后四妃，这五个太太都是蒙古族，还都姓博尔济吉特氏，进一步发展了满蒙联盟。顺治更甭说了，到康熙的时候怎么办？康熙就又发展了。搞了一个叫"多伦会盟"，把外蒙古问题，就是喀尔喀蒙古的问题彻底解决。所以整个清朝啊，内蒙古也好，外蒙古也好，从来没有说我要独立，我要分家，一直在清朝统一政权的管辖下。

这个时候你还要长城干吗？没有用了。原来长城是防蒙古的，现在蒙古变成中国北疆的长城了。沙皇俄国侵略，蒙古人、满洲人、汉人组成联军，把沙皇俄国侵略军打败了，取得雅克萨自卫反击战的胜利，并签订《中俄尼布楚条约》。蒙古不是成了北方的长城了吗？康熙帝有句名言："昔秦兴土石之工，修筑长城，我朝施恩于喀尔喀，使之防备朔方，较长城更为坚固。"比长城还坚固呢，不用修长城。

二月河：康熙说：朕以人民为长城。因为明代修长城是一个国策，过去是以少数民族为敌的，所以说就修了个长城；康熙是以少数民族为友的，以团结、联盟、亲善、和平，以这个宗旨把各个民族团结成一家。

阎崇年：以民族为长城，以人民为长城，就不要这个土石长城了，长城就变成历史文物了。

张　越：二月河先生，我不知道您小说里边的康熙皇帝跟历史上的康熙皇帝之间差别大吗？

二月河：应该说在重大的历史事件和重要的历史人物这个方面，我二月河也不敢虚构；但在小事情上，比如说张小姐，你穿这个旗袍，是红色的、绿色的，你这个头发是烫发、是卷发，或者是离子烫，这个事情已经过去300多年了，谁也弄不清楚，只有二月河来当家了。我们现在说有《康熙起居注》，从他早上几点钟起床，几点钟更衣，到厕所去，几点钟出来，然后几点钟进膳，进完膳以后又接见哪一个大臣，统统都有很详明的记载，那么我写《康熙大帝》，我不可能把《康熙起居注》拿来翻译一下,翻译成白话文,我说这就叫《康熙大帝》,谁看啊?所以说写这个康熙,这个小说,还是要遵从艺术的规律,按照毛主席《在延安文艺座谈会上的讲话》说的,由此及彼,由表及里,去粗取精,去伪存真,经过这样一个加工制作过程,它才能源于历史,高于历史,才能够真实地反映当时的历史情况和历史氛围。比如说清代的度量衡,很多专家都不知道,就是银两可以精确到小数点以后13位,这是好多经济学家不知道的。银子怎么花,怎么用,这都是当时的历史。三两银子的概念是什么呢?三两银子可以盖三间房子,可以供一个八口之家过一年,那么我们在电视剧里看到有些女侠客……

张　越:她们经常拿着一锭银子往这儿一扔,说来碗面。

二月河:就把那个银子一墩,那么大一锭银子,桌子上一墩说给我打酒来,就不知道这个银子该怎么花。而且银子本身还有一个成色问题,从30%的银子到99.97%的纯银,一个伙计拿到手里边,他就要靠肉眼马上就能够识别出来,怎么找银子,该找多少银子,你看电视剧里面没有找银子这个东西。

张　越:对,每次钱给的都是正好。

二月河:都是正好,他说是不用找了。

张　越:我一直认为古代的物价是这样。

二月河:实际上从导演、到演员、到制片人,他统统不知道这个银子该怎么找,原因就是在这里。这同样也是历史的真实,我们研究历史,除了这个事件真实之外呢,还要研究这种社会生活的一种真实性,一斤豆腐多少钱?一斤韭菜多少钱?如果这东西你不知道的话,二月河写书写出来就非常苍白。

张　越:我想您这是挺严谨的一个面对历史的态度。不过我觉得两位,一个是讲了26集的《康熙大帝》,一个是写了百万字的康熙的长篇小说,你们对这个人物应该是相当了解的,而古人的智慧、经验和他们的教训,对今人也应该是有所启迪的,所以能不能最后请两位老师给我们说说,康熙身上的什么东西非常值得我们今天来借鉴?

阎崇年：我说康熙就个人来说，第一是知敬，尊敬的"敬"。康熙特别注意这个"敬"，敬天、敬地、敬祖、敬人。今天呢，往往有些情况下有些人不知敬。第二是知止，停止的"止"。我们今天拼命地往前跑，往前争，是对的，也是应该的，但是要知止，不要光知荣不知辱、光知利不知弊、光知胜不知止、光知进不知止。

张　越：就是我们今天的人拼了命往前奔，不知道什么时候该控制。

阎崇年：一个人跑百米，你该跑就跑，该停就停，你要不停，老是百米速度跑，人就累坏了，甚至可能一头栽在地上，所以康熙帝他知止。

张　越：您举个例子。

阎崇年：康熙帝知止的例子很多啊。比如说他平定三藩之乱，大臣要给他上尊号，就是给他上荣誉称号，他说不可以。三征噶尔丹胜利了，大臣要上尊号，他说不行。统一台湾了，上尊号，他不接受。五十大寿上尊号，不接受。六十大寿上尊号，不接受。我统计了一下，他先后至少有八次不接受，这就是知止。反过来说，我康熙不得了，所有功劳都是老子的，你们给我上尊号是理所当然，但他没有这样。

第三是知勤，就是康熙帝这一生啊，应该说是勤奋的一生。他早上大约四点钟起床，中午不休息，御门听政、批阅奏章、接见大臣、读书学习，一直到很晚，而且天天如一日，数十年如一日。特别是对工作的勤，他每天御门听政，数十年如一日，不间断，我说这一条就很难，而且这个制度就传下来了。这是清朝政权能够持续 268 年的原因之一。

所以我说康熙帝的一生，知敬、知止、知勤、知学。我说康熙帝有大过人之处，为什么？因为他有大过人的思想。为什么康熙帝有大过人的思想？同时代的人多了，为什么别人不行，因为康熙帝有大过人的学习，读书学习。所以他有过人的思想、过人的行为。我想康熙帝留给我们一个宝贵的财富，就是个人修养方面，知敬、知止、知勤、知学，这个对我来说也很受启发，谢谢。

张　越：您觉得呢？

二月河： 康熙这个人特点比较多，就是他这个优秀是比较全面的，我感觉到就是康熙在死了以后封他这个号，清帝前头已经有一个太祖皇帝，一个世祖皇帝，按照一般的规律一个朝代只能有一个祖，他前头已经有两个祖了，到他这个地方又封他一个圣祖。圣祖这个"圣"的意思是什么呢？就是按这个谥法讲，"圣"就是神化难名，就是他比较全面。我感觉到康熙一个很大的特点，是比较厚道，待自己的亲人，待自己的朋友，以及他的处理问题比较讲中庸，不是那么霸气十足、棱角十分分明的这么一个皇帝，同时他自己这种虚心好学，把孔孟之道、中庸之道、孔孟仁爱的思想，贯彻到了他自己生命的始终。

张　越： 好，那我们今天就先聊到这儿，非常感谢两位老师。希望我们今天的谈话对您的思考有所帮助，谢谢我们现场的观众和电视机前的观众，我们下次再见！

附录二

康熙大帝家庭五谱之一·手足谱

兹将康熙帝玄烨的兄弟姊妹，按照齿序，谱列如下。

一 康熙帝兄弟八人

（1）皇长子钮钮，顺治八年（1651年）十月初一日子时生，为庶妃巴氏所出，翌年正月三十日殇，年2岁，实际是4个月。

（2）皇二子福全，顺治十年（1653年）七月十七日丑时生，为庶妃董鄂氏（后封为宁悫妃）所出。康熙六年（1667年）正月，封为裕亲王，时年14岁。康熙二十九年（1690年）封为抚远大将军，率军讨噶尔丹。康熙四十二年（1703年）卒，年51岁。

（3）皇三子玄烨，即康熙帝，顺治十一年（1654年）三月十八日巳时生，皇妃佟氏（后改佟佳氏）所出。康熙六十一年（1722年）十一月十三日崩，年69岁。

（4）皇四子未命名，顺治十四年（1657年）十月初七日丑时生，为皇贵妃董鄂氏（后追封孝献皇后）所出，顺治十五年（1658年）正月二十四日寅刻殇，年2岁，实际是3个月零17天。追封荣亲王。

（5）皇五子常宁，顺治十四年（1657年）十一月初四日申时生，庶妃陈氏所出。康熙十年（1671年）封为恭亲王，时年14岁。康熙二十九年（1690年）封为抚远大将军，率军讨噶尔丹。康熙四十二年（1703年）六月初七日卒。年47岁。

（6）皇六子奇授，顺治十六年（1659年）十一月二十一日申时生，为庶妃唐氏所出，康熙四年（1665年）十一月初六日殇，年7岁。

(7) 皇七子隆禧，顺治十七年（1660年）四月二十二日丑时生，为庶妃钮氏所出。康熙十三年（1674年）正月封为纯亲王，时年十四岁。康熙十八年（1679年）七月十五日卒。年20岁。

(8) 皇八子永幹，顺治十七年（1660年）十二月二十三日辰时生，为庶妃穆克图氏所生。康熙六年（1667年）十二月初二日殇，年8岁。

【说明】

（1）康熙帝兄弟8人，其中4人未成年，总平均寿龄为25.75岁。

（2）康熙帝3位成年兄弟中，最高寿龄51岁，其次是47岁、20岁。

（3）康熙帝享年69岁，在他兄弟姐妹14人中，算是最高寿的。

（4）将康熙帝列入谱中，可以看出他在兄弟中的排序及其年龄关系。

二　康熙帝姐妹六人

(1) 皇长女，顺治九年（1652年）三月十五日子时生，为庶妃陈氏所出。翌年十月殇，年2岁。

(2) 皇二女，顺治十年（1653年）十二月初二日子时生，为庶妃杨氏所出。封和硕恭悫长公主。康熙六年（1667年）二月下嫁瓜尔佳氏讷尔杜。讷尔杜为领侍卫内大臣巴哈之子、辅政大臣鳌拜从子。公主与额驸在康熙八年（1669年）擒鳌拜事件中遭家难。康熙二十四年（1685年）十月卒，年33岁。

(3) 皇三女，顺治十年（1653年）十月十三日辰时生，为庶妃巴氏所出。顺治十五年（1658年）三月殇，年6岁。

(4) 皇四女，顺治十一年（1654年）十二月初二日子时生，为庶妃乌苏氏所出。顺治十八年（1661年）三月殇，年8岁。

(5) 皇五女，顺治十一年（1654年）十二月三十日戌时生，为庶妃王氏所出。

顺治十七年（1660年）十二月殇，年7岁。

（6）皇六女，顺治十四年（1657年）十月初六日子时生，为庶妃纳喇氏所出。顺治十八年（1661年）二月殇，年5岁。

【说明】

（1）清入关后，皇女都没有名字，只以皇几女或几公主或其封号相称。

（2）康熙帝姊妹6人，其中5人未成年，总平均寿龄为10.16岁。

（3）康熙帝6位姊妹中，只有一人成年后下嫁，但中遭家庭不幸，享年33岁。

康熙大帝家庭五谱之二·后妃谱

【说明】本谱主要参考唐邦治《清皇室四谱》《清圣祖仁皇帝实录》《清史稿·后妃传》、杨珍《康熙皇帝一家》（修订版），未及全面核对《玉牒》。

兹将康熙帝玄烨的后妃，按照次序，列谱如后。

（1）孝诚仁皇后赫舍里氏，满洲正黄旗，辅政大臣索尼孙女、领侍卫内大臣噶布拉之女，顺治十年（1653年）十二月十七日生，康熙四年（1665年）九月立为皇后，成大婚礼，时年十三岁（长康熙帝一岁）。康熙八年（1669年）十二月十三日，生皇子承祜；十三年（1674年）五月初三日，生皇二子即皇太子胤礽，即于是日崩，年22岁。葬清东陵。

（2）孝昭仁皇后钮祜禄氏，满洲镶黄旗，辅政大臣遏必隆之女，初册为妃，康熙十六年（1677年）八月二十二日立为皇后，翌年二月二十六日崩，享年不详。葬清东陵。

（3）孝懿仁皇后佟氏（后改为佟佳氏），满洲镶黄旗（由汉军旗抬为满洲旗），领侍卫内大臣、国舅佟国维之女，顺治帝孝康章皇后亲侄女。康熙十六年（1677年）八月二十二日册为贵妃，二十年（1681年）晋为皇贵妃。二十二年（1683年）六月十九日生皇八女。二十八年（1689年）七月初九日立为皇后，时已病危，翌日崩。葬清东陵。

（4）德妃乌雅氏，满洲正黄旗，护军参领威武之女，顺治十七年（1660年）被选入宫。康熙十七年（1678年）十月三十日生皇四子胤禛，即后来的雍正帝，时年19岁。十八年（1679年）十月册为德嫔。十九年（1680年）二月初五日生皇六子胤祚。二十年（1681年）十月二十五日晋为德妃。二十一年（1682年）六月初一日生皇七女。二十二年（1683年）九月二十二日生皇九女。二十五年（1686

年）闰四月二十四日生皇十二女。二十七年（1688年）正月初九日生皇十四子胤祯（后改禵）。康熙六十一年（1722年）雍正帝继位后，上徽号为孝恭仁皇后，未及举行典礼，雍正元年（1723年）五月二十三日崩，年64岁。葬清东陵。

（5）悫惠皇贵妃佟氏（后改佟佳氏），满洲镶黄旗，为孝懿仁皇后之妹，康熙七年（1668年）八月生，先后册为贵妃、皇贵妃等。乾隆八年（1743年）四月初一日卒，年76岁。葬清东陵景陵皇贵妃园寝。

（6）惇怡皇贵妃瓜尔佳氏，协领裕满之女，康熙二十二年（1683年）十月生，三十九年（1700年）册为和嫔，四十年（1701年）十月十八日生皇十八女，五十年（1711年）晋和妃。乾隆三十三年（1768年）三月十四日，卒于宁寿寿宫。年86岁。葬清东陵景陵皇贵妃园寝。

（7）敏妃章佳氏，满洲镶黄旗，参领海宽之女，初封为妃，康熙二十五年（1686年）十月初一日生皇十三子胤祥，即后为怡贤亲王。二十六年（1687年）十一月二十七日生皇十三女。三十年（1691年）正月初六日生皇十五女。三十八年（1699年）七月二十五日卒。祔葬景陵。

（8）温僖贵妃钮祜禄氏，满洲镶黄旗，孝昭仁皇后之妹，康熙二十年（1681年）十二月册为贵妃，二十二年（1683年）十月十一日生皇十子胤䄉，二十四年（1685年）九月二十七日生皇十一女。三十三年（1694年）十一月初三日卒，谥温僖贵妃。

（9）密嫔王氏，知县王国正之女，康熙二十余年入侍后宫。康熙三十二年（1693年）十一月二十八日生皇十五子胤禑，三十四年（1695年）六月十八日生皇十六子胤禄，四十年（1701年）八月初八日生皇十八子胤祄。乾隆九年（1744年）四月初八日卒，年70余。

（10）勤嫔陈氏，满洲镶黄旗（包衣），侍卫云麾使陈希敏之女，康熙三十六年（1697年）三月初二日生皇十七子胤礼，乾隆十八年（1753年）十二月二十日卒。

（11）惠妃纳喇氏，满洲正黄旗，郎中索尔和之女，康熙九年（1670年）闰二月初二日生皇子承庆，十一年（1672年）二月十四日生皇长子胤禔。十六年（1677年）八月二十二日册为惠嫔，二十年（1681年）十月二十五日晋为惠妃。雍正十年（1732年）四月初七日卒。

（12）宜妃郭络罗氏，满洲镶黄旗，佐领三官保之女，康熙十六年（1677年）八月二十二日册为宜嫔，十八年（1679年）十二月初四日生皇五子胤祺，二十年（1681年）十月二十五日晋宜妃。二十二年（1683年）八月二十七日生皇九子胤禟，二十四年（1685年）五月初七日生皇十一子胤禌。雍正十一年（1733年）八月二十五日卒。宜妃郭络罗氏生育三子。

（13）荣妃马佳氏，员外郎盖山之女，康熙六年（1667年）九月二十一日生皇子承瑞，十年（1671年）十二月二十五日生皇子赛音察浑，十二年（1673年）五月初六日生皇三女，十三年（1674年）四月初六日生皇子长华，十四年（1675年）六月二十一日生皇子长生，十六年（1677年）二月二十日生皇三子胤祉，同年八月二十二日册为荣嫔，二十年（1681年）十月二十五日晋为荣妃。雍正五年（1727年）闰三月初六日卒。荣妃共生育五子、一女。

（14）宣妃博尔济吉特氏，蒙古科尔沁达尔汉亲王和塔之女、顺治帝赠悼妃之侄女。康熙五十七年（1718年）册为宣妃，乾隆元年（1736年）八月初八日卒。

（15）成妃戴佳氏（即达甲氏），满洲镶黄旗，司库卓奇之女，康熙十九年（1680年）七月二十五日生皇七子胤祐，五十七年（1718年）十二月册为成妃。乾隆五年（1740年）十月三十日卒。

（16）良妃卫氏，满洲正黄旗（包衣），内管领阿布鼐之女，本辛者库罪籍入侍宫中，康熙二十年（1681年）二月初十日生皇八子胤禩。三十九年（1700年）册为良嫔，后晋良妃。康熙五十年（1711年）十一月二十日卒。

（17）尊定妃万琉哈氏（又作瓦刘哈氏），满洲正黄旗，郎中拖尔弼之女，康熙十年（1671年）正月生，二十四年（1685年）十二月二十四日生皇十二子胤祹，五十七年（1718年）十二月册为定嫔。雍正二年（1724年）晋尊定妃，养胤祹于藩邸。乾隆二十二年（1757年）四月初七日卒，年97岁。是为康熙帝后妃中最高寿者。

（18）追封平妃赫舍里氏，满洲正黄旗，为孝诚仁皇后之妹，康熙三十年（1691年）正月二十六日生皇子胤礼，三十五年（1696年）六月二十日卒。寻追封为平妃。

（19）追封慧妃博尔济吉特氏，蒙古科尔沁台吉阿郁锡之女，待年宫中，康熙九年（1670年）四月十二日卒。寻追封为慧妃。

（20）安嫔李氏，汉军正蓝旗，总兵官刚阿岱之女，康熙十六年（1677年）八月二十二日册为安嫔。卒年不详。

（21）敬嫔章佳氏（又作王佳氏），护军参领华善之女，康熙十六年（1677年）八月二十二日册为敬嫔。卒年不详。

（22）端嫔董氏，满洲正蓝旗，员外郎董达齐之女，康熙十年（1671年）三月初九日生皇二女，十六年（1677年）八月二十二日册为端嫔，卒年不详。

（23）僖嫔赫舍里氏，赉山之女，康熙十六年（1677年）八月二十二日册为僖嫔。四十一年（1702年）九月十一日卒。

（24）通嫔纳喇氏，监生常素代之女，初号贵人，康熙二十四年（1685年）二月十六日生皇十女，雍正二年（1724年）尊为皇考通嫔。乾隆九年（1744年）六月二十三日卒。

（25）襄嫔高氏，高廷秀之女，汉族，初为庶妃，康熙四十一年（1702年）九月初五日生皇十九子胤禝，四十二年（1703年）二月生皇十九女，四十五年（1706年）七月二十五日生皇二十子胤祎，乾隆元年（1736年）尊为皇祖襄嫔。乾隆十一年（1746年）六月二十八日卒。

（26）谨嫔色赫图氏，员外郎多尔济之女，初为庶妃，康熙五十年（1711年）十二月初三日生皇二十二子胤祜。乾隆元年（1736年）尊为皇祖谨嫔。乾隆四年（1739年）三月十六日卒。

（27）静嫔石氏，汉族，石怀玉之女，初为庶妃，康熙五十二年（1713年）

十一月二十八日生皇二十三子胤祁。乾隆元年（1736年）尊为皇祖静嫔。乾隆二十三年（1758年）六月初六日卒。

（28）熙嫔陈氏，陈玉卿之女，汉族，初为庶妃，康熙五十年（1711年）正月十一日生皇二十一子胤禧。乾隆元年（1736年）十二月尊为皇祖熙嫔。乾隆二年（1737年）正月初二日卒。

（29）穆嫔陈氏，汉族，陈岐山之女，初为庶妃，康熙五十五年（1716年）五月十六日生皇二十四子胤祕。雍正十一年卒。乾隆元年（1736年）尊为皇祖穆嫔。

（30）贵人兆佳氏，参领塞克塞赫之女，康熙十三年（1674年）五月初六日生皇五女。康熙五十六年（1717年）正月十一日卒。

（31）贵人郭络罗氏，满洲镶黄旗，宜妃之妹，康熙十八年（1679年）五月二十七日生皇六女，二十二年（1683年）七月二十三日生皇子胤祔，卒年不详。

（32）贵人袁氏，汉族，康熙二十八年（1689年）十二月初七日生皇十四女。康熙五十八年（1718年）八月十二日卒。

（33）贵人纳喇氏，那丹珠之女。其他不详。

（34）贵人陈氏，汉族，陈秀之女，康熙五十七年（1718年）二月初一日生皇子胤援。胤援出生之日殇。

（35）贵人纳喇氏，骁骑校昭格之女，康熙十四年（1675年）十月初八日生皇子万黻，十八年（1679年）二月三十日生皇子胤䄉。卒年不详。

（36）贵人易氏，雍正六年（1728年）四月卒。

（37）庶妃钮祜禄氏，员外郎晋宝之女，康熙四十七年（1708年）十一月初九日生皇二十女。卒年不详。

（38）庶妃张氏，汉族，康熙七年（1668年）十一月二十六日生皇长女，十三年（1674年）二月初十日生皇四女。卒年不详。

（39）庶妃王氏，汉族，康熙三十四年（1695年）十月二十一日生皇十六女。

卒年不详。

（40）庶妃刘氏，汉族，康熙三十七年（1698年）十二月十二日生皇十七女。卒年不详。

【注】

〔1〕康熙帝后妃同为姊妹者有：宜妃郭络罗氏与其妹妹贵人郭络罗氏；追封平妃赫舍里氏，满洲正黄旗，为孝诚仁皇后之妹。而同为姑侄女者有：孝懿仁皇后，佟氏（后改为佟佳氏），满洲镶黄旗（由汉军旗抬为满洲旗），领侍卫内大臣、国舅佟国维之女，顺治帝孝康章皇后亲侄女；宣妃博尔济吉特氏，科尔沁达尔汉亲王和塔之女、顺治帝赠悼妃之侄女。

〔2〕康熙帝后妃中为汉族女子者有：密嫔王氏，知县王国正之女；端嫔，董氏，员外郎董达齐之女；襄嫔，高氏，高廷秀之女；静嫔石氏，石怀玉之女；熙嫔陈氏，陈玉卿之女；穆嫔陈氏，陈岐山之女；贵人袁氏；贵人陈氏，陈秀之女；贵人易氏；庶妃张氏；庶妃王氏；庶妃刘氏等至少12人。

〔3〕康熙帝后妃中，乌雅氏在10年之间，即从19岁到29岁，先后生育三子三女；荣妃马佳氏生皇子承瑞、皇子赛音察浑、皇三女、皇子长华、皇子长生、皇三子胤祉，共生育五子、一女；密嫔王氏，生皇十五子胤禑、皇十六子胤禄、皇十八子胤祄，共生育三子；宜妃郭络罗氏，生皇五子胤祺、皇九子胤禟、皇十一子胤禌，共生育三子。

〔4〕康熙帝后妃中最高寿者为尊定妃万琉哈氏，生皇十二子胤祹，晚年随儿子履懿亲王允祹府邸，享年97岁。

〔5〕康熙帝后妃中有记载卒年最小者为孝诚仁皇后赫舍里氏，卒年22岁。

〔6〕康熙帝后妃实际数字已不可查考，主要选取其生育子女者或有封号可考者。

〔7〕空缺内容为资料不详。

〔8〕康熙帝有第一子时,年14岁;有最后一子时,年57岁。其间相隔43年。

〔9〕另康熙帝有名者常在9人、答应9人,死后埋在景陵妃园寝。

康熙大帝家庭五谱之三·皇子谱

兹将康熙帝玄烨的三十五位皇子，排序的二十四位，早殇未排序的十一位，分别齿序，列谱如下。

一 康熙帝排序的二十四位皇子

（1）皇长子胤禔，康熙十一年（1672年）二月十四日午时生，生母为惠妃纳喇氏。康熙三十七年（1698年）三月，封为多罗直郡王；四十七年（1708年）十一月，"坐魇太子胤礽"罪革爵，拘禁高墙。雍正十二年（1734年）十一月初一日卯刻，幽死。年63岁。

（2）皇二子胤礽，康熙十三年（1674年）五月初三日巳时生，生母为孝诚仁皇后赫舍里氏，小名保成。康熙十四年（1675年）十二月十三日，立为皇太子。康熙三十五年（1696年）二月，康熙帝北征特命监国。后北征皆如此。康熙四十一年（1702年）九月，侍驾南巡，患病留德州而止。四十二年（1703年）正月，仍侍卫驾南巡。康熙四十七年（1708年）六月，以罪被废拘禁于咸安宫。十二月，获释。康熙四十八年（1709年）三月，复立为皇太子。五十一年（1712）十月，再以罪废，仍禁锢咸安宫。雍正二年（1724年）十二月十四日戌刻，死于咸安宫幽所。年51岁。追封理亲王，谥密。有诗，在《熙朝雅颂集》内。

（3）皇三子胤祉，康熙十六年（1677年）二月二十日午时生，生母为庶妃马佳氏，即荣妃。康熙三十七年（1698年）三月，封诚郡王；三十八年（1699年）九月，降为贝勒。康熙四十八年（1709年）三月，晋和硕诚亲王。雍正六年（1728年）六月，降郡王。雍正八年（1730年）二月，复诚亲王；五月削爵，拘禁于景山永安亭。雍正十年（1732年）闰五月十九日幽死，年56岁。乾隆二年（1737年）

十二月，追谥隐。曾与编修《古今图书集成》，参与修撰《律历渊源》等。有诗作，见《熙朝雅颂集》。

（4）皇四子胤禛，即雍正帝。康熙十七年（1678年）十月三十日生，生母为德妃乌雅氏。三十七年（1698年）三月，封多罗贝勒。四十八年（1709年）三月，晋为和硕雍亲王。六十一年（1722年）十一月二十日，即皇帝位，年号雍正。雍正十三年（1735年）八月二十三日崩。年58岁。

（5）皇五子胤祺，康熙十八年（1679年）十二月初四日申时生，生母为宜妃郭络罗氏。三十七年（1698年）三月，封多罗贝勒。四十八年（1709年）三月，晋为和硕恒亲王。雍正十年（1732年）闰五月十九日卒。年54岁。有诗作，见《熙朝雅颂集》。

（6）皇六子胤祚，康熙十九年（1680年）二月初五日巳时生，生母为德妃乌雅氏，为雍正帝同母弟。康熙二十四年（1685年）五月十四日殇。年6岁。

（7）皇七子胤祐，康熙十九年（1680年）七月二十五日子时生，生母为庶妃戴佳氏。身体有残疾。三十七年（1698年）三月，封多罗贝勒。四十八年（1709年）三月，晋淳郡王。雍正元年（1723年）四月，晋淳亲王。雍正八年（1730年）四月初二日卒。年51岁。有诗，见《熙朝雅颂集》。

（8）皇八子胤禩，康熙二十年（1681年）二月初十日未时生，生母为庶妃卫氏，即良妃。三十七年（1698年）三月，封贝勒。四十七年（1708年）九月，"以谋夺储位"削爵逮治。同年十二月，赐还贝勒，仍系于畅春园侧。五十四年（1715年）正月，停给爵俸。五十五年（1716年）九月，以病释还家，给俸如故。雍正帝继位，命总理事务。康熙六十一年（1722年）十二月，封廉亲王，授理藩院尚书。雍正三年（1725年）二月，罢总理事务。四年（1726年）正月，削爵，除宗籍；二月圈禁高墙。三月，改其名为"阿其那"。九月初五日，幽死。年46岁。乾隆四十三年（1778年）正月，诏复其原名，收入宗籍。

（9）皇九子胤禟，康熙二十二年（1683年）八月二十七日子时生，生母为宜妃郭络罗氏。与皇五子胤祺同母。四十八年（1709年）三月，封贝子。雍正元年（1723年）正月，受派遣驻西宁。三年（1725年）七月，削爵。四年（1726年）正月，除宗籍，系保定狱。五月改其名为"塞思黑"。八月二十七日死于禁所。年44岁。乾隆四十三年（1778年）正月，诏复其原名，收入宗籍。

（10）皇十子胤䄉，康熙二十二年（1683年）十月十一日亥时生，生母为温僖贵妃钮祜禄氏。四十八年（1709年）三月，封敦郡王。雍正二年（1724年）四月，削爵禁锢。雍正十三年（1735年）八月二十三日雍正帝崩，乾隆帝即位，十一月释之。乾隆二年（1737年）二月，封辅国公。六年（1741年）九月初九日卒。年59岁。

（11）皇十一子胤禌，康熙二十四年（1685年）五月初七日戌时生，生母为宜妃郭络罗氏，三十五年（1696年）七月二十五日殇。年12岁。

（12）皇十二子胤祹，康熙二十四年（1685年）十二月二十四日寅时生，生母为庶妃万琉哈氏，即定妃。四十八年（1709年）三月，封贝子。六十一年（1722年）十二月，晋履郡王。雍正正元年（1723年）十二月，降贝子。二年（1724年）六月，再降为镇国公。八年（1730年）五月，复履郡王。十三年（1735年）十月，授宗令；十一月，晋履亲王，管礼部事。乾隆十八年（1753年），授议政大臣。乾隆二十八年（1763年）七月二十四日未刻卒。年79岁。

（13）皇十三子胤祥，康熙二十五年（1686年）十月初一日辰时生，生母为庶妃章佳氏，即敬敏皇贵妃。康熙六十一年（1722年）十二月雍正帝即位后，命总理事务，封怡亲王。雍正八年（1730年）五月初四日卒。年45岁。有诗，见《熙朝雅颂集》。

（14）皇十四子胤祯（禵），康熙二十七年（1688年）正月初九日酉时生，生母为德妃乌雅氏，系雍正帝同母弟。康熙四十八年（1709年）三月，封贝子。五十七年（1718年）十月，授抚远大将军，驻师西宁。雍正元年（1723年）五月，晋多罗郡王。二年（1724年）七月，遣守景陵。三年（1725年）十二月，降为固山贝子。四年（1726年）五月初二日，命将允䄉自景陵撤还，削爵，拘禁于景山寿皇殿。六月，廷臣议其罪十四款，诏令宣示天下。雍正十三年（1735年）八月，乾隆帝登极；十一月释之。乾隆二年（1737年）二月，授辅国公。后授郡王。二十年（1755年）正月初六日卒。年68岁。

（15）皇十五子胤禑，康熙三十二年（1693年）十一月十八日子时生，生母为庶妃王氏，即顺懿密妃。雍正四年（1726年）五月，封贝勒，命守景陵。八年（1730年）二月，晋愉郡王。九年（1731年）二月初一日卒。年39岁。

（16）皇十六子胤禄，康熙三十四年（1695年）六月十八日卯时生，生母为庶妃王氏，即顺懿密妃，与皇十五子胤禑同母。雍正元年（1723年）二月，命出继庄靖王博果铎后，袭封庄亲王。二年（1724年）十一月，授宗令。三年（1725年）二月，解任。十三年（1735年）八月，受末命。乾隆帝继位后，命总理事务掌工部事，兼议政大臣，赐食亲王双俸。四年（1739年）十月，以与理亲王弘晳结党，罢停双俸。十八年（1753年）正月，复授议政大臣。三十二年（1767年）二月二十一日午刻卒，年73岁。有诗，见《熙朝雅颂集》。

（17）皇十七子胤礼，康熙三十六年（1697年）三月初二日寅时生，生母为庶妃陈氏，即勤妃。雍正元年（1723年）四月，封果郡王，寻命管理藩院事。六年（1728年）二月，晋果亲王。十一年（1733年）八月，授宗令。十二年（1734年）七月，命往泰宁伴送达赖喇嘛还藏。翌年四月回京，十一月赐食亲王双俸。乾隆元年（1736年）三月，夺双俸。三年（1738年）二月初二日丑刻卒。年42岁。著有《春和堂集》《静远斋集》。

（18）皇十八子胤祄，康熙四十年（1701年）八月初八日卯时生，生母为庶妃王氏，即顺懿密妃，与皇十六子胤禄同母。康熙四十七年（1708年）九月初四日巳刻殇。年8岁。

（19）皇十九子胤禝，康熙四十一年（1702年）九月初五日丑时生，生母为庶妃高氏，即襄嫔。四十三年（1704年）一月十三日辰刻殇。年3岁。

(20) 皇二十子胤祎，康熙四十五年（1706年）七月二十五日午时生，生母为庶妃高氏，即襄嫔。雍正四年（1726年）五月，封贝子。八年（1730年）二月，晋贝勒。乾隆二十年（1755年）正月初九日巳刻卒。年50岁。

(21) 皇二十一子胤禧，号紫琼道人，又号春浮居士。康熙五十年（1711年）正月十一日戌时生，生母为庶妃陈氏，即熙嫔。雍正八年（1730年）二月初五日，封允禧为贝勒。十三年（1735年）十一月，晋慎郡王。乾隆二十三年（1758年）五月二十一日卒。年48岁。著《花间堂诗草》《紫琼岩诗草》。

(22) 皇二十二子胤祜，康熙五十年（1711年）十二月初三日酉时生，生母为庶妃色赫图氏，即谨嫔。雍正八年（1730年）二月，封贝子。十二年（1734年）二月，晋贝勒。乾隆八年（1743年）十二月二十九日卒。年33岁。

(23) 皇二十三子胤祁，号东山。康熙五十二年（1713年）十一月二十八日卯时生，生母为庶妃石氏，即静嫔。雍正八年（1730年）二月，封镇国公，十三年（1735年）十月，晋贝勒。后以事降贝子，再降镇国公。乾隆四十五年（1780年）九月，复贝子，后又复贝勒、再加郡王衔。五十年（1785年）七月二十七日未刻卒。年73岁。

(24) 皇二十四子胤祕，康熙五十五年（1716年）五月十六日巳时生，生母为庶妃陈氏，即穆嫔。雍正十一年（1733年）二月，封诚亲王。乾隆三十八年（1773年）十月二十日卯刻卒。年58岁。有诗，见《熙朝雅颂集》。

二　康熙帝未排序的十一位皇子

(1) 皇子承瑞，康熙六年（1667年）九月二十日寅时生，生母为庶妃马佳氏，即荣妃。九年（1670年）五月二十四日殇。年4岁。

(2) 皇子承祜，康熙八年（1669年）十二月十三日寅时生，生母为孝诚仁皇后，十一年（1672年）二月初五日殇。年4岁。

(3) 皇子承庆，康熙九年（1670年）闰二月初一日未时生，生母为庶妃纳喇氏，即惠妃。十年（1671年）四月二十八日殇。年2岁。

(4) 皇子塞音察浑，康熙十年（1671年）十二月二十五日亥时生，生母为庶妃马佳氏，即荣妃。十三年（1674年）正月二十九日殇。年4岁。

(5) 皇子长华，康熙十三年（1674年）四月初六日巳时生，生母为庶妃马佳氏，即荣妃。生即殇。年1岁。

(6) 皇子长生，康熙十四年（1675年）六月二十一日丑时生，生母为庶妃马佳氏，即荣妃。十六年（1677年）三月二十六日殇。年3岁。

(7) 皇子万黼，康熙十四年（1675年）十月初八日巳时生，生母为贵人纳喇氏，即通嫔。十八年（1679年）正月二十九日殇。年5岁。

(8) 皇子胤禶，康熙十八年（1679年）二月三十日巳时生，生母为贵人纳喇氏，即通嫔。翌年四月初二日殇。年2岁。

(9) 皇子胤禟，康熙二十二年（1683年）七月二十三日子时生，生母为贵人郭络罗氏。二十三年（1684年）六月初六日殇。年2岁。

(10) 皇子胤礼，康熙三十年（1691年）正月二十六日辰时生，生母为庶妃赫舍里氏，即平妃。同年三月初一日殇。年1岁。

(11) 皇子胤禐，康熙五十七年（1718年）二月生，生母为贵人陈氏。出生当日殇。年1岁。

三　康熙帝按年齿排序的三十五位皇子

(1) 皇子承瑞，康熙六年（1667年）九月二十日寅时生，庶妃为马佳氏，即荣妃。九年（1670年）五月二十四日殇。年4岁。

(2) 皇子承祜，康熙八年（1669年）十二月十三日寅时生，生母为孝诚仁皇后赫舍里氏。康熙十一年（1672年）二月初五日殇。年4岁。

（3）皇子承庆，康熙九年（1670年）闰二月初一日未时生，生母为庶妃纳喇氏，即惠妃。康熙十年（1671年）四月二十八日殇。年2岁。

（4）皇子塞音察浑，康熙十年（1671年）十二月二十五日亥时生，生母为庶妃马佳氏，即荣妃。康熙十三年（1674年）正月二十九日殇。年4岁。

（5）皇长子胤禔，康熙十一年（1672年）二月十四日午时生，生母为惠妃纳喇氏。康熙三十七年（1698年）三月，封为多罗直郡王。四十七年（1708年）十一月，"坐魇太子胤礽"革爵，拘禁高墙。雍正十二年（1734年）十一月初一日卯刻，幽死。年63岁。

（6）皇子长华，康熙十三年（1674年）四月初六日巳时生，生母为庶妃马佳氏，即荣妃。生即殇，年1岁。

（7）皇二子胤礽，康熙十三年（1674年）五月初三日巳时生，生母为孝诚仁皇后赫舍里氏，小名保成。康熙十四年（1675年）十二月十三日，立为皇太子，后废而立，又立而废。雍正二年（1724年）十二月十四日死于咸安宫幽所。年51岁。

（8）皇子长生，康熙十四年（1675年）六月二十一日丑时生，生母为庶妃马佳氏，即荣妃。康熙十六年（1677年）三月二十六日殇。年3岁。

（9）皇子万黼，康熙十四年（1675年）十月初八日巳时生，生母为贵人纳喇氏，即通嫔。康熙十八年（1679年）正月二十九日殇。年5岁。

（10）皇三子胤祉，康熙十六年（1677年）二月二十日午时生，生母为庶妃马佳氏，即荣妃。雍正十年（1732年）闰五月十九日，死于幽所。年56岁。

（11）皇四子胤禛，即雍正帝。康熙十七年（1677年）十月三十日生，生母为德妃乌雅氏。雍正十三年（1735年）八月二十三日崩。年58岁。

（12）皇子胤禶，康熙十八年（1679年）二月三十日巳时生，生母为贵人纳喇氏，即通嫔。康熙十九年（1680年）四月初二日殇。年2岁。

（13）皇五子胤祺，康熙十八年（1679年）十二月初四日申时生，生母为宜妃郭络罗氏。雍正十年（1732年）闰五月十九日卒。年54岁。

（14）皇六子胤祚，康熙十九年（1680年）二月初五日巳时生，生母为德妃乌雅氏，系雍正帝同母弟。康熙二十四年（1685年）五月十四日殇。年6岁。

（15）皇七子胤祐，康熙十九年（1680年）七月二十五日子时生，生母为庶妃戴佳氏。身体有残疾。三十七年（1698年）三月，封多罗贝勒。四十八年（1709年）三月，晋淳郡王。雍正元年（1723年）四月，晋淳亲王。雍正八年（1730年）四月初二日卒。年51岁。

（16）皇八子胤禩，康熙二十年（1681年）二月初十日未时生，生母为庶妃卫氏，即良妃。三十七年（1698年）三月，封贝勒。四十七年（1708年）九月，"以谋夺储位"削爵逮治。同年十二月，赐还贝勒，仍系于畅春园侧。雍正四年（1726年）九月初五日，幽死。年46岁。

（17）皇子胤禶，康熙二十二年（1683年）七月二十三日子时生，生母为贵人郭络罗氏。二十三年（1684年）六月初六日殇。年2岁。

（18）皇九子胤禟，康熙二十二年（1683年）八月二十七日子时生，生母为宜妃郭络罗氏。与皇五子胤祺同母。雍正四年（1726年）八月二十七日，死于禁所。年44岁。

（19）皇十子胤䄉，康熙二十二年（1683年）十月十一日亥时生，生母为温僖贵妃钮祜禄氏，四十八年（1709年）三月，封敦郡王。雍正二年（1724年）四月，削爵禁锢。乾隆六年（1741年）九月初九日卒。年59岁。

（20）皇十一子胤禌，康熙二十四年（1685年）五月初七日戌时生，生母为宜妃郭络罗氏。三十五年（1696年）七月二十五日殇。年12岁。

（21）皇十二子胤祹，康熙二十四年（1685年）十二月二十四日寅时生，生母为庶妃万琉哈氏，即定妃。四十八年（1709年）三月，封贝子。六十一年（1722年）十二月，晋履郡王。乾隆二十八年（1763年）七月二十四日未刻卒。年79岁。

（22）皇十三子胤祥，康熙二十五年（1686年）十月初一日辰时生，生母为庶妃章佳氏，即敬敏皇贵妃。雍正八年（1730年）五月初四日卒。年45岁。

(23) 皇十四子胤祯（禵），康熙二十七年（1688年）正月初九日酉时生，生母为德妃乌雅氏，与雍正帝同母。乾隆二十年（1755年）正月初六日卒。年68岁。

(24) 皇子胤禨，康熙三十年（1691年）正月二十六日辰时生，生母为平妃赫舍里氏。出生不满两个月殇。

(25) 皇十五子胤禑，康熙三十二年（1693年）十一月十八日子时生，生母为庶妃王氏，即顺懿密妃。雍正九年（1731年）二月初一日卒。年36岁。

(26) 皇十六子胤禄，康熙三十四年（1695年）六月十八日卯时生，生母为庶妃王氏，即顺懿密妃。与皇十五子胤禑同母。乾隆三十二年（1767年）二月二十一日午刻卒。年73岁。

(27) 皇十七子胤礼，康熙三十六年（1697年）三月初二日寅时生，生母为庶妃陈氏，即勤妃。雍正元年（1723年）四月，封果郡王。乾隆三年（1738年）二月初二日丑刻卒。年42岁。

(28) 皇十八子胤祄，康熙四十年（1701年）八月初八日卯时生，生母为庶妃王氏，即顺懿密妃。与皇十六子胤禄同母。康熙四十七年（1708年）九月初四日巳刻殇。年8岁。

(29) 皇十九子胤禝，康熙四十一年（1702年）九月初五日丑时生，生母为庶妃高氏，即襄嫔。康熙四十三年（1704年）一月十三日辰刻殇。年3岁。

(30) 皇二十子胤祎，康熙四十五年（1706年）七月二十五日午时生，生母为庶妃高氏，即襄嫔。乾隆二十年（1754年）正月初九日巳刻卒。年50岁。

(31) 皇二十一子胤禧，号紫琼道人，又号春浮居士。康熙五十年（1711年）正月十一日戌时生，生母为庶妃陈氏，即熙嫔。乾隆二十三年（1758年）五月二十一日卒。年48岁。

(32) 皇二十二子胤祜，康熙五十年（1711年）十二月初三日酉时生。生母为庶妃色赫图氏，即谨嫔。乾隆八年（1743年）十二月二十九日卒。年33岁。

(33) 皇二十三子胤祁，号东山，康熙五十二年（1713年）十一月二十八日卯时生，生母为庶妃石氏，即静嫔。雍正八年（1730年）二月，封镇国公。十三年（1735年）十月，晋贝勒。五十年（1785年）七月二十七日未刻卒。年73岁。

（34）皇二十四子胤祕，康熙五十五年（1716年）五月十六日巳时生，生母为庶妃陈氏，即穆嫔。乾隆三十八年（1773年）十月二十日卯刻卒。年58岁。

（35）皇子胤禐，康熙五十七年（1718年）二月生，生母为贵人陈氏，出生之日殇。年1岁。

【说明】

（1）康熙帝的皇子，从齿序第五子即皇长子胤禔开始，名字始用"胤"字。雍正帝继位后，为避其"胤禛"名讳，命将"胤"字改为"允"字。但康熙帝在位时，其皇子用"胤"，这在行文叙述中出现复杂情况。本书叙人述事牵涉康熙帝诸子名字时，多用"胤"，有时亦用"允"。特作说明。

（2）康熙帝在18岁（周岁）前生有5位皇子，早殇4人，成年1人，早殇占其总数的80%。

康熙大帝家庭五谱之四·皇女谱

兹将康熙帝玄烨的皇女，按照齿序，谱列如后。

（1）皇长女，康熙七年（1668年）十一月二十六日亥时生，生母为庶妃张氏。十年（1671年）十一月殇。年4岁。

（2）皇二女，康熙十年（1671年）三月初九日子时生，生母为庶妃董氏，即端嫔。十二年（1673年）二月殇。年3岁。

（3）皇三女，即二公主，固伦荣宪公主。康熙十二年（1673年）五月初六日寅时生，生母为庶妃马佳氏，即荣妃。系胤祉同母姊。三十年（1691年）封和硕荣宪公主，下嫁蒙古巴林部博尔济吉特氏额驸色布腾之孙乌尔衮，时年19岁。乌尔衮为淑慧长公主与鄂尔齐之子。三十一年（1692年）十月，诏设护卫长史，如贝勒制。四十八年（1709年）归宁。三月晋封今位号。额驸乌尔衮于康熙四十三年（1704年）袭封巴林郡王。康熙五十八年（1719年）从征西部。六十年（1721年）二月，额驸色布腾卒与军中。雍正六年（1728年）四月二十一日卒。年56岁。

（4）皇四女，康熙十三年（1674年）二月初十日酉时生，生母为庶妃张氏。十七年（1678年）十二月殇。年5岁。

（5）皇五女，即三公主，和硕端静公主，康熙十三年（1674年）五月初六日巳时生，生母为贵人兆佳氏。三十一年（1692年）十月，年19岁，封今位号，下嫁蒙古乌梁罕氏喀喇沁杜棱郡王札什之子噶尔藏。不久，诏设护卫长史，如贝勒制。四十九年（1710年）三月卒。年37岁。

（6）皇六女，即四公主，固伦恪靖公主，康熙十八年（1679年）五月二十七日寅时生。生母为贵人郭络罗氏。三十六年（1697年）十一月封和硕公主，时年19岁，下嫁蒙古博尔济吉特氏喀尔喀郡王敦多布多尔济。额驸敦多布多尔济于康熙三十一年（1692年）袭封郡王，后晋亲王。四十五年（1706年）封和硕恪靖公主。雍正元年（1723年）二月，晋今位号。雍正八年（1730年）闰四月夫亡。雍正十三年（1735年）三月卒。年57岁。

（7）皇七女，康熙二十一年（1682年）六月初一日卯时生，生母为德妃乌雅氏，即孝恭仁皇后，与雍正帝为同胞。同年八月殇。年1岁。

（8）皇八女，康熙二十二年（1683年）六月十九日巳时生，生母为皇贵妃佟氏（佟佳氏），即孝懿仁皇后。同年闰六月殇。年1岁。

（9）皇九女，即五公主，晋赠固伦温宪公主，康熙二十二年（1683年）九月二十二日寅时生，生母为德妃乌雅氏。系雍正帝同胞。三十九年（1700年）九月封和硕温宪公主，时年18岁，下嫁佟氏舜安颜。舜安颜为孝懿仁皇后娘家从子，即佟国维之孙。四十一年（1702年）七月卒。年20岁。雍正元年（1723年）追晋今位号。其额驸舜安颜在康熙四十八年（1699年）二月，因党附皇八子胤禩，被削额驸，禁锢家中。后获释，不久卒。

（10）皇十女，即六公主，晋赠固伦纯悫公主，康熙二十四年（1685年）二月十六日午时生，生母为纳喇氏，即通嫔。四十五年（1706年）五月，下嫁蒙古博尔济吉特氏喀尔喀台吉策凌，时年22岁。十一月，封和硕纯悫公主。四十九年（1710年）三月二十四日卒。年26岁。葬之京师郊外。雍正十年（1732年）十二月，以策凌建立殊勋，追晋其今位号。额驸策凌于雍正元年（1723年）因西陲军功，封喀尔喀郡王。后与中俄谈判并签订《恰克图界约》。后以军功晋亲王。因厄尔德尼招大捷即光显寺大捷，获赐号超勇亲王，授定边左副将军。额驸策凌于乾隆十五年（1750年）卒，配享太庙，入京师贤良祠，与公主合葬公主园寝。

（11）皇十一女，康熙二十四年（1685年）九月二十七日申时生，生母为温僖贵妃钮祜禄氏。二十五年（1686年）五月殇。年2岁。

（12）皇十二女，即七公主，康熙二十五年（1686年）闰四月二十四日午时生，生母为德妃乌雅氏，即孝恭仁皇后。三十六年（1697年）闰三月殇。年12岁。

（13）皇十三女，即八公主，和硕温恪公主，康熙二十六年（1687年）十一月二十七日丑时生，生母为庶妃章佳氏，即敬敏皇贵妃。为怡亲王胤祥同母妹。四十五年（1706年）七月封今位号，下嫁蒙古博尔济吉特氏翁牛特杜棱郡王仓津，时年20岁。四十八年（1709年）六月卒。年23岁。

（14）皇十四女，即九公主，和硕悫靖公主，康熙二十八年（1689年）十二月初七日亥时生，生母为贵人袁氏。四十五年（1706年）封今位号，五月下嫁散秩大臣一等男孙承运，时年18岁。五十八年（1719年）五月夫亡。乾隆元年（1736年）十一月卒。年48岁。

（15）皇十五女，即十公主，和硕敦恪公主，康熙三十年（1691年）正月初六日寅时生，生母为庶妃章佳氏，即敬敏皇贵妃。系皇十三女同母妹。康熙四十七年（1708年），封今位号，十二月下嫁科尔沁博尔济吉特氏多尔济，时年18岁。四十八年（1709年）归宁京师，十二月初三日申刻卒。年19岁。

（16）皇十六女，即十一公主，康熙三十四年（1695年）十月二十一日丑时生，生母为庶妃王氏。四十六年（1707年）四月殇。年13岁。

（17）皇十七女，康熙三十七年（1698年）十二月十二日丑时生，生母为庶妃刘氏。康熙三十九年（1700年）十一月殇。年3岁。

（18）皇十八女，康熙四十年（1701年）十月十八日巳时生，生母为和嫔瓜尔佳氏，即惇怡皇贵妃。出生后，寻殇。年1岁。

（19）皇十九女，康熙四十二年（1703年）二月十四日巳时生，生母为庶妃高氏，即襄嫔。康熙四十四年（1705年）二月殇。年3岁。

（20）皇二十女，康熙四十七年（1708年）十一月初九日生，生母为庶妃钮祜禄氏。同年十二月殇。年1岁。

【说明】

（1）康熙帝养女未列入。

（2）康熙帝20位女儿中，成人下嫁者8位，未成年而亡者12位。未成年者占总数的60%。

（3）公主的平均寿龄是16.75岁。

（4）康熙帝公主结婚较晚，其平均结婚年龄是：19.125岁。

（5）8位下嫁公主中，嫁给蒙古额驸者6人，占其总数的75%。

（6）康熙帝在20岁（周岁）前生的4位皇女中，早殇3人，成年1人。

康熙大帝家庭五谱之五·子女谱

(1) 皇子承瑞,康熙六年(1667年)九月二十日寅时生,庶妃为马佳氏,即荣妃。九年(1670年)五月二十四日殇。年4岁。

(2) 皇长女,康熙七年(1668年)十一月二十六日亥时生,生母为庶妃张氏。十年(1671年)十一月殇。年4岁。

(3) 皇子承祜,康熙八年(1669年)十二月十三日寅时生,生母为孝诚仁皇后赫舍里氏。康熙十一年(1672年)二月初五日殇。年4岁。

(4) 皇子承庆,康熙九年(1670年)闰二月初一日未时生,生母为庶妃纳喇氏,即惠妃。康熙十年(1671年)四月二十八日殇。年2岁。

(5) 皇二女,康熙十年(1671年)三月初九日子时生,生母为庶妃董氏,即端嫔。十二年(1673年)二月殇。年3岁。

(6) 皇子塞音察浑,康熙十年(1671年)十二月二十五日亥时生,生母为庶妃马佳氏,即荣妃。康熙十三年(1674年)正月二十九日殇。年4岁。

(7) 皇长子胤禔,康熙十一年(1672年)二月十四日午时生,生母为惠妃纳喇氏。康熙三十七年(1698年)三月,封为多罗直郡王。四十七年(1708年)十一月,"坐魇太子胤礽"革爵,拘禁高墙。雍正十二年(1734年)十一月初一日卯刻,幽死。年63岁。

(8) 皇三女,即二公主,固伦荣宪公主。康熙十二年(1673年)五月初六日寅时生,生母为庶妃马佳氏,即荣妃。系胤祉同母姊。三十年(1691年)封和硕荣宪公主,下嫁蒙古巴林部博尔济吉特氏额驸色布腾之孙乌尔衮,时年19岁。乌尔衮为淑慧长公主与鄂尔齐之子。三十一年(1692年)十月,诏设护卫长史,如贝勒制。四十八年(1709年)归宁。三月晋封今位号。额驸乌尔衮于康熙四十三年(1704年)袭封巴林郡王。五十八年(1719年)从征西部。六十年(1721

年)二月,额驸色布腾卒与军中。雍正六年(1728年)四月二十一日卒。年56岁。

(9)皇四女,康熙十三年(1674年)二月初十日酉时生,生母为庶妃张氏。十七年(1677年)十二月殇。年5岁。

(10)皇子长华,康熙十三年(1674年)四月初六日巳时生,生母为庶妃马佳氏,即荣妃。生即殇,年1岁。

(11)皇二子胤礽,康熙十三年(1674年)五月初三日巳时生,生母为孝诚仁皇后赫舍里氏,小名保成。十四年(1675年)十二月十三日,立为皇太子,后废而立,又立而废。雍正二年(1724年)十二月十四日死于咸安宫幽所。年51岁。

(12)皇五女,即三公主,和硕端静公主,康熙十三年(1674年)五月初六日巳时生,生母为贵人兆佳氏。三十一年(1692年)十月,年19岁,封今位号,下嫁蒙古乌梁罕氏喀喇沁杜棱郡王札什之子噶尔藏。不久,诏设护卫长史,如贝勒制。四十九年(1710年)三月卒。年37岁。

(13)皇子长生,康熙十四年(1675年)六月二十一日丑时生,生母为庶妃马佳氏,即荣妃。康熙十六年(1677年)三月二十六日殇。年3岁。

(14)皇子万黼,康熙十四年(1675年)十月初八日巳时生,生母为贵人纳喇氏,即通嫔。康熙十八年(1679年)正月二十九日殇。年5岁。

(15)皇三子胤祉,康熙十六年(1677年)二月二十日午时生,生母为庶妃马佳氏,即荣妃。雍正十年(1732年)闰五月十九日,死于幽所。年56岁。

(16)皇四子胤禛,即雍正帝。康熙十七年(1678年)十月三十日生,生母为德妃乌雅氏。雍正十三年(1735年)八月二十三日崩。年58岁。

(17)皇子胤禶,康熙十八年(1679年)二月三十日巳时生,生母为贵人纳喇氏,即通嫔。康熙十九年(1680年)四月初二日殇。年2岁。

(18)皇六女,即四公主,固伦恪靖公主,康熙十八年(1679年)五月二十七日寅时生。生母为贵人郭络罗氏。三十六年(1697年)十一月封和硕公主,时年19岁,下嫁蒙古博尔济吉特氏喀尔喀郡王敦多布多尔济。额驸敦多布多尔济于康熙三十一年（1692年）袭封郡王，后晋亲王。四十五年（1706年）封和硕恪靖公主。雍正元年（1723年）二月，晋今位号。八年（1730年）闰四月夫亡。雍正十三年（1735年）三月卒。年57岁。

（19）皇五子胤祺，康熙十八年（1679年）十二月初四日申时生，生母为宜妃郭络罗氏。雍正十三年（1735年）闰五月十九日卒。年54岁。

（20）皇六子胤祚，康熙十九年（1680年）二月初五日巳时生，生母为德妃乌雅氏，系雍正帝同母弟。康熙二十四年（1685年）五月十四日殇。年6岁。

（21）皇七子胤祐，康熙十九年（1680年）七月二十五日子时生，生母为庶妃戴佳氏。身体有残疾。三十七年（1698年）三月，封多罗贝勒。四十八年（1709年）三月，晋淳郡王。雍正元年（1723年）四月，晋淳亲王。雍正八年（1730年）四月初二日卒。年51岁。

（22）皇八子胤禩，康熙二十年（1681年）二月初十日未时生，生母为庶妃卫氏，即良妃。三十七年（1698年）三月，封贝勒。四十七年（1708年）九月，"以谋夺储位"削爵逮治。同年十二月，赐还贝勒，仍系于畅春园侧。雍正四年（1726年）九月初五日，幽死。年46岁。

（23）皇七女，康熙二十一年（1682年）六月初一日卯时生，生母为德妃乌雅氏，即孝恭仁皇后，与雍正帝为同胞。同年八月殇。年1岁。

（24）皇八女，康熙二十二年（1683年）六月十九日巳时生，生母为皇贵妃佟氏（佟佳氏），即孝懿仁皇后。同年闰六月殇。年1岁

（25）皇子胤禑，康熙二十二年（1683年）七月二十三日子时生，生母为贵人郭络罗氏。康熙二十三年（1684年）六月初六日卒，年2岁。

（26）皇九子胤禟，康熙二十二年（1683年）八月二十七日子时生，生母为宜妃郭络罗氏。与皇五子胤祺同母。雍正四年（1726年）八月二十七日死于禁所。年44岁。

（27）皇九女，即五公主，晋赠固伦温宪公主，康熙二十二年（1683年）九

月二十二日寅时生，生母为德妃乌雅氏。系雍正帝同胞。三十九年（1700年）九月封和硕温宪公主，时年18岁，下嫁佟氏舜安颜。舜安颜为孝懿仁皇后娘家从子，即佟国维之孙。四十一年（1702年）七月卒。年20岁。雍正元年（1723年）追晋今位号。其额驸舜安颜在康熙四十八年（1699年）二月，因党附皇八子胤禩，被削额驸，禁锢家中。后获释，不久卒。

（28）皇十子胤䄉，康熙二十二年（1683年）十月十一日亥时生，生母为温僖贵妃钮祜禄氏，四十八年（1709年）三月，封敦郡王。雍正二年（1724年）四月，削爵禁锢。乾隆六年（1741年）九月初九日卒。年59岁。

（29）皇十女，即六公主，晋赠固伦纯悫公主，康熙二十四年（1685年）二月十六日午时生，生母为庶妃纳喇氏，即通嫔。四十五年（1706年）五月，下嫁蒙古博尔济吉特氏喀尔喀台吉策凌，时年22岁。十一月，封和硕纯悫公主。四十九年（1710年）三月二十四日卒。年26岁。葬之京师郊外。雍正十年（1732年）十二月，以策凌建立殊勋，追晋其今位号。额驸策凌于雍正元年（1723年）因西陲军功，封喀尔喀郡王。后与中俄谈判并签订《恰克图界约》。后以军功晋亲王。因厄尔德尼招大捷即光显寺大捷，获赐号超勇亲王，授定边左副将军。额驸策凌于乾隆十五年（1750年）卒，配享太庙，入京师贤良祠，与公主合葬公主园寝。

（30）皇十一子胤禌，康熙二十四年（1685年）五月初七日戌时生，生母为宜妃郭络罗氏。三十五年（1696年）九月初九日卒。年12岁。

（31）皇十一女，康熙二十四年（1685年）九月二十七日申时生，生母为温僖贵妃钮祜禄氏。二十五年（1686年）五月殇。年2岁。

（32）皇十二子胤祹，康熙二十四年（1685年）十二月二十四日寅时生，生母为庶妃万琉哈氏，即定妃。四十八年（1709年）三月，封贝子。六十一年（1722年）十二月，晋履郡王。乾隆二十八年（1763年）七月二十四日未刻卒。年79岁。

（33）皇十二女，即七公主，康熙二十五年（1686年）闰四月二十四日午时生，生母为德妃乌雅氏，即孝恭仁皇后。三十六年（1697年）闰三月殇。年12岁。

（34）皇十三子胤祥，康熙二十五年（1686年）十月初一日辰时生，生母为庶妃章佳氏，即敬敏皇贵妃。雍正八年（1730年）五月初四日卒。年45岁。

（35）皇十三女，即八公主，和硕温恪公主，康熙二十六年（1687年）十一月二十七日丑时生，生母为庶妃章佳氏，即敬敏皇贵妃。为怡亲王胤祥同母妹。四十五年（1706年）七月封今位号，下嫁蒙古博尔济吉特氏翁牛特杜棱郡王仓津，时年二十岁。四十八年（1709年）六月卒。年23岁。

（36）皇十四子胤祯（禵），康熙二十七年（1688年）正月初九日酉时生，生母为德妃乌雅氏。与雍正帝同母。乾隆二十年（1755年）正月初六日卒。年68岁。

（37）皇十四女，即九公主，和硕悫靖公主，康熙二十八年（1689年）十二月初七日亥时生，生母为贵人袁氏。四十五年（1706年）封今位号，五月下嫁散秩大臣一等男孙承运，时年18岁。五十八年（1719年）五月夫亡。乾隆元年（1736年）十一月卒。年48岁。

（38）皇十五女，即十公主，和硕敦恪公主，康熙三十年（1691年）正月初六日寅时生，生母为庶妃章佳氏，即敬敏皇贵妃。系皇十三女同母妹。康熙四十七年（1708年），封今位号，十二月下嫁科尔沁博尔济吉特氏多尔济，时年十八岁。康熙四十八年（1709年）归宁京师，十二月初三日申刻卒。年19岁。

（39）皇子胤禨，康熙三十年（1691年）正月二十六日辰时生，生母为平妃赫舍里氏。出生不满两个月殇。

（40）皇十五子胤禑，康熙三十二年（1693年）十一月十八日子时生，生母为庶妃王氏，即顺懿密妃。雍正九年（1731年）二月初一日卒。年39岁。

（41）皇十六子胤禄，康熙三十四年（1695年）六月十八日卯时生，生母为庶妃王氏，即顺懿密妃。与皇十五子胤禑同母。乾隆三十二年（1767年）二月二十一日午刻卒。年73岁。

（42）皇十六女，即十一公主，康熙三十四年（1695年）十月二十一日丑时生，生母为庶妃王氏。四十六年（1707年）四月殇。年13岁。

（43）皇十七子胤礼，康熙三十六年（1697年）三月初二日寅时生，生母为庶妃陈氏，即纯裕勤妃。雍正元年（1723年）四月，封果郡王。乾隆三年（1738年）二月初二日丑刻卒。年42岁。

（44）皇十七女，康熙三十七年（1698年）十二月十二日丑时生，生母为庶妃刘氏。康熙三十九年（1700年）十一月殇。年3岁。

（45）皇十八子胤祄，康熙四十年（1701年）八月初八日卯时生，生母为庶妃王氏，即顺懿密妃。与皇十六子胤禄同母。康熙四十七年（1708年）九月初四日巳刻殇。年8岁。

（46）皇十八女，康熙四十年（1701年）十月十八日巳时生，生母为和嫔瓜尔佳氏，即悫怡皇贵妃。出生后，寻殇。年1岁。

（47）皇十九子胤禝，康熙四十一年（1702年）九月初五日丑时生，生母为庶妃高氏，即襄嫔。康熙四十三年（1704年）一月十三日辰刻殇。年3岁。

（48）皇十九女，康熙四十二年（1703年）二月十四日巳时生，生母为庶妃高氏，即襄嫔。康熙四十四年（1705年）二月殇。年3岁。

（49）皇二十子胤祎，康熙四十五年（1706年）七月二十五日午时生，生母为庶妃高氏，即襄嫔。乾隆二十年（1755年）正月初九日巳刻卒。年50岁。

（50）皇二十女，康熙四十七年（1708年）十一月初九日生，生母为庶妃钮祜禄氏。同年十二月殇。年1岁。

（51）皇二十一子胤禧，号紫琼道人，又号春浮居士。康熙五十年（1711年）正月十一日戌时生，生母为庶妃陈氏，即熙嫔。乾隆二十三年（1758年）五月二十一日卒。年48岁。

（52）皇二十二子胤祜，康熙五十年（1711年）十二月初三日酉时生。生母为庶妃色赫图氏，即谨嫔。乾隆八年（1743年）十二月二十九日卒。年33岁。

（53）皇二十三子胤祁，号东山，康熙五十二年（1713年）十一月二十八日卯时生，生母为庶妃石氏，即静嫔。雍正八年（1730年）二月，封镇国公。十三年（1735年）十月，晋贝勒。五十年（1785年）七月二十七日未刻卒。年73岁。

（54）皇二十四子胤祕，康熙五十五年（1716年）五月十六日巳时生，生母为庶妃陈氏，即穆嫔。乾隆三十八年（1773年）十月二十日卯刻卒。年58岁。

（55）皇子胤禐，康熙五十七年（1718年）二月初一日生，生母为贵人陈氏，出生之日卒。年1岁。

附录三

康熙大帝年谱

【说明】

（1）本谱既简记谱主修身齐家之细事，又略记其治国安邦之大政，亦选记同期国际间之要事。文字力求简明，内容难免疏漏。

（2）本谱参阅《清圣祖实录》《清史稿·圣祖本纪》《清皇室四谱》《中外历史年表》（校订本），以及《清史大事编年·康熙朝》和《康熙大帝》等书。本谱之资料，皆系引录，不注出处。

顺治十一年（甲午，1654） 1岁

· 三月十八日，生于北京紫禁城景仁宫。姓爱新觉罗，汉名玄烨。为顺治帝福临第三子。母佟氏（后改佟佳氏），时为妃，后封为"孝康章皇后"。

· 四月，以皇太后命，停命妇更番入侍后妃旧例。

· 六月，立蒙古科尔沁镇国公绰尔济女博尔济吉特氏为皇后。停宗室子弟习汉字诸书。

· 九月，申严惩隐匿逃人罪。

· 十二月，郑成功克漳州。

· 是岁，英格兰新国会召开。

顺治十二年（乙未，1655） 2岁

正月，以修建乾清宫、景仁宫、承乾宫、永寿宫，遣官告祭天地、太庙。

- 二月，清明安达理率军到呼玛，反击沙俄入侵军。
- 三月，设日讲官。
- 四月，诏修《清太祖圣训》《清太宗圣训》。
- 五月，郑亲王济尔哈朗逝世。
- 六月，封博果铎为"和硕庄亲王"。命名宫禁为"紫禁城"，后山为"景山"，西苑南台为"瀛台"。命内十三衙门立铁牌，严禁内监干政。
- 十月，定纂修《玉牒》之制。
- 十一月，定顺天巡按顾仁收蠹纳贿罪，命斩首。定官员受赃十两以上者，俱籍没其家产。
- 是岁，皇父顺治帝热恋董鄂氏，生母受到冷漠。
- 俄罗斯察汉汗使者来献方物。

顺治十三年（丙申，1656） 3岁

- 三月，初幸瀛台。南明永历帝居滇都（昆明）。
- 闰五月，乾清宫、坤宁宫、交泰殿及景仁宫、永寿宫、承乾宫、钟粹宫、储秀宫、翊坤宫等修缮告成。
- 七月，和硕襄亲王博穆博果尔逝世。顺治帝开始移居乾清宫。
- 八月，承皇太后训示，编《内则衍义》书成，顺治帝作御序。
- 九月，追封和硕肃亲王豪格为"和硕武肃亲王"。谕礼部：晋内大臣鄂硕之女贤妃董鄂氏为"皇贵妃"。
- 十一月，兴京陵告成。
- 十二月，册内大臣鄂硕女董鄂氏为"皇贵妃"，颁恩赦。命礼部筹建奉先殿。准开玉牒馆，纂修《玉牒》，每十年一开馆。定三年举行一次大阅礼。荷兰命揆一为台湾总督。

- 约在是岁，玄烨避痘移居宫外，后命福佑寺居住。患天花，脸上留下麻点。
- 是岁，荷兰从葡萄牙人手中获得科伦坡。

顺治十四年（丁酉，1657） 4岁

- 八月，郑成功克浙江台州。
- 十月，皇贵妃董鄂氏生皇四弟，顺治帝视之为"朕第一子"。玄烨曾遭受皇父冷遇，但仍得到祖母的关怀。召见海会寺僧憨璞聪。孙可望降清。
- 十一月，奉先殿修成，奉列朝帝后神位，定元旦、冬至、万寿、册封、月朔望，奉帝位于前殿，帝亲行礼。
- 十二月，以皇太后疾愈，赉旗兵，赈贫民。
- 是岁，日本江户大火，死十万余人。

顺治十五年（戊戌，1658） 5岁

- 正月，因皇后在皇太后病中失省问之礼仪，命停其笺奏，只存皇后之号，册宝照旧。顺治帝亲自复试丁酉科顺天举人，考场设在太和门，以八旗兵监视。因皇太后病愈，下诏大赦。南明封郑成功为"延平郡王"。
- 三月，皇四弟夭折，皇父悲痛欲绝，追封为"和硕荣亲王"。
- 五月，清军攻占贵阳。
- 六月，停诸王以下孀居福金岁给俸禄银米，照八旗孀居命妇例各半俸一年。
- 七月，改内三院大学士为殿阁大学士。设翰林院及掌院学士官。
- 九月，以内院大学士觉罗巴哈纳、金之俊为中和殿大学士，额色黑、成克巩为保和殿大学士，蒋赫德、刘正宗为文华殿大学士，洪承畴、傅以渐、胡世安为武英殿大学士，卫周祚为文渊阁大学士，李霨为东阁大学士。

・十一月，定宫中女官员额、品级。

・是岁，始入书房读书。自述："朕自五龄、即知读书。"

・是岁，俄国建尼布楚城堡。

顺治十六年（己亥，1659）　6岁

・正月，清军进入云南滇都；南明永历帝走缅甸。

・三月，清命吴三桂镇守云南。

・九月，清尊兴京祖陵为"永陵"。

・十一月，顺治帝猎于近郊，先后次汤泉、三营屯。遣官祭祀明帝诸陵，并增陵户，加以修葺，禁止樵采。

・十二月，定世职承袭例。加公主封号。

・是年，玄烨偕兄福全、弟常宁向皇父顺治帝问安。顺治帝问志，福全答："愿为贤王。"玄烨答："待长而效法皇父。"

・是岁，日本颁令，禁耶稣教。

顺治十七年（庚子，1660）　7岁

・正月，京师文庙成。以御极十七年以来，天下未治，下诏，本年正月祭告天地、太庙、社稷，抒忱引责，自今而后，元旦、冬至、寿令节庆停止所上表章，并颁恩赦。禁官吏私交、私宴、庆贺、馈送。

・二月，定每年孟春合祭天、地、日、月及诸神于大享殿。谕礼部："向来，孟春祈谷礼于大享殿举行，今既行合祭天、地、日、月于大享殿，以后祈谷于圜丘举行。"

・三月，定王、贝勒、贝子、公之妻女封号。更定王公、侯、伯以下，章京以上盔缨制。

・六月，始命翰林官于景运门入值。增祀商中宗、高宗、周成王、康王、汉文帝、宋仁宗、明孝宗于历代帝王庙。以帝之兄承泽亲王硕塞之女抚养宫中，封为"和硕公主"，下嫁平南王尚可喜第七子尚之隆。

・七月，宁古塔昂邦章京巴海，率舟师顺松花江而下，到伯力地带，败俄军。

・八月十九日，皇贵妃董鄂氏薨，辍朝五日，以宫女多人殉葬，丧礼逾制。二十一日，追封董鄂氏为"皇后"。

・九月十日，火化董鄂妃遗体。

・十月，大觉禅师玉林琇劝阻顺治帝削发为僧。

・是岁，法国路易十四同西班牙公主玛利亚・泰利萨结婚。英国皇家学会成立。

顺治十八年（辛丑，1661） 8岁

・正月初七日，顺治帝福临崩于养心殿东暖阁。遗诏皇三子玄烨继位，命索尼、苏克萨哈、遏必隆、鳌拜四大臣辅政。初九日，玄烨即皇帝位，以明年为康熙元年。

・二月，移大行皇帝梓宫于景山寿皇殿。后为顺治帝上尊谥"章皇帝"，庙号"世祖"。裁撤十三衙门。诛杀内监吴良辅。诏令江宁、苏州、杭州三织造隶内务府。

・六月，罢内阁，复内三院。

・十一月，亲祀于圜丘。

・十二月十三日（1662年2月1日），南明延平王郑成功驱逐荷兰占领者，收复台湾。

・十二月，清军入缅甸，俘获南明永历帝，南明亡。

・是年，为防内地民众与郑成功抗清势力联系，实行海禁，勒令江南、浙江、福建、广东沿海居民，分别内迁三十里至五十里，并尽烧船只，片板不准下海，此即"迁海令"。

- 是年，人丁户口一千九百一十三万七千六百五十二，田地五百二十六万五千零二十八顷二十九亩，征银二千五百七十二万四千一百二十四两，征米豆麦六百一十万七千五百五十八石，征课银二百七十二万一千二百一十二两。
- 是岁，法国路易十四创建皇家舞蹈学会。

康熙元年（壬寅，1662） 9 岁

- 二月，吴三桂奏俘南明永历帝朱由榔及其官兵等多人。
- 四月，吴三桂杀害南明永历帝朱由榔等。
- 五月夏至日，康熙帝亲祭地于方泽。郑成功死，年三十九，子郑经嗣主台湾政。
- 六月，李定国兵败，悲恸病作，忧愤而死。
- 七月，以施琅为福建水师提督。
- 八月，宗人府、礼部遵谕议王、贝勒、贝子等，有愿抚养女者，奏准抚养。
- 十月，清军克厦门、金门。
- 十一月，南明鲁王朱以海死于台湾。
- 十二月，命平西王吴三桂总管云南、贵州两省。
- 是岁，法王路易十四开始建造凡尔赛宫。

康熙二年（癸卯，1663） 10 岁

- 二月十一日，生母慈和皇太后佟氏崩。
- 三月，荷兰国遣使入贡，请助师攻台湾，并求贸易，许之。
- 五月，奉移世祖梓宫往孝陵，奉安地宫。先是，"世祖校猎于此，停辔四顾曰：'此山王气葱郁，可为朕寿宫。'因自取佩鞢掷之。谕侍臣曰：'鞢落处定为穴。'

至是，陵成，皆惊为吉壤"。

- 七月，以施琅为靖海将军，取台湾。
- 十一月，外国贡使所携货物，令崇文门关记册报部，不必收税。
- 十二月，在清重兵围剿下，李来亨、郝摇旗等十三家抗清军溃败。
- 是岁，《欧洲时报》在哥本哈根出版。

康熙三年（甲辰，1664） 11岁

- 正月，刊刻满文《通鉴》告成。
- 三月，国子监"四书大全""五经"等书印刷颁发各省，备科举之用。
- 四月，辅政大臣鳌拜，以与内大臣费扬古有隙，挟私报复，将费扬古及其二子论绞，并籍其家。
- 五月，清军进取铜山，前后收降周全斌等近十万人。郑经率其残部遁走台湾。
- 六月，蠲免自顺治元年至十五年，各省所欠银二千七百万余两、米七百万余石、药材十九万余斤、绸缎布九万余匹。
- 七月，福建安辑投诚事务官奏：自康熙元年至三年，共收降官三千九百余员、兵四万零九百余名，归农官民六万四千余名，眷属人役六万三千余口。
- 九月，原南明兵部尚书张煌言被俘不屈，命杀于杭州，年四十五。其绝命词云："我年适九五，复逢九月七。大厦已不支，成仁万事毕。"
- 是岁，英人占领荷兰在北美的殖民地新阿姆斯特丹，更其名为"新约克"，汉译为"纽约"。

康熙四年（乙巳，1665） 12岁

- 三月，先是，杨光先进所著《摘谬论》《选择议》各一篇，指摘汤若望新法十谬。又指"天祐皇上，历祚无疆，而汤若望只进二百年历，俱大不合"。至是，议政王等逐款鞫问。拟钦天监监正汤若望等皆凌迟处死，命分别确议具奏。

·八月，因缺天启四年、七年实录及崇祯朝事迹，令内外各衙门查送有关旧档，以备修《明史》。

·九月初八日，康熙帝大婚，册立辅臣索尼之孙女、内大臣噶布喇之女赫舍里氏为皇后。是为第一任皇后。

·十月，首至南苑，校射行围。

·十二月，禁督、抚收受州、县馈遗。

·本年，俄国向中国进行侵略扩张，南下侵占喀尔喀蒙古的楚库柏兴，并东进再犯黑龙江地域，占领雅克萨。

·是岁，伦敦大瘟疫，六万余人丧生。

康熙五年（丙午，1666）　13岁

·正月，辅臣鳌拜以多尔衮时圈地，镶黄旗与正白旗之旧圈旗地不堪，呈请更换事，户部尚书、正白旗人苏纳海疏请驳回。鳌拜欲构其成罪，命会议以闻。

·四月，鳌拜等辅政大臣，借口镶黄旗"地尤不堪"，命将镶黄旗与正白旗已圈土地，互相调换，引发争议。

·五月，以定南王孔有德死，命其婿孙延龄继为广西将军，驻桂林。

·七月，郑经部下都督李顺，自澎湖率众降清。

·八月，刑科给事中张维赤疏请：康熙帝择吉亲政。

·十二月，大学士苏纳海、总督朱昌祚、巡抚王登联等，因反对镶黄与正白两旗互换所圈地亩事，忤犯鳌拜，被鳌拜矫旨处绞，家产亦被籍没。

·是年，汤若望病故。

·是岁，法兰西科学院在巴黎创立。

康熙六年（丁未，1667） 14岁

· 正月，册封皇兄福全为"裕亲王"。

· 五月，停吴三桂总理滇、黔事务。命云、贵两省文官，皆由吏部题授。

· 四月，建宁古塔（今黑龙江宁安）木城。

· 五月，荷兰国王遣使进方物。

· 六月，辅政大臣、一等公索尼病死。

· 七月，康熙帝亲政。从此开始，每日听政。辅政大臣鳌拜，矫旨杀辅臣苏克萨哈。

· 九月，皇子承瑞生，生母为庶妃马佳氏（即荣妃）。四岁殇，未序齿。

· 九月，新颁《蒙古律书》。修《世祖章皇帝实录》。复命满洲、蒙古、汉军与汉人同场一例考试。八旗官员之子，年至十八岁，其文义优者，以部院衙门用；其不能学习情愿随旗上朝者，准各照其品级随旗上朝。

· 十一月，皇长女生，生母为庶妃张氏。四岁殇。

· 是年，统计各省敕建寺庙一万二千四百八十一座，私建寺庙六万七千一百四十座，共七万九千六百二十一座。僧十一万零二百九十二人，尼八千六百一十五人，道二万一千二百八十六人，共十四万零一百九十三人。

· 是岁，俄、波战争结束，基辅被割让与俄国。

康熙七年（戊申，1668） 15岁

· 正月，建孝陵神功圣德碑，彰显皇父世祖的历史功绩。

· 二月，命各省送精通天文之人来京考试，于钦天监任用。行南怀仁推算历法。

· 三月，谕吏部："国家政务，必委任贤能，乃可赞成上理。今在京各部院满汉官员，俱论资俸升转，虽系见行之例，但才能出众者，常以较量资俸，超擢无期。

此后遇有紧要员缺，著不论资俸，将才能之员，选择补用。"禁大臣违法遣人往各省官员处勒索财物，挟持请托。

·四月，裁各省书吏三千八百四十九名，留二万六千五百八十六名。

·五月十五日，谕曰：在内各部院官，理应各尽乃职，公廉自效，副朕信任之意。今惟瞻徇情面，图润私家，不念国计，但求便己，有负倚任。在外督、抚、提、镇以下各官，原欲令其绥理地方，抚恤军民，咸令得所，近见大吏朘削卑官，卑官虐害军民，滥行科派，脂膏竭尽，甚至逃亡。嗣后务须洗心涤虑，痛改前非。如仍因循旧习，不行更改，事经察出，从重治罪。

·六月，严禁赌博。

·七月，命乡试、会试复用八股文。

·八月，山东郯城一带发生大地震。

·九月，停总兵官军政自陈，听总督、提督考核。

·十一月，皇长女生，生母为庶妃张氏。四岁殇。

·十二月，西方传教士南怀仁劾奏吴明烜造历有误，命官会同审测之。

·是岁，英国、荷兰、瑞典缔结三国联盟，共同对抗法王路易十四。

康熙八年（己酉，1669）　16岁

·正月，简化因灾蠲免钱粮手续，停造地亩花名细册。

·二月，议政王大臣遵旨议奏：经大臣二十员，赴经观象台测验证明，南怀仁所言逐款皆符，吴明烜所言逐款皆错。著革钦天监正杨光先职。授南怀仁为钦天监副，更定历法，悉从其言。相关官员，处分有差。此案观测、审理过程中，康熙帝深感不学天文历法，难以判断是非，于是发愤学习研读天算等科学知识。

·三月，定提督、总兵官缺出，由九卿、科道会推，皇帝批准补。实行"更名田"，将明废藩田产免其变价，给与原种之人耕种，照常征粮。无人承种余田，招民开垦耕种。

- 四月，率诸王、贝勒、大臣等至太学，叩拜孔子，赏赐嘉奖孔氏后裔。
- 五月十六日，命将辅臣鳌拜等革职、拏问。二十八日，以鳌拜有罪三十款，拟革职、立斩。得旨："鳌拜理应依议处死，但念效力年久，虽结党作恶，朕不忍加诛，著革职，籍没、拘禁。"其同伙分别处置。不久，鳌拜死于禁所。相继为苏克萨哈、苏纳海等昭雪。
- 六月，严禁官员买良民为奴，违者从重治罪。禁藩王及大臣家下商人各省贸易。自后永行停止圈占房地。今年已圈占者，悉令给还民间。命官民务须抚恤训养家人，勿得仍行逼责致死。
- 七月，定满洲、蒙古、汉军之乡、会试名额。
- 八月，予汤若望等昭雪，恢复通微教师之名，照其原品赐恤，还给建堂基地。但禁止各省设立天主教堂、传教。
- 九月，复核各省督、抚功过，革职、休致、降级共九名；甄别京官，革职、降级、休致共八十三员。
- 十月，严禁地方官指称御用、私派民间。修复去秋冲坏之卢沟桥，御制碑文记其事。
- 十二月，皇子承祜生，生母为孝诚仁皇后。四岁殇，未序齿。
- 是冬，遣沙拉岱等人去尼布楚，与俄当局交涉停止边衅、归还逃人根特木儿等事。

康熙九年（庚戌，1670） 17岁

- 正月，重建太和殿兴工。
- 二月，以江苏连年水灾，命蠲免康熙六七两年份未完漕米一万六千余石。
- 闰二月，皇子承庆生，生母为庶妃纳喇氏，即惠妃。二岁殇，未序齿。

·三月，策试天下贡士，在试题中提出如何澄清吏治及修浚运河之策。命将满汉大小官员，职掌相同者品级划一。

·四月，河决归仁堤。

·五月，命各部院将太祖、太宗、世祖时定例及现行事宜，查明送内院备纂修会典用。

·六月，淮、扬等处田地被淹，人民流离，遣官赈济。

·八月，文武官员殉难、阵亡优叙之例，划一规定。改内三院为内阁，复设翰林院。

·九月初一日，户部议覆、吏科给事中莽佳疏言："遇灾蠲免田赋，惟田主沾恩，而租种之民，纳租如故，殊为可悯。请嗣后征租者，照蠲免分数，亦免田户之租，则率土沾恩矣。应如所请。"从之。于八旗官学每旗选取十名，交钦天监分科学习，精通者可补博士缺。禁止地方及在京部院官，搜刮兵民及属员，层层馈送，违者授受之人，一并从严治罪。

·十月，颁《圣谕》十六条。改内三院为内阁，复设中和殿、保和殿、文华殿大学士。谕礼部举行经筵。

·本年，中俄双方在北京会谈边界问题。

·是岁，法王路易十四以金钱收买等手段，瓦解英、荷、瑞三国联盟。

康熙十年（辛亥，1671） 18 岁

·正月，封皇五弟常宁为"恭亲王"。

·二月，命编纂《孝经衍义》。

·三月，皇二女生，生母为庶妃董氏，即端嫔。三岁殇。

·四月，截留漕粮六万石并各仓米四万石，遣官前往赈济淮扬饥民。以苏、松、常、杭、嘉、湖各府漕折银四十万两，建闸开浚刘河口、吴淞江入海要道。

·五月二十日，都察院左都御史艾元征疏言：世祖章皇帝时，于出位妄言及风闻失实者，皆立加惩处，以风闻言事，伐异党同，挟诈报复故也。命嗣后官员奏事，不许以风闻浮词，擅行入告。二十一日，命以后官员犯罪，锁禁锁拏，著永行停止。

·六月，以马匹、牛羊赏给苏尼特等八旗被灾人民。命耿精忠袭其故父耿继茂靖南王爵。

·七月，国子监请令各省学道举送文行兼优者入学，更请乡试依旧录取副榜送监肄业。

·八月，福建总督派兵搜剿沿海六十余岛，斩溺"海寇"五千三百八十余人，擒三十八名，烧木城七、房二千九百二十余间。设立起居注官，命日讲官兼摄。添设汉日讲官二员及主事四员。

·九月，以寰宇一统，躬诣盛京告祭祖陵。三日启程，十一月三日返京。其间，一再召见宁古塔将军巴海等。

·十月，郑经总兵柯乔栋率官五百四十九员、船十一只降清。

·十一月，平南王尚可喜以疾疏请，准其子尚之信回粤暂管军务。

·十二月，皇子塞音察浑生，生母为庶妃马佳氏，即荣妃。二岁殇，未序齿。

·是年，人丁户口一千九百四十万七千五百八十七，田地五百四十五万九千一百七十顷十八亩，征银二千五百九十八万八千七百九十二两，米豆麦六百二十一万四千九百一十石，征课银二百七十九万二千七百五两。

·是岁，俄国沙皇彼得大帝出生。

康熙十一年（壬子，1672） 19岁

·正月，先是，噶尔丹（1645—1697），为巴图尔珲台吉之子。少时在西藏拉萨寺庙为僧。父死后，赶回伊犁，杀其兄侄，夺得汗位。至是，派员进贡。

- 二月十四日，皇长子胤禔出生，生母为惠妃纳喇氏。二十日，至先农坛，首次行耕耤礼。
- 五月，《清世祖章皇帝实录》告成。
- 九月，福建总督驻地由漳州移至省城福州。
- 十二月十七日谕："从来与民休息，道在不扰。与其多一事，不如省一事。朕观前代君臣，每多好大喜功，劳民伤财，紊乱旧章，虚耗元气，上下讧嚣，民生日蹙，深可为鉴。"

康熙十二年（癸丑，1673） 20岁

- 正月，幸南苑，大阅八旗将士。此后或行大阅于卢沟桥，或玉泉山，或多伦诺尔，地无一定，时间亦不以三年为限。
- 三月，尚可喜年已七十，用幕客金光之计，疏请撤藩，归老辽东。寻部议，令其撤藩回籍。
- 四月，遣官册封暹罗国王。
- 五月，皇三女即二公主生，生母为庶妃马佳氏，即荣妃。系胤祉同母姊。后下嫁巴林博尔济吉特氏额驸色布腾之孙乌尔衮，时年十九。
- 六月，禁八旗以奴仆殉葬。
- 七月，平西王吴三桂疏请撤藩，许之；靖南王耿精忠疏请撤藩，亦许之。
- 八月，遣官分别到云南、广东、福建，经理撤藩事宜。
- 十一月，吴三桂杀云南巡抚朱国治、拘礼部侍郎折尔肯，自称"天下都招讨兵马大元帅"，以"兴明讨虏"为号召，发动叛乱。三桂时年六十二。三藩之乱战火由此点燃。
- 十二月，京师杨起隆伪称"朱三太子"图举事。命将出师讨吴三桂。削吴三桂爵，执吴三桂子、额驸应熊及其孙世霖，后杀之。三藩之乱及其平定，先后

分作中线、西线、东线、南线和北线全面展开。五线形势，极不平衡，中线为主。

康熙十三年（甲寅，1674） 21 岁

· 正月，吴三桂反乱后，陷衡阳、长沙，逼岳阳，占贵州，踞成都，桂、闽、陕形势危殆。清军守西安、荆州、武昌一线。清军前锋逗留观望，无敢渡江扼其锋者。

· 二月，皇四女生，生母庶妃张氏。五岁殇。

· 三月，耿精忠在福州杀福建总督范承谟（范文程之子）及幕僚五十余人，响应吴三桂叛乱。

· 四月，皇子长华生，生母为庶妃马佳氏，即荣妃。生即殇，未序齿。

· 五月初三日，皇次子胤礽生，生母为孝诚仁皇后赫舍里氏，皇后崩于坤宁宫，谥号"仁孝皇后"。初六日，皇五女即三公主生，生母为贵人兆佳氏。后下嫁乌梁罕氏喀喇沁杜棱郡王札什之子噶尔藏。

· 八月，命南怀仁铸造火炮，以应军需。

· 九月，御经筵。廷臣以军机劳累，请暂缓进讲，命每日进讲如常。

· 十二月，拟亲征三藩叛乱，王大臣以京师为根本重地，且太皇太后年事已高，力谏乃止。陕西提督王辅臣在杀经略莫洛，策应三藩叛乱。

康熙十四年（乙卯，1675） 22 岁

· 正月，时清失陷滇、黔、川、湘、桂、闽六省，陕、甘动摇，浙、赣不靖。下旨晋封尚可喜为平南亲王，以争取尚藩、孤立吴藩。又谕兵部："今日事势，先灭吴逆为要。"部署主要兵力，集中湖南一线。命平寇大将军、安亲王岳乐攻取长沙。

· 二月，王辅臣陷兰州，受吴三桂银二十万两犒赏。

- 三月，蒙古布尔尼反，派军征讨，寻平定之。北线结束。
- 四月，以上谕确立经筵的形式为侍臣进讲，然后皇帝复讲，互相讨论，以对经义有所阐发。
- 六月，皇子长生生，生母庶妃马佳氏，即荣妃。三岁殇，未序齿。
- 十月，皇子万黼生，生母为贵人纳喇氏，即通嫔。五岁殇，未序齿。
- 十一月，郑经出兵攻陷漳州。
- 十二月十三日，册立嫡子胤礽为皇太子，诏告天下。
- 是岁，布莱尼茨发明微分和积分学。

康熙十五年（丙辰，1676） 23岁

- 正月，以建储，上太皇太后、皇太后徽号。因军需浩繁，民力唯艰，暂停仁孝皇后陵寝建造之工。
- 二月，尚之信发兵围困其父平南亲王尚可喜府邸（后忧郁病死），响应吴三桂叛乱。至是，吴三桂、耿精忠、尚之信均举兵叛乱，史称"三藩之乱"。
- 五月，俄国使臣尼果赖·斯帕法里到京，康熙帝先后两次予以接见。但其提出无理要求，被拒绝。要求俄方勿扰边陲、交还逃人根特木儿等。后俄国使臣离京回国。
- 六月，王辅臣势穷力拙降，命复其原官、擢"靖逆将军"，立功赎罪。寻，西线叛军解体，陕甘局势悉定。
- 八月，清军东路破仙霞关，入福建，取浦城、建宁，克延平，抵水口。
- 十月，讲官进讲《资治通鉴》照常进行。耿精忠降清。至此，东线叛军瓦解，浙、闽、赣局势略定。其时，命大将军杰书招降耿精忠，清大军压境，至洪塘进福州，耿精忠献出"总统将军印"，势穷而降，浙、闽渐次平定。先是，西北重用"河西三将"的甘肃总兵张勇（咸宁）、宁夏提督赵良栋（宁夏）、西宁总兵王进宝（靖

远）等，复兰州，取平凉，陕、甘形势陡变。

· 十二月，许尚之信降。先是，尚之信见王辅臣、耿精忠降，密疏请降。旨允，令立功自效。

· 是岁，日本刑罚耶稣教徒。

康熙十六年（丁巳，1677） 24岁

· 正月，对买卖妇女——不分为良为贱、已卖未卖的罪犯，为首者处绞。

· 二月，幸南苑行围，并举行大阅。命内大臣、大学士、学士诸文臣俱披甲。

· 三月，清军围攻长沙。皇三子胤祉出生，生母为庶妃马佳氏，即荣妃。

· 五月，尚之信以广东降。命复其爵位，随军征讨。至此，南线叛军崩溃，两粤局势大变。

· 八月二十二日，册辅政大臣遏必隆之女、钮祜禄氏为皇后。是为康熙帝第二任皇后。

· 十月二十日，始设南书房，命侍讲学士张英、中书高士奇入直。

· 是年，左都御史宋德宜奏：平定三藩，开例捐输。三年所入，二百万有余。捐纳最多者，莫如知县，至五百余人。请敕部限期停止，慎重名器。

· 是岁，俄罗斯与土耳其发生战争。后土耳其被迫媾和，退出乌克兰大部土地。

康熙十七年（戊午，1678） 25岁

· 正月，诏中外臣工各举学行皆优、文词卓越之人，不论已仕未仕，以备顾问，由皇帝亲试。大学士李霨等举荐曹溶等七十七人，命赴京齐集请旨。

· 二月，皇后钮祜禄氏崩于坤宁宫，辍朝五日，谥曰"孝昭皇后"。

· 三月，吴三桂在湖南衡州祭天称帝，建号"大周"，改元"绍武"，以衡州

为"定天府"。

- 七月，清军再攻岳州。
- 八月，吴三桂病死，其孙世璠在云南嗣位。
- 十月三十日，皇四子胤禛生，即后来的雍正皇帝，生母为德妃乌雅氏。
- 是岁，英国国会下院地位明显提升。

康熙十八年（己未，1679） 26岁

- 正月，清军复岳州、长沙，平定三藩之乱，中线取得突破，御午门宣捷。
- 二月，皇子胤禶生，生母为贵人纳喇氏，即通嫔。二岁殇，未序齿。
- 三月，御试博学鸿词于紫禁城体仁阁，授彭孙遹等50人侍读、侍讲、编修、检讨等官，皆入史馆。达赖授予噶尔丹"博硕克图汗"称号。
- 五月，诏修《明史》，以徐元文、叶方蔼、张玉书为总裁。
- 闰三月，吴三桂部将林兴珠降清。
- 五月，皇六女即四公主生，生母为贵人郭络罗氏。后下嫁博尔济吉特氏喀尔喀郡王敦多布多尔济。
- 七月二十八日，京师等处大地震，宫殿、衙署、民房、城墙部分倒塌，压死人畜甚多。
- 十二月初三日，太和殿火灾。初四日，皇五子胤祺生，生母为宜妃郭络罗氏。
- 是岁，法兰西疆土扩大，法文日益重要，逐渐成为外交上使用的文字。

康熙十九年（庚申，1680） 27岁

- 正月，清军赵良栋率军收复四川成都。寻，授其云贵总督、加衔兵部尚书。王进宝率军克保宁（今四川阆中）。

- 二月，皇六子胤祚生，生母为德嫔乌雅氏，为雍正帝同母弟。六岁殇。
- 四月，以学士张英、高士奇等供奉内廷，在南书房，日备顾问。命南书房翰林每日晚进讲《资治通鉴》。
- 七月，皇七子胤祐生，生母为庶妃戴佳氏。身体有残疾。设武英殿造办处。谕：凡放匠之处，妃、嫔、贵人等不许行走，待晚间放匠后方许行走。
- 八月，赐尚之信死。
- 十一月，以退缩不前、贻误军机罪，革多罗顺承郡王勒尔锦爵，籍没监禁。
- 是岁，西班牙异端裁判所用火刑处死八十五人。

康熙二十年（辛酉，1681） 28岁

- 正月，郑经死。子郑克塽嗣立为延平王，年十二。
- 二月，皇八子胤禩生，生母为庶妃卫氏，即良妃。
- 四月二十二日，在驻跸达希喀布齐尔行宫外原野，御行幄，设卤簿，摆大宴，颁赏蒙古喀喇沁部杜楞郡王札锡、镇国公吴特巴喇等1 884人，"因前往相度地势，酌设围场，具有勤劳"，而赏赉有差。由此，选定木兰围场的场址。
- 七月，授施琅为福建水师提督、总兵官，命往福建同总督、巡抚等商酌进取台湾事宜。
- 十月，清军攻占昆明，吴世璠自杀，历时八年的三藩之乱被平定。
- 十二月二十日，在太和殿举行大典，平叛胜利，宣捷中外。时湖广道御史何嘉祐疏言：天下荡平，皆赖皇上一人功德所致，请上皇上尊号，以彰功德。谕曰："前议撤三藩时，令议政王大臣等会议，言不可撤者甚多，言宜撤者甚少，朕决意撤回。及吴三桂背叛，各处驿骚，兵民困苦。今蒙天地鸿庥，祖宗福庇，数年之内，幸得歼灭贼寇。若再延数年，兵损民困，则朕决意迁撤之举，何以自解耶。此奏无益。"是为一拒群臣请上尊号。

· 是岁，人丁户口一千七百二十三万五千三百六十八，田地五百三十一万五千三百七十二顷六十亩，征银二千二百一十八万三千七百六十两，米豆麦六百二十七万一千一百零八石，征盐课银二百三十九万九千四百六十八两。

· 是岁，琉球国中山王世子尚贞遣使献贡请封。

康熙二十一年（壬戌，1682） 29 岁

· 正月，上元节，赐群臣宴，观灯，用柏梁体赋诗。刊石于翰林院。命将耿精忠等磔死枭首。

· 二月，启銮东巡盛京，谒福陵、昭陵、永陵，到乌拉行围，泛舟松花江，望祭长白山，五月回京。外藩王、贝勒、贝子、公、台吉等请上尊号。得旨：朕自御极以来，夙夜孜孜，勤求化理，期于中外乂安，生民乐业。今逆寇虽已荡平，治化尚未孚洽。前诸王大臣等请上尊号，已经有旨。这外藩王等所请，亦不必行。

· 六月，皇七女生，生母为德妃乌雅氏，与雍正帝为同胞。一岁殇。

· 八月，遣郎谈、彭春等以猎鹿为名，往黑龙江雅克萨等地，侦查罗刹侵扰情形。纳兰性德亦同往。

· 九月，《清太宗文皇帝实录》告成。

· 十月，重修《清太祖高皇帝实录》，纂修《三朝圣训》和《平定三藩方略》。

· 十二月，郎谈等一行还京奏报。

· 是岁，越南遣使贡于清，并请封。法军攻阿尔及尔，明年陷之。在阿姆斯特丹建立有 100 台织机的纺织厂。

康熙二十二年（癸亥，1683） 30 岁

· 正月，遣使册封黎维正为"安南国王"。

- 二月，初次幸五台山。
- 四月，命建额苏里（今黑龙江黑河市江北）木城。添造京仓廒八十一座。
- 五月，郑克塽命刘国轩请照琉球例，称臣进贡，发服依旧。不许。设汉军火器营。
- 六月，皇八女生，生母为皇贵妃佟氏，即孝懿仁皇后。一岁殇。施琅率军取澎湖，刘国轩败退台湾。
- 闰六月，俄军头目梅利尼克（机里郭礼）带领一支入犯队伍，沿黑龙江顺流而下，在额苏里地方，被清军截击。梅利克里等投降。后编为一个佐领，隶正白旗。清军收复雅克萨外围多伦禅、西林穆宾斯克和结雅斯克等堡。
- 七月，皇子胤禑生，生母为郭络罗氏。二岁殇，未序齿。
- 八月十三日，施琅率清军入鹿耳门，抵台湾。十八日，郑克塽率其武平侯刘国轩、忠诚伯冯锡范等文武官员，剃发受降。寻，加施琅"靖海将军"。自郑成功如台，至是二十二年，清终于统一台湾。皇九子胤禟生，生母为宜妃郭络罗氏。诏每日御门听政，春夏以辰初，秋冬以辰正。命地方官将各省地图，"绘送兵部，以备披览"。
- 九月，皇九女即五公主生，生母为德妃乌雅氏。系雍正帝同胞。后下嫁佟氏舜安颜，舜安颜为孝懿仁皇后娘家从子，即佟国维之孙。
- 十月，以台湾平，命粤、闽、浙、苏等沿海地区，迁民归里，下海捕鱼，垦田耕种。以统一台湾，请上尊号，不许。是为二拒群臣请上尊号。皇十子胤䄉生，生母为温僖贵妃钮祜禄氏。
- 是岁，土耳其军进攻维也纳，赖波兰军来援，围解。

康熙二十三年（甲子，1684） 31岁

- 正月，命整肃朝会礼仪。首次纂修《大清会典》，自崇德元年至康熙二十五年。

- 二月，先是，上年十月，升萨布素为黑龙江将军，驻黑龙江城。至是，命萨克素兵临雅克萨。
- 三月，以刘国轩为天津总兵官。
- 四月，从施琅议，于台湾设一府三县：台湾府（今台南）辖台湾、凤山（今高雄）、诸罗（今嘉议）三县，另设总兵一员，驻兵八千。隶福建行省。
- 五月，修《大清会典》。
- 九月二十八日，第一次南巡启行。后于十一月二十九日回京。历时六十天。
- 十月，开放海禁，开海开矿。南巡途径黄河，视察北岸诸险。
- 十一月，南巡至江宁，谒明孝陵。回銮时次曲阜，诣孔庙，瞻先圣像，讲《易经》，诣孔林酹酒，书"万世师表"，留曲柄黄盖，后回到京师。
- 是岁，路易十四与美因泰依夫人结婚。

康熙二十四年（乙丑，1685）　32岁

- 正月，谕黑龙江将军萨布素向侵踞克萨城的俄军发起进攻。
- 二月，皇十女即六公主生，生母为庶妃纳喇氏，即通嫔。后下嫁博尔济吉特氏喀尔喀台吉策凌。
- 三月，诏修《赋役全书》。
- 四月，新垦田地，永免圈占。御命都统彭春、副都统郎坦（郎谈）、黑龙江将军萨布素，统军驰进雅克萨。
- 五月初七日，皇十一子胤禌生，生母为宜妃郭络罗氏。二十二日，清军进抵雅克萨城下。翌日，清军实施对雅克萨城的包围。二十四日，清军攻城。二十五日，俄军头目托尔布津率众投降。依"勿杀一人，俾还故土"谕旨，许其撤退。后，俄军撤出，清军撤回。
- 六月，俄军托尔布津带领七百余人，重新占据雅克萨。

·七月，于吉林城至黑龙江城，设立十九个驿站。

·九月，皇十一女生，生母为温僖贵妃钮祜禄氏。二岁殇。

·十一月，先是，顺治十三年因钱粮入不敷出，裁生员廪膳银十九万余两。至是，准复各省儒学廪生粮之三分之一。

·十二月，皇十二子胤祹生，生母为庶妃万琉哈氏，即定妃。

康熙二十五年（丙寅，1686）　33 岁

·正月，先是，上年八月，俄军得知清军得胜后撤离雅克萨，托尔布津带领五百余人，重返雅克萨，并筑城盘踞。俄国派费奥多尔·阿列克谢耶维奇·戈洛文为俄国对清谈判全权大使，从莫斯科出发。

·二月，得到当地牧猎人报告俄军重返雅克萨，并经派人探察得实后，命黑龙江将军萨布素，带领官兵前往攻取雅克萨。重修《清太祖高皇帝实录》《圣训》告成。文华殿修建告成。

·三月，命纂修《大清一统志》。

·闰四月，皇十二女即七公主生，生母为德妃乌雅氏。十二岁殇。

·五月，萨布素等率军会师查克丹，进围雅克萨城。

·六月，俄军"退缩要塞，挖洞穴居"，负隅死守。清军攻城，用炮轰击，断其外援。

·九月，俄使到京，乞解雅克萨之围。命解围雅克萨之围，萨布素等撤回雅克萨之兵，仍设斥堠。至此，第二次雅克萨自卫反击战结束。

·十月，皇十三子胤祥生，生母为庶妃章佳氏，即"敬敏皇贵妃"。

·十二月，诏纠仪御史纠察必以严，"且非特诸臣而已，即朕设有不敬处，亦当举奏也"。

·是岁，法王路易十四宣称兼并马达加斯加岛。

康熙二十六年（丁卯，1687） 34 岁

·正月，喀尔喀蒙古诸汗济农、台吉等合疏，请上尊号。疏入，谕曰：自兹以后，无相侵扰，亲睦雍和，永享安乐，更胜于上朕尊号也。况前者内外诸王、贝勒、大臣等，请上尊号，未经允行。此所奏请，亦不准行。是为三拒群臣请上尊号。

·二月，命八旗都统、副都统更番入值紫禁城。畅春园初建，移住畅春园。

·三月，御太和门视朝，谕大学士等详议政务阙失，有所见闻，应入陈无隐。

·七月，以俄罗斯分界使臣抵达蒙古境，命萨布素撤兵回黑龙江城。

·十月，禁各省提督、总兵敛索兵丁，馈送兵部。

·十一月，皇十三女即八公主生，生母为庶妃章佳氏，即"敬敏皇贵妃"，为怡亲王胤祥同母妹。后下嫁博尔济吉特氏翁牛特杜棱郡王仓津。

·十二月二十五日，太皇太后博尔济吉特·布木布泰去世，享年七十五，谥"孝庄文皇后"，称"孝庄太皇太后"。在祖母临终前和病故后，连续六十余日，衣不解带，也不盥洗，恪尽孝心。

·是岁，法王路易十四向中国派遣洪若翰、白晋、张诚、刘应等，携带三十箱科学仪器来。

康熙二十七年（戊辰，1688） 35 岁

·正月，皇十四子胤祯（禵）生，生母为德妃乌雅氏，系雍正帝同母弟。

·二月初九日，先是，御史郭琇上《纠大臣疏》，参奏大学士明珠等罪。至是，大学士勒德洪、明珠、余国柱俱革职，大学士李之芳回籍。时大学士五人，其中四人免职。明珠之党，受到处置。二十七日，予故钦天监治理历法、加工部右侍郎南怀仁以祭葬。

·三月，以俄使戈洛文等至蒙古色棱额地方，命内大臣索额图、都统佟国纲、

尚书阿喇尼等为使团，同俄使议定边界谈判。后因噶尔丹攻掠喀尔喀蒙古而返回。

·四月，躬送太皇太后灵柩奉安暂安奉殿。后起陵，称"昭西陵"（清东陵）。

·五月，湖广督标议罢饷裁兵，夏逢龙（夏包子）率兵闭城造反。巡抚柯永升投井死，按察使丁炜弃家奔安庆，署布政使叶应榴自刎死，总兵许盛中矢逃遁。夏逢龙等连陷武昌、嘉鱼、咸宁等。七月，夏逢龙败死，事平。

·六月，噶尔丹举兵东犯，喀尔喀三部东移内附。命加意防守。

·七月，召见靖海侯施琅，勉励其益加敬慎，克保始终。

·十一月，清在台湾开炉铸钱。

·是岁，朝鲜大疫。英国发生"光荣革命"。

康熙二十八年（己巳，1689）　36岁

·正月初八日，第二次南巡启行，临阅河工。后于三月十九日回京。历时七十一天。

·二月，驻扬州、苏州、江宁，抵达浙江绍兴，祭大禹陵，亲制祭文，行九叩礼，制颂刊石，书额曰"地平天成"。

·三月，南巡回京。

·四月，复命索额图为全权代表，赴尼布楚，与俄国代表进行定界谈判。行前，康熙帝指示："尔等初议时，仍当以尼布潮为界，彼使者若恳求尼布潮，可即以额尔古纳河为界。"

·五月，索额图一行出发，行前，谕旨："朕以为尼布潮、雅克萨、黑龙江上下，及通此江之一河一溪，皆我所属之地，不可少弃之于鄂罗斯。……否则尔等即还，不便更与彼议和矣。"当日，索额图等启行。

·六月，索额图等一行经过四十九天艰难路程，到达尼布楚（尼布潮）。

·七月初九日，立皇贵妃佟佳氏为皇后。翌日，皇后崩，谥"孝懿仁皇后"，是为康熙帝第三位皇后。后葬于清东陵。此后，未再册立皇后。二十四日，《中俄尼布楚条约》签订。规定：格尔必齐河、额尔古纳河以东至海，外兴安岭以南，整个黑龙江流域、乌苏里江流域（包括库页岛）土地，归中国所有等。后俄军从雅克萨撤出，雅克萨重归中国。

·十二月初七日亥时，皇十四女即九公主和硕悫靖公主，生母为贵人袁氏。后下嫁散秩大臣一等男孙承运。

·是岁，法国路易十四向大不列颠宣战。

康熙二十九年（庚午，1690） 37岁

·二月，京师八旗仆役请愿。八旗仆役因京畿灾荒，米价飞涨，京师八旗仆役数千人在宫前广场长跪请愿，甚至有人闯入御花园外呼喊，要求赏赐，几酿大变。后平息，为首者被捕斩首。

·三月，诏修三朝国史。

·四月，《大清会典》告成。

·五月，鼓励清官。先是，表彰于成龙为"清官第一"。至是，三河知县彭鹏、清苑知县邵嗣尧、灵寿知县陆陇其、麻城知县赵苍璧，为政清廉，居官有声，命行取为科道。

·七月，以噶尔丹入犯乌珠穆秦，第一次亲征噶尔丹。裕亲王福全为抚远大将军，出古北口；恭亲王常宁为安北大将军，出喜峰口；后亲率大军出中路，行至博洛和屯，因病回銮。

·八月，福全率军在乌兰布通大败噶尔丹，但内大臣佟国纲殁于阵。

·九月，修盛京城。

·十一月，达赖喇嘛等请上尊号，不许。是为四拒群臣请上尊号。

・十二月，南方大寒雪。先是，自十一月以来，高淳、武进、当涂大雪大寒，树多冻死。至是，湖北大雪，深四五尺；安徽江河，冻结成冰；福建大雪，牛马冻死；广东大寒，有人冻死。

・是年，康熙帝在宫中设立化学实验室，白晋、张诚等成为御前宫廷教师。

・是岁，英国人口约五百万。

康熙三十年（辛未，1691） 38岁

・正月初六日，皇十五女即十公主生，生母为庶妃章佳氏，即"敬敏皇贵妃"，系皇十三女同母妹。后下嫁科尔沁博尔济吉特氏多尔济。二十六日，皇子胤礼生，生母为庶妃郭络罗氏，即平妃。一岁殇，未序齿。

・三月，翻译《通鉴纲目》成，御制序文。

・五月，多伦会盟。先是，喀尔喀蒙古土谢图汗部、扎萨克图汗部、车臣汗部，在多伦诺尔（今称多伦）举行会盟，康熙帝主持，释解前嫌，同归于好。随之大宴、封爵、赏赐、大阅、编旗，将四十九旗编为札萨克旗。从此，外藩蒙古完全归附清朝。故康熙帝说："昔秦兴土石之工，修筑长城。我朝施恩于喀尔喀，使之防备朔方，较长城更为坚固。"为此，科尔沁土谢图亲王沙津等率四十九旗王、贝勒、贝子、公、台吉等，合疏请上尊号。谕曰：吴三桂既平之后，诸王大臣请上尊号，未尝准行，今岂可许乎？其以此谕王等知之。是为五拒群臣请上尊号。

・九月，免河南全省明年钱粮、漕粮。

・十二月，以京仓储米七百八十万石，足支三年，令从明年始，轮免湖广、江西、浙江、安徽、山东漕米一年。

・是年，人丁户口二千零三十六万三千五百六十八，田地五百九十三万二千六百八十四项二十七亩，征银二千七百三十七万五千一百六十四两，米豆麦六百九十五万二百八十一石，征课银二百六十九万七千七百五十一两。

- 是岁，朝鲜入贡。

康熙三十一年（壬申，1692） 39岁

- 三月，理藩院尚书班迪等赴边设立蒙古驿站。
- 九月，大阅于玉泉山，改玉泉山澄心园为"静明园"。
- 十月，停直省进鲜茶及赍送表笺。谕曰："朕思凡物解京，均于地方百姓有累。省一件，如去一病。"
- 十二月，召科尔沁亲王沙津入京，面授处置噶尔丹事宜。
- 是岁，日本京都大火。

康熙三十二年（癸酉，1693） 40岁

- 正月，诏朝鲜岁贡黄金、木棉，著永行禁止。
- 二月，因太监月钱领到随即花掉，以至衣衫褴褛，谕令照八旗之例，借给官银。
- 四月，喀尔喀土谢图汗六扎萨克之一、台吉车凌扎布，自俄罗斯来归，赏赉袍服，赐于克鲁伦地方游牧。
- 五月，患疟疾。寻，以法国耶稣会士洪若翰等所献金鸡纳霜治愈。
- 十月，俄国遣使入贡。谕曰："至外藩朝贡，虽属盛事，恐传至后世，未必不因此反生事端。总之，中国安宁，则外衅不作，故当以培养元气为根本要务耳。"
- 十一月，皇十五子胤禑生，生母为庶妃王氏，即"顺懿密妃"。
- 十二月，敕西藏第巴（政务官）金印。
- 是年，派白晋回法国，带去三百多卷典册，作为给法王路易十四的礼物，

并招募更多科学人士来华。

·是岁，日本德川纲吉召集诸侯，自讲《中庸》。

康熙三十三年（甲戌，1694） 41岁

·正月，以盛京地方歉收，命发仓谷支给兵丁，海运山东仓谷赈济平民。

·二月，大学士请间三四日一御门听政，不允。御曰："昨谕六十以上大臣间日奏事，乃优礼老臣耳。若朕躬岂敢暇逸，其每日听政如常。"

·三月，台湾始全面实行科举制度，陈梦球中第二甲第三十一名进士。

·四月，编审外藩蒙古人丁：四十九旗人丁共二十二万六千二百七十有奇。

·七月，以朔漠平定，遣官告祭郊庙、陵寝、先师。

·十月，始令宗室及满洲诸生应乡试、会试。

·十一月，和硕恪靖公主下嫁喀尔喀蒙古土谢图汗部郡王敦多布多尔济。

·是岁，英格兰银行建立。

康熙三十四年（乙亥，1695） 42岁

·二月，太和殿再建告成。

·四月，山西临汾发生大地震，毁坏房舍十分之五，压死万余人。

·五月，巡视畿甸，阅新堤及海口运道，建海神庙。

·六月，册封皇太子胤礽妃石氏。皇十六子胤禄生，生母为庶妃王氏，即"顺懿密妃"，与皇十五子胤禑同母。

·十月，皇十六女即十一公主生，生母为庶妃王氏。十三岁殇。

·十一月，大阅于南苑，定大阅鸣角击鼓声金之制。

·是岁，朝鲜以岳飞配享诸葛亮庙。俄国彼得大帝发兵进攻亚速海南岸之土

耳其要塞，翌年，攻取之。

康熙三十五年（丙子，1696） 43岁

· 正月，下诏第二次亲征噶尔丹。于西苑蕉园设内监官学，以敕授太监读书。

· 二月二十二日，焦秉贞受命绘《耕织图》成。三十日，第二次亲统六师，启行征噶尔丹。命皇太子留守监国，凡部院章奏听皇太子处理。妃赫舍里氏逝，追赠"平妃"。

· 三月，师次滚诺尔地方，"大雨雪，上露立，俟军士结营毕，乃入行幄。军中毕炊，乃进膳。以行帐粮薪留待后至者"。

· 五月，师行克鲁伦河地方，噶尔丹远望黄幄网城，弃其庐帐狂遁。抚远大将军费扬古在昭莫多，大败噶尔丹军，斩三千级，并其妻阿奴。是为昭莫多之役。

· 六月，还京。

· 七月，始修《平定朔漠方略》。

· 是岁，俄国征服堪察加半岛。

康熙三十六年（丁丑，1697） 44岁

· 正月，谕："观《明史》，洪武、永乐所行之事，远迈前王。我朝见行事例，因之而行者甚多。且明代无女后预政、以臣陵君等事。但其末季坏于宦官耳。且元人讥宋，明复讥元。朕并不似前人辄讥亡国也，惟从公论耳。今编纂《明史》，著将此谕，增入修《明史》敕书内。"

· 二月，第三次亲征噶尔丹启行，命皇太子胤礽留守京师。

· 三月，先是，以图伯特隐瞒达赖喇嘛圆寂，遣使前往察视。至是，西藏第巴桑结嘉措差人密奏，"达赖喇嘛身故已十六年"。率师驻跸宁夏，祭贺兰山。察

恤昭莫多、翁金阵亡兵士。阅兵。命侍卫以御用食物均赐战士。皇十七子胤礼生，生母为庶妃陈氏，即"勤妃"。

· 闰三月，费扬古疏报：闰三月十三日噶尔丹仰药死。

· 四月，回銮。先是，宁夏百姓闻御师将行，恳留数日。回曰："边地磽瘠，多留一日，即多一日之扰。尔等诚意，已知之矣。"率百官行拜天礼。敕诸路班师。五月十六日，回至京师。

· 五月，礼部以平定噶尔丹之乱，请上尊号，不许。是为六拒群臣请上尊号。

· 七月十八日，重修太和殿告成。

· 十月，令宗室子弟与满洲诸生一体应乡试、会试。

· 十二月，命发盛京仓米二万石往朝鲜赈灾，允其以所产之物兑换。

· 是岁，彼得大帝自称彼得·米哈伊洛夫开始到普鲁士、荷兰、英国和维也纳等地进行一年半的游历，了解和学习欧洲的社会和人文。耶稣会士白晋著《康熙皇帝》在巴黎出版。

康熙三十七年（戊寅，1698） 45岁

· 正月，巡幸五台山，后登菩萨顶。命皇长子允禔、大学士伊桑阿祭金太祖、金世宗陵。

· 二月，山东巡抚李炜以不奏报"地方饥馑、百姓乏食"实情，著革职。

· 三月，封皇长子允禔为直郡王、皇三子胤祉为诚郡王，皇四子胤禛、皇五子胤祺、皇七子胤祐、皇八子胤禩俱为贝勒。

· 五月，裁上林苑。

· 七月，先是，直隶巡抚于成龙奏称，偕西洋人安多履勘浑河，帮修挑浚，绘图进呈，获准。至是，治理新河成，赐名"永定河"，建庙立碑。

· 八月，巡幸塞外，奉皇太后临幸喀拉沁端敬公主府邸，赐金币及其额驸噶

尔臧。皇太后望祭父母于发库山。

· 九月，次克尔苏，临科尔沁亲王孝庄文皇后之父满珠习礼墓前酹酒行礼。

· 十月，行围于辉发，射殪二虎、枪殪二熊。驻跸兴京，谒永陵，遣官赐奠武功郡王礼敦墓。谒福陵、昭陵。临奠武勋王扬古利、直义公费英东、弘毅公额亦都墓。

· 十二月，派官前往蒙古，谕曰：蒙古地方，多旱少雨，宜教之引河水灌田。朕巡幸所至，见张家口、保安、古北口及宁夏等地方，皆凿沟洫，引水入田，水旱无虞。朕于宁夏等地方，取能引水者数人，遣至尔所。朕适北巡，见敖汉、奈曼等处，田地甚佳，百谷可种。兴安等处，不能耕之人，就近贸易贩籴，均有裨益。其草佳者，应多留之，蒙古牲口，惟赖牧地而已。且敖汉、奈曼等处地方多鱼，伊等捕鱼为食，兼以货卖，尽足度日。其王、贝勒等，尔等宜与和好，凡事相商而行。有训诲之处，须服其心，驯致协睦。尔等首重劝善，亦要惩恶，惩恶须严，勿杀无辜。谕官民妻女缘事牵连，勿拘唤审讯，著为令。皇十七女生，生母为庶妃刘氏。三岁殇。

· 是岁，伦敦证券交易所成立。俄国彼得大帝到英国游历。

康熙三十八年（己卯，1699） 46 岁

· 二月初三日，第三次南巡启行。五月十七日回京。历时一百零三天。

· 七月，河决淮、扬。

· 闰七月，巡塞外。

· 十一月，顺天乡试舞弊案。顺天乡试发榜后，士子揭文于市，曰："顺天大主考李蟠、姜宸英等，灭绝天理，全昧人心，上不思特简之恩，下不念寒士之苦，白镪薰心，炎威炫目。中堂四五家尽列前茅，部院数十人悉居高第。若王（熙曾孙）、李（天馥子）以相公之势，犹供现场三千，熊（一潇子）、蒋（宏道子）以致仕之儿，直献囊金满万。"寻谕将所取举人，齐集内廷复试。后命将李蟠谪戍关外，姜宸

英病死狱中。

·是岁，朝鲜大疫，各道死亡二十五万零七百余人。英人达姆比尔在澳大利亚海岸各地作探险航行。

康熙三十九年（庚辰，1700） 47岁

·正月，阅视永定河工程。

·二月，亲自指示修永定河方略。命费扬古、伊桑阿考试宗室子弟骑射。

·三月，陕西官员贪污赈济银粮案。先是，陕西大灾，发放赈济籽粒银等五十万两，官员从中侵贪。至是，分别情节，予以惩处。

·九月，谕兴修水利不可太骤。先是，御史刘珩疏请，应令直隶巡抚李光地于近河地方引水种田。至是，谕曰：兴修水利，不可太骤。"今若竟定一例，诸处克期齐举，该部复行催查，则事必致于难行矣。亦惟兴作之后，百姓知其有益，自然鼓劝，各相效法。于是因地制宜，设法行之，事必有成"。

·十月，皇太后六旬万寿节，御制《万寿无疆赋》，亲书围屏进献。

·是岁，柏林科学院建立，布莱尼茨当选为院长。

康熙四十年（辛巳，1701） 48岁

·正月，以河伯效灵，封为"金龙四大王"。

·三月，河督张鹏翮请以治河方略，敕下史馆，纂集成书，永远遵守。谕曰："朕以河工紧要，凡前代有关河务之书无不披阅，大约泛论则易，而实行则难。河性无定，岂可执一法以治之？惟委任得人，相其机宜，而变通行之，方有益耳。今不计所言所行，后果有效与否，即编辑成书，欲令后人遵守，不但后人难以效行，揆之已心，亦难自信。"不准行。

・四月，原河道总督王新命在永定河监修误工，浮冒银一万六千余两，应拟斩监候；特差员外郎赫硕滋不实意效力、心口相违，应拟绞监候；工部侍郎白硕色不思剔除弊端，应革去佐领、枷号鞭责，俱从之。

・五月，御史张瑗请毁前明内监魏忠贤墓，从之。

・十月，皇十八女生，生母为和嫔瓜尔佳氏，即"悼怡皇贵妃"。一岁殇。

・是年，人丁户口二千四十一万一千一百六十三，田地五百九十八万六千九百八十五顷六十五亩，征银二千七百三十九万六百六十五两、米豆麦六百九十六万八千六百六十九石，征课银二百六十九万六百九十八两。

・是岁，先是，哈佛大学于1636年在波士顿成立；至是，耶鲁大学在纽黑文建立。

康熙四十一年（壬午，1702） 49 岁

・正月，诏修国子监。后于四十四年（1705）告成。

・二月，幸五台山，士民请在菩萨顶建万寿亭祝釐，不许。

・四月，赐致仕大学士王熙匾额和对联各一，勉其："强饮食，辅医药。"

・六月，制《训饬士子文》，颁发直省，勒石学宫。

・八月，皇十八子胤祄生，生母为庶妃王氏，即"顺懿密妃"（与皇十六子胤禄同母）。

・九月，皇十九子胤禝生，生母庶妃高氏，即"襄嫔"。三岁殇。

・十月，谕曰："今浙江布政使赵申乔，居官甚清。赴任时，所有家人仅十三人，幕宾亦无。每日办事，皆系亲笔。钱粮悉自己监收，火耗分厘不取。"赵申乔陛辞时奏云："到任不做好官，请无以常例治罪，竟治重典。"又谕曰："今观其居官果优，诚能践其言矣。"

・是岁，第一份日报《每日新闻》在伦敦发行。

康熙四十二年（癸未，1703） 50岁

· 正月十六日，第四次南巡启行。后至德州时，皇太子有疾，回銮。三月十五日回京。历时五十九天。大学士诸臣祝贺康熙帝五旬万寿，进"万寿无疆"屏风，却之，仅收其写册。

· 二月，皇十九女生，生母为庶妃高氏，即"襄嫔"。三岁殇。

· 三月，以康熙帝五十大寿，请上尊号，不许。是为七拒群臣请上尊号。

· 五月，拘禁索额图。索额图为索尼第三子，初授侍卫，以擒鳌拜功，升大学士。十九日，以索额图私议国政、结党妄行、助胤礽潜谋大事，命交宗人府拘禁。寻，死于幽所。

· 是年，始建承德避暑山庄。

· 是岁，俄国彼得大帝为圣彼得堡城奠基。

康熙四十三年（甲申，1704） 51岁

· 正月，山东大饥，民食屋草，或人相食，死者枕藉，或死大半。后命免九十四州县等上年税粮，并缓征本年额赋。

· 三月，皇四子胤禛第三子弘时生。

· 四月，命侍卫拉锡探视河源。后达星宿海，九月回京，绘图进呈。

· 六月，铸铁斛分发各省，以画一量制。

· 十月，西巡启行，后过井陉，经柏井驿，次洪洞，渡黄河，次渭南，驻西安，十二月还京。

· 十一月，罗马宗教法庭对中国的礼仪问题做出"裁决"，教皇克雷芒十一世发出极终禁令，挑起著名的"礼仪之争"。

· 十二月，定外任官在本籍五百里内者回避。诏湖广苗民通文义者，与汉人

一体应试。

・是岁，英荷联合海军占领西班牙半岛南端的直布罗陀。

康熙四十四年（乙酉，1705）　52岁

・二月初九日，第五次南巡启行。途中赐董仲舒、周敦颐、范仲淹、苏轼、欧阳修、米芾、宗泽、陆秀夫等匾额。闰四月二十八日回京。历时一百零九天。

・六月，禁止广东开矿。

・八月，免八旗各佐领借支未还银七十万两。

・十一月，俄罗斯来贸易。

・十二月，顺天乡试案。先是，顺天乙酉科举子进场者七千余人，以取士不公，有人制作草人，到考官家门前砍之以泄不满。至是，将正考官户部右侍郎汪霦、副考官姚士藟革职，永不叙用。

・是岁，英人托马斯·牛可门等共同发明蒸汽机，本年取得专利证。

康熙四十五年（丙戌，1706）　53岁

・正月，皇二十一子胤禧生，生母为庶妃陈氏，即"熙嫔"。

・三月，台湾府属台湾、凤山、诸罗旱灾，命三县粮米全免。

・四月，先是，康熙四十年（1701），胤祉支持陈梦雷纂修《汇编》，至是完成初稿，赐名《古今图书集成》。后修订、补充，用铜活字印刷。康熙帝崩后，雍正帝继位，以胤祉、陈梦雷获罪，命蒋廷锡修订，刊印六十四部，名《古今图书集成》，一万卷。

・五月，巡幸塞外。建行宫于热河，御题名曰"避暑山庄"。后为每年秋狝、避暑之驻跸行宫。

- 六月，诏修《功臣传》。
- 七月，皇二十子胤祎生，生母为庶妃高氏，即"襄嫔"。
- 十月，谕曰："今天下太平日久，曾经战阵大臣已少，知海上用兵之法者益稀，日后台湾，不无可虑。"
- 十一月，西宁喇嘛商南多尔济报：西藏达赖喇嘛先已圆寂，其下第巴隐匿，立假达赖喇嘛，拉藏汗杀第巴而献其伪达赖。

康熙四十六年（丁亥，1707） 54岁

- 正月二十二日，第六次南巡启行，后至江宁、苏州、杭州。五月二十二日回京。历时一百一十八天。
- 五月，弛限大船出洋之禁。
- 六月，巡幸塞外。皇三子胤祉迎康熙帝于自己邸园——熙春园（今清华大学内），侍宴，嗣是岁以为常。南书房翰林陈邦彦，辑唐宋元明题画诸诗完成，康熙帝亲为阅定成《历代题画诗类》一部。谕曰："药性宜于心者，不宜于脾；宜于肺者，不宜于肾。朕尝谕人勿服补药。好服补药者，犹人之喜逢迎者也。天下岂有喜逢迎而能受益者乎！先年满洲老人，多不服药，而皆强壮。朕亦从不服药。至使人推摩，亦非所宜。推摩则伤气，朕从不用此法。朕之调摄，惟饮食有节，起居有常，如是而已。"
- 七月，驻跸热河，巡幸诸蒙古部落。谕曰："今巡行边外，见各处皆有山东人，或行商，或力田，至数十万人之多。"
- 十一月，免八旗贷官未还银三百九十五万六千六百余两。
- 是年，罗马教廷帕特使多罗在南京发布禁令，康熙帝令将多罗押往澳门交葡萄牙人看管。康熙帝为澄清中国礼仪之争，派遣法国天主教传教士艾若瑟出使罗马教廷，樊守义随行，被罗马教廷羁留十一年。直至康熙五十七年（1718），

罗马教皇收到康熙帝的朱笔文书，方才放行。

- 是年，《全唐诗》九百卷，在扬州刊刻成书。
- 是岁，英格兰与苏格兰合并，称"大不列颠联合王国"。

康熙四十七年（戊子，1708）　55 岁

- 正月，重修南岳庙成，御制碑文。
- 二月，许暹罗使臣所携带货物，任便贸易，并免征税。
- 四月，捕获明崇祯帝后裔，年已七旬的朱三及其子，斩于市。
- 六月，满文辞典《清文鉴》告成，御制序文。全书分为三十六部、二百八十类、一万二千余条。后赐王以下内外文武大臣《清文鉴》各一部。
- 七月，《平定朔漠方略》告成。
- 九月初四日，在布尔哈苏台行宫，召集诸王、大臣，垂泪废皇太子胤礽。后拘禁胤礽于紫禁城咸安宫，并谕："朕未卜今日被鸩，明日遇害，昼夜戒慎不宁。"
- 十月初二日，削皇八子胤禩爵。初四日，谕曰："日后朕躬考终，必至将朕躬置乾清宫内，尔等束甲相争耳！"
- 十一月初一日，革直郡王胤禔爵，幽禁于其府内。初九日，左副都御史劳之辨，上疏保奏废皇太子胤礽。谕著将其革职，交刑部责四十板，逐回原籍。十四日，召集廷臣议建储贰，大臣阿灵阿、鄂伦岱、揆叙、王鸿绪等，"各出所见，各书一纸，尾署姓名，奏呈朕览"。所书为"八阿哥"三字，即皇八子胤禩。谕："八阿哥未尝更事，近又罹罪，且其母家，亦甚微贱。尔等其再思之。"十六日，废太子获释。二十八日，复封八阿哥允禩为多罗贝勒。皇二十女生，生母为庶妃钮祜禄氏。一岁殇。皇二十女生，生母为庶妃钮祜禄氏。一岁殇。
- 是年，废皇太子后，害一场大病，"过伤心神，渐不及往时"。

康熙四十八年（己丑，1709 年） 56 岁

· 正月，召集廷臣，审问当时谁为首倡立胤禩者，群臣惶恐。乃问张廷玉，对曰："闻之马齐。"次日，列马齐罪状，宥死拘禁。后察其有诬，释放马齐。

· 三月初十日，复立胤礽为皇太子。

· 八月，巡抚赵申乔疏劾武官贪食空饷、放债盘剥。寻谕："今天下兵额缺，而空名食粮者多，所关非细故也。"

· 九月，甘肃中卫（今宁夏中卫）大地震，靖远城墙倒塌六百余长，民舍倒塌，压死多人。

· 十月，册封皇三子胤祉为诚亲王、皇四子胤禛为雍亲王、皇五子胤祺为恒亲王、皇七子胤祐为淳郡王、皇十子胤䄉为敦郡王，皇九子胤禟、皇十二子胤祹、皇十四子胤祯（禵）俱为贝勒。

· 十一月，谕曰："现在户部库银存储五千余万，去年蠲免钱粮至八百余万，而所存尚多。"

· 是岁，俄国彼得大帝败瑞典军，瑞典查理国王查理率数十骑逃往土耳其。

康熙四十九年（庚寅，1710） 57 岁

· 正月，皇太后七旬万寿，谕礼部："玛克式舞，乃满洲筵宴大礼，典至隆重。今岁皇太后七旬大庆，朕亦五十有七，欲亲舞称觞。"命修《满洲蒙古合璧清文鉴》。

· 三月，敕封西藏胡必尔汗波克塔即意希嘉措为"六世达赖喇嘛"。

· 九月，户部大案。查自康熙三十四年起，至四十四年止，据买卖人金璧等供称：得银之堂司官共一百十二人，共侵蚀银四十四万余两，并前查出康熙四十五六七八等年，希福纳等侵蚀二十万余两，均应勒限赔完，免其议处。谕曰：凡事有罪虽大而情可恕者，有罪虽小而情不可恕者，部院衙门实为本原之地，希

福纳身为大臣，操守不能清廉，岂可恕耶！希福纳即著革职，余如议。

·十月，谕曰：明年为康熙五十年，将天下钱粮，一概蠲免。自明年始，于三年以内，通免一周。直隶、奉天、浙江、福建、广东、广西、四川、云南、贵州，所属除漕项钱粮外，康熙五十年应征地亩银共七百二十二万六千一百两有奇，应征人丁银共一百一十五万一千两有奇，俱著察明全免。并历年旧欠共一百一十八万五千四百两有奇，亦俱著免征。以上共计银九百五十六万二千五百余两。

康熙五十年（辛卯，1711）　58 岁

·正月，视察通州河堤。

·二月，阅筐儿港，命建挑水坝，次河西务，亲登岸步行两里许，亲置仪器，定方向，钉桩木，以纪丈量之处。

·三月，以御极五十年，诸王大臣请上尊号，不许。是为八拒群臣请上尊号。

·四月二十二日，奉皇太后、偕诸皇子，启行往塞外热河避暑。十二月回宫。是时，承德避暑山庄基本建成。

·七月，秋狝木兰。

·八月十三日，皇四子胤禛第四子弘历（即后来的乾隆皇帝）出生，生母为四品典仪凌柱女钮祜禄氏。第五子弘昼生，生母为管领耿德之女格格耿氏。

·十月，诏免山西、河南、陕西、甘肃、湖北、湖南各抚属，除漕项外，五十一年应征地亩银共八百四十万四千两有奇，人丁银共一百二十万八千一百两有奇，著察明全免。并历年旧欠共五十四万一千三百两有奇，亦俱著免征。以上共免一千零二十三万三千四百余两。诏免台湾康熙五十一年应征稻谷。命张鹏翮置狱扬州，处置江南科场案。左都御使赵申乔疏劾翰林院编修戴名世"私刻文集，

肆口游谈",是为《南山集》狱起。

· 十二月,皇二十二子胤祜生,生母庶妃色赫图氏,即"谨嫔"。

· 是年,人丁户口二千四百六十二万一千三百二十四,田地六百九十三万三百四十四顷三十四亩,征银二千九百九十万四千六百五十二两,米豆麦六百九十一万二千二百五十四石,盐课银三百七十二万九千二百二十八两。

· 是岁,朝鲜与清定界,立碑于长白山上。

康熙五十一年(壬辰,1712) 59岁

· 正月,戴名世《南山集》案,拟议处理,谕旨再奏。

· 二月,诏曰:"承平日久,生齿日繁。嗣后滋生户口,毋庸更出丁钱,即以本年丁数为定额,著为令。"此为"滋生人丁,永不加赋"政策。

· 四月,原任刑部尚书齐世武受贿三千两,原任步军统领托合齐受贿二千四百两,原任兵部尚书耿额受贿一千两,俱取供得实,应照律拟绞监候,秋后处决。得旨:依拟应绞,著监候秋后处决。

· 五月,禁山东民往返口外。

· 九月三十日,皇太子胤礽复以罪废,仍禁锢于咸安宫。

· 十月,蠲免江苏、安徽、山东、江西四省除漕项外,康熙五十二年应征地亩银共八百八十二万九千六百四十四两有奇,人丁银共一百三万五千三百二十五两有奇,俱著察明全免。其历年旧欠银二百四十八万三千八百二十八两有奇,亦并著免征。共计银一千二百三十四万八千七百九十七两。综计三年之内,总蠲免天下地亩人丁新征旧欠,共银三千二百六万四千六百九十七两有奇。

· 十一月,群臣以六旬万寿,请上尊号,不许。是为九拒群臣请上尊号。

· 是岁,圣彼得堡城建成,定为俄国的首都。

康熙五十二年（癸巳，1713） 60岁

· 正月，江南科场案结，考官、行贿人等分别斩、绞、流、责有差。册封班禅呼图克图为"班禅额尔德尼"。

· 二月初二日，大臣赵申乔疏言太子国本，应行册立。以建储大事，未可轻定，宣谕廷臣，以原疏还之。初七日，《南山集》案结。先是，五十年十月《南山集》案起。上年正月，审戴名世所著《南山集》《孑遗录》，定拟应即行凌迟。案涉已故方孝标所著《滇黔纪闻》内，亦有大逆等语，应锉其尸骸。戴名世、方孝标之祖父子孙兄弟、及伯叔父兄弟之子，年十六岁以上者，俱查出解部，即行立斩。其母女妻妾姊妹、子之妻妾十五岁以下子孙、伯叔父兄弟之子，亦俱查出，给功臣家为奴。方孝标同族人，逐一严查，有职衔者，尽皆革退。除已嫁女外，子女一并即解到部，发与乌喇、宁古塔等处安插。汪灏、方苞，为戴名世逆书作序，俱应立斩。方正玉、尤云鹗，闻拏自首，应将伊等妻子一并发宁古塔安插。谕：此事著问九卿具奏。至是，定戴名世处死，戴、方（孝标）二族皆发遣或入旗。

· 三月十七日，以六旬万寿节，举行千叟宴，此为千叟宴之创始。二十五日，为六十大寿"养老尊贤"，在畅春园正门前，宴直隶各省汉大臣、官员士庶人等，年九十以上者三十三人，八十以上者五百三十八人，七十以上者一千八百二十三人，六十五以上者一千八百四十六人，共四千二百四十人。谕宴会后，速回本地，勿误农时，晓谕乡里，孝弟为重。十八日，在太和殿举行庆贺。二十七日，再在畅春园正门前，宴八旗满洲、蒙古、汉军大臣、官员、兵丁、闲散人等，年九十以上者七人，八十以上者一百九十二人，七十以上者一千三百九十四人，六十五以上者一千零十二人，共二千六百零五人。以上两宴，传谕众人："今日之宴，朕遣子孙、宗室，执爵授饮，分颁食品。尔等与宴时，勿得起立，以示朕优待老人至意。"并命扶掖八十岁以上老人至御前，亲视

饮酒。先是，为纪念六十寿辰，命宫廷画家沈喻绘制《御制避暑山庄三十六景图诗》，并配以御制诗，冠以御制序，至是完成。初为内府刻印朱墨套印本，后有耶稣会士马国贤制成铜版画。

·五月，定嗣后不许开矿。

·七月，诏宗人削属籍者，子孙分别系红带、紫带，载名《玉牒》。

·十一月，皇二十三子胤祁生，生母为庶妃石氏，即"静嫔"。

·先是，诏修律算诸书，在畅春园蒙养斋立馆，求海内畅晓乐律者。至是，诚亲王胤祉等以御制《律吕正义》进呈，得旨：《律吕》《历法》《算法》三书，合为一部，名《律历渊源》"，全书共一百卷。

康熙五十三年（甲午，1714） 61岁

·正月，命修坛庙殿廷乐器。

·二月，前尚书王鸿绪进《明史列传》二百八十卷，命付史馆。

·四月，查禁小说。凡坊肆小说淫词，一律禁绝，著将板片、书籍销毁，印刻者杖、徒。令噶礼自尽。噶礼，满洲正红旗人，荫生，曾任山西巡抚、两江总督，贪婪狡诈，势倾一时，家赀巨万，淫奢无度，尝家蓄女尼数百人。其母曾向康熙帝面言噶礼之贪状、张伯行之冤谴，噶礼谋杀其母，噶礼之母叩阍。十九日，令噶礼自尽。

·五月，派内阁学士图理琛出使俄国。

·六月，谕云："今我朝库银，有数千万两。"

·十一月，免甘肃靖边（今武威东南）等二十八州县明年征银九万两、粮二十三万石、草二百五十万束。派修历官何国宗等往广东、云南、四川、陕西、河南、浙江等省测量北极高度及日景，以准备推算修历。

康熙五十四年（乙未，1715） 62岁

- 正月，诏贝勒胤禵、延寿溺职，停食俸。
- 二月，命直隶村庄设立义学，聘师教书。
- 三月，以蒙古吴喇忒、阿霸垓、蒿齐忒等部大雪，牲畜倒毙，部民饥困，派官前往赈济。
- 九月，先是，和托辉特部公、博贝，带兵前往乌梁海地方招抚。至是，博贝疏报："招抚乌梁海，已经归顺。"
- 十月，谕大学士："各处奏折所批朱笔谕旨，皆出朕手，无代书之人。此番出巡，朕以右手病，不能写字，用左手执笔批旨，断不假手于人。"又谕曰："外省督、抚，但以不贪为尽善。以朕观之，清乃居官一端之善。"
- 十一月，山西太原总兵官金国正疏言：臣标下向无子母炮，今愿捐造二十二位，分给各营操练。兵部议应如所请。谕曰：子母炮系八旗火器，各省概造，断乎不可。此事不准行。
- 是年，意大利耶稣会士郎世宁（1868—1766）到达中国。
- 是岁，法国国王路易十四卒，由其曾孙路易十五（5岁）继位。

康熙五十五年（丙申，1716） 63岁

- 二月，定丁银摊入地亩。
- 闰三月，《康熙字典》成书，康熙帝自为序。
- 五月，皇二十四子胤祕生，生母为庶妃陈氏，即"穆嫔"。
- 十月，谕曰："海外如西洋等国，千百年后，中国恐受其累。此朕逆料之言。……国家承平日久，务须安不忘危。"
- 十一月，有人盗发明陵，命置之于法。

- 是岁，朝鲜建祠，祭明朝于壬辰反抗日本侵略之役的阵亡者。

康熙五十六年（丁酉，1717） 64岁

- 正月，修《周易折中》成，颁行学宫。禁赴南洋贸易，赴东洋者照旧。
- 四月，广东碣石镇总兵陈昂奏：天主教堂，各省林立，宜行禁止。从之。
- 五月，九卿议王贝勒差人出外，查无勘合，即行参究。
- 七月，策旺阿拉布坦遣将侵掠西藏，杀拉藏汗，囚其所立达赖喇嘛。
- 十一月二十一日，在乾清宫东暖阁，召集诸皇子及满汉大学士、学士、九卿詹事科道等，发布长篇诏书，达二千七百零九字，即后来《康熙遗诏》基本内容。二十三日，谕曰：京师初夏，每少雨泽，朕临御五十七年，约有五十年祈雨。二十四日，免八旗公库未行扣完银一百九十六万八千余两。二十六日，免直隶、安徽、江苏、浙江、江西、湖广、西安、甘肃等八处，带征地丁等银二百三十九万八千三百八十余两等。免八旗借支银二百万两。
- 十二月，皇太后病逝。因过哀，亦病七十余日，脚面浮肿。
- 是岁，朝鲜八道大水。

康熙五十七年（戊戌，1718） 65岁

- 二月，皇子胤禐生，生母为贵人陈氏。当日殇，未命名。赵凤诏贪污案结。先是，康熙五十四年十月，户部尚书赵申乔之子、山西太原府知府赵凤诏，受贿银三十余万两，案发。申乔以居官不能教子，求赐罢斥。至是，赵申乔先已遭到谕斥，令仍在任供职。赵凤诏案结：共婪赃银十七万四千余两，命追赔、斩立决。翰林院检讨朱天保，上疏请复立胤礽为皇太子，康熙帝于行宫训斥之，以其知而违旨上奏，实乃不忠不孝之人，命诛之。

·三月十九日，裁起居注衙门。二十九日，从浙江巡抚朱轼请，修筑浙江海宁、上虞海塘三千一百三十二丈。

·四月，葬孝惠章皇后于孝东陵。

·五月十一日，从浙闽总督满保请，修筑台湾鹿耳门、安平镇和澎湖等炮台三十九座。二十一日，甘肃渭南发生大地震。

·六月，遣使册封琉球故王曾孙尚敬为中山王。

·七月，修《省方盛典》。

·八月，索伦水灾，遣官前往赈济。

·九月，总督额伦特败殁。先是，总督额伦特等率军征讨策妄阿拉布坦，略获小胜。及进至喀喇乌苏（今西藏那曲）地方，矢尽力竭，败殁于阵。

·十月，命皇十四子胤禵为抚远大将军，进军青海。命翰林、科道官入值。命皇七子胤祐、皇十子胤䄉、皇十二子胤祹分理正黄、正白、正蓝满蒙汉三旗事务。

·十二月，晋和嫔为"和妃"，册封庶妃王氏为"密嫔"、陈氏为"勤嫔"，封世祖悼妃之侄女博尔济吉特氏为"宣妃"，册封戴佳氏为"成妃"、哈琉哈氏为"定嫔"。

·是岁，俄国彼得大帝将其儿子及继承人处死。

康熙五十八年（己亥，1719） 66岁

·正月初一日，日蚀。二十八日，诏立功之臣退闲，世职准子弟承袭，若无承袭之人，给俸终其身。太湖地区大雪四十余日，严寒。

·二月，学士蒋廷锡表进《皇舆全览图》，谕曰：《皇舆全览图》，朕费三十余年心力，始得告成。将此全图，并分省之图，与九卿细看。倘有不合之处，九卿有知者，即便指出。看过后面奏。群臣奏道：我皇上以殚格致之功，分命使臣，测量极度，天道地道，兼而有之。是图，关门塞口，海汛江防，村堡戍台，驿亭津镇，扼冲据险，环卫交通，荒远不遗，纤悉毕载，星罗棋布，栉比鳞次，从来

舆图所未有也。皇上精求博考，积三十年之心力，核亿万里之山河，收寰宇于尺寸之中，画形胜于几席之上，伏求颁赐。命颁赐廷臣。

·四月，命抚远大将军胤禵驻师西宁。

·五月，浙江正考官索泰受嘱托，受银一千五百两，将陈凤墀取中，著斩监候；代营关节的陈莘衡，绞监候；代为作文的段志闳，受枷责。

·八月，浙江巡盐御史哈尔金，挟妓酣酒，收受馈银等罪，后命枷责之。

·十月，命蒙养斋举人王兰生，纂修《正音韵图》。

康熙五十九年（庚子，1720） 67岁

·正月，命抚远大将军胤禵下的都统延信，率清军进藏。

·二月，册封新胡毕勒罕（即格桑嘉措）为"六世达赖喇嘛"，护送六世达赖入藏，驱逐准噶尔军队，结束了五世达赖喇嘛之后的西藏宗教领袖不定的局面。但后以意希嘉措先为"六世达赖喇嘛"，遂以格桑嘉措为"七世达赖喇嘛"。

·六月，直隶怀来发生大地震。

·八月，先是，定西将军噶尔弼率副将岳钟琪自拉里进兵。二十三日，清军进入拉萨，执附贼喇嘛百余，斩其乱首五人，抚谕唐古特、土伯特，西藏平。

·九月，平逆将军延信以兵送达赖喇嘛入西藏坐床。富宁安兵入乌鲁木齐。

·十月，诏抚远大将军胤禵，会议明年师期。

·十一月，以朝鲜李朝肃宗李焞病故，遣官册封其世子李昀，嗣立为朝鲜国王。

康熙六十年（辛丑，1721） 68岁

·正月，以御极六十年，遣皇四子胤禛、皇十二子胤祹等祭永陵、福陵、昭陵。

- 二月，命在西藏驻军三千人。
- 三月，大学士王掞先密疏复储，后御史陶彝等十三人疏请建储，不许。王掞、陶彝等被治罪，遣往军前效力。以御极六十年，诸王大臣等纷纷吁请恭上尊号，并称："皇上参天赞地，迈帝超王，手定平成，致海晏河清之盛；身兼创守，备文谟武烈之全。道德已贯乎三才，福寿更高于千石。"谕曰：这所奏无益，不准行。是为十拒群臣请上尊号。
- 四月，台湾朱一贵起事，后于六月平息之。
- 五月，以直隶、山东、河南、山西等旱灾，发四省常年储谷一千二百四十八万石，遣官平粜、分赈。
- 九月，御制平定西藏碑文。
- 十月，召抚远大将军胤禵来京。
- 十二月，京师昌平郑各庄行宫、王府，自康熙五十七年兴工，至是建成。后为废太子胤礽之子弘晳的理亲王府。
- 是年，人丁户口二千四百九十一万八千三百五十九，又永不加赋滋生人丁四十六万七千八百五十；田地七百三十五万六千四百五十顷五十九亩；征银二千八百七十九万七百五十二两余，征米豆麦六百九十万二千三百五十三余石；征盐课银三百七十七万二千三百六十三余两。
- 是岁，俄罗斯彼得大帝获得波罗的海出海口，所谓"窗户战争"获胜。

康熙六十一年（壬寅，1722） 69岁

- 正月，在乾清宫前，年六十五以上者，共一千零二十人，举行千叟宴。康熙帝赋诗，诸臣属和，题曰《千叟宴诗》。
- 二月，松江提督赵珀坐吃空额，拖发粮饷，收受馈银，达五万四千余两，着限一年追完，并解部枷号鞭责。

· 三月，至皇四子胤禛邸园，饮酒赏花。命将其子弘历养育宫中。

· 四月，福州将军黄秉钺标下、披甲王殿吉等官兵，深夜聚众哗变，围将军大门。报闻，命将黄秉钺革职，王殿吉等立斩。

· 十月，命雍亲王胤禛等视察仓储。

· 十一月初七日，康熙帝不豫，自南苑回驻畅春园。初九日，因身体不豫，命皇四子胤禛代行祭天。初十日，皇四子雍亲王胤禛三次遣护卫、太监等，到畅春园，候请圣安。传谕："朕体稍愈。"十一日，皇四子雍亲王胤禛遣护卫、太监等，又到畅春园，候请圣安。传谕："朕体稍愈。"十二日，皇四子雍亲王胤禛遣护卫、太监等，再到畅春园，候请圣安。传谕："朕体稍愈。"十三日，丑刻（1—3时），康熙帝疾大渐。命召皇四子胤禛于斋所，速到畅春园。寅刻（3—5时），召皇三子诚亲王胤祉、皇七子淳郡王胤祐、皇八子贝勒胤禩、皇九子贝子胤禟、皇十子敦郡王胤䄉、皇十二子贝子胤祹、皇十三子胤祥、理藩院尚书隆科多，至御榻前。皇四子胤禛闻召驰至。巳刻（9—11时），趋进寝宫，皇父告以病势日臻之故。是日，皇四子雍亲王胤禛三次进见问安。戌刻（19—21时），康熙帝崩于畅春园清溪书屋寝宫。当夜，大行皇帝遗体移至紫禁城乾清宫内。十四日，大殓。十六日，宣读大行皇帝《遗诏》，颁行天下。二十日，雍正帝在大行皇帝梓宫前即皇帝位。寻，御太和殿，升宝座，行即皇帝位朝贺礼。雍正元年（1723）九月初一日，葬景陵。谥号为"圣祖合天弘运文武睿哲恭俭宽裕孝敬诚信功德大成仁皇帝"。

· 是岁，俄国彼得大帝亲率大军进攻阿塞拜疆、格鲁吉亚与亚美尼亚，明年均取得之。

参考书目

主题书目

（1）《康熙大帝》，[日]西本白川著，大东出版社，昭和十六年（1941年），东京。

（2）《康熙自传》，[美]史景迁著，纽约出版，1974年，纽约。

（3）《康熙》，钱宗范编著，广西人民出版社，1975年，南宁。

（4）《康熙与清朝统治的巩固》（1661—1684），[美]劳伦斯·D.凯斯勒著，芝加哥大学出版，1976年，芝加哥。

（5）《康熙皇帝》，[法]白晋著，赵晨译，黑龙江人民出版社，1981年，哈尔滨。

（6）《康熙大帝全传》，孟昭信著，吉林文史出版社，1987年，长春。

（7）《康熙思想研究》，宋德宣著，中国社会科学出版社，1990年，北京。

（8）《康乾盛世三皇帝》，钱宗范著，广西教育出版社，1992年，南宁。

（9）《康熙帝》，孟昭信著，吉林文史出版社，1993年，长春。

（10）《康熙诗词集注》，王志民、王则远校注，内蒙古人民出版社，1994年，呼和浩特。

（11）《康熙皇帝一家》，杨珍著，学苑出版社，1994年，北京。

（12）《康熙皇帝全传》，白新良主编，学苑出版社，1994年，北京。

（13）《康熙帝本传》，郭松义、杨珍著，辽宁古籍出版社，1996年，沈阳。

（14）《康熙评传》，宋德宣著，广西教育出版社，1997年，南宁。

（15）《康熙传》，蒋兆成、王日根著，人民出版社，1998年，北京。

（16）《康熙评传》，孟昭信著，南京大学出版社，1998年，南京。

（17）《康熙皇帝与彼得大帝——康乾盛世背后的遗憾》，田时塘、裴海燕、罗振兴著，中央文献出版社，2000年，北京。

（18）《康熙写真》，陈捷先著，远流出版事业公司，2000年，台北。

（19）《中国皇帝：康熙自画像》，[美]史景迁著，吴根友译，上海远东出版社，2001年，上海。

（20）《康雍乾三帝与西学东渐》，吴伯娅著，宗教文化出版社，2002年，北京。

（21）《儒家思想与康熙大帝》，刘家驹著，台湾学生书局，2002年，台北。

（22）《清朝通史·康熙朝》（上、下），王思治主编，紫禁城出版社，2003年，北京。

（23）《原来康熙》，张研著，香港中华书局，2003年（重庆出版社，2006年），香港、重庆。

（24）《正说康熙》，王晓辉著，上海古籍出版社，2004年，上海。

（25）《康熙》，[美]史景迁著，温恰溢译，时报文化出版公司，2005年，台北。

（26）《康熙皇帝画传》，向斯著，紫禁城出版社，2005年，北京。

（27）《曹寅与康熙》，[美]史景迁著，陈引池等译，上海远东出版社，2005年，上海。

（28）《康熙刚柔并济治心之道》，东野君著，黑龙江人民出版社，2005年，哈尔滨。

（29）《康熙事典》，陈捷先主编，远流出版事业公司，2006年，台北。

（30）《康熙后妃子女传稿》，孙继新著，紫禁城出版社，2006年，北京。

（31）《说康熙》，纪连海著，上海辞书出版社、汉语大词典出版社，2007年，上海。

（32）《康熙十讲》，吴倩编著，哈尔滨出版社，2007年，哈尔滨。

（33）《康熙王朝》，胡忠良著，中国青年出版社，2009年，北京。

（34）《康熙帝大传》，阎崇年著，中华书局，2016年，北京。

基本史料

（1）《康熙起居注册》，北京中国第一历史档案馆、台北故宫博物院分藏，中华书局、联经出版公司，2009年，北京、台北。

（2）《清史稿·圣祖本纪》，中华书局，1976年，北京。

（3）《清圣祖仁皇帝实录》，中华书局，1985年，北京。

（4）《康熙朝汉文朱批奏折汇编》（八册），中国第一历史档案馆编，档案出版社出版，1985年，北京。

（5）《康熙朝满文朱批奏折全译》，中国第一历史档案馆编，中国社会科学出版社，1996年，北京。

（6）《雍正朝满文朱批奏折全译》（上下册），中国第一历史档案馆编，黄山书社，1998年，合肥。

（7）《清史图典·康熙朝》（上、下），朱诚如主编，紫禁城出版社，2002年，北京。

（8）《清前期西洋天主教在华活动档案史料》（全四册），中国第一历史档案馆编，中华书局，2003年，北京。

其他资料

（1）《耶稣会士徐日升关于中俄尼布楚谈判的日记》，[美]约瑟夫·塞比斯著，王立人译，商务印书馆，1973年，北京。

（2）《张诚日记》，[法]张诚著，陈霞飞译，商务印书馆，1973年，北京。

（3）《抗俄名将萨布素》，蒋秀松编著，辽宁人民出版社，1984年，沈阳。

（4）《达赖喇嘛传》，牙含章编著，人民出版社，1984年，北京。

（5）《孝庄皇后》，孟昭信著，中国华侨出版社，2003年，北京。

（6）《知道了：朱批奏折展》，冯明珠编，台北故宫博物院出版，2004年，台北。

（7）《传教士·科学家·工程师·外交家南怀仁》，魏若望编，社会科学文献出版社，2001年，北京。

（8）《彼得大帝传》，[苏]尼·伊·帕甫连科著，斯庸译，生活·读书·新知三联书店，1982年，北京。

（9）《路易十四时代》，[法]伏尔泰著，吴模信等译，商务印书馆，1997年，北京。

（10）《清前期中俄关系》，张维华、孙西著，山东教育出版社，1997年，济南。

（11）《传教士与中国科学》，曹增友著，宗教文化出版社，1999年，北京。

（12）《大国崛起》（全九册），中国民主法制出版社，2006年，北京。